Bildnachweis

Fotos: Gabriele Berndt / Agentur Holl: 1, 9
Chris Moore / Artbank: 2
Archiv J. Fiebag: 3a–c
Gerd W. Höchsmann: 4
Attila Borus: 5, 6, 7
Karin Fahrnberger: 8
NASA: 10, 11, 12, 13, 14, 15
Werner Beyeler / Thur Verlag: 16

Zeichnungen: Archiv J. Fiebag
Mészáros Tibor: Abb. 17

Von Johannes Fiebag sind außerdem erschienen:

Die Anderen (Band 77118)
Kontakt (Band 77194)
Das UFO-Syndrom (Band 77239)
Der Götterplan (Band 77248)

Über den Autor:

Dr. Johannes Fiebag, geboren 1956, beschäftigt sich als ausgebildeter Naturwissenschaftler seit Jahren mit der Problematik extraterrestrischer Zivilisationen und möglicher Eingriffe in unsere Welt. Er ist Chefredakteur von »Ancient Skies« der Ancient Astronaut Society und Autor zahlreicher Artikel und Bücher. In Anerkennung seiner »objektiv-kritischen Untersuchungen von Phänomenen im Zusammenhang mit UFO-Beobachtungen, der gründlichen Darstellung vieler Erklärungshypothesen und der erfolgreichen Öffentlichkeitsarbeit« wurde Fiebag am 7. Februar 1996 im Auditorium Maximum der Universität Bern mit dem Dr.-A.-Hedri-Preis der Schweizer Dr.-A.-Hedri-Stiftung ausgezeichnet.

Johannes Fiebag

Sternentore

Außerirdische Präsenz auf der Erde
und im Sonnensystem

Knaur

»Sie sagen, er les' auch in den Sternen
die künftigen Dinge, die nahen und fernen;
Ich weiß aber besser, wie's damit ist.
Ein graues Männlein pflegt bei nächtlicher Frist
durch verschlossene Türen zu ihm einzugehen.«

Friedrich Schiller, Wallensteins Lager, 6. Auftritt

»Ein Traum, ein Traum ist unser Leben
auf Erden und hier.
Wie Schatten auf den Wogen schweben
und schwinden wir,
und messen unsere trägen Tritte
nach Raum und Zeit;
und sind (und wissen's nicht) in Mitte
der Ewigkeit.«

Johann Gottfried Herder

Vollständige Taschenbuchausgabe 1998
Droemersche Verlagsanstalt Th. Knaur Nachf., München
Copyright © 1966 by Langen Müller in der Fa. A. Herbig
Verlagsbuchhandlung GmbH, München
Alle Rechte vorbehalten. Das Werk darf – auch teilweise –
nur mit Genehmigung des Verlages wiedergegeben werden.
Umschlaggestaltung: Agentur ZERO, München
Reproduktion, Druck und Bindung Clausen & Bosse, Leck
Printed in Germany
ISBN 3-426-77273-6

2 4 5 3 1

Inhalt

Meine Theorie

Seit Beginn seiner Existenz steht das Leben auf der Erde und steht insbesondere der Mensch in Verbindung zu anderen Formen des Bewußtseins. All diese Formen – mögen sie in unserem Universum angesiedelt sein oder dort ihren Ursprung haben, mögen sie aus parallelen Welten, anderen Zeiten und Zeitströmen, anderen Dimensionen oder anderen, noch völlig unbekannten »Zustandsformen« des bewußten Seins stammen – sind, sobald sie eine bestimmte Stufe der Entwicklung erreicht haben, miteinander venetzt, bilden ein umfassendes Ganzes. Die Menschheit ist diesbezüglich in einem unbewußten Vorstadium, obgleich sie von Anfang an von diesem Intelligenzkomplex begleitet wurde. Eingriffe der »Anderen« finden auf vielfältige Weise statt und waren und sind immer dem jeweils aktuellen religiösen und soziokulturellen Verständnis angepaßt (Mimikry-Hypothese). Da sich dieser Intelligenzkomplex aus vielen Einzelkomponenten zusammensetzt, erleben wir neben diesem Mimikry-Verhalten ein für unser Empfinden unverständliches Neben- und Durcheinander verschiedenster Erscheinungsformen. Allgemein ist es dem Komplex möglich, über den von uns wahrnehmbaren Wirklichkeitsbereich hinaus zu operieren und in unserer Realität wie in einem Cyberspace zu agieren (Virtual-Reality-Szenario). Dies erschwert uns nicht nur eine eindeutige Zuordnung, es macht für uns jeden Ansatz zunichte, die Motivation, Handlungsfelder und Möglichkeiten dieser fremden Intelligenz zu erkennen.

Es sei denn ... die Tore werden geöffnet!

Johannes Fiebag

Vorwort

Wir leben in aufregenden Zeiten. Das Ende des 20. Jahrhunderts hält Überraschungen für uns bereit, an die wir noch vor zehn Jahren im Traum nicht gedacht hätten. Noch 1986 wäre es wohl niemandem eingefallen, daß nur wenig später die Welt regelrecht aus den Fugen gerät, daß eine weitgehend friedliche Revolution ohnegleichen die Länder des Ostblocks erfaßt, daß der Warschauer Pakt auseinanderfällt, sich neue Staaten auf dem Gebiet der damaligen Sowjetunion bilden werden, Deutschland wieder vereinigt wird. Niemand hätte allerdings auch geglaubt, daß wir mitten in Europa einen neuen, schrecklichen Krieg erleben werden, daß also positive Ereignisse auch ihre negativen Aspekte haben können.

Aber auch auf anderen Gebieten wurden wir überrascht. Diese Überraschungen waren sicher nicht so spektakulär wie die politischen, aber sie werden auf lange Sicht sicher eine ähnliche Wirkung haben. Wissenschaftler entdeckten, daß das Dogma vom Big Bang, die jahrzehntelang für einzig richtig gehaltene Anschauung vom Beginn unseres Universums, unverkennbare Risse bekommen hat, daß das Dogma von der Lichtgeschwindigkeit als absoluter Grenze von Bewegungen in dieser Form nicht länger aufrechterhalten werden kann, ja, daß das Dogma von der Unmöglichkeit von Reisen in andere Zeiten und damit in andere, parallele Welten vermutlich aufgegeben werden muß.

Und letztlich überraschte uns ein weiteres Geschehen: das der UFOs und der mit ihnen verbundenen »Entführungen« (bzw. *Close-Encounter-IV-Ereignissen* / CE-IV nach der erweiterten Sichtungsklassifikation von Prof. Allen Hynek). Jene, die sich seit vielen Jahren mit diesen ungewöhnlichen Ereignissen beschäftigen, sind gezwungen, umzudenken. Nicht nur, daß das Interesse in der Öffentlichkeit bislang ungeahnte Ausmaße annahm, auch das Phänomen selbst ändert sich und erfaßt mehr und mehr Menschen, *betrifft* mehr und mehr Menschen.

Was geschieht da auf diesem Planeten, auf dieser Welt? Womit werden wir konfrontiert? Beruhen all die Beobachtungen, die Monat für Monat gemacht werden, nur auf Halluzinationen, Verwechslungen, Lügengeschichten? Denken sich immer mehr Menschen verrückte Geschichten aus: von Entführungen in UFOs, schauerlichen Operationsszenarien durch fremde Wesen, phantastische Ausflüge in andere Welten? Sind all dies tiefenpsychologisch oder sogar psychopathologisch zu erklärende Reaktionen: auf unsere unverständlich gewordene, sich beständig verändernde, von zahlreichen Gefahren bedrohte Welt? Oder läuft hier ein wirkliches Geschehen ab – unbeeinflußt und unbeeindruckt von dem, was viele von uns noch immer davon halten?

Wir leben gerne in festgefügten Strukturen, richten unser Leben nach deutlich sichtbaren Gegebenheiten aus. Unvorhergesehene, bislang nicht für möglich gehaltene Ereignisse mögen wir überhaupt nicht, ganz gleich auf welcher Ebene sie uns begegnen. Wir haben Schwierigkeiten, uns in einer sich radikal verändernden Welt zurechtzufinden. Für unser Wohlbefinden scheinbar negative Tendenzen weisen wir weit von uns, verbannen sie aus unserem Denken. Und dazu gehören natürlich auch Ereignisse, die das von uns selbst errichtete Bild von der Welt zerstören würden.

Menschen *werden* in UFOs entführt, Menschen *haben* Begegnungen mit unbekannten Wesen, Menschen *erleben* Unglaubliches, unvorstellbar Erschreckendes. Wir können uns bequem in unserem Sessel zurücklehnen und alles für Hirngespinste halten. Eine einfache Methode, mit sich und seinen Gefühlen klarzukommen. Wir können aber auch mit der Neugier, die unserer Spezies seit Anbeginn zu eigen ist, unter die Oberfläche zu schauen versuchen. Das erfordert ein wenig mehr Anstrengung, ein wenig mehr Mut – aber haben wir letztlich überhaupt eine andere Wahl?

Das Besucher-Phänomen explodiert. Hatten sich schon auf mein Buch *Die Anderen* (1993[1]) eine Reihe von Menschen gemeldet, die mit diesem Phänomen in Berührung gekommen waren, so war das Echo auf *Kontakt* (1994[2]) geradezu überwältigend. Menschen aus ganz Mitteleuropa schrieben mir, riefen mich an, setzten sich über den Verlag oder über Zeitungs- und Fernsehredaktionen mit mir in Verbindung: daß sie voll innerer Unruhe dieses Buch gelesen hätten, daß uralte, meist verdrängte und vergessene Erinnerungen wieder in ihnen aufgestiegen seien – und daß sie selbst *genau die gleichen Erfahrungen* doch auch schon gemacht hätten.

Dieses Buch nun handelt von diesen Menschen.* Es sind ihre Geschichten, das, was sie erlebt haben. Es sind Geschichten, die wichtig sind. Wichtig nicht nur für sie, sondern für uns alle. Es sind Geschichten, die uns verändern können und die uns verändern werden. Es sind Geschichten, von denen *etwas abhängt...*

Das UFO-Phänomen nagt seit Jahrzehnten an den Fundamenten unseres Weltbildes. Die Fundamente haben Risse bekommen, große, klaffende Risse. Das Bild selbst gerät ins Wanken, erste Sprünge sind sichtbar. Sie erscheinen wie die Sprünge in einem Spiegel, in den wir bislang geblickt haben, hypnotisiert von dem Antlitz, das wir darin entdeckten, fixiert auf uns selbst. Jetzt, wo die Sprünge dieses Bild zu zerstören begonnen haben, entdecken wir, daß dieses Bild nicht alles war, daß es dahinter weitergeht, sich unbekannte, unerkannte Welten auftun. Es ist verständlich, daß die meisten von uns lieber weiterhin auf die Scherben des zerbrechenden Spiegels starren möchten als das Wagnis auf sich zu nehmen, den Raum jenseits der Sprünge zu erkunden. Wissen wir denn, was uns dort erwartet?

---

* Die meisten Betroffenen werden – wie in *Kontakt* – mit einem Pseudonym genannt (die Namen sind dann *kursiv* geschrieben).

Nein, wir können es gar nicht wissen. Aber unsere Situation ist vergleichbar mit der des ersten *Homo sapiens*, der voller Furcht aus seiner tiefen Höhle schaute, mit der der ersten Seefahrer, die nur ahnten, daß sich jenseits des Horizonts noch andere Länder befinden. Wir haben gar keine andere Wahl: Unsere fernen Vorfahren mußten den Blick aus der Höhle riskieren, die Entdecker des 15. Jahrhunderts der Gefahr ins Auge sehen, am Ende des Horizonts von der Erdscheibe zu fallen. Sie sind nicht gefallen, sie konnten gar nicht fallen. Und die Menschen entdeckten auch warum.

Die Sprünge im Spiegel sind *unser* Weg in andere Welten, fern und vielleicht doch ganz nah. Es sind Tore zu den Sternen und Tore hinein in die tiefsten Schichten unseres eigenen Ichs. Mehr noch: Diese Tore beginnen sich zu öffnen. *Jemand* ist da und sperrt sie auf.

Wir müssen nur den Mut haben, hindurchzuschauen, hindurchzugehen. Noch hält uns die Angst zurück, unsere uralte Angst, weil wir nicht wissen, was jenseits der Höhle ist, weil wir befürchten, am Ende doch noch am Horizont hinunterzufallen in ein bodenloses Nichts. Aber einige von uns sind bereits hindurchgegangen. Sie sind nicht hinuntergefallen, weil es nichts gibt, in das sie fallen könnten. Alles, was wir benötigen, ist ein wenig Mut, denn die Tore sind geöffnet, für uns geöffnet: die Tore in andere Welten, die Tore in unsere eigene Zukunft.

Schauen wir nicht zurück, schauen wir nach vorne. Das Abenteuer Menschheit hat gerade erst begonnen...

I

Erkenntnis

Der unglaubliche Fall der Franziska Sutter

»Ich habe einmal versucht, Angst zu
definieren: Sich nicht bewegen können,
ausgeliefert sein.«

Franziska Sutter (48 Jahre)

Ein neuer Tag, ein schöner Morgen. Die Sonne strahlt zum
Fenster herein. Wir strecken uns im Bett, blinzeln in das hel-
le Licht des heraufziehenden Tages. Traumfetzen aus der letzten
Phase unseres Schlafes jagen an uns vorbei, zerfließen ins Nichts.
Die Realität hat uns wieder, nur selten behalten wir Erinnerun-
gen zurück an die farbigen, aufregenden Abenteuer der Nacht.
Das morgendliche Erwachen hat etwas Endgültiges.
Aber es gibt auch eine andere Art von Erwachen. Ein Erwachen,
das *Bewußtwerden* bedeutet. Bewußtwerden über das, was mit
einem geschehen ist – in dieser Nacht, in den endlos langen
Nächten davor. Ereignisse, die das Leben bestimmt haben, ohne
daß man sich ihrer gewahr geworden wäre, und auf die man
doch irgendwann (durch Zufall?) stößt.
Zufälle dieser Art im Leben etlicher Menschen waren meine beiden letzten Bücher, waren die Bücher anderer Autoren zum Thema »UFO-Entführungen«, waren Filme, Zeitungsartikel, Radio-
sendungen. Unvermittelt wurden diese Menschen mit etwas
konfrontiert, das sie im Grunde schon immer kannten, das sie
nur verdrängt hatten, weggeschoben, irgendwohin in die hinter-

sten Winkel ihres Bewußtseins: Nur nicht damit beschäftigen, nur nicht daran denken!

Nicht mehr allein

Franziska Sutter ist 48 Jahre alt, eine Frau mitten im Leben: Computerspezialistin in einer Züricher Firma, geschieden, eine 28 Jahre alte Tochter. Im November 1994 findet sie den Mut, sich mit mir in Verbindung zu setzen:

»Vor zwei Monaten habe ich einen ersten Brief an Sie geschrieben und ihn doch nicht abgesandt. Es waren wieder die alten Ängste: ›Hält man mich für krank oder verlogen? Oder einfach für dumm und manipulierbar?‹, die mich abhielten, über das Thema UFOs und Kontakte zu reden – außer mit den allerengsten Angehörigen. Nun gut, ich hatte damit auch zwei Monate Zeit, intensiver darüber nachzudenken. Ich bin mir nun bewußt geworden, daß es für mich wichtig ist, meine Erfahrungen nicht mehr zu verdrängen. Dazu ist es eben – unter anderem – auch notwendig, mit Menschen, die das verstehen können, darüber zu sprechen.«

Es war der Semi-Dokumentarfilm *Intruders* (beruhend auf Budd Hopkins' Buch *Eindringlinge*[3]), der bei *Franziska Sutter* das Erlebnis des Begreifens auslöste: »Der Streifen erinnerte mich an bekannte Gefühle und Erlebnisse. Ich verschaffte mir das Buch und begann Passagen zu markieren, die ich ebenso erlebt habe, die ich ganz real kannte. Und dann habe ich Ihr Buch *Kontakt* gekauft und fand auch darin eine ganze Menge zum Markieren. Es war wie ein Aufwachen. Endlich zu wissen, daß ich nicht allein damit bin, was mich ein Leben lang quälte. Und zu wissen, daß es Menschen gibt, mit denen man ohne Hemmungen darüber sprechen kann und die helfen, dieses Trauma zu verarbeiten. Ich habe geweint.«

Dies ist die wohl wichtigste Erfahrung, die vom Entführungsphänomen Betroffene machen können: die Erkenntnis, daß sie nicht allein sind, daß es noch andere gibt, die ihr Schicksal teilen, daß all die Jahre der Ungewißheit, der Isolation, des Nicht-sprechen-Könnens oder des Nicht-sprechen-Dürfens, zu Ende gehen. Es ist wie das Erwachen aus einem immerwährenden Alptraum.

Und noch eines machen Briefe wie dieser deutlich: Das Phänomen der Entführungen durch fremde Wesen ist viel stärker verbreitet, als wir gedacht hatten. Es ist nicht nur auf einzelne Personen beschränkt, die »zur falschen Zeit am falschen Platz« waren, wie Prof. David Jacobs[4] es einmal ausdrückte. Es ist mehr als das, es ist ein *Massenphänomen*.

Dabei werden die meisten Menschen, die es erleben oder erleben müssen, es nie richtig einordnen können. Da der Zusammenhang zum UFO-Phänomen selten ersichtlich ist (viele Entführte haben nie in ihrem Leben ein UFO gesehen), werden solche Erlebnisse als Alpträume klassifiziert und verdrängt. Mehr noch: In den allermeisten Fällen dürfte der oder die Betroffene überhaupt niemals etwas davon erfahren, daß er in das Phänomen involviert ist, weil entweder der von den Fremden errichtete Erinnerungsblock absolut zuverlässig funktioniert oder weil die eigenen Verdrängungsmechanismen diese Aufgabe erfüllen. Mit anderen Worten: Die reale Dunkelziffer solcher Erfahrungen könnte *viel*, viel größer sein, als wir alle glauben.

Unter jenen, die sich erinnern können, gibt es jede nur denkbare Abstufung solcher Erinnerungen: ganz bewußt erlebte und im Gedächtnis behaltene Erlebnisse, nur teilweise zurückbehaltene Geschehen, Ereignisse, von denen nur der Beginn oder das Ende bekannt sind, Ereignisse, die sich im Schatten nächtlicher Träume verlieren. Die Abstufungen dazwischen sind fließend und reichen bis in das Niemandsland vollkommen vergessener, verdrängter oder vergessen gemachter Erfahrungen.

Dennoch sollte man die Bedenken einiger UFO-Forscher ernst nehmen. So schreibt beispielsweise Hans-Werner Peiniger:[5] »In den Talk-Shows tauchen immer neue Gesichter auf, die über ihre Entführungserfahrungen berichten. Und selbst muß man sich immer häufiger die bizarrsten Geschichten am Telefon anhören... Da muß man sich natürlich auch fragen, wo denn in den letzten Jahren die ganzen Entführten waren? Werden die Menschen in Deutschland erst in letzter Zeit von Außerirdischen entführt oder liegen ganz andere Gründe dafür vor? Ist es gar, wie Werner Walter vom CENAP es schon immer formulierte, ein Medienphänomen? Liegt es ganz einfach daran, daß immer mehr über solche Fälle berichtet wird und sich daraufhin auch immer mehr Personen melden, *die jetzt endlich wissen, wie sie ihre ›Erfahrungen‹, ›Visionen‹ und ›subjektiven Erlebnisse‹ zu interpretieren haben?* Sind es gerade die entsprechenden Talk-Shows, Zeitungsberichte oder die Bücher von Johannes Fiebag und anderen, die erst solche Fälle zur Folge haben? Wie haben die ›Entführten‹ früher ihre ›Träume‹, Körperanomalien (Hautveränderungen, Narben, kleine Schnitte u.ä.) interpretiert? Sind sie immer davon ausgegangen, daß es halt nur ›normale‹ Träume waren und die Hauteinschnitte herkömmliche Ursachen haben, und deuten sie diese jetzt, nach den entsprechenden Vergleichsfällen, als Entführungsfolgen? Handelt es sich bei diesen Menschen um Personen mit ›echten‹ psychischen Problemen oder um Menschen, die sich durch Medienberichte leicht beeinflussen lassen?«

Dies sind wichtige und notwendige Fragen. Ich denke, man sollte aber zwischen zweierlei differenzieren: Zum einen ist das Auftreten einer solchen, sich immer weiter vergrößernden Anzahl von Betroffenen tatsächlich in erster Linie ein Medienphänomen insofern, als diese Menschen durch entsprechende Talk-Shows, durch Meldungen in den Zeitungen, sicher auch durch meine Bücher erst auf diese Interpretationsmöglichkeit hingewiesen werden. Die Einordnung ihrer Erfahrungen (objektiver oder subjektiver Art sei zunächst dahingestellt) erfolgt erst, *nachdem* sie von dieser Verbindung zum UFO-Phänomen erfahren haben. Zum anderen: Es handelt sich dabei wirklich um eine *Interpretation*, d.h. die Erfahrungen selbst wurden bereits in all den Jahren zuvor gemacht (häufig zurückreichend bis in die Kindheit), aber anders oder gar nicht klassifiziert. Nun, *nachdem* die Medien und *nachdem* verschiedene Forscher auf den Zusammenhang mit dem UFO-Phänomen hingewiesen haben, ist für sie ein solcher Zusammenhang erkennbar.

Die *Einordnung* erfolgt also erst jetzt. Die Entführungs*erfahrungen* haben damit hingegen nichts oder wenig zu tun – sie existierten auch zuvor in gleicher Weise und wurden lediglich anders oder gar nicht benannt.

Der Blick durch das Schlüsselloch

»Während es passierte«, erinnert sich *Franziska Sutter*, »habe ich immer nach rationalen Ursachen gesucht, habe alles abgecheckt: Wo bin ich? Wie kam ich hierhin? Ist es nur ein Traum? Hat mir jemand Drogen gegeben (ich nehme keine Drogen, Medikamente, Alkohol usw. außer Zigaretten)? Habe ich Sehstörungen? Sieht es sonst noch jemand? Aber das machte das Ganze nur noch grauenhafter: das Wissen, daß es stattfindet. Daß manchmal auch andere Personen darin involviert waren und es miterlebten, hat mir geholfen, nicht zu sehr an mir zu zweifeln. Aber ich habe jahrelang geglaubt, es seien Geister, Verstorbene oder so etwas. Selbst wenn sie aus sogenannten UFOs kamen, glaubte ich, es sei eine ›Geistersichtung‹. Dies war irgendwie legitimer für mich.«

Anfang der achtziger Jahre hatte *Franziska* viele ihrer seltsamen Erlebnisse aufgeschrieben, sie aber später wieder vernichtet. Die Vorstellung, jemand könnte sie finden und lesen, war ihr peinlich. Nur wenige dieser Aufzeichnungen haben bis heute »überlebt«.

Der Zusammenhang mit dem UFO-Phänomen war ihr all die Jahre nicht deutlich geworden. Sie meinte, Geister zu sehen, Verstorbene, die sich ihr offenbarten: »An UFOs glaubte ich schon, denn davon habe ich selbst ja einige gesehen (am Tag und bei Nacht, allein und zusammen mit anderen Personen), aber an einen Zusammenhang mit den Besuchern an meinem Bett, mit dem ›Ei-Entfernungs-Operations-Traum‹, dem sehr kleinen Baby, den farbigen Lichtstrahlen im Zimmer, den Lichtkugeln in der Wohnung, den Träumen von UFOs mit Strahlen, die mich bewegungslos machen, den immer wieder auftauchenden Zweipunkt-Verletzungen am Hals (über die wir ironisch spotteten: Vampire sind hier!), den Augen, dem ›Warum hilft mir mein Mann nicht, der neben mir im Bett liegt?‹, den fein verteilten Blutspritzern auf dem Kissen, der Phantom-Katze in meiner Wohnung und so vielem mehr dachte ich nie.«

Ein seltsames, ein komplexes Phänomen. Entführungen durch fremdartige Wesen, lange Zeit von der UFO-Forschung als Randproblem eher widerwillig zur Kenntnis genommen, entpuppen sich mehr und mehr als der zentrale Erfahrungsablauf, der den Kern des Gesamtphänomens bildet. Ohne ein tieferes Verständnis der Entführungen haben wir keine Chance, das Auftreten der UFOs erklären zu können. Entführungen und die Erfahrungen, die Menschen damit machen, sind der Schlüssel dazu. Ob unsere Kenntnisse allerdings ausreichen, diesen Schlüssel auch herumzudrehen und die Tür zu öffnen, ist eine andere Frage.
Was passiert bei Entführungen? Was geschieht in diesen existentiellen, teils beängstigenden, teils euphorisch empfundenen Momenten? Was geschieht mit den Menschen, die es erleben, mit ihrer Umwelt, mit den Personen, die bei ihnen sind?
Wenn wir ehrlich sind, müssen wir gestehen, daß wir es im Grunde nicht wissen. Wir haben lediglich die Berichte jener, die Erfahrungen mit diesem Phänomen gemacht haben. Wir haben erste statistische Ergebnisse, gleichlautende Aussagen, sich immer wiederholende Erfahrungen. Aber wir wissen noch immer nicht, *warum* es geschieht, *wie* es geschieht und *wer* es geschehen läßt. Wir schauen durch ein Schlüsselloch in einen dunklen Raum, in dem ein kleiner Fleck auf dem Boden durch ein mäßig trübes Licht erhellt wird. Wir starren auf diesen Fleck

und versuchen, von den eher erahnten Strukturen des Bodens auf Größe, Architektur und Inhalt des Raumes zu schließen. Aber dabei wissen wir nicht einmal, ob der Raum hinter dem Schlüsselloch nur eine kleine Rumpelkammer ist oder eine gewaltige Kathedrale.

In genau dieser Situation sind wir in bezug auf das Entführungsphänomen. Die Berichte der Menschen, die uns inzwischen zugänglich sind, sind nicht mehr als der kleine erleuchtete Fleck auf dem Boden eines gothischen Doms, voller für uns dunkler Nischen, Seitenschiffe, Säulen, Grüfte, Deckenkonstruktionen, Verzierungen. Wir sehen nichts von alldem, und es ist nur eine vage Ahnung, daß da mehr ist, mehr als dieser kleine helle Klecks auf den steinernen Platten unserer Unwissenheit. Die dunklen Farben des Nichts haben keine Namen.

Und auch die Menschen, die es erleben, wissen es nicht, können es nicht wissen. Sie selbst stehen zuweilen im Zentrum dieses kleinen Lichts – aber um sie her ist Dunkelheit. Sie sind geblendet, starren in den Strom der Photonen, der ihre Augen und Sinne verwirrt. Jegliche Kontrolle über das, was sich jenseits des kleinen Flecks befindet, ist ihnen verwehrt. Sie müssen das glauben, was ihnen glauben gemacht wird. Sie müssen das akzeptieren, was man ihnen in den Momenten einer unfaßbaren seelischen Extremsituation offeriert. Sie müssen sich an die Bilder klammern, die ihnen gezeigt werden. Aber diese Bilder brauchen nicht unbedingt dem zu entsprechen, was sich in den dunklen Räumen der Kathedrale vor ihnen verbirgt.

Alles, was uns zur Verfügung steht, sind Hilfskonstruktionen, um dürftig zu beschreiben, was da geschieht. Beschreibend können wir Abläufe festhalten, Schemata erkennen, Muster sich zusammenfügen sehen. Wir erkennen eine interne Logik, bestimmte Strukturen, Puzzlesteine, die irgendwie zueinander zu passen scheinen. Aber das große Mosaik, das sie bilden, bleibt uns noch verwehrt. Allenfalls ist es eine *Idee*, die sich abzuzeichnen beginnt.

Entführungskonstanten

Die Entführten schildern uns im Kern immer das Gleiche: daß fremdartige Gestalten in ihrem Zimmer auftauchten; daß man sie aus ihrer vertrauten Umgebung gerissen hat; daß sie sich plötzlich in einem fremden Raum wiederfanden; daß man sie bizarren Prozeduren an Leib und Seele unterzogen hat; daß sie irgendwann wieder nach Hause oder in ihr Auto zurückgekehrt sind.

Doch Abweichungen oder besser: zusätzliche Elemente sind eher die Regel als die Ausnahme. Nicht alle Entführten erleben jedesmal Identisches. Nicht alle durchlaufen alle Stufen, alle Ebenen einer solchen Erfahrung. Die Palette dessen, was sich innerhalb des jeweiligen Erlebnisses zeigt, scheint von nahezu unermeßlicher Bandbreite zu sein.

Ich habe in *Kontakt* die wichtigsten Elemente von Entführungen (soweit wir sie bis heute kennen) bereits ausführlich beschrieben und will an dieser Stelle daher nur ganz kurz darauf eingehen, um ein Vorverständnis dieses Phänomens zu ermöglichen. Wir müssen uns jedoch bei all dem immer darüber im klaren sein, daß wir zum einen bislang nur eine Teilmenge des gesamten Phänomens erfaßt haben, und zum anderen, daß selbst diese Teilmenge illusionär sein kann insofern, als sie möglicherweise nicht dem entspricht, was mit den Entführten wirklich passiert, sondern wovon sie *glauben sollen, daß es mit ihnen passiert.*

Entführungen durch fremde Wesen oder in UFOs kennt man seit den frühen sechziger Jahren. Der damals bekanntgewordene Hill-Fall ging als Klassiker in die Geschichte ein[6] und setzte eine ganze Lawine bekanntgewordener weiterer Entführungserlebnisse in Gang. Betty und Barney Hill, ein gemischtrassiges Ehepaar, waren 1961 auf einer einsamen Landstraße in Kanada einem landenden UFO begegnet. Man hatte sie unter mentaler Kontrolle gezwungen, das Objekt zu betreten, sie wurden in getrennten Räumen biologischen Tests unterzogen (Bettys Gebärmutter wurde mit einem Laparoskop direkt durch die

Bauchdecke hindurch analysiert, Barney u.a. Samenflüssigkeit abgezogen), so daß bereits in diesem ersten, klassischen Fall die sexuelle (nicht erotische!) Komponente des Geschehens sichtbar, wenn auch damals noch nicht in ihrer Bedeutung erkannt wurde. Betty zeigte man auch eine Sternenkarte und fragte, was sie darauf erkennen könne. Betty wußte es nicht. Später führte man beide in ihr Auto zurück, ließ sie durch einen posthypnotischen Befehl die meisten Teile dieses Erlebnisses vergessen, und erst als die Hills zu Hause eintrafen, stellten sie fest, daß sie für die Strecke drei Stunden länger gebraucht hatten als gewöhnlich. Barney erinnerte sich nur noch vage an einen hellen, sich bewegenden Stern.

Erst, als sich bei ihm aufgrund immer wiederkehrender Alpträume ein Magengeschwür zu bilden begann, suchten die beiden einen Arzt auf, der sie schließlich an den Psychiater und Hypnosespezialisten Dr. Benjamin Simon weiterleitete. Simon führte Betty und Barney Hill in getrennten Sitzungen in das Ereignis zurück und vermochte es weitgehend zu rekonstruieren (er selbst glaubte jedoch niemals an die Realität dessen, was ihm da berichtet wurde – kein Wunder, war es doch das erste Mal, daß dergleichen überhaupt an die Öffentlichkeit kam). Später vermochte eine Amateurastronomin, Marjorie Fish, auch die Karte zu rekonstruieren, die man Betty gezeigt und die sie unter Hypnose wiedergegeben hatte. Marjorie Fish glaubte, es handele sich um eine Sternenkarte, in deren Zentrum der Fixstern Zeta Reticuli steht. Die logische Schlußfolgerung daraus schien, daß die fremden Wesen wohl von dort gekommen sein müßten.

Die in den späten sechziger und siebziger Jahren von Forschern publizierten Berichte hielten sich in der Regel an dieses Schema. Meist geschah es irgendwo auf einsamen Landstraßen, an verlassenen Orten, weit weg von menschlichen Siedlungen, dort, wo die Fremden leichten Zugriff hatten. Die Betroffenen hatten einfach Pech gehabt, sie erschienen wie eine leicht zu ergreifende Beute, wie ein junges Lämmchen, das sich im Gestrüpp verirrt hatte, weit weg von der schützenden Herde.

Überall, zu jeder Zeit

Es waren damals diese immer wieder neu sich zeigenden, gleichen Strukturen, die den Glauben an dieses Schema auch bei uns Forschern gefestigt haben. *Mein* Glauben an seine universelle Gültigkeit bekam erste Risse, als ich vor siebzehn Jahren einen Bericht des amerikanischen Journalistenehepaares Judith und Alan Gansberg las.[7] Die beiden schilderten darin u.a. die Erlebnisse der Hauswirtschaftsleiterin Ellecia Gruen aus Ogden Center im amerikanischen Bundesstaat Michigan.

Für die Frau begann alles an einem Tag Anfang der siebziger Jahre, als sie ihr Haus in Ordnung brachte und sie einen eigenartigen Gedanken nicht mehr los wurde, der ihr in den Kopf gekommen war: »Vor ihr tauchte wieder die Zeit auf, als sie sieben Jahre alt gewesen war und in dem Waisenhaus lebte, in dem sie aufgewachsen war, am Rande Toledos in Ohio. In ihrer ›Vision‹ lag sie im Bett im Krankenzimmer des Waisenhauses, und um sie herum standen fremde Wesen, die mit irgendwelchen Geräten über ihren Körper fuhren. Sie erinnert sich, daß sie grau waren und die Hände keine Finger, sondern ›zwei Zangen und einen Daumen‹ hatten, wobei die Zangen denen von Krebsen glichen.«

Die Erinnerungen überkamen Ellecia Gruen schubweise und brachten sie vollkommen durcheinander. Aber damit nicht genug: »Eine rätselhafte, aber doch nicht unwichtige Ergänzung des Materials über Ellecia Gruen … ist die Geschichte einer Frau, die wir Mrs. K. nennen werden, da ihr Name nicht preisgegeben werden soll. Ihr Erlebnis, das manchen verwirren wird, deckt sich mit dem Ellecia Gruens. Sie lag im gleichen Krankenzimmer des gleichen Waisenhauses und erinnert sich ebenfalls an Fremde, die mit Geräten über ihren Körper fuhren. Durch einen Zufall, den beide seltsam finden, lebten Ellecia und Mrs. K. später in dem winzigen Ogden Center, einer Ortschaft, die nur aus wenigen Häusern und dem Postgebäude bestand.«

Verwirrend waren nicht nur die gleichlautenden Erinnerungen

der beiden Frauen, verwirrend war das ganze Ereignis selbst. Wenn die *Anderen*, wie ich sie nenne, dazu in der Lage waren, einfach in das Krankenzimmer eines Waisenhauses einzudringen, was implizierte das? Es bedeutete doch nicht mehr und nicht weniger, als daß es für sie keine Schranken gab, nichts, das sie aufhalten konnte, daß sie alles, was immer sie sich vornahmen, auch ausführen konnten. Mit anderen Worten: daß es keinerlei *Schutz* vor ihren Eingriffen gab – und daß jedermann zu jeder Zeit und an jedem Ort davon betroffen sein konnte.

Und noch etwas zeigte dieser Fall: die merkwürdige Verknüpfung von Schicksalen. Es war sicher kein Zufall, daß Mrs. K. und Ellecia Gruen später ausgerechnet in dem kleinen Nest Ogden Center wohnten, ohne daß die eine sich der Pläne der anderen bewußt gewesen wäre. Damit taten sich offenkundig zusätzliche Dimensionen auf, die das Ganze in einen weitaus größeren Zusammenhang rückten, als wir bis dahin angenommen hatten.

Anfang der achtziger Jahre erschien dann Budd Hopkins' Buch *Von UFOs entführt*,[8] mittlerweile wohl *der* Standardklassiker auf dem Sektor schlechthin. Hopkins zeigte, daß Entführungen aus oder Untersuchungen im Haus offensichtlich nicht die Ausnahme, sondern die Regel bildeten. Und daß daran insbesondere *ein* Typus eines »Außerirdischen« beteiligt zu sein scheint: der »kleine Graue«, der inzwischen das Feld fast vollständig dominiert.

Das Ende des vergangenen Jahrzehnts erschienene zweite Buch von Hopkins über den Kathy-Davis-Fall,[3] die Bücher von Raymond Fowler über Betty Andreasson-Luca,[9, 10] von Whitley Strieber über seine eigenen Erlebnisse,[11, 12] von Prof. David Jacobs über die Chronologie einer Entführung,[13] nun die außerordentlich detailliert aufgearbeiteten Allagash- und Buff-Ledge-Fälle[14, 15] und schließlich das Werk von Prof. John Mack[16] – all dies machte deutlich, wie verwirrend, vielschichtig und komplex dieses Phänomen in Wahrheit ist. Verwirrender jedenfalls, als wir lange Zeit geglaubt haben, verwirrender auch, als viele dies selbst heute noch wahrhaben wollen.

Unsere Verwirrung hat zweierlei Gründe. Zum einen liegt sie in unserer natürlichen Unfähigkeit begründet, mehr als nur einzelne Facetten dieses schillernden, spiegelnden, über alle Maßen unbegreiflichen Phänomens zu erfassen und richtig einzuordnen. Zum zweiten liegt sie in der Natur der *Anderen* selbst, die uns gegenüber nicht als das auftreten, was sie sind: Sie maskieren sich, sie tarnen sich, sie spielen uns etwas vor. Sie narren uns mit genau den Bildern, die wir *gerne sehen möchten*.

Dies ist eine Art Mimikry-Verhalten. Chamäleons, bestimmte Falterarten, eine ganze Reihe von Meeresbewohnern ist diese Fähigkeit zueigen: Sie verändern die Farben ihrer Haut, die Strukturen ihrer Oberfläche, passen sie ihrer jeweiligen Umgebung an und können auf diese Weise von ihren Feinden fast nicht mehr erkannt werden.

Die *Anderen* scheinen ein ganz ähnliches Verhalten uns gegenüber an den Tag zu legen. Auch sie tarnen sich, auch sie sind nicht das, was sie für uns zu sein scheinen. Wir sehen nur Bilder, Symbole, die wir akzeptieren, wenn auch nicht verstehen können. Viele glauben, diese Bilder *seien* die Fremden, die Symbole *seien* das, was real mit den Entführten kommuniziert. Aber mehr und mehr Entführte lernen zu verstehen, daß der eigentliche Kontakt auf einer ganz anderen, viel tiefer gelagerten psychologischen Ebene abläuft und daß die Bilder, die uns gezeigt werden, die Bilder von »kleinen Grauen« und gestohlenen Embryonen, eben nur *Symbole* sind. Fraglos sind es wichtige Symbole, aber sie verdecken noch das eigentliche, für uns vermutlich völlig unverständliche Geschehen, um es wenigstens *akzeptabel* zu machen.

Die amerikanische Anglistin Dr. Karla Turner, die selbst etliche Entführungen erlebte und darüber ein wichtiges Buch geschrieben hat, ist eine jener Betroffenen, für die dieser Umstand inzwischen deutlich geworden ist:[17] »Der veränderte Bewußtseinszustand [während einer Entführung, Anm. J. F.] verhindert jede objektive Beurteilung der Situation durch die Zeugen. Das bedeutet, der Zeuge kann nur berichten, was er sah, fühlte, hör-

24

te, was nicht unbedingt eine Widerspiegelung dessen sein muß, was wirklich geschah. Indem sie den Entführten in einen veränderten Bewußtseinszustand versetzen und diesen manipulieren, erlangen die Außerirdischen die völlige Kontrolle über die Situation und üben damit auch weitgehende Kontrolle über die Daten aus, die der Zeuge berichtet. Entführte berichten Informationen, die von den Außerirdischen kontrolliert werden. Dies ist eine Tatsache, mit der sich Entführungsforscher auseinandersetzen müssen. Dann kann vielleicht die Arbeit an der Lösung dieses Problems beginnen, daran, Wege um die Erinnerungssperren und Tarnillusionen herum zu finden, um die echten Ereignisse und den Plan dahinter entdecken zu können. Bis zu dem Tag, an dem wir die Illusionen der Außerirdischen demaskieren können, können wir jedoch zumindest die Gesamtheit der gemeldeten Daten studieren, mögen sie auch kontrolliert sein, und so versuchen, mehr darüber zu erfahren, warum bestimmte Bilder und Ereignisse verwendet werden und was sie uns über die heimlichen Regisseure dieser Szenarien sagen können.«

Der frankokanadische Astrophysiker Dr. Jacques Vallée vertritt eine Auffassung zum UFO-Phänomen, die der meinen sehr ähnlich ist. Er meint, daß sich solche Erlebnisse in Realitätsbereichen abspielen, die wir »einfach noch nicht verstehen. Sie wirken auf Teile des menschlichen Bewußtseins ein, die wir noch nicht entdeckt haben. Ich glaube, das UFO-Phänomen ist einer der Wege, auf denen eine fremde Form der Intelligenz von ungeheurer Komplexität auf einer *symbolischen* Ebene mit uns Kontakt aufnimmt.«[18]

Erkennen, erfassen, realisieren

»Ihre Mimikry-Hypothese«, schrieb denn auch *Franziska Sutter* in ihrem ersten Brief an mich, »hat mich getroffen. Ich kann es nur so ausdrücken: Das war das Pünktchen auf dem i. So verrückt es klingen mag – genau das hat mir alles so erschwert, diese *Umwandlungen* einzuordnen (wo die Erlebnisse selbst doch schon eigenartig genug sind), denn das war für mich der Punkt, der mich an allem zweifeln ließ. Darüber hätte ich mich nie zu sprechen getraut. Ob wir doch noch lernen können, damit umzugehen, da es uns doch so fremd ist? Ich hoffe es, denn nur so können wir weiterkommen und verstehen...«

Weiterkommen, verstehen lernen. Die Erlebnisse der Entführten bieten uns eine unglaubliche, eine einmalige Chance. Es ist fraglos nicht das erste Mal in unserer Geschichte, daß wir Menschen erkennen, nicht allein zu sein. Unsere Vorfahren in der Antike und im Mittelalter lebten völlig selbstverständlich in einer Welt, die von Göttern, Geistern, Dämonen, Feen und Elfen umgeben war. Die Aufklärung hat diese Wesen für tot erklärt, die Psychologie aus den Anfängen dieses Jahrhunderts ihnen die verwinkelten Räume seelischer Abnormitäten zugewiesen. Aber sie sind weder tot, noch lassen sie sich als Staubfänger unserer unbewußten Ängste verbannen.

Nein, sie sind da, sie sind hier. Und wir haben die Möglichkeit, mit ihnen zu kommunizieren. Nicht wie die Propheten des alten Israel oder die Hohenpriester Ägyptens, die vor ihnen in den Staub sanken. Nicht wie die abergläubischen Menschen des Mittelalters, die sich schon mit einem Fuß in der Hölle wähnten, sobald sie die Augen der Fremden erblickten. Auch nicht wie die Scharen selbsternannter »Channels«, die von Plejadiern, Orion-Menschen und Abordnungen der »Reticulaner« sich ständig widersprechende Botschaften erhalten.

Wir Menschen am Ende des 20. Jahrhunderts haben eine rasante Entwicklung hinter uns, eine Entwicklung, die uns die Strukturen unseres Universums gezeigt hat. Wir beginnen zu begreifen, welche Räume, welche Zeiten in diesem Universum eine Rolle spielen. Wir beginnen zu begreifen, welche Position wir selbst darin einnehmen.

Wir beginnen, erwachsen zu werden. Noch immer ist es ein mühsamer Weg voller Stolpersteine, und solange wir uns in Kriegen oder durch die anhaltende Verschmutzung unserer Umwelt noch immer gegenseitig umbringen, werden wir kaum darauf hoffen können, in irgendeiner Weise als gleichwertige Partner einer weit fortgeschrittenen Intelligenz betrachtet zu werden. Aber wir könnten zumindest beginnen, uns vorzubereiten, beginnen, in einen Kommunikationsprozeß einzusteigen, der uns schließlich hinaufführen wird in noch unbekannte Dimensionen des Seins.

Kommunikation bedeutet aber zuallererst: erkennen, erfassen, realisieren dessen, was da um uns abläuft. Dieses ist der erste und wichtigste Schritt. Ob er der schwerste ist, hängt von uns selbst ab. Sind wir bereit zuzuhören? Oder weisen wir empört alles von uns, was uns Anlaß zu der Vermutung geben könnte, unsere Existenz auf dieser Welt sei nur ein winziges (wenn auch nicht unbedeutendes) Steinchen in einem riesigen Mosaik kosmischer Möglichkeiten?

Zuhören, sich einlassen auf das, was die Entführten uns berichten, weder gläubig noch voller Vorurteile, sondern kritisch, nachdenklich, vor allem aber mit dem Mut, der uns Menschen auszeichnet: immer den nächsten Schritt zu tun.

Das Leben der meisten, die entführt wurden, ist eine einzige regellose Abfolge unverständlicher, unerwarteter, zum Teil schreckenerregender Ereignisse. Sie beginnen in der Kindheit und finden niemals ein Ende.

Die frühesten Erinnerungen, die *Franziska Sutter* hat, reichen zurück bis ins Alter von etwa vier Jahren. Schon damals, so weiß sie, standen öfter *Bedroom Visitors* in Form kleiner Wesen an ihrem Bett und starrten sie an:

»Dies habe ich lange verdrängt. Nicht vergessen, sondern sofort an anderes gedacht, wenn die Erinnerungen kamen, mir vorgestellt, daß ich das als Kind wohl nicht richtig interpretierte. Erst jetzt, wo ich mit entsprechenden Fragen konfrontiert werde, lasse ich es zu, diese Sachen einfach so, wie sie in meiner Erinnerung sind, stehenzulassen und aufzuschreiben. Als Kleinkind, so ab etwa drei Jahren, sah ich nachts regelmäßig kleine Wesen an meinem Bett. Und zwar mehrere zusammen. Irgend etwas wurde mit meinem Kiefer gemacht. Ich erinnere mich, daß mein Kopf so wie in Schraubzwingen eingespannt wurde. Dann wurde mein Mund geöffnet und offen gehalten. Und dort manipuliert. Ich hatte als Kleinkind keine Angst davor. Es waren Zwerglein, Kobolde für mich. Die sind in meiner Erinnerung immer grau. Erst als ich älter wurde, kam auch die Angst.«

Mit sechs oder sieben Jahren, mitten auf einem Spaziergang entlang der Straße, überfiel es *Franziska* schockartig. Zum ersten Mal realisierte sie, daß etwas ganz Seltsames, Ungewöhnliches mit ihr geschah, daß diese Wesen wirklich existieren, immer wieder bei ihr sind, daß sie sie hören und sehen und fühlen kann. Mit sechzehn erlebte sie einen solchen Moment des Erkennens noch einmal: Sie erwachte und hatte wieder dieses Gefühl, ihr Kopf und Kiefer seien in einen Schraubstock eingespannt gewesen: »Ich wußte: Das kannte ich von früher.«

Früher, das war im Alter von sieben oder acht Jahren. In dieser Zeit fanden *Franziskas* Eltern das Kind häufig nachts irgendwo im Haus versteckt, ohne daß es sagen konnte, wie es dort hingekommen war. Gut möglich, daß sie nur eine Schlafwandlerin war. Vielleicht hatte dies aber auch ganz andere Gründe...

Als *Franziska* zwölf Jahre alt war, besuchte sie Onkel und Tante in Zürich (sie selbst wohnte damals mit ihren Eltern noch in dem kleinen Ort Ermatingen im Kanton Thurgau). An einem dieser Abende waren die beiden ausgegangen, *Franziska* blieb allein zu Haus. Aber sie hatte keine Angst: Das Licht war an, sie saß im Bett und freute sich, ungestört *Robinson Crusoe* lesen zu können: »Es war schon sehr spät, denn das Buch war spannend, und ich war froh, daß niemand da war, der mir sagte, daß ich nun schlafen sollte. Das Licht war natürlich an. Plötzlich schaue ich auf und sehe durch das Fenster eine Gestalt kommen. Erst die Finger, dann die Hand, dann der Arm und das Gesicht. Ich sah es nicht vernebelt oder als Schatten, sondern total deutlich, farbig. Die Gestalt hatte lange Arme und Finger. Sie sah aus wie ein Monster. Sie schaute mich an. Ich weiß nicht mehr, was dann geschah. Ich weiß nur noch, daß ich aufrecht im Bett saß und mich nicht zu bewegen wagte, daß ich naß vor Angstschweiß war, als meine Verwandten nach Hause kamen. Ich weiß aber genau, daß ich nicht träumte, daß ich immer gedacht habe: ›Wie ist der bloß die Hausmauer hochgeklettert?‹«

Ab 1967 – *Franziska* ist jetzt neunzehn Jahre alt – sieht sie einen grauen Mann erneut an ihrem Bett stehen: »Fast keine Woche vergeht ohne ihn. Ich flehe ihn an zu sagen, was er will. Ich glaubte, er sei ein Geist.«

Um diese Zeit herum stellen sich auch merkwürdige »Träume« ein: von einer Art Krankenhaus mit so etwas wie »Soldaten«, von einem runden Raum mit Galerie. Irgend jemand, an den sich *Franziska* später nicht mehr erinnern kann, informiert sie, man hätte ihr Eier entnommen. Schon damals war sie sich sicher: »Das wirkte wie ein Traum – aber es war kein Traum!« Wochen später verändern sich diese merkwürdigen »Träume«. Nun wird ihr ein Embryo gezeigt, »ganz klein und komisch. Aber ich habe ihm gegenüber starke Muttergefühle.«

Mitte der siebziger Jahre, als sie bereits verheiratet war, tauchen neue »Träume« dieser Art auf: »Ich fliege immer wieder in einem Raumschiff mit. Wenn ich zurückkehre und im Bett liege, muß ich mich zuerst zurechtfinden, d.h. wo, wer und was ich bin.«

Solche »Träume« werden uns im Laufe unserer Entdeckungsreise in fremde Realitäten – die zugleich immer auch Reisen in die fremden Wirklichkeiten unserer Seele sind – noch häufig begegnen. Und wir werden sehen, daß sie einen ganz entscheidenden Anteil an dem gesamten Geschehen ausmachen: Reisen in andere Welten, in andere Zeiten, in die Tiefen unseres Ichs.

Erinnerungen – ein Leben lang

Mitte der siebziger Jahre beginnen sich die Ereignisse für *Franziska Sutter* zu überschlagen. Es ist soviel, daß sie selbst die wichtigsten Erlebnisse mir gegenüber zunächst nur in Stichpunkten wiedergeben konnte:

»Ich träume von einer Art Nonne. Sie sagt mir Tod und Todes-
stunde meines Schwiegervaters. Es trifft exakt ein.

An einem Nachmittag liege ich im Liegestuhl auf der Terrasse.
Plötzlich erscheint aus dem blauen Himmel eine Art Finger. Ich
schrecke auf und sehe hoch. Ein silbriges rundes Objekt steht am
Himmel. Das Objekt sehe ich auch in den folgenden Tagen
immer wieder. Ich kann mit niemandem darüber sprechen, bin
wie blockiert (dieses Jahr hat mir meine Tochter gesagt, daß sie
es als Kind auch sah, aber dreieckig und leuchtend an den
Ecken).

In diesen Tagen – ich weiß nicht mehr genau, wann das war –
wollte ich mit der Eisenbahn um 13 Uhr wegfahren. Ich sehe auf
die Uhr und gehe noch kurz auf die Terrasse. Ich schaue hoch und
sehe wieder das Objekt. Dann wird alles grell und weiß. Ich erwache Stunden später auf dem Sofa mit fürchterlichen Kopfschmerzen und Dröhnen im Kopf. Damals lag ich auch zur Belustigung
meines Mannes oft verkehrt herum im Bett und ganz starr.«

Einen fürchterlichen Schock, der ihr beim bloßen Gedanken daran noch heute die Haare zu Berge stehen läßt, bekommt *Franziska*, als eines Nachts »der absolut häßlichste Kopf an meiner
Bettkante auftaucht, den ich je sah. Ich springe mit einem Satz
auf die Seite meines Mannes und kann mich lange Zeit nicht
mehr beruhigen.«

Und noch etwas geschah in dieser aufregenden Zeit: »Unter meinem Schlafzimmerfenster wurde über Nacht der Rasen verbrannt, ganz schwarz und rund. Niemand wußte, warum.«

In der Zeit zwischen 1975 bis 1983 beginnt *Franziska*, etliche
ihrer Erlebnisse aufzuschreiben. Noch immer sieht sie nachts
zuweilen Wesen an ihrem Bett stehen, noch immer »träumt« sie
auf merkwürdige Weise von UFOs, von Lichtstrahlen, die sie
lähmen, von einem runden, klinisch wirkenden Raum, in dem
sie vieles lernen muß. Dort, in diesem Raum, kommt ihr alles
vollkommen logisch und sinnvoll vor – sobald sie am nächsten
Morgen erwacht, verblassen die Erinnerungen.

Dies ist natürlich ein Charakteristikum von Träumen. Wenn wir in die Welt unserer Träume abgetaucht sind, erscheint uns dort alles logisch, alles sinnvoll, alles zusammenhängend. Erst, wenn wir erwachen und uns noch an das ein oder andere erinnern können, wird uns die Absurdität bewußt, die Unlogik, das Sinnlose. War es auch bei *Franziska* so?

»Damals träumte ich von diesem ›weisen Kind‹, von dem ich dann viel später bei Budd Hopkins las [Hopkins berichtete als erster in *Eindringlinge*[3] über Hybridkinder von Entführten, die den erstaunten Müttern oder Vätern präsentiert werden, Anm. J. F.]. Ich habe es auch genau so genannt: das ›weise Kind‹. Es lehrte mich viel. Von damals habe ich auch noch meine handschriftlichen Notizen.«

In *Kontakt* hatte ich über den Fall des *Peter Hausner* geschrieben. Er war 1980 während einer Radtour zwischen Linz und Wien in ein kugelförmiges Objekt hinaufgezogen, von kleinen Wesen in Empfang genommen und dann auf einen Tisch gelegt worden. Eine gläserne Halbröhre hatte sich über ihn gespannt: »Ich war hermetisch abgeriegelt und fühlte mich wie in einem Sarg aus Glas. Und mir wurde furchtbar heiß. Ich dachte, ich müßte wahnsinnig heiße Luft einatmen. Mir wurde fast schlecht, so heiß war es.«

Zwei Jahre zuvor, 1978, machte *Franziska Sutter* mit ihrer damals elfjährigen Tochter Urlaub in Florida. Sie wohnten bei Verwandten, hatten ein gemeinsames Schlafzimmer in der oberen Etage. Sie schliefen zusammen im gleichen großen Bett: »Am Abend des ersten Tages gingen wir normal zu Bett. In dieser Nacht hatte ich ein richtiges Horrorerlebnis. Ich lag starr in irgend etwas drinnen. Wie in einem gläsernen Sarg. Um mich herum war Licht. Mir war fürchterlich heiß, und ich konnte mich überhaupt nicht mehr bewegen. Ich war wach, aber total starr. Es kam mir vor wie eine Ewigkeit, d.h. ich gab schon die Hoffnung auf, daß es jemals enden würde. Es war grauenvoll. Ich bekam fast keine Luft mehr. Ich habe wirklich sehr gelitten dabei.«

Als *Franziska* am nächsten Morgen in ihrem Bett erwacht, ist sie allein. Wo ist ihre Tochter?

»Zuerst dachte ich, daß sie wohl schon zum Frühstück hinuntergegangen war. Aber sie war nicht dort. Ich rannte ins Bad und suchte sie überall im Haus. Ich rief sehr laut nach ihr. Ich war auch im Schlafzimmer, rief nach ihr, suchte alles ab. Sie war nirgends. Ich konnte mir einfach nicht vorstellen, wohin sie gegangen war. Schon lange vor der Amerikareise hatte ich ihr eingeschärft, niemals allein aus dem Haus zu gehen. Ich glaube, sie hätte dies auch nicht gemacht. Trotzdem haben wir alle die Umgebung abgesucht, sind mit dem Fahrrad zum nahen Meer gefahren, um sie zu suchen. Es war schrecklich, ich fand mein Kind nicht mehr. Dann bin ich wieder ins Schlafzimmer gegangen. Plötzlich tauchte meine Tochter hinter dem Bett auf. Sie lag am Boden zwischen der Wand und dem Bett. Sie wußte von nichts und sagte, sie sei hier aufgewacht. Ich war einfach froh, sie wiederzuhaben und habe damals ihr Verschwinden nicht mit meiner Starre in Verbindung gebracht.«

Dennoch halte ich es für denkbar, daß eine solche Verbindung existiert. *Franziska* hatte *gerade* das Schlafzimmer zweimal sorgfältig abgesucht – hätte ihre Tochter wirklich die ganze Zeit zwischen Wand und Bett gelegen, hätte sie sie unweigerlich finden müssen. Sie war definitiv nicht im Raum. Wo also ist sie gewesen? Was geschah in dieser Nacht, an diesem Morgen in Florida wirklich?

Unheimliche Besucher

1983 ereignet sich ein Vorfall, der die unglaublichen paranormalen Verbindungen des Phänomens deutlich macht: »Ich wurde im Traum gewarnt, ein bestimmtes Flugzeug zu besteigen. Ich buchte den Flug um. Das Flugzeug stürzte wie vorausgesagt in Madrid ab. Ich hatte damals statt dessen die Lufthansa-Maschine Frankfurt–Caracas genommen. Dort war ich eine Zeitlang im

Cockpit, und zusammen mit der Crew sahen wir ein seltsames Objekt über uns fliegen.«

Etwa ein Jahr später, an einem Sonntag nachmittag, will *Franziska* mit ihrem neuen Freund spazierengehen: »Wir sitzen im Auto, und plötzlich spricht es aus meinem Mund heraus, ohne meinen Willen: ›Wir werden ein UFO sehen!‹ Mein Freund schaut mich ganz entgeistert an und fragt mich, ob ich spinne. UFOs waren bis dahin nie ein Gesprächsthema für uns gewesen. Ich erklärte ihm, daß das nicht bewußt von mir gekommen sei. Wir vergaßen es dann auch wieder, aber als wir später in einem kleinen Bauerndorf spazierengingen, sahen wir eine ganz klassische ›Untertasse‹, ganz nah.«

Wieder erwacht *Franziska* in dieser Zeit häufig aus dem Schlaf, liegt ganz starr im Bett, kann sich nicht bewegen: »Ich fühle, wie sie mich betasten. Die Matratze bewegt sich sogar. Kopf, Rücken. Bin absolut wach.«

Ein oder zwei Tage vor Weihnachten 1986 sieht sie zusammen mit ihrer Tochter ein großes schwarzes dreieckiges Objekt am Himmel schweben. Später wird auch ihr Freund in das unheimliche Geschehen mit einbezogen: »Manchmal erlebte er die Besuche mit. Die runden Hautabschürfungen, die dann bei ihm immer sichtbar sind, haben uns beschäftigt – was ist das? Damit er mehr Ruhe hat (er hat Angst), schläft er jetzt in einem anderen Zimmer. Fein verteilte Blutspritzer im neubezogenen Bett haben mich oft stutzig gemacht. Ich habe jeweils die Flecken und meinen Körper abgecheckt und konnte bis heute keine Erklärung dafür finden.«

Um diese Zeit geschah etwas anderes Beängstigendes, das an Szenen aus einem Horrorfilm erinnert: »Eines Nachts wache ich auf, weil ich spüre, daß sich jemand an mich drängt. Ich bin starr vor Schreck. Vor allem, weil ich spüre, daß mein Pyjamaoberteil geöffnet und die Hose heruntergezogen wird. Ich weiß nicht, wie lange das dauerte, aber ich kann mich nicht wehren, und dieses eklige kleine Ding macht an meinem Bauch 'rum. Ich bin wehrlos, starr, kann den Kleinen auch nicht sehen, nur spüren.«

In diesem Moment hört *Franziska*, daß die Haustür aufgeht. Zuerst glaubt sie, es sei ihr Freund, und ist froh, daß er ihr helfen kann. Tatsächlich ist das kleine Wesen im gleichen Augenblick verschwunden, *Franziska* kann sich wieder bewegen: »Ich mache Licht, stehe auf und will in den Korridor gehen. Aber ich habe fast keine Kraft, mich zu bewegen. Auch verschwimmt alles vor meinen Augen. Ich kämpfe mich in den Korridor und sehe dort verschwommen drei oder vier Gestalten. Ich denke: ›Mein Gott, der bringt unangemeldet Leute mit und das mitten in der Nacht, das gab es ja noch nie.‹ Ich will es ihm sagen – und hab' es versucht zu sagen –, aber ich brachte die Worte fast nicht heraus, nur undeutlich und mit größter Kraftanstrengung: ›Es ist etwas Furchtbares passiert, ein kleiner Mann in meinem Bett, ich sehe fast nichts, ich habe keine Drogen genommen, aber ich bin wie high, habe keine Kraft, sehe alles verschwommen. Hole einen Arzt.‹ Und da bemerke ich, daß es gar nicht mein Freund ist. Es waren alles Fremde. Sie gingen ins Wohnzimmer, und ich hatte fast keine Kraft und furchtbare Angst. Ich war absolut wehrlos, meine Stimme krächzend. Ich weiß nicht, was die dann gemacht haben, außer, daß ich auf dem Boden im Wohnzimmer kniete und um Hilfe bat. Sie waren total böse und kalt, zynisch. Dann haben sie mir ein Zeichen auf die linke Brust gemacht, eine Art Stempel. Ich glaube, es war rund mit einem Stern in der Mitte. Dann sind sie wieder gegangen. Ich bin ins Bett gekrochen und habe mich hingesetzt und geschlottert vor Angst. Ich war klatschnaß, und meine Pyjamajacke war offen.«

Noch am nächsten Tag war *Franziska Sutter* vollkommen geschockt. Trotzdem glaubte sie an einen Alptraum. Sie schaute auch auf ihrer Brust nach, konnte dort aber das Zeichen nicht erkennen. Nur ihre Pyjamajacke war offen: »Und die habe ich noch nie selber nachts geöffnet. Auf andere Körperzeichen habe ich damals nicht geachtet. Obwohl ich auch in jener Zeit immer wieder diese großen blauen Flecken vor allem an den Beinen und an den Armen hatte und nie wußte, wovon.«

Bestätigung

Wer ist diese *Franziska Sutter*? Ist sie – wie manche vermuten werden (bzw. es sich insgeheim wünschen möchten) – verrückt? Ist sie schizophren? Leidet sie an einer Geisteskrankheit? Nichts von alledem. Nachdem sie mit mir Kontakt aufgenommen und mich damit auf ihren außergewöhnlichen Fall, dessen zahlreiche Elemente und Details uns auf den Seiten dieses Buches noch mehrfach begegnen werden, aufmerksam gemacht hatte, riet ich ihr zu einem Besuch bei dem Züricher Psychologen Dr. Hans-Martin Zöllner, einem Arzt, der sich insbesondere auf Geisteskrankheiten wie Schizophrenie spezialisiert hat. Sein Urteil ist eindeutig.

In einem Brief an *Franziska Sutter* mit Datum vom 16. Juni 1995 schreibt er: »Sie sind, ich wiederhole es, ganz sicher nicht schizophren. Kein schizophrener Mensch erlebt, was Sie erlebt haben – und kein Schizophrener kann es so klar, geordnet und nachvollziehbar wiedergeben und darstellen. Für mich steht außer Zweifel, daß Sie zu der Gruppe der ›echten‹ Entführungsopfer gehören. Allzu vieles von dem, was Sie erlebt haben, stimmt auf's Haar mit den Berichten anderer glaubwürdiger Entführungsopfer überein. Hochinteressant für mich als Psychologen sind auch ihre luziden Schilderungen Ihrer subjektiven Befindlichkeiten nach ›Heimsuchungen‹. Auch diese belegen eindeutig, daß Sie nicht ›spinnen‹.«

Und nun? Was machen wir damit? Wie gehen wir damit um? Wenn das Psychogramm von *Franziska Sutter* absolut keinen Hinweis darauf ergibt, daß sie krank ist oder wie gedruckt lügt, haben wir zwei Möglichkeiten: Entweder wir ignorieren all das und vergessen es ganz schnell. Damit finden wir – jedenfalls oberflächlich – unseren Seelenfrieden und können uns wieder »wichtigeren« Dingen wie den Börsenkursen, den Fußballergebnissen der Bundesliga oder der bevorstehenden Gartenparty des Nachbarn zuwenden. Oder wir akzeptieren, daß sich hier tatsächlich Dinge ereignen, die jenseits unseres Verständnisses liegen, Dinge freilich, die nichtsdestotrotz *geschehen*.

Um uns öffnet sich ein weites Feld, vorsichtig tasten wir wie Blinde einen ungeheuer komplizierten Gegenstand ab. Noch haben wir nur einige Details erspürt, einige Vorsprünge, Vertiefungen, Rundungen, Kanten und Ecken erfaßt. Wie das ganze Gebilde beschaffen ist, bleibt ein Rätsel.

Aber wir beginnen zu ahnen, daß da etwas *ist*, mehr, als wir uns vorgestellt haben. Und daß wir vielleicht das ein oder andere, diese oder jene Kante, diese oder jene Ecke unserem unvollkommenen Bild dessen, was da vor uns aufragt, noch werden hinzufügen können.

»UFO-Entführungen«, schreibt Prof. John Mack,[16] »haben, so glaube ich, etwas mit der Evolution des Bewußtseins zu tun. Sie scheinen einen epochalen Wechsel anzukündigen, ein Hineintauchen in einen Kosmos, den wir in einer weniger zerstörerischen Weise bewohnen könnten. Das Phänomen öffnet das Bewußtsein der Entführten – und dadurch möglicherweise die Einstellung von uns allen – für ausgedehnte und geheimnisvolle Bereiche des Lebens, an dem wir uns fruchtbarer und freudiger beteiligen können.«

Exakt dies ist auch mein sich in den letzten Jahren verstärkender Eindruck: Das Entführungsphänomen bewirkt eine Veränderung, eine Transformation, eine Umgestaltung unseres Bewußtseins, es bewirkt etwas *in* uns und *mit* uns. An der offenkundigen Oberfläche sehen wir nur die Bilder von medizinischen Untersuchungen, künstlichen Befruchtungen, Embryodiebstählen, schmerzhaften Eingriffen in Körper und Seele. Aber darunter öffnet sich uns eine ganz andere, neue Welt, darunter öffnen sich uns die Tore zu den Sternen...

II

Mythos

Die Wurzeln eines Phänomens

»Die Gestalt hatte mich entdeckt, gesehen – oder
auch nur gespürt. Denn ich hatte in diesem
Moment so eine haarsträubende Panik, daß ›er‹
wahrscheinlich dieses starke Gefühl wie einen
›Schrei‹ gehört zu haben scheint.«

Anette Reger (39 Jahre)

Ohne es zu bemerken und ohne es wirklich zu wollen, haben
wir uns in den letzten Jahrzehnten einen neuen Mythos
geschaffen. Das UFO-Phänomen, angesiedelt auf einer rationalen
ebenso wie auf einer irrationalen Ebene, spiegelt unsere Sehnsüch-
te und Träume wieder, es füllt ein Vakuum, das die Religionen
hinterlassen haben, seit sie sich fast ausschließlich nur noch um
das Diesseits kümmern. Religio, die *Rückbindung* zu Gott, das
Vermitteln mystischen Wissens und mystischen Erlebens, findet in
den Kirchen kaum noch statt. Kein Wunder, daß Sekten, Gurus
und Scientology-Propheten so großen Zulauf haben.
Kontakte zu fremden Wesen gab es schon immer. Seit Kenneth
Arnolds berühmter Sichtung einer Staffel von »fliegenden Untertassen« 1947 und ihrer weltweiten Verbreitung in der Presse haben
diese Kontakte lediglich eine neue, unserer Zeit angepaßte Aus-
drucksweise erfahren. Insofern ist dieser moderne Mythos nur ein
gewandelter alter Mythos, ist die heutige Sichtweise der Dinge nur
die veränderte Betrachtung einer jahrtausendelangen Erfahrung.

Mythos definiert sich durch die Art und Weise, in der wir die Welt sehen. Er erklärt diese Welt – nicht auf rationaler Ebene, sondern indem er unbekannte Kräfte, Energien, Götter miteinbezieht. Die Frage ist, ob beides – rationale und mythische Sichtweise – zwangsläufig einen Widerspruch darstellt oder darstellen muß. Seit der Zeit der Aufklärung sind wir gewohnt, das Universum um uns und auch uns selbst »rational« zu betrachten, d.h. Ursachen und Wirkungen zu erforschen und sie auf bereits bekannte oder neu zu entdeckende Naturkräfte (und nicht auf übernatürliche Gewalten) zurückzuführen. Geister, Götter und Dämonen spielen darin ebensowenig eine Rolle wie Feen, Zwerge und UFOnauten.

Aber wer sagt uns, daß eben diese Feen, Zwerge und UFOnauten, die Geister, Götter und Dämonen nicht *auch* ihren Platz in einem natürlich zu erklärenden Universum haben? Wir lassen uns abschrecken durch die romantisierenden, zum Teil auch verkitschenden Beschreibungen: Feen und Zwerge, das ist heute etwas für Kindermärchen. Götter und Dämonen, daran haben vielleicht die alten Griechen geglaubt – aber doch nicht wir! UFOnauten? Da lachen ja die Hühner!

Wir vergessen dabei, daß all diese Wesen über Jahrtausende hinweg die ganz natürlichen Begleiter unserer Vorfahren waren. Sie verstanden noch nicht, warum die Sonne am Himmel auf- und untergeht, und wenn sie es zu verstehen suchten, kamen sie zu falschen Ergebnissen. Sie wußten nicht, warum der Apfel vom Baum fällt, warum man versteinerte Muscheln in hohen Bergregionen zu entdecken vermochte oder daß Menschen nicht nur am Körper, sondern auch an der Seele erkranken können. Sie suchten Antworten mit den ihnen zur Verfügung stehenden Informationen, und weil ihnen wichtige Daten fehlten, kamen sie zu falschen Schlüssen. Nicht, weil sie dümmer waren als wir, sondern weil sie über ganz entscheidende Basisinformationen noch nicht verfügen konnten.

Diese Menschen begegneten Geistern. Sie sahen Feen, sie sprachen mit Zwergen. Sie wußten von den Göttern, die irgendwo jenseits der Wolken lebten, in geheimnisvollen Ländern oder auf den Gipfeln der Berge. Sie waren ein Teil ihrer Realität.

Wir haben sie aus dieser Realität gedrängt. Wir haben einen alten Mythos (scheinbar) vernichtet, nur, um im gleichen Maße einen neuen zu schaffen. Denn auch die moderne Wissenschaft ist natürlich ein Mythos oder lebt von einem Mythos: nämlich dem unerschütterlichen Glauben daran, alles *rational* erklären zu können und mit dieser Erklärung eine umfassende und letztgültige Sicht der Dinge geschaffen zu haben.

In einem Band über Methoden und Bewertungen in den Naturwissenschaften[19] setzt sich der Wissenschaftsphilosoph Prof. Paul Feyerabend mit den Theorien eines anderen Philosophen, nämlich Prof. Imre Lakatos, auseinander und schreibt: »Nachdem er (Lakatos) seine ›Rekonstruktion‹ der modernen Wissenschaft abgeschlossen hat, wendet er sie gegen andere Gebiete, *als wäre schon ausgemacht*, daß die moderne Wissenschaft der Magie oder der Aristotelischen Wissenschaft überlegen ist und keine Scheinergebnisse enthält. Doch *dafür* gibt es nicht den Schatten eines Arguments. Die ›rationalen Rekonstruktionen‹ nehmen die ›allgemeine wissenschaftliche Weisheit‹ als *selbstverständlich* hin, sie *zeigen* nicht, daß diese besser als die ›allgemeine Weisheit‹ von Hexen und Zauberern.«

Mit anderen Worten: Wissenschaftler beurteilen andere Formen der Erkenntnis, ohne diese anderen Formen wirklich untersucht zu haben. Eine solche Untersuchung gibt es nur *innerhalb* der als wissenschaftlich anerkannten Grenzen, nicht außerhalb davon: »Hier werden die oberflächlichste Forschung und die untauglichsten Argumente als ausreichend erachtet.«[20]

Dies aber entspricht nichts anderem als der Aufrechterhaltung eines Mythos: daß wir mit den gegebenen, anerkannten Natur- und Geisteswissenschaften, d.h. mit den in ihnen erkannten oder entwickelten Gesetzmäßigkeiten, alles erklären können, ein »Außerhalb« im Grunde nicht existiert. Dabei beruht die Bevorzugung der einen oder anderen Theorie keineswegs auf rationalen Gründen: »Es bleiben [...] ästhetische Urteile, Geschmacksurteile, metaphysische Vorurteile, religiöse Bedürfnisse, kurz, es bleiben *unsere subjektiven Wünsche*«.[19]

Diese vor allem sind es, die den modernen Wissenschaftsbetrieb kennzeichnen – nicht vermeintlich rationale Überlegungen über Sinn und Zweck eines Forschungsvorhabens oder über Sinn und Zweck einer bestimmten Theorie zum Verständnis der Welt. Und dennoch glaubt die *scientific community*, die »wissenschaftliche Gemeinschaft«, ausschließlich der von ihr gewählte Weg sei erlaubt, nur die dort geltenden Regeln gültig. Um hier noch einmal Feyerabend zu zitieren:[21]

»Der Gedanke, die Wissenschaft könne und sollte nach festen und allgemeinen Regeln betrieben werden, ist sowohl *wirklichkeitsfern*, weil er sich die Fähigkeiten des Menschen und die Bedingungen ihrer Entwicklung zu einfach vorstellt. Und er ist *schädlich*, weil der Versuch, die Regeln durchzusetzen, zur Erhöhung der fachlichen Fähigkeiten auf Kosten unserer Menschlichkeit führen muß. Außerdem ist der Gedanke *für die Wissenschaft selbst von Nachteil*, denn er vernachlässigt die komplizierten physikalischen und historischen Bedingungen des wissenschaftlichen Fortschritts. Er macht die Wissenschaft weniger anpassungsfähig und dogmatischer... Alle Methodologien haben ihre Grenzen, und die einzige ›Regel‹, die übrigbleibt, lautet: ›Anything goes‹.«

Anything goes: Alles geht, alles ist erlaubt. Natürlich ist das UFO-Phänomen ein Mythos, aber die Wissenschaft ist ein ebensolcher. Es gibt keine Schnellstraße zur Wahrheit, es gibt nur verschiedene mühevolle Pfade dorthin, und worauf es ankommt, ist zwar, ihre Unterschiede zu erkennen, aber nicht, die eine aufgrund mangelhaften Wissens über die andere zu verdammen. Wir brauchen beides: die Entdeckungen der modernen Natur- und Geisteswissenschaften ebenso wie jene eher auf der emotionalen Ebene angesiedelten Erfahrungen mit einer anderen, vielen noch sehr fremden Art der Wirklichkeit. Und das eine schließt das andere nicht aus.

»Die Wissenschaft unserer Tage«, schreibt der Zukunftsforscher und Philosophie-Professor Ervin Laszlo,[22] »ist perfekter als je zuvor, und ihre jüngsten großen Erfolge in allen Forschungsbereichen haben wirklich erstaunliche Einsichten vermittelt. Dennoch ist die Wissenschaft weit davon entfernt, alle Rätsel gelöst und alles in der Welt zu Verstehende verstanden zu haben. Viele Rätsel bleiben ungelöst. Sie stellen eine Herausforderung für die Wissenschaft dar, eine Aufforderung, ihre gegenwärtigen Vorstellungen von Wirklichkeit neu zu überdenken.«

Genau das trifft auf das UFO- und Entführungsphänomen zu. Wir tun uns keinen Gefallen damit, wenn wir – ohne wirklich über die Sinnhaftigkeit, die Mechanismen und Strukturen eines Mythos informiert zu sein – das UFO- und Entführungsphänomen abqualifizieren: Das sei ja *nur* ein moderner Mythos. Oder: Das sei ja *nur* Psychologie, und damit meinen, diese Dinge spielten sich ausschließlich in den Köpfen einiger verwirrter Zeitgenossen ab. Wer so argumentiert, hat nicht verstanden – er kennt weder die Wirkungsweisen eines Mythos, noch kennt er das Entführungsphänomen. Vor allem aber weiß er nicht, daß weit mehr dahintersteckt, als er ahnt oder sich selbst zubilligen will. Denn die Wahrheit ist, daß *eine fremde Intelligenz seit Jahrtausenden diese Mythen nutzt, um sich dahinter zu verbergen.*

Dr. Jacques Vallée ist einer der wenigen UFO-Forscher, die diesen Mechanismus wirklich erkannt und explizit zum Ausdruck gebracht haben. Er schreibt: »Ich meine, daß die Mythologie eine Ebene unserer sozialen Realität regiert, auf der normale politische und intellektuelle Trends keine Macht haben. Auf dieser Ebene ist der Zeitrahmen sehr groß und die Evolution verläuft sehr langsam. Massenmedien, die Momentaufnahmen der flüchtigen Geräusche einfangen (je lauter je besser), übersehen dieses Signal völlig. Eine Gesellschaft mit einer Aufmerksamkeitsspanne, die nach Minuten zählt (die Zeit zwischen zwei Werbeeinblendungen), hat kein Gefühl für Ereignisse, die begannen, als mein Großvater noch nicht geboren war, und die enden werden, wenn mein Enkelsohn schon lange tot ist. Doch es gibt derart langfristige Veränderungen. Sie bestimmen das Schicksal von Zivilisationen. Mythen definieren den Rahmen, in dem Gelehrte, Politiker und Wissenschaftler denken können. Symbole wirken auf sie ein, und die Sprache, die aus diesen Symbolen gebildet wird, ist ein umfassendes System. Dieses System ist metalogisch, aber nicht metaphysisch. Es verletzt keine Gesetze, weil es die Substanz ist, aus der Gesetze gemacht werden.«

Die *Anderen* haben alle Zeit der Welt. Ihre Aktionen bemessen sich nicht nach den Lebensspannen eines Menschen. Generationen kommen und gehen, Weltbilder entstehen, verändern sich, werden verworfen. Es spielt keine Rolle. »Tausend Jahre sind vor mir wie ein Tag«, sagt der alttestamentarische Gott Jahwe zu seinen Geschöpfen, denn Zeit ist nur ein Faktor in der regellosen Geschichte *unserer* Gesellschaft.

Die Fremden kennen keine Zeit. Sie kommen aus Dimensionen jenseits der uns umgebenden Vierdimensionalität des Einstein-Raumes – oder haben sich diese Dimensionen zunutze gemacht. Sie operieren unter dem Deckmantel sich immer wieder erneuernder Mythen: Der griechische Zeus saß ebensowenig auf dem Olymp wie der israelitische Jahwe auf dem Berg Sinai. Der Maya-Gott Quetzalcoatl war keine »Federschlange«, der Inka-Gott Viracocha hatte kein Antlitz »wie die Sonne« und die Feen und Elfen des Mittelalters waren keine geistergleichen Männer und Frauen in weißen Gewändern mit durchsichtigen Flügeln auf ihrem Rücken. Aber die *Anderen* nutzten damals diesen Glauben in gleicher Weise wie sie heute den Glauben an UFOs und kleine graue Männchen nutzen.

Wir müssen *verstehen* lernen. Zum ersten Mal in unserer Geschichte haben wir die Möglichkeit dazu: hinter den Mythos zu blicken, den Vorhang zu heben, die Maske fortzureißen. Die *Anderen* weisen uns bereits den Weg – alles, was wir benötigen ist der Mut, den ersten Schritt zu tun.

Kontakt auf Hawaii

Im Januar vergangenen Jahres war ich Gast eines Münchener Lokalsenders. Thema – natürlich – UFO-Entführungen. Eingeladen hatte mich *Anette Reger*. Sie war durch einen Zeitungsartikel auf mich aufmerksam geworden und hatte mich als Redakteurin dieses Senders angerufen. Das Thema interessiere sie irgendwie, und sie möchte gerne etwas darüber machen. Ich sagte zu.

Nach den Fernsehaufnahmen saßen wir noch in ihrem Büro zusammen, sprachen über das Thema, gingen einige Zeichnungen durch, die ich mitgebracht hatte. Und dann gestand sie mir, warum sie mich *wirklich* eingeladen hatte: »Eigentlich habe ich so etwas ja auch schon erlebt.«

Neugierig geworden, fragte ich weiter. Und so erzählte sie mir ihre Geschichte eines außergewöhnlichen Urlaubs auf Hawaii: »Es war im August 1993. Mein Mann, meine Tochter und ich waren nach Hawaii geflogen. Es war die Nacht unmittelbar nach unserer Ankunft. Aber ich konnte nur schlecht schlafen, drehte mich im Bett hin und her – die Zeitumstellung machte mir zu schaffen. So gegen drei Uhr morgens bin ich dann aufgestanden, um zur Toilette zu gehen.«

Es lag eine seltsame Spannung in der Luft, als *Anette* mir dies erzählte. Ich ahnte, es war das erste Mal, daß sie sich damit einem Fremden anvertraute: »Wir hatten ein Penthouse gemietet, alles war von Fenstern umgeben. So konnte ich auf die ganze Umgebung sehen. Als ich ins Bad kam, war da draußen so ein Licht. Es bewegte sich. Ich trat ans Fenster. Es war wirklich unglaublich. Das Licht war ein massiver Körper, rund, mit einer Kuppel obendrauf. Der Durchmesser – schwer zu schätzen. Vielleicht zehn Meter?«

»Das Ding bewegte sich auf Sie zu?«

»Nein, es landete am Berghang gegenüber bzw. verharrte wenig über dem Boden. Ich sah, wie sich eine Luke öffnete oder so etwas wie eine Luke. Eigentlich war es nur das grüne Licht, das

das ganze Objekt umgab, das an der Vorderseite wich und dafür durch ein grell-weißes Licht ersetzt wurde. Eben wie eine Luke sich öffnet.«

Anette Reger schien hier eine klassische CE-III-Geschichte zu beschreiben: die Landung eines Objekts und... das Heraustreten einer Gestalt?

»Gehört habe ich die ganze Zeit nichts. Die Fenster waren geschlossen, und die Klimaanlage rauschte. Eine Gestalt trat aus der Luke, sehr groß, 2,50 Meter oder noch mehr. Die Gestalt schien eine nicht sichtbare Treppe hinunterzugehen, blieb aber nach zwei oder drei Schritten abrupt stehen. Sie hatte mich entdeckt, gesehen – oder auch nur gespürt. Denn ich hatte in diesem Moment so eine haarsträubende Panik, daß ›er‹ wahrscheinlich dieses starke Gefühl wie einen ›Schrei‹ gehört zu haben scheint.«

»Was haben Sie gemacht? Was hat er gemacht?«

»Was *er* machte, weiß ich nicht. Denn ich rannte wie von Sinnen zurück und versteckte mich im Bett unter der Decke. Ich weiß nicht, wie lange ich so lag und zitterte. Ich weiß nicht, wieviel Zeit verging, bis ich mich aufzustehen traute, um in der Küche etwas zu trinken. Es wurde schon langsam hell, als ich mich wieder schlafenlegte.«

Vor drei- oder viertausend Jahren erlebte ein Mann namens Jakob, den das *Alte Testament* als den Sohn Isaaks und den Enkel Abrahams kennt, etwas sehr Ähnliches: »Aber Jakob zog aus von Beerseba und machte sich auf den Weg nach Haran und kam an eine Stätte, da blieb er über Nacht, denn die Sonne war untergegangen. Und er nahm einen Stein von der Stätte und legte ihn zu seinen Häupten und legte sich an der Stätte schlafen. Und ihm träumte, und siehe, eine Leiter stand auf Erden, die rührte mit der Spitze an den Himmel, und siehe, die Engel Gottes stiegen daran auf und nieder. Und der Herr stand oben darauf und sprach: Ich bin der Herr, der Gott deines Vaters Abraham, und Isaaks Gott; das Land, darauf du liegst, will ich dir und deinen Nachkommen geben« (Gen. 28, 10–13).

Es spielt keine Rolle, ob dieser Mann wirklich lebte und ob er tatsächlich ein Nachkomme Abrahams war. *Irgend jemand* hatte damals diese »Vision«, die er mangels besserer Klassifizierungsschemata als Traum einordnete. Er erlebte in dieser Nacht, wie auf einer Treppe Wesen vom Himmel auf die Erde hinabstiegen.

Der Kern dieses Mythos ist der gleiche, dem *Anette Reger* begegnete. Das einzige, was beide Schilderungen unterscheidet, ist das Gewand, in das das Erlebnis sich hüllt. Und es fehlt – anscheinend – eine Botschaft. *Anette* bekam kein Land versprochen, weder von dem riesenhaften UFO-Insassen noch von Gott selbst.

Aber das ist sekundär. Denn die Botschaft sind nicht die pathetischen Worte eines donnernden Gottes oder die flüsternden Töne engelgleicher Wesen. Die Botschaft *ist das Ereignis selbst*! Wenn wir *das* verstanden haben, dann haben wir bereits den ersten Schritt auf unserem Weg der Erkenntnis getan.

Fledermaus-Phobie

Ob noch mehr passiert ist in dieser Nacht? *Anette* erinnert sich an nichts, nur, daß sie stundenlang unter der Bettdecke kauerte und nicht wagte, nach draußen zu schauen: »Das war vielleicht das Seltsamste an der ganzen Geschichte. Bis dahin hatte ich mir das immer irgendwie schön vorgestellt. Ich hatte gedacht, wenn du wirklich mal Außerirdischen begegnest, wenn dir das wirklich mal passieren sollte, dann wärst du unglaublich froh darüber. Du würdest auf die zugehen und mit ihnen reden. Aber in dieser Nacht war alles anders. Ich hatte diese furchtbare, panische Angst – ich weiß nicht, wieso.«

Unbewußte Ängste vor einem Ereignis, das wir mit unserem Tagesbewußtsein ganz rational beurteilen und uns sogar in den schönsten Farben auszumalen vermögen. Aber unbewußte Ängste haben immer einen Grund, eine Ursache, die unter dem Schutt jahrelang angehäufter Seelenmüllberge versteckt liegt.

Ich fragte *Anette*, wovor sie eigentlich Angst habe, wovor sie sich so fürchtet. Sie hatte keine direkte Antwort darauf, aber später schrieb sie es mir dann doch:

»Solange ich mich erinnern kann, habe ich eine Fledermaus-Phobie. Ich erwähne es, weil es so außergewöhnlich stark ist. Ich bin heute noch nicht in der Lage, ein Foto einer Fledermaus anzuschauen. Ich kann nicht anders als schreien und zittern. Kollegen haben mir einmal aus Jux so ein Farbbild in die Post geschmuggelt. Ich habe geschrien und lange geweint. Ich war schon zwölf, als ich den ersten Italienurlaub mit meinen Eltern machte. Wir gingen über eine Einkaufsmeile voller Touristen. Ich sah um eine Straßenlaterne Fledermäuse fliegen und geriet zur Belustigung aller so in Panik, daß ich kreischend unter dem Rock einer fremden Passantin Schutz suchte. Ich hatte vorher noch nie eine Fledermaus gesehen und kann mir die Angst nicht erklären. Wegen dieser Angst allerdings meide ich heute noch südliche Länder. In abgeschwächter Form reagiere ich auf dunkle Nachtfalter, wobei ich vor hellen Schmetterlingen keine Angst habe und Vögel sogar ausgesprochen liebe. Dunkle Vögel machen mir nicht die geringste Angst, es ist also nicht das Flattern. Eine ähnliche Panikreaktion wie bei dem Bild einer Fledermaus hatte ich übrigens auch beim Betrachten der in Ihrem Buch abgebildeten Außerirdischen [*Kontakt*, Abb. 4, Anm. J. F.]. Es sind wohl die Augen.«

Viele Entführte besitzen *Screen Memories*, Deckerinnerungen, die reale Erlebnisse verbergen. Wir kennen Vergleichbares von traumatisierten Verbrechensopfern, etwa sexuell mißbrauchten Kindern oder vergewaltigten Frauen. Häufig sind es Tiere, die diese Funktion überdeckender Bilder übernehmen, Fledermäuse zum Beispiel im Fall der *Anette Reger*.

Aber Fledermäuse implizieren natürlich noch eine weitere Möglichkeit und den Blick auf einen anderen Mythos: den der Vampire. Dies mag zunächst lächerlich wirken, assoziieren wir damit doch allenfalls Christopher Lee in der Rolle des Dracula, Klaus Kinsky in der des Nosferatu oder jüngst Tom Cruise in *Interview mit einem Vampir*.

Die Legenden um Vampire hingegen sind uralt und haben in dem Roman von Bram Stoker nur ihren literarischen Widerhall gefunden. Sie sind auch nicht auf »Transsylvanien«, d.h. auf die Länder des Balkans beschränkt. Vampirerzählungen gibt es aus nahezu allen Teilen der Welt.

Derek und Julia Parker haben in einem Buch über *Die Unsterblichen*[23] auch Vampirmythen zusammengetragen. Wir alle kennen diese Geschichten natürlich, und die Phantasie, die sich seit jeher um sie rankt, hat die abenteuerlichsten Wege eingeschlagen. Selbst »amtlich beglaubigte« Vampire sind vermerkt.

In der Nähe von Belgrad soll im 17. Jahrhundert ein gewisser Arnold Paole verstorben sein, ein schwermütiger junger Mann, der seiner Verlobten kurz zuvor gestanden hatte, während seiner Militärzeit in Griechenland Kontakt mit »Untoten« gehabt zu haben. Schon wenige Wochen nach seiner Beerdigung kochte die Gerüchteküche, und jedermann wollte Paole nachts durch die Gassen des Ortes schleichen gesehen haben.

Also wurde eine Militärkommission zusammengestellt, die – wie es sich für solche Situationen offenbar zu gehören scheint – an einem frühen, nebeligen Morgen die Exhumierung der Leiche vornahm. Der Sarg wurde nach oben gehievt, der Deckel aufgebrochen, und in dem von zwei Offizieren beglaubigten Report heißt es, man hätte »deutlich sehen können, daß die Leiche sich auf die Seite gedreht hatte. Ihr Mund stand weit offen, und die blauen Lippen waren noch feucht von frischem Blut, das in dünnem Rinnsal aus dem Mundwinkel sickerte. Ohne auch nur einen Anflug von Erschrockenheit packte der alte Totengräber den Leichnam und rückte ihn mit diesen Worten wieder zurecht: ›Hättest dir beim letzten Mal ruhig den Mund abwischen können!‹«

Nach einer kurzen Unterbrechung, bedingt durch den Ohnmachtsanfall eines Soldaten, wurde der Tote mit Knoblauch

47

bestreut, und einer der Anwesenden stieß ihm einen Pfahl durchs Herz. In diesem Moment sei ein Blutstrahl aus der Wunde geschossen und ein durchdringender Schrei ertönt.

Trotz der amtlichen Beurkundung sollten wir dergleichen nicht überbewerten. Solche Geschichten machten – genauso wie die von Werwölfen und anderen schauerlichen Gestalten – in früheren Jahrhunderten mit Vorliebe die Runde und führten schließlich zu den romanhaften Gruselmärchen, die heute vor allem in ihren verfilmten Versionen den Zuschauer noch immer auf eigentümliche Weise berühren:

»In gräßlicher Gier glitten die glasigen, schrecklichen Augen des Unholds hin über die engelgleiche Gestalt. Das allein wäre schon Schändung genug gewesen. Doch er zerrte ihren Kopf zu sich an die Bettkante heran, zog ihn an dem langen Haar, in das sich seine Krallenfinger hineingewühlt hatten, nach hinten und grub seine hauerartigen Zähne in ihren weißen Hals – und schon schoß Blut aus der Wunde und ließen sich ekelerregende Sauggeräusche vernehmen. Das Mädchen war ohnmächtig geworden, und der Vampir hielt seinen schaurigen Schmaus.« Eine typische Szene, die 1874 Thomas Preskett Prest in seinem Roman *Varney the Vampire* schildert.

Doch was steckt hinter diesem Glauben an Vampire? Worauf gründet sich dieser Mythos? Lebten und leben wirklich Menschen unter uns, die nachts aus ihren Särgen steigen, sich in Fledermäuse verwandeln und unschuldigen, meist jungen Frauen und Männern das Blut aus den Adern saugen – nur damit diese später selbst zu Vampiren werden?

Natürlich nicht. Aber wie jeder Mythos hat auch dieser seine Faszination. Wie jeder Mythos hat auch dieser seinen Kern.

Moderne Vampire

Anette Reger fürchtet sich ihr ganzes Leben vor Fledermäusen. Warum? *Franziska Sutter* entdeckte häufig kleine doppelpunktförmige Einstiche an ihrem Hals – sie witzelte mit Freunden über Vampire. Diese Doppelpunktmarkierungen sind in der Tat ein häufig auftretendes »Mal« nach Entführungen. In der amerikanischen Literatur erstmals als »Rattlesnake-Bites«, als »Klapperschlangenbisse« charakterisiert, weil sie den Bissen einer solchen Schlange sehr ähnlich sehen, treten sie doch weltweit auf und werden von den Betroffenen immer wieder als überraschende Entdeckung nach den nächtlichen Besuchen der Fremden beschrieben.

Doch *Franziska Sutter* zum Beispiel ist sich noch eines weiteren Ereignisses bewußt, das die Zusammenhänge aufzeigt: »Das erste Mal geschah es etwa um den 10. Januar 1995. Aus irgendeinem Grunde habe ich es sofort verdrängt – wieder einmal. Ich hatte Angst, mich damit total lächerlich zu machen. Es kam völlig unerwartet.«

In der Nacht zum 16. Januar, als *Franziska* diese Zeilen schreibt, ist das seltsame Erlebnis ein zweites Mal über sie hereingebrochen und hat die Erinnerung an die Nacht eine knappe Woche zuvor wieder deutlich gemacht:

»Ich schlafe im Bett neben meinem chinesischen Freund Li. Da erwache ich, weil mich irgend etwas weckt, stört. Es ist wie ein Schwirren, ein Brausen, ein Flattern. Ich sehe, wie sich von der Fußseite her ein längliches, dunkles, eventuell schwarzes, etwa zwanzig bis dreißig Zentimeter breites und zirka ein bis eineinhalb Meter langes Ding zwischen uns gegen die Kopfseite zu bewegt. Es ›fliegt‹, schwebt ungefähr fünfzig Zentimeter über der Matratze. Nachdem ich es erkannt habe, schreie ich vor Schreck auf. Ich beruhige mich aber sehr schnell (was soll ich sonst machen?) und entschuldige mich bei Li für die Störung, sage aber nichts Genaues zu ihm. Ich wollte mich nicht lächerlich und ihm angst machen. Später schlafe ich wieder ein.«

Diese trotz der großen Angst erstaunliche Eigenschaft, wieder einschlafen zu können, ist ein weiteres Charakteristikum, das bei etlichen Entführungserlebnissen auftaucht. Wie es zu bewerten ist, bedarf noch einer genauen Klärung. Es scheint aber so zu sein, daß sich die Betroffenen im Moment des Bewußtwerdens ihrer seltsamen Situation kurzzeitig der Kontrolle der *Anderen* entziehen können – nur, um unmittelbar darauf erneut unter ihren Willen zu geraten und einfach »einzuschlafen«, d.h. die Umgebung nicht mehr bewußt wahrnehmen zu können.

In der Nacht vom 15. auf den 16. Januar 1995 kam das seltsame Ding erneut: »Ich schlafe wieder im Bett neben Li, den Rücken gegen ihn gewandt. Ich liege noch wach, und es ist keineswegs stockdunkel im Raum. Da höre ich wieder dieses eigenartige Brausen und Flattern von links (über Lis Seite) herkommen. Und dann sehe ich es. Es fliegt über unsere Köpfe. Es kommt mir vor wie ein Vogel, wegen der flatternden Geräusche. Es könnte auch ein längliches Dreieck gewesen sein. Ich hatte sogar das Gefühl, daß es mich beim Vorbeifliegen berührte oder daß der Luftstrom mich berührte. Es flog nur zwanzig oder dreißig Zentimeter über mir. Ich schrie wahnsinnig laut auf. Dieser Schrei war nicht nur ein Schreckensschrei, sondern für mich ein Zeichen meiner Gegenwehr. Damit war alles vorbei. Ich erklärte es Li, der mich beruhigte und es als Traum abtat. Wir bekamen fast Streit. Ich schaute zur Uhr, es war etwa Viertel vor elf.

Dann habe ich noch wachgelegen. Ich schämte mich für den Schrei, den sicher die Nachbarn gehört hatten. Ich dachte nach. Ich hatte nicht mehr Angst, daß es nochmals in dieser Nacht kommt. Aber ich hatte das Gefühl, daß es doch irgendwie aggressiv war.«

In der alten Ostsee-Hansestadt Rostock wohnt der 40jährige Anlagetechniker *Reinhard Gomulka*. Die Anzahl seiner Erlebnisse mit dem Unheimlichen ist kaum mehr in Zahlen zu fassen, wie bei vielen anderen Betroffenen hat ihn das Phänomen verfolgt, seit er ein Kind war.

Im April 1995 träumte er von einem ockerfarbenen UFO in

Form eines Bumerangs. In seinem Traum wirkte es metallisch, andere Objekte tauchten auf, die irgendwie zusammenhingen – und dann plötzlich verschwanden. Es war heller Tag, und *Reinhard* sah sich unvermittelt menschenähnlichen, glatzköpfigen Wesen gegenüber, mit großen Augen und ohne jegliche Emotionen. Er erblickte auch einen kleinen, rundlichen Gnom, dessen Kopf und Körper eine Einheit bildeten. Das Wesen verfolgte ihn in seinem Traum, *Reinhard* erinnert sich, über steiniges Gelände gelaufen zu sein, irgendwo in der Ferne sah er einen Wald. Der Gnom holte ihn ein, er wehrte sich mit Händen und Füßen, wollte ihn von sich stoßen, prallte aber unmittelbar vor der Gestalt immer mit etwas Unsichtbarem zusammen.

In diesem Moment erwachte er. Ein Traum? Eine Erinnerung an ein länger zurückliegendes Ereignis? Eine unmittelbare Erfahrung, die von seinem Unterbewußtsein in dieser Form verarbeitet wurde? *Reinhard Gomulka* war jetzt hellwach. Sein Blick streifte durchs Zimmer und durch die geöffnete Tür hinaus in den Korridor. War da etwas? Bewegte sich dort ein Schatten?

»Ich hatte den Eindruck, da flattert eine große Fledermaus. Ich beobachtete sie angespannt und voller Angst etwa zwei Minuten lang. Es war etwas Dunkles, Großes. Dann strahlte es wie ein Stern auf und begann, sich auf mich zuzubewegen. In meiner Not sprang ich aus dem Bett, und in diesem Moment muß es verschwunden sein. Ich machte Licht, schaute umher, konnte es aber nirgends entdecken.«

Reinhard legte sich mit klopfendem Herzen wieder ins Bett. Seine Augen schweiften im Zimmer umher – nichts. Dann ging sein Blick zum Fenster: » Und da war es, draußen, genau vor meinem Fenster, so als hätte es mich die ganze Zeit von dort aus beobachtet. In dem Moment, wo ich es sah, begann es, sich zu bewegen. Ganz langsam entfernte es sich in die Dunkelheit. Ich hatte eine wahnsinnige Angst und konnte die ganze Nacht nicht mehr einschlafen.«

Vampire und das Bedroom-Visitor-Phänomen

Auch die 34jährige *Annegret Bauer* aus Stuttgart wird seit vielen Jahren von verschiedensten unheimlichen Phänomenen heimgesucht – UFO-Sichtungen, *Bedroom Visitors*, verschiedene parapsychologisch deutbare Erscheinungen. Als ich sie im Herbst 1994 besuchte, erzählte sie mir von einer ganz merkwürdigen Geschichte, die sie mir in den Briefen zuvor nicht geschildert hatte – aus Angst, ich könnte sie mißverstehen: »Ich hatte mit Absicht dieses ›Monster‹ nicht erwähnt, denn ich bin mir nicht sicher – wissen Sie, das ist sehr schwer zu erklären. Stellen Sie sich vor«, versuchte sie, es mir deutlich zu machen, »Sie sehen in einem Lichtblitz ganz kurz eine Gestalt auftauchen, so in etwa war es. Es war mehr unwirklich und traumhaft. Es war groß und sah furchterregend aus mit seinen langen spitzen Zähnen.«

Die Erinnerung, die *Annegret Bauer* an dieses Bild hat, schließt aber auch ein merkwürdiges körperliches Gefühl mit ein: »Ich war unmittelbar darauf sofort hellwach und spürte einen unangenehmen Druck auf den Bauchnabel.«

Ich bat *Annegret*, mir dieses Druckgefühl etwas genauer zu beschreiben. Psychosomatische Wirkungen auf den Körper, die sich aufgrund intensiver Traumerlebnisse ergeben können, die sogar bis zu Beulen, schmerzenden Gliedern, blutunterlaufenen Stellen führen können, sind in der Psychologie durchaus bekannt. Die Frage ist, ob wir es hier mit deartigem zu tun haben oder ob die Empfindungen von *Annegret* auf ein reales Ereignis zurückzuführen sind, auf ein Ereignis, das sich nicht nur in ihrem Kopf, sondern in der sie umgebenden Wirklichkeit abspielte: »Es war ein Druck, direkt auf den Bauchnabel. Vielleicht kann man es am besten so beschreiben: Magnetische Kräfte zum Beispiel kann man ja auch fühlen. Wenn Sie zwei Magneten gegeneinander drücken, also die gleichen Pole, dann spüren Sie das Kraftfeld. Und genau so fühlte sich dieser Druck an, nur wesentlich kräftiger – und er drang in den Bauchnabel ein.

Schmerzen im eigentlichen Sinne empfand ich nicht, es war einfach unangenehm.«

Und dann verriet sie mir den Inhalt eines weiteren Traumes: »Etwas Ähnliches spürte ich übrigens auch nach einem sehr intensiven Alptraum mit Vampiren. Ich träumte, neben mir war eine Frau mit langen schwarzen Haaren. Sie drehte sich zu mir mit blinkenden Vampirzähnen um. ›Nein!‹ schrie ich. ›Doch nicht mich. Halt dich doch zurück!‹ Sie reagierte nicht auf mich, sondern bohrte mir eine lange Kralle oder etwas anderes in die rechte Hüfte und kam ganz nahe. Erschrocken wachte ich auf, schweißgebadet – es war so real. Danach spürte ich noch an der Stelle, an der sie die Kralle hineingebohrt hatte, einen seltsamen starken Druck, etwa eine Viertelstunde lang.«

Noch etwas vertraute mir *Annegret* an: »Ähnliche Vampirträume hatte ich oft. In der Tat habe ich Angst vor Vampiren. Nachts, draußen, da habe ich mehr Angst vor Vampiren als vor Menschen, die mir etwas antun wollen.«

Woher kommt diese Angst? Was ist die Ursache dieser Vampirträume? Waren die drückenden Stellen an der rechten Hüfte und am Bauchnabel nur psychosomatischer Natur? Oder waren sie Folgen eines realen Eingriffs, dessen Verursacher *Annegrets* Unterbewußtsein mit Vampiren gleichsetzte, aus welchen Gründen auch immer? All dies sind Fragen, auf die wir vermutlich nie eine Antwort erhalten werden.

Die folgende Geschichte ist aufgrund der ungenügenden Quellenlage leider nicht nachprüfbar, ich möchte sie an dieser Stelle dennoch einflechten[24] – mit aller gebotenen Vorsicht: Harald D. ist ein heute etwa 50jähriger Mikrobiologe, der in der Nacht zum 31. Dezember 1975 erwachte, weil er plötzlich eine ungewöhnliche Berührung an seiner Schulter verspürte. Entsetzt stellte er fest, daß ein schwarzer, aber offenbar irgendwie durchscheinender Schatten wie eine große Fledermaus neben ihm saß. Ihm war, als ob Energie aus ihm gesaugt und in den Körper dieses Wesens fließen würde. Harald D. vermochte das Wesen abzuschütteln, machte Licht und flüchtete ins Bad. Ein Alptraum?

Exakt ein Jahr später – als er diesen Vorfall schon fast wieder vergessen hatte – geschah das gleiche erneut. Wieder erwachte er von einem feinen Flügelschlag an seiner Schulter, doch diesmal dauerte es Minuten, bis er die Kontrolle über sich zurückgewann. Das Wesen in Gestalt eines großen, dickleibigen Nachtschmetterlings schien erneut Energie aus ihm zu saugen. Erst als er seine Frau neben sich wachrütteln konnte, verschwand das seltsame Geschöpf.

Vampire sind keine Untoten, die nächtens unter Nebelwallungen aus mit Samt und Seide ausstaffierten Särgen kriechen, die sich mit Knoblauch und Kreuzeszeichen verjagen lassen oder ihre Liebesbezeugungen hübschen Frauen gegenüber mit einem Biß in die Halsschlagader krönen. Der Vampirmythos gründet offenbar auf den nächtlichen Eingriffen fremdartiger Wesen und zeigt seine deutlichen Parallelen zum Besucher-Phänomen unserer Tage.

Wie der Vampir erscheint der *Bedroom Visitor* in der Regel nachts. Er erreicht das Zimmer seines Opfers auf ungeklärte Weise, meist, indem er sich als Fledermaus nähert und seine Gestalt wieder in die eines Menschen zurückverwandelt. Der außerirdische *Bedroom Visitor* kommt mit einem UFO und dringt in menschenähnlicher Form – meist durch Wände oder geschlossene Türen hindurch – in den Raum ein.

Den Vampir kleidet in der Regel ein schwarzer Umhang, der bis zum Boden reicht, ein hoher Kragen und eine Kapuze. In ganz ähnlicher Aufmachung – nämlich mit langem Gewand, Kutte und Kapuze – erscheint der fremde Schlafzimmerbesucher heute.

Körperliche Ähnlichkeiten sind nicht minder vorhanden: Vampire haben in unserer Vorstellung entweder dunkle, enganliegende Haare oder einen kahlen Kopf, sehr lange, knochige Finger, große schwarze Augen. Der »kleine Graue« steht dem in Häßlichkeit kaum nach: Auch er besitzt einen großen, kahlen

54

Kopf, ist zierlich von Gestalt mit allerdings sehr langen, knochigen Händen und Fingern und besitzt große schwarze Augen. Lediglich die Zähne scheinen ein abweichendes Detail zu sein: Vampireckzähne stehen in krassem Gegensatz zum zahnlosen Mund des »kleinen Grauen«. Aber exakt dieses Detail entstammt nicht dem Volksglauben, sondern der Phantasie Bram Stokers, der es in seinem Dracula-Roman erstmals den angeblichen Untoten andichtete.

Wie die Opfer der Vampire finden auch die Opfer des Besucher-Phänomens am »Morgen danach« häufig körperliche Male der ungebetenen Gäste. Doppelpunktnarben (die wohl identisch sein dürften mit den »Bißwunden« des Vampirmythos), Narben, piktogrammähnliche Markierungen zeigen am deutlichsten die körperlich-biologische Seite des Phänomens. Den Betroffenen heute werden bei diesen Aktionen häufig Haut-, Muskel-, Knochengewebsproben entnommen, Männern saugt man Sperma ab, Frauen stiehlt man Ovarien. Der Vampir begnügte sich noch mit dem Blut seines Opfers. Aber auch dieses wurde – wie wir wissen – bei Tier- und Menschenverstümmelungen entfernt (siehe hierzu: *Die Anderen*).

Interessant ist auch die Reaktion der Betroffenen auf das Erscheinen der Gestalten. Der vom Vampir heimgesuchte Schläfer mittelalterlicher Schauergeschichten hat im Moment des Erwachens (sofern er überhaupt erwacht, während der Vampir sich an seinem Blute labt) Todesangst, will schreien und kann sich nicht bewegen. Diese Angst schwindet allerdings schlagartig, sobald der Vampir seinen Mantel über ihn breitet, d.h. sein Opfer wieder seinem Einfluß unterstellt. Nicht anders der *Bedroom Visitor*: Erwacht der Betroffene und wird sich der Anwesenheit des oder der Eindringlinge bewußt, gerät er fast sofort wieder unter ihre mentale Kontrolle – durch eine Handbewegung, Augenkontakt oder in keiner Weise wahrnehmbare Reaktionen.

Der Vampir kommt unbemerkt und verschwindet unbemerkt. Aufgestellte Wachen nehmen ihn genauso wenig wahr, wie heutzutage die »kleinen Grauen« vom meist in einen tiefen Schlaf verbannten Ehepartner gesehen werden. Der Vampir verwandelt sich zurück in eine davonflatternde Fledermaus, und der »kleine Graue« verschwindet mit seinem Raumschiff irgendwo zwischen den nächtlichen Sternen.

Mythen und ihre Bilder

Untersuchungen von Menschen an Bord von UFOs kannte man schon lange vor dem Hill-Fall 1961 – aus der Science-fiction. Bereits in den vierziger und fünfziger Jahren gab es Hollywood-Streifen, die das Kidnapping in Fliegende Untertassen zeigten. Es sind die gleichen Inhalte, die uns heute – in etwas modernisierter Form – wiederbegegnen.

Ob Feenmythen, Göttermythen, Vampirmythen, Mythen, die sich in der Science-fiction verselbständigten – ihnen allen liegen reale Erfahrungen zugrunde. Anders wäre es nicht erklärbar, daß ein solches Motiv mit einer im Kern kaum veränderten Symbolik uns über all die Jahrtausende entgegentritt. Dies ist überhaupt nur dann möglich und nachvollziehbar, wenn sich in den untersten Schichten des kollektiven Unbewußten eben diese Motive und Symbole eingeprägt haben, nicht als Ausdruck überschäumender Phantasien, sondern als reale Elemente immer wieder in Erscheinung tretender Erlebnisse.

Das Besucher-Phänomen gehört zu den Urerfahrungen des Menschen. Es ist, wie vieles andere aus archaischen Zeiten, kollektiv gespeichert und in den verschiedensten Formen bis in unsere heutige Zeit tradiert worden. In seiner Arbeit *Zur Psychologie des Kinderarchetypus*[25] macht Carl Gustav Jung deutlich, daß Archetypen, also die Urbilder der Seele, die Art und Weise widerspiegeln, in der wir unsere physische Umwelt erleben: »Die primitive Geistesverfassung erfindet keine Mythen, sondern sie *erlebt* sie. Die Mythen sind ursprünglich Offenbarungen der vorbewußten Seele, unwillkürliche Aussagen über unbewußtes seelisches Geschehen, und nichts weiter als Allegorien physischer Vorgänge.«

Auch dies müssen wir – gerade in bezug auf Entführungserlebnisse – akzeptieren und verstehen lernen. Mythen entstehen nicht aus dem Nichts, sie sind Reflexionen erlebter Ereignisse. Diese Ereignisse als Halluzinationen zu bewerten, wird weder den historischen noch den kollektiven Dimensionen des Phänomens gerecht. Der amerikanische Psychiater Prof. Ronald K. Siegel zum Beispiel hat herausgefunden, daß nicht nur Geisteskrankheiten oder Rauschmittel zu Halluzinationen führen, sondern auch seelische Extremsituationen (Streß, Angst, Schlafentzug, Fieber, Lebensgefahr, Einsamkeit). In seinem Buch[26] beschreibt er den Fall des Patienten »Jack«, der zu ihm kam, weil er während einer Autofahrt entführt und von den Fremden am Kopf untersucht worden war. »Erst nach und nach«, kommentiert *Der Spiegel*,[27] »konnte Siegel ihm die Wahnvorstellung ausreden.«

Ob dies langfristig eine zu empfehlende Therapie ist, möchte ich bezweifeln. Denn auch »Jack« wird irgendwann wieder mit dem Phänomen konfrontiert werden, und das muß nicht unbedingt nach oder während einer langen Autofahrt geschehen.

Menschen, die entführt werden – das zeigen alle diesbezüglichen Untersuchungen[28–30] –, leiden eben *nicht* stärker an Streß, Fieber oder Einsamkeit als andere Vergleichspersonen, sie sind *nicht* in Lebensgefahr, wenn das Ereignis über sie hereinbricht, oder haben vorher mehr Angst gehabt als andere. Es gibt keinen Grund anzunehmen, daß sie sich in irgendeiner Situation befanden, die Anlaß zu einer Halluzination hätte geben können.

Vampire und »kleine Graue«, die Feen, Zwerge, Gnomen und Elfen des Mittelalters – sie alle sind letztlich Ausdruck eines andauernden Prozesses. Sie sind die symbolhaften, bild- und gestaltgewordenen Archetypen, mit denen uns der Kontakt zu einer überragenden Intelligenz verständlich gemacht wird. Diese Intelligenz benutzt solche Bilder, entnimmt sie unserem Unbewußten, unseren Vorstellungen und Phantasien und setzt sie in quasimaterielle Projektionen um. Deshalb sehen wir bei einem UFO- und Entführungserlebnis das, was wir uns unter einem solchen Erlebnis vorstellen – individuell und kollektiv.

Warum sind es denn ausgerechnet die »kleinen Grauen«, die heute so dominant auftreten? In den fünfziger, sechziger und siebziger Jahren gab es sie zwar auch – aber nicht in dieser alles überragenden Vielzahl und Häufigkeit. Damals wurden Entführungen auch von anderen Wesen vorgenommen, etwa im berühmten Pasgagoula-Fall 1973, bei dem regelrechte »Weltraummonster« auftauchten. Ein solcher Typus ist seither nie mehr in Erscheinung getreten und von keinem einzigen Entführungsfall der neueren Zeit bekannt.

Was bedeutet das? Sollen wir dies so verstehen, daß damals eine einmalige Expedition vom Planeten XY stattfand (parallel zu allen anderen Aktivitäten raumfahrtbetreibender Zivilisationen auf unserer Welt), man zwei ahnungslose Männer beim Angeln auffischte (ausgerechnet!), sie den gleichen medizinisch-biologischen Analysen unterzog wie in allen anderen Fällen auch – und sich dann auf Nimmerwiedersehen aus dem Staub machte? Ist so etwas *wahrscheinlich*?

Kaum. Also – wo sind sie geblieben, diese Weltraummonster vom Pasgagoula-River, oder die anderen skurrilen Wesen der vergangenen Jahrzehnte? Haben sie genug vom Forschen auf der Erde und das Feld den »kleinen Grauen« überlassen? Jedenfalls in Amerika? Denn es ist unübersehbar, daß bei uns in Europa auch heute noch eine erstaunliche Vielzahl an »Außerirdischen« in Erscheinung tritt, auch wenn sich dies – genauso wie in den USA – allmählich zugunsten des »kleinen Grauen« zu verschieben beginnt.

Die Antwort auf die Frage, woran all dies liegen kann, ist banal. Sie hat nichts mit Kämpfen im Weltall um die Vorherrschaft auf der Erde oder mit unterschiedlichen Forschungsprojekten Außerirdischer zu tun. Sie hat ihre Gründe allein in uns selbst.

1977 zeigte Steven Spielberg in seinem Erfolgsfilm *Close Encounters of the Third Kind* (Unheimliche Begegnung der dritten Art) zum ersten Mal den Typus des »kleinen Grauen« einem Massenpublikum. Vier Jahre später, 1981, erschien Budd Hopkins' Buch *Von UFOs entführt,*[8] in den USA ein Bestseller. Hopkins zeigte darin nicht nur die Entführungskonstanten auf, er machte auch deutlich, wie weitverbreitet dieses Phänomen zu sein scheint. Und er wählte für seine Präsentation – bewußt oder unbewußt vermag ich nicht zu sagen – Fälle aus, in denen der »kleine Graue« die Rolle des Entführers übernommen hatte. Dieser war es, der nun – allein oder in kleinen Gruppen – in die Häuser eindrang, der die erschrockenen Menschen unter seine Kontrolle brachte, sie ins Innere fremder Raumschiffe schleppte und dort zum Teil grausige Prozeduren und Operationen an ihnen vollzog. Er war es auch, der die Entführten über all die Jahre hinweg in seinen großen, schwarzen Augen behielt.

Damit und mit der weiten Verbreitung des Buches in den USA war für die Öffentlichkeit erstmals ein einheitlicher Typus festgelegt. Und fortan wurde er fast nur noch gesehen. Er hatte sich eingenistet im kollektiven Unbewußten der Amerikaner und *dort* seine Basis aufgeschlagen.

Nicht so bei uns. Hier hatte Hopkins' Buch Anfang der achtziger Jahre längst nicht den Erfolg wie jenseits des Atlantiks, das Besucher-Phänomen konnte noch weit unvorbelasteter erlebt werden als in Amerika. Dies zeigt sich in der größeren Bandbreite der dabei beobachteten Gestalten, und erst in den letzten Jahren, seit Filme wie *Intruders* den »kleinen Grauen« in den Vordergrund spielen, wird er auch bei uns häufiger gesehen als jemals zuvor.

Dies alles aber macht die unmittelbare Koppelung dieses Phänomens mit unserer eigenen Psyche deutlich. »Kleine Graue« existieren als biologische Entitäten im Sinne eines über Bewußtsein verfügenden Organismus ebensowenig wie die Weltraummonster des Pasgagoula-Falles oder die Vampire, Feen und Zwerge der Vergangenheit. Es sind lediglich die unserem jeweiligen Verständnis angepaßten *Projektionen* einer höheren Intelligenz.

Tanzende Feen

Und wer sagt denn, daß es selbst in unseren Tagen keine Feen mehr gibt? Der Mechanismus, mit dem sich die Anderen offenbaren, ist sehr komplex. Er spiegelt kollektive Vorstellungen als »kosmisches Hintergrundrauschen« wider und individuelle Vorstellungen als daraus herausragende »Peaks«. Er nimmt auf regionale Unterschiede genauso Bezug wie auf religiöse oder weltanschauliche. Und er läßt uns auch heute noch jene Wesen erblicken, mit denen schon unsere Ahnen im Mittelalter verkehrten.

Anfang Dezember 1994 erhielt ich einen Brief von *Peter Kastner*. Der jetzt 30jährige Mann ist Kfz-Elektriker, jemand, der, wie man so schön sagt, mit beiden Beinen fest auf dem Boden steht. Trotzdem erinnert er sich an einige Kindheitserlebnisse aus der Nähe von Walsrode in Niedersachsen, die ihm niemand glauben wollte – bis auf seine Schwester, die zum Teil selbst mit dabei war.

»Ich war sieben oder acht Jahre alt, es waren Sommerferien. Meine zwei Jahre jüngere Schwester, eine Freundin von ihr und ich spielten am Rande eines nahe gelegenen Waldstückes, wo wir uns ein Spielhaus eingerichtet hatten. Zwischen Waldende und angrenzendem Kornfeld geht eine tieferliegende Bahnstrecke durch. Etwa 200 Meter von unserem Standort entfernt verläuft eine Straße über die Gleise.

Plötzlich hörten wir Stimmen, die von der gegenüberliegenden Seite der Gleise, also der Seite des Feldes, herkamen. Das Korn war etwa 20 cm hoch, und wir sahen fünf Mädchen in schönen weißen Kleidern. Sie bildeten einen Kreis und hielten die rechten Arme schräg nach oben zur Mitte, wo sie sich mit den Händen festhielten. Sie tanzten im Uhrzeigersinn und lachten und kicherten sehr laut, so, als ob sie von grenzenloser Freude erfüllt seien. Meine Schwester und ich beschlossen, die Mädchen kennenzulernen. Wir rannten also los zu der Stelle, wo sie sich offensichtlich befinden mußten. Wir hatten nach zirka 300 Metern die

Stelle erreicht, aber zu unserem Erstaunen war dort niemand. An dem Ort, an dem sie getanzt hatten, war nichts zertreten, und wir konnten sehr weit über das offene Feld schauen, ohne etwas auszumachen. Seit diesem Tag habe ich immer nach einer logischen Erklärung gesucht.«

Gibt es eine solch logische Erklärung? Wer waren die Mädchen in den weißen Kleidern, die – wie die Feen der Vergangenheit – auf den Feldern im Kreise tanzten? Ich bat *Peters* Schwester *Mona*, die damals etwa sieben Jahre alt gewesen sein muß, mir ihre Erinnerungen an das Ereignis zu schildern. Sie decken sich in erstaunlichem Maße mit denen ihres Bruders:

»Wir hatten in einem nahen Waldstück eine – wie wir sie nannten – ›Bude‹, in der wir spielten. Diese Bude war nicht weit von den Bahnschienen entfernt. Doch von dort konnten wir nur das gegenüberliegende Feld sehen. Über die Schienen bis zum Feld waren es etwa dreißig Meter Luftlinie.

Eines Nachmittags wollten mein Bruder, meine gleichaltrige Freundin und ich ein Wettrennen veranstalten: Wer ist zuerst an der Bude? Wir rannten los. *Peter* war, wie immer, der Schnellste. Als ich mich pustend neben ihn in unserer Bude niedergelassen hatte, hörten wir plötzlich Kinderstimmen. Wir sahen hinüber zum Feld. Dort tanzten fünf oder sechs Mädchen. Sie hatten langes, gelocktes Haar und trugen weiße Rüschen- oder Spitzenkleider. Sie faßten sich an den Händen, trällerten und kicherten vergnügt. Ganz ausgelassen tanzten sie im Kreis herum.«

Kurz darauf trifft nach *Monas* Erinnerung auch die gleichaltrige Freundin an der »Bude« ein. Sie hatte sich unterwegs am Fuß verletzt und schaffte das letzte Stück nur humpelnd. Eigenartigerweise vermochte sie die Mädchen auf der anderen Seite der Bahnschienen *nicht* zu sehen: »Wir zeigten hinüber zum Feld, und wir waren erstaunt, denn die Freundin sah nichts von dem, was sich dort tat. *Peter* sagte: Laß uns 'rüberlaufen! Wir liefen also an den Schienen entlang bis die Straße kam, überquerten die Schienen, dann ging es etwas den Hügel hinauf, und liefen zu der Stelle im Feld. Doch die Mädchen waren verschwunden. Es war unheimlich, denn das Korn, das uns etwa bis zu den Knien ging, war nirgends zertreten. Wir suchten alles ab, doch es war vergeblich. Damals war es unser Geheimnis, denn wer glaubt schon einem Kind oder überhaupt an solche Erscheinungen? Wir beide unterhielten uns oft über dieses schöne, aber auch unheimliche Erlebnis.«

Zwerge, Gnomen, Kobolde

Selektive Wahrnehmung gehört zu den »Standardelementen« des Besucher-Phänomens: Einige der Beobachter sehen »etwas«, andere können nichts wahrnehmen. Dies ist bei UFO Sichtungen selbst der Fall und bei den Begegnungen mit den »kleinen Grauen« nicht anders. Selbst hinsichtlich sogenannter Marienerscheinungen können wir dies beobachten.[31] Auch hierin zeigt sich die Verknüpfung der menschlichen Psyche mit dem Phänomen und der dieses Phänomen verursachenden Intelligenz.

Wenn wir von Feen reden, die auch heute noch erscheinen, dürfen wir die Zwerge und Gnomen nicht vergessen. Solch kleinwüchsige Wesen werden seit nun fast fünfzig Jahren im Zusammenhang mit UFO-Beobachtungen erwähnt, und die »kleinen Grauen« sind ja im Grunde nur eine moderne Variante mittelalterlicher Gnomen. Doch selbst diese Gestalten tauchen noch heute auf, und ein Mensch vor fünfhundert Jahren hätte sie wohl in ähnlicher Weise beschrieben wie Betroffene heute.

Zu ihnen gehört Karin Fahrnberger. Die 34jährige Frau, in Österreich geboren, in Kanada aufgewachsen, jetzt wieder in St. Pölten wohnhaft, ist geschieden und hat eine zehnjährige Tochter. Seit ihrer Kindheit hat sie eine ganze Reihe komplexer und ihr all die Jahre über weitgehend unverständlicher Erfahrungen machen müssen: UFO-Beobachtungen in der Kindheit, Zeitverlust-Fälle, Erinnerungen an Entführungen, auf die wir später noch zurückkommen werden.

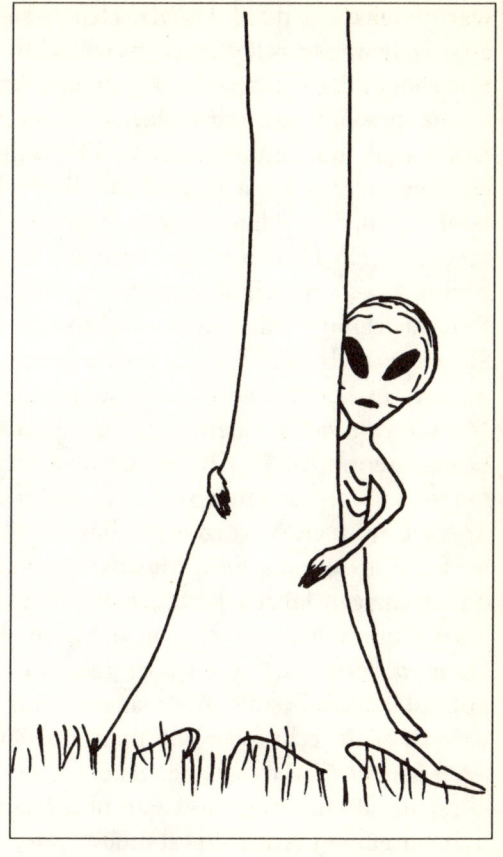

Vor einigen Jahren war sie zusammen mit ihrem neuen Lebensgefährten unweit von St. Pölten im Wald unterwegs, um Pilze zu sammeln: »Ich kletterte einen Hang hinunter, und wir verloren uns aus den Augen. In etwa 25 Meter Entfernung sah ich eine Gestalt hinter einem Baum hervorschauen. Sie war ungefähr 1,50 Meter groß und ganz rot – wie rohes, trockenes Fleisch. Sie trug keine Kleidung und hatte einen großen Kopf und lange Finger. Die Augen sahen ›dämonisch‹ aus. Es stand die ganze Zeit einfach nur da und beobachtete mich. Aber ich habe seltsam reagiert: Statt meinen Lebensgefährten zu rufen oder zu dem Wesen hinzugehen, ging ich wie in Trance weiter. Es war eine komische Situation, alles war so still, als ob die Zeit stehenbliebe. Ich habe nur hingesehen und mir gedacht: ›Ja, ja, ich sehe dich, aber mir ist es egal, du kannst mich nicht erschrecken. Was willst du eigentlich? Das ist ja lächerlich.‹ Warum ich so reagiert habe, kann ich nicht erklären. Ich bin einfach gegangen und habe es ignoriert. Ich habe auch zu meinem Freund kein Wort gesagt. Mein Mund war wie versperrt.«

Eine Begegnung mit einem »Kobold« hatte auch die 59jährige Schweizerin *Ursula Schachter*, die heute am Vierwaldstädtersee wohnt. Im Laufe ihres abwechslungsreichen Lebens war die Mutter von vier Kindern zunächst Verkäuferin, später Direktionsassistentin, dann machte sie eine Schreinerlehre, war Taxifahrerin, Masseuse und ist heute, nicht zuletzt unter dem Eindruck ihrer merkwürdigen Erlebnisse, als Avatar-Lehrerin tätig, versucht also, indische Glaubensvorstellungen zu vermitteln. In den sechziger Jahren lebte sie zusammen mit ihrem Mann in einer Kommune, später dann mit ihrer Familie allein in einem Haus in Frankreich. Und dort geschah es – sie begegnete einer koboldartigen Gestalt. Aber sie erkannte auch sofort, daß diese Gestalt nicht ›echt‹ war, daß man ihr hier etwas vorspielte:

»Als wir 1965 in unsere neugekaufte ›alte Ruine‹ einzogen, war alles mit Brennesseln und Brombeeren verwachsen, das Haus hatte dreißig Jahre leergestanden. Ich schnitt mit einer Sichel einen Weg durch das Gestrüpp, als plötzlich ein kleingewachsener häßlicher ›Kobold‹ vor mir stand und mich herausfordernd angrinste. Ich dachte: ›Das darf doch nicht wahr sein, jetzt spinne ich wirklich!‹ Und ich überlegte mir, daß ich ihn berühren müsse, um wirklich sicher zu gehen, daß ich mich nicht täusche. Ich machte also einen Schritt auf ihn zu, aber der Kerl rannte weg, schneller als ich ihm nachschauen konnte. Ich brüllte ihm noch nach: ›Heeh...‹, aber er war fort. Ich vergrub diese Erinnerung im untersten Schrank meines Gedächtnisses, denn ich war schon damals sofort davon überzeugt, daß der koboldartige

Look des Kerls ›künstlich‹ war, um mich zu beeindrucken. Das machte mich wütend. Ich schämte mich dafür, von den ›Typen da draußen‹ als dumm eingestuft zu werden – komischerweise wußte ich, daß er von ›dort‹ kam.«

Mythen-Kontrolle

Die Parallelen zwischen den Erzählungen des Mittelalters und diesen Beobachtungen könnten kaum erstaunlicher sein. In all dem schwingt die Melodie des gleichen Mythos, der in den Begegnungen mit UFOs und grauhäutigen Biologen von Zeta Reticuli nur seine zeitgemäße Ausformung erhalten hat. Davon weitgehend unbelastete Kinder sahen auch Mitte der siebziger Jahre noch Feen, die im Kreise tanzten oder die »Heilige Maria« in einem Sphäroid aus Licht. Und jene, denen man – den Bildern vergangener Jahrhunderte gemäß – Gnomen und Kobolde zeigte, waren davon nur noch wenig beeindruckt: sowohl Karin Fahrnberger als auch *Ursula Schachter* hatten das Gefühl, daß hier ›etwas‹ nicht stimmte.

Natürlich weiß ich, wie schwer es sein mag – auch für die Betroffenen selbst –, verstehen zu lernen, womit wir es wirklich zu tun haben. Wer das Besucher-Phänomen am eigenen Leibe erfährt (und das im wahrsten Sinne des Wortes), wird es als ziemlich unbedeutend empfinden, ob diese Wesen real sind oder nicht. Der Betroffene durchlebt ein wirkliches Ereignis, er erlebt Schmerzen, er fühlt die Hände der Fremden, er sieht in ihre unermeßlich tiefen, schwarzen Augen. Ob quasimaterielle Projektion oder real-biologische Entität spielt dabei keine Rolle.

Aber das braucht sie auch nicht, jedenfalls nicht für den Entführten in der konkreten Situation seiner Begegnung mit dem Unvorstellbaren. Der Betroffene wird zum Mittler zwischen »ihnen« und uns, die wir als Unbeteiligte all dem mit ungläubigem Staunen (oder auch staunendem Unglauben) gegenüberstehen. Die Botschaft, die er uns mit seinem Erlebnis übermittelt, ist einfach die: »Es« geschieht! »Wir« sind hier! Bereitet euch vor!

Damit aber zeigt sich eine seit Jahrzehnten andauernde Konditionierung, eine Einflußnahme auf unseren Glauben – weit subtiler, als die meisten von uns dies wahrhaben wollen. Indem sie sich unsere Mythen zunutze gemacht haben und diese weiterhin verstärken und ausbauen, haben die *Anderen* nicht nur ein erstaunliches Maß an Kenntnis selbst der tiefsten Schichten unserer Psyche gezeigt, sondern auch, daß sie in der Lage dazu sind, geradezu uneingeschränkt in unsere intimsten Bereiche einzubrechen und diese zu steuern. Wer die Mythen eines Volkes oder sogar der gesamten Menschheit kontrolliert, reguliert auf diese Weise ihre Vorstellungen, ihre Wünsche und die Träume ihrer Zukunft.

Und was sollen wir nun tun, nachdem wir dies erkannt haben? »Wenn die UFOs«, schreibt Dr. Jacques Vallée,[18] »auf mythischer und spiritueller Ebene wirken, dürfte es so gut wie unmöglich sein, dem Phänomen mit konventionellen Methoden auf die Spur zu kommen.«

Zweierlei können wir tun: Zum einen den Berichten der Betroffenen zuhören, aufmerksamer als je zuvor. In ihnen und in den darin versteckten archetypischen *Symbolen* verbergen sich die Botschaften an uns Außenstehende. Zum zweiten aber sollten wir versuchen, unkonventionelle Methoden zu entwickeln, das heißt vor allem, unkonventionell zu *denken*. Seit fünfzig Jahren beschäftigt uns das UFO-Phänomen, aber in seiner theoretischen Ausdeutung haben wir uns (von wenigen Ausnahmen abgesehen) bislang kaum von der Stelle bewegt. Und wir werden dies sicher auch so lange nicht tun, wie wir das, was in Wirklichkeit nur glänzender Schein ist, Trug und Täuschung, den Bildern unserer eigenen Seele angepaßte Tarnung, für den Kern des Ganzen halten. Wir müssen endlich den ersten Schritt wagen, hinein in das unbekannte Dunkel fremder Dimensionen. Wir müssen die unauflösbare Verkettung zwischen unserer Psyche und »ihnen« erkennen und den *Modus operandi* »ihres« Vorgehens. Solange wir uns von unseren eigenen Spiegelbildern täuschen lassen, werden wir nie erfahren, was sich auf der anderen Seite verbirgt.

Und das, obwohl die scheinbar so festgefügte Grenze zwischen hier und dort, zwischen diesem Spiegelbild und der Welt der *Anderen* in Wahrheit gar nicht existiert. »Meister«, fragt in einer alten indischen Überlieferung ein Schüler seinen Lehrer, »sagt mir, was ist der Tod? Ist es nur ein Hinübergehen von einem Raum in den nächsten?« Und der Lehrer antwortet lächelnd: »Nein, mein Sohn, nur von einer Ecke des Raumes in die andere.«

Das Besucher-Phänomen liegt auf der gleichen symbolhaften Ebene. Wir können es uns in unserer Ecke gemütlich machen, eingeklemmt zwischen den ehernen Säulen der Unwissenheit. Wir können aber auch aufstehen und zumindest den Versuch wagen, zur anderen Seite hinüberzuwechseln. Vielleicht erwartet uns auch dort nur Unwissenheit. Doch wenn wir diesen Versuch niemals machen, werden wir nicht einmal *das* je erfahren.

III

Erster Kontakt

Initialerlebnisse bei Erwachsenen und Kindern

> »Mann jetzt weg. Hat nicht schwätzen
> (reden) gekonnt. Zum Fenster rausgeflogen.
> Hat große Augen 'habt.«
>
> *Tim Hertz (2¹/₂ Jahre)*

Italien – Sonne, Meer, Urlaub. Im Juli 1995 war *Franziska Sutter* zusammen mit einer Kollegin, der 52jährigen *Barbara Reutimann*, von Zürich aus in den kleinen Ort Ostra Vetere (Provinz Ancona) gefahren. Dort ist die Schwester von Frau *Reutimann* verheiratet, und sie selbst hat eine kleine Wohnung gemietet, um immer wieder ungestört Urlaub machen zu können.

Auch *Franziska Sutter*, die zum ersten Mal nach Ostra Vetera fuhr, gefiel es in dem kleinen norditalienischen Ort. Das Meer ist nicht weit entfernt, das historische Dorf eingebettet in eine abwechslungsreiche Hügellandschaft. Die Häuser sind aus weißem Kalkstein erbaut, auf einem der Hügel des Ortes liegt ein ehemaliges Kloster mit einer erhaltenen gotischen Kirche. Ein Ort zum Wohlfühlen, zum Entspannen, zum Träumen.

Barbara Reutimann wußte zu diesem Zeitpunkt nur sehr wenig von den seltsamen Erlebnissen ihrer Kollegin. Sie schliefen in dieser Zeit im gleichen Zimmer in getrennten Betten, die sich an den Wänden gegenüberstanden.

Italienische Nächte – damit verknüpfen wir in der Regel angenehme Erinnerungen an ein Gläschen Wein am Abend, an Meeresrauschen in der Dunkelheit, an laue, angenehme Stunden. Was aber in diesen Sommertagen in Ostra Vetere geschah, war alles andere als das:

»Am Morgen des 20. Juli«, erinnert sich *Franziska Sutter*, »fragte mich *Barbara*, was ich in der Nacht gemacht hätte, ob ich weggewesen sei. Ich sagte, nein, ich hätte die ganze Nacht durchgeschlafen. Warum sie mich frage…?«

Barbara war in dieser Nacht erwacht, weil irgendein Geräusch im Zimmer oder vom Fenster her sie aufgeweckt hatte. Als sie hochschaute, sah sie *Franziska* aufrecht im Bett sitzen – und erst in diesem Moment wurde ihr bewußt, daß das ganze Zimmer hell ausgeleuchtet war. Eigentlich hätte sie in dieser Situation *Franziska* sofort angesprochen und gefragt, was denn los sei, aber sie tat etwas ihr völlig Unverständliches: Sie legte sich wieder hin und schlief sofort ein. Später meinte sie, sie hätte das Gefühl gehabt, *Franziska* würde aufstehen und weggehen wollen, vielleicht auf die Toilette.

»Nach einiger Zeit sei sie erneut von einem Geräusch erwacht. Wieder sei das Zimmer hell ausgeleuchtet gewesen, wieder hätte ich aufrecht im Bett gesessen. Es sei für sie sehr eigenartig gewesen, und sie wollte mich erneut fragen. Sie habe das Gefühl gehabt, als ob ich nun zurückkomme. Sie setzte sich im Bett auf, stellte die Frage aber wieder nicht, sondern hätte mich nur angeschaut. Ich hätte sie ebenfalls angeschaut und mich hingelegt. Dann sei das Licht erloschen. Sie habe zuerst gedacht, daß ich Licht gemacht hätte, aber es sei ihr bewußt geworden, daß dies ein ganz anderes Licht gewesen sei als von einer normalen Lampe – viel heller. Dann habe sie sich auch hingelegt und sei sofort wieder eingeschlafen, was bei ihr nicht normal sei.«

Was ist geschehen in dieser Nacht in dem kleinen italienischen Ort Ostra Vetere? Wurde *Franziska Sutter* erneut entführt? Hat ihre Kollegin Anfang und Ende dieser Entführung unmittelbar miterlebt? Stand auch sie unter dem mentalen Einfluß der Fremden, die sie daran hinderten, *Franziska* anzusprechen?

Stünde dieser Vorfall allein, könnte man ihn als nächtlichen Alptraum werten. Doch es blieb nicht bei diesem Ereignis. Schon in der folgenden Nacht wiederholte es sich auf ganz ähnliche Weise:

»Am Morgen erzählte ich *Barbara*, daß ich wunderbar geschlafen hätte. Sie schaute mich komisch an und frug, ob ich mich denn nicht erinnern könne, daß ich geschrien und mit jemandem gesprochen hätte. Nein, das konnte ich mit aller Anstrengung nicht.«

Diesmal war *Barbara Reutimann* von einem lauten Schrei erwacht. Vor Schreck wie versteinert, hatte sie *Franziskas* Stimme gehört: »Nein, nein, bitte nicht, bitte, bitte nicht. Ich will nicht.« Wieder versuchte sie, ihre Freundin anzusprechen – und tat es aus einem unverständlichen Grunde doch nicht. Dann hörte sie *Franziska* sagen: »Gut, entschuldigt bitte, entschuldigt bitte vielmals.«

Barbara standen die Haare zu Berge. Dennoch – auch dieses Mal legte sie sich wieder hin und schlief sofort ein.

Trotz dieser beängstigenden Erlebnisse genossen die beiden Frauen den Urlaub am Meer. Aber schon zwei oder drei Nächte später erreichten die seltsamen Ereignisse ihren (vorläufigen) Höhepunkt. Dieses Mal nahm auch *Barbara Reutimann* etwas von der Präsenz der *Anderen* wahr, obwohl sie vorher niemals mit diesem Phänomen in Berührung gekommen war. Wir kennen derartiges aus vielen anderen Fällen: Verwandte, Freunde, selbst völlig unbeteiligte, nur zufällig anwesende Personen können einbezogen werden und von da an für immer in das Phänomen involviert sein:

»In einer Nacht«, erzählt *Franziska*, »ich weiß nicht mehr in welcher, sind wir beide aufgewacht. Ich hatte das Gefühl, daß etwas anwesend ist, sagte *Barbara* aber nichts davon, denn ich wollte nicht darüber sprechen und ihr auch keine angst machen. Es knackte in der ganzen Wohnung, was es sonst nicht tat. *Barbara* ging zur Toilette und dann ins Wohnzimmer, um noch eine Zigarette zu rauchen. Ich blieb im Bett liegen. Nach einiger Zeit kam sie zurück und sagte, daß ihr alle Haare an den Armen aufrecht stünden. Sie zeigte es mir auch. Sie sagte, sie hätte im Wohnzimmer gesessen und geraucht. Da hätte sie plötzlich das Gefühl gehabt und auch aus den Augenwinkeln gesehen, wie etwas durch die Haustür den Korridor entlang Richtung Schlafzimmer kam. Sie hätte es auch gehört. Im gleichen Moment sei ein ganz kalter Windstoß an ihren Beinen entlanggestrichen. Die Luft im Raum war warm. Das Fenster war recht hoch, und die Läden waren geschlossen. Sie kam dann nach einiger Zeit ins Schlafzimmer. Ob ich in der Zwischenzeit wieder eingeschlafen bin, weiß ich nicht mehr, d.h. ich kann mich nicht erinnern. *Barbara* erzählte mir, was sie im Wohnzimmer erlebte, aber wir sind dann beide sofort wieder eingeschlafen.«

Erinnerungsverlust, Wiedereinschlafenkönnen trotz einer extrem beängstigenden Situation, Wahrnehmung schemenhafter Bewegungen, kalte Windstöße – all dies sind typische Kennzeichen einer fremden, nichtirdischen Präsenz. Daß *Barbara Reutimann* tatsächlich von dieser Nacht an in das Geschehen involviert war, sollte sich schon kurz danach zeigen:

»Am anderen Tag saßen *Barbara* und ich im Schatten vor dem Haus mit einer alten Frau. Die Schwiegermutter der Schwester von *Barbara* war auch im Garten, aber etwas abseits mit der Wäsche beschäftigt. Plötzlich, ohne etwas zu sagen, stand *Barbara* auf und ging in die Nähe der Schwiegermutter. Sie pflückte Feigen von einem Baum und aß sie, dann lief sie so komisch durch den Garten, mal dahin, mal dorthin. Sie sagte später, es sei so gewesen, als ob etwas ihr sagte: Gehe jetzt dahin, dann dorthin. Sie ging dann sehr schnell ins Haus und in ihre Wohnung. Nach längerer Zeit (so ca. dreißig Minuten) kam sie, sichtlich verstört, wieder in den Garten. Sie sagte, daß sie mir etwas mitteilen müsse. Wir gingen also zusammen zum Auto und fuhren Richtung Meer.«

Doch erst gegen Abend, bei einer Tasse Kaffee, kamen die beiden Frauen auf das seltsame Ereignis zu sprechen. Irgendwie hatte *Barbara* im Garten das Gefühl gehabt, unter fremder Anweisung zu handeln – und dann plötzlich einen heftigen Stich in der rechten Bauchseite gespürt. Sie war sofort ins Haus und zur Toilette gegangen. Was sie entdeckte, war mehr als eigenartig: In ihrer Hose befand sich ein riesiger frischer Blutfleck.

Nun hatte *Barbara Reutimann* aufgrund einer vorangegangenen Operation schon lange keine Periodenblutungen mehr. Trotzdem nahm sie Toilettenpapier, um zu prüfen, woher das Blut gekommen sein könnte. Sie suchte ihren Bauch und den gesamten Unterleib ab, aber sie fand nichts, auch nicht auf der rechten Bauchseite, an der sie den stechenden Schmerz verspürt hatte. Also blieb ihr nichts anderes übrig, als einfach die Kleider zu wechseln und mit einem etwas unsicheren Gefühl wieder hinaus in den sonnenbeschienenen, anscheinend so friedlichen Garten des Hauses zu gehen.

Hypnagoge Visionen?

Es ist ein beliebtes Argument jener, die die Realität solcher Erlebnisse anzweifeln, bei den Wahrnehmungen nachts ins Zimmer eindringender Wesen handele es sich in Wahrheit nur um hypnagoge Träume. Tatsächlich treten – wir alle wissen dies aus eigener Erfahrung – in der Phase zwischen Wachen und Schlafen visionsähnliche Halluzinationen auf, die sogar mit zeitweiliger Schlafparalyse, also der Unfähigkeit sich zu bewegen, einherzugehen vermögen. Aber dies erklärt wohl kaum die Tatsache, daß Fremdpräsenzen auch von Ehepartnern oder zufällig anwesenden Freunden wahrgenommen oder zumindest gespürt und daß diese Freunde anschließend selbst in das Geschehen verwickelt werden können.

In *Kontakt* hatte ich über die Erlebnisse des Ehepaares *Ernst* und *Jutta Hartwig* berichtet, das 1992 während eines Urlaubs auf Zypern simultan ein *Bedroom-Visitor*-Erlebnis hatte. Beide vermochten kleine graue, in Kapuzenumhänge gekleidete Gestalten zu sehen und zu spüren, wie diese sie berührten und bei *Jutta Hartwig* das seltsame Gefühl hervorriefen, als liefe

Strom durch ihren Körper. In einem solchen Fall fällt es besonders schwer, einfach nur Träume der einen oder anderen Art dafür verantwortlich zu machen. Träume treten eben *nicht* bei zwei Menschen gleichzeitig in identischer Weise auf, und da spielt es keine Rolle, ob es sich um »normale« Träume während einer der REM-Phasen oder um hypnagoge Visionen während der Einschlafperiode handelt.

Anfang September 1995 waren *Ernst* und *Jutta Hartwig* erneut auf Zypern, wieder in der kleinen Appartementsiedlung, in der sie am liebsten Urlaub machen. Insgesamt drei Mal beobachteten sie während dieser Zeit merkwürdige Objekte oder Lichterscheinungen am Himmel, die sie sich nicht erklären konnten. Beim dritten Mal einen hellen Lichtstrahl, der sich vertikal bewegte, von einem roten Licht umkreist wurde und dann schnell nach oben verschwand.

In der gleichen Nacht erwachte *Ernst Hartwig*, weil er spürte, wie etwas ihm den Rücken abtastete (er lag auf der Seite, seiner Frau zugewandt). »Bis auf meinen linken Arm und die Augen konnte ich nichts bewegen. Ich versuchte, mit dem freien Arm meine Frau zu wecken, aber sie rührte sich nicht.«

Verzweifelt bemüht sich *Ernst*, den Kopf zu drehen. Aber dieser ist wie festgeschraubt. Nur aus den Augenwinkeln heraus beobachtet er eine kastenförmige Gestalt mit zwei Teleskoparmen, die neben seinem Bett steht. »Ein Arm hing herab, der andere bewegte sich auf mich zu. In diesem Moment verlor ich das Bewußtsein. Am Morgen erwachte ich ganz normal, erinnerte mich jedoch sofort wieder des nächtlichen Ereignisses.«

Jutta Hartwig konnte nicht sagen, warum sie auf das Rütteln ihres Mannes nicht reagierte. Hatte sie einfach nur tief und fest geschlafen? Möglich. Immerhin erinnerte sie sich an einen merkwürdigen Traum, an eine irgendwie hämmernde Melodie, in der es immer wieder einen Refrain gab: *Remember, remember* – erinnere dich, erinnere dich!

Sich wieder erinnern können: Darin liegt für viele Betroffene das Hauptproblem. Sie leiden darunter, daß in ihrem Leben offenbar wiederholt Ereignisse aufgetreten sind, von denen sie nichts mehr wissen. Einige möchten diese Erlebnisse erneut erfahren, sich unter Hypnose in die jeweilige Situation zurückführen lassen. Dies ist sicher ein Weg, der im Einzelfall angebracht ist, und der Psychiater Dr. Henning Alberts (Stuttgart), mit dem ich seit drei Jahren auf diesem Sektor zusammenarbeite, hat in der Tat inzwischen etlichen Betroffenen des Besucher-Phänomens auf diese Weise helfen können.

Andererseits sollte sich jeder, der eine solche Regression anstrebt, darüber bewußt sein, daß dies auch mit Risiken verbunden sein kann. Nicht ohne Grund verbirgt das Unterbewußtsein traumatische Erlebnisse, deren Bewußtwerdung zu nicht absehbaren psychischen Spannungen führen kann. Wir empfehlen daher Rückführungen nur, wenn sich ein therapeutischer Sinn abzeichnet, d.h. wenn sich im Vorgespräch zeigt, daß die Bewußtmachung verdrängter Ereignisse tatsächlich zur Stabilisierung der eigenen Psyche beitragen kann.

Dennoch gibt es – wie überall in der Medizin – auch hier keine absolute Sicherheit. Und teilweise sind die vom Unterbewußtsein (oder von den Fremden selbst) errichteten Blockaden so massiv, daß selbst mehrmalige Versuche, sie zu durchbrechen, keinen Erfolg zeitigen. Die Botschaft des Unterbewußtseins in einem solchen Fall ist eindeutig: Laßt mich in Ruhe! Ich will nicht preisgeben, was geschehen ist!

Licht im Raum

Bernd Oberacker ist Versicherungskaufmann. Er wohnt in Dettenheim, einem kleinen Ort in der Nähe von Stuttgart. Sein Hobby ist – neben dem Vereinsfußball – vor allem die UFO-Forschung. Im August 1994 schrieb er mir: »Als ich letzte Woche in einem Buchladen Ihr Buch *Kontakt* entdeckte, wußte ich sofort, daß Sie die richtige Adresse für mein Anliegen sind. Am Sonntag (7. August) traf ich auf dem Fußballplatz ein befreundetes Ehepaar. Es wohnt im gleichen Ort, nur wenige Straßen von mir entfernt.«

Es ist kein besonders aufregendes Spiel, das die Mannschaft von Dettenheim sich an diesem Tag mit jener einer Nachbargemeinde liefert. Kein Wunder, daß Bernd Oberacker mit seinen Bekannten, *Lisa* und *Jürgen Hertz*, bald ins Gespräch kommt. Zunächst geht es nur um belanglose Dinge, aber dann wird es doch ziemlich ernst. Bernd Oberacker schrieb mir in seinem ersten Brief:

»In der Nacht vom 2. zum 3. August war *Lisa* etwas Merkwürdiges passiert. Ihr Mann lag ›schnarchend‹ daneben und bemerkte nichts von all dem. Sie erwachte mitten in der Nacht. Da der Rolladen nicht heruntergelassen war, konnte sie hinausschauen. Über dem Balkon und dem Garten erblickte sie ein schwebendes, ovales Ding. Dieses Ding öffnete sich unten, und ein Licht kam heraus. Dieses Licht strahlte sie an. Gleichzeitig spürte sie einen Schmerz in der Brust und kann sich von diesem Moment an an nichts mehr erinnern. Erst am nächsten Morgen wachte sie auf.«

Natürlich glaubte ihr Mann *Jürgen* kein Wort von alldem. Er meinte scherzhaft, sie hätte am Abend zuvor wohl zu viele Videos gesehen oder »zu tief ins Glas« geschaut.

Im Laufe des Tages jedoch entdeckte *Lisa* einen merkwürdigen, verkrusteten Einstich auf ihrem Oberkörper. Sie zeigte ihn einer Freundin, die im gleichen Haus wohnt, und diese riet ihr, doch einen Arzt aufzusuchen. Sie glaubte nicht, daß es nur ein Insektenstich sei, und hatte eher den Eindruck, es sähe aus »wie von einer Spritze«. Aber *Lisa* entschied, nicht zum Arzt zu gehen – sie wollte sich nicht lächerlich machen.

Am Abend war sie dann als erste ins Bett gegangen. *Jürgen* hatte noch ferngesehen, aber als ein Gewitter aufzog, schaltete er das Gerät aus und begab sich ins Schlafzimmer. Er öffnete das Rollo, das *Lisa* ängstlich heruntergelassen hatte, und legte sich ins Bett. Bernd Oberacker berichtete mir in seinem Brief: »*Jür-*

gen wollte gerade die Augen schließen, als draußen ein heller Blitz ›auf einmal nicht mehr dunkel wurde‹. Das Licht strahlte ihn durch das Fenster hindurch an, wanderte über das Bett und seinen Körper und blieb im Bereich der linken Brusthälfte stehen. Im selben Moment verspürte er einen Schmerz. Er beschrieb ihn ›wie ein Messerstich ins Herz unter gleichzeitigem Herumdrehen des Messers‹. Er wollte beide Arme anheben, was ihm aber nur bis zu einer geringen Höhe gelang, danach ›ging nichts mehr‹. Er brachte auch keinen Ton heraus. Er meint, daß sich das Licht daraufhin sofort wieder zurückgezogen habe.«

Trotzdem bewahrte *Jürgen* Ruhe. Er ist ein sehr bodenständiger Mensch, den nichts so leicht aus der Fassung bringen kann: »Es ist passiert, und wenn es noch mal passieren sollte, kann ich nichts daran ändern.«

Lisa kam von Anfang an weniger gut mit dem Ereignis zurecht. Denn ein Weiteres kam hinzu: Ihr jüngster Sohn *Tim*, damals zweieinhalb Jahre alt, schrie in einer der folgenden Nächte plötzlich weinend auf. Als Lisa zu ihm ins Zimmer kam und fragte, was denn los sei, rief er ganz aufgelöst: »Mann jetzt weg.« Und auf ihre Nachfrage, was das denn für ein Mann gewesen und wohin er gegangen sei, antwortete er: »Hat nicht schwätzen (reden) gekonnt. Zum Fenster rausgeflogen. Hat große Augen 'habt.«

Rückkehr ins Damals

In diesem Fall erschien es sinnvoll, zunächst bei *Lisa Hertz* selbst eine Regression durchzuführen. Wir trafen uns am 23. Oktober in Stuttgart. Beide Ehepartner machten auf mich sofort einen offenen, ehrlichen Eindruck. Aber es war auch deutlich, daß beide verstört waren, daß beide urplötzlich mit Ereignissen in ihrem Leben konfrontiert worden waren, für die sie keine Erklärung hatten und die zumindest *Lisa* ängstigten, auch und gerade in der Sorge um ihren Sohn.

Dr. Alberts begann nach einem Vorgespräch die Hypnoseregression. Etwa gegen 15 Uhr an diesem Samstag nachmittag war *Lisa* wieder in die nächtliche Situation im August eingetaucht:

»Wo sind Sie?« fragte sie Henning Alberts.

»Im Schlafzimmer.«

»Im Bett?«

»Ja, ich habe geschlafen.«

»Irgend etwas weckt Sie auf?«

»Ja, ich weiß nicht was.«

»Und was machen Sie?«

»Ich drehe mich auf den Rücken.«

In dieser Situation hatte *Lisa*, ihrer eigenen Erinnerung zufolge, das Objekt am Himmel entdeckt. Dr. Alberts fragte sie, warum sie sich herumgedreht habe:

»Weiß nicht.« *Lisa* machte eine lange Pause. Dann sagte sie: »Ich sehe zum Fenster. Da schwebt ein Licht am Fenster. Gelb.«

»Das ist die Straßenlaterne?«

»Nein.«

»Was denken Sie, was das ist?«

Wieder machte *Lisa* eine Pause. Nach einer Weile sagte sie: »Angst habe ich.«

»Warum?«

»Ist bedrohlich.«

»Warum?«

»Ich kann mich nicht bewegen. Ich kann meinen Mann nicht berühren. Kann nicht schreien. Habe Schmerzen.«

Lisa durchlebte wieder die Angst jener Minuten – und die Schmerzen, die sie damals verspürt hatte.

»Wo haben Sie Schmerzen?«

»In der Mitte. In der Mitte der Brust.«

Ganz offensichtlich ereignete sich hier das gleiche, das in der darauffolgenden Nacht auch *Lisas* Mann *Jürgen* widerfuhr: Das Licht auf der Brust verursachte Schmerzen.

»Sie haben die Augen offen?« wollte Dr. Alberts wissen.

»Ja.«

»Und die Hände?«

»Die können sich nicht bewegen.«

»Haben Sie sich aufgerichtet?«

»Nein, ich liege.«

»Was ist mit dem Licht? Versuchen Sie, sich aufzurichten?«

»Nein.«

»Aber Sie versuchen, Ihren Mann zu berühren, und das geht nicht...«

»Ja.«

Erneut sprach sie Dr. Alberts auf ihre Angst an. In der Hypnose zitterte *Lisa*. Es war deutlich geworden, daß sie in der Situation, in der sie sich in ihrer Erinnerung nun wieder befand, extreme Ängste ausgestanden hatte. Dr. Alberts führte sie behutsam durch diese Minuten hindurch:

»Und die Angst... Wo spüren Sie diese Angst?«

»Im Magen.«

»Die Augen sind aber offen. Sehen Sie zum Fenster hinaus?«

»Ja.«

»Und Sie haben Angst?«

»Ja.«

»Die Zeit läuft ja nun weiter. Kommt ein anderes Gefühl hinzu?«

»Nein.«

»Wir bleiben jetzt in dieser Situation, in der Sie etwas wissen. Wo ist das?«

»Ich habe Schmerzen.«

»Ja, da bleiben wir. Ganz kurz davor. Sie haben dieses Licht vor Augen. Wenn das Unterbewußtsein bereit ist, sich zu erinnern, dann fühlen Sie jetzt eine Bewegung in der Hand!«

Es war augenscheinlich geworden, daß sich *Lisas* Unterbewußtsein dagegen sträubte, diese Situation zu verlassen – trotz der Ängste, die sie ausstand. Wovor fürchtete sie sich? Welches waren die Gründe für diese Verweigerung?

»Blicken Sie zum Fenster!« wies Dr. Alberts sie an. »Verstärkt sich die Angst?«

»Nein.«

»Bewegt sich das Licht?«

»Nein.«

Hier ging es nicht weiter. Dr. Alberts versuchte, die Situation noch einmal von vorn »aufzurollen«. Er sagte: »Stellen Sie sich vor, wie Sie da im Bett liegen. – Bis wohin geht die Bettdecke?«

»Bis zum Bauch.«

»Sie liegen da und schauen 'raus. Wir gehen jetzt noch mal zu dem Moment zurück, wo Sie wach werden. Sie brauchen nichts zu sagen. Irgend etwas weckt Sie auf. Was ist das für ein Gefühl? Wo liegt das im Körper?«

»Oben.«

»Wo?«

»Im Kopf. Im Vorderkopf.«

»An der Stirn?«

»In der Stirn. In der Mitte.«

»Ist es warm?«

»Kann man nicht sagen. Wie ein Gedanke. Wie ein Gefühl im Kopf.«

»Kann man das beschreiben?«

»Nein.«

Viele vom Besucher-Phänomen Betroffene spüren im Moment des Erwachens, wie sich die Fremden in ihre Gedanken einschalten, um sie unter Kontrolle zu zwingen. Es ist gut möglich, daß *Lisa* hier genau diesen Augenblick beschreibt.

»Und dann machen Sie die Augen auf?« fragte Dr. Alberts weiter. »Worauf fällt Ihr Blick?«

»Auf das Kissen.« (*Lisa* hatte ja anfänglich auf der Seite gelegen.)

»Was sehen Sie? Was ist im Kissen?«

»Nix.«

»Und dann?«

»Ich drehe mich 'rum. Ich sehe zum Fenster.«

»Und dann?«

»Ich habe Angst gekriegt.«

»Haben Sie jetzt noch das Licht vor Augen?«

»Nicht so gut.«

»Das Gefühl hält einen ab, sich daran zu erinnern, oder?«

»Ja.«

Auch das ist letztlich ein bekanntes Phänomen, das wir von vielen anderen Fällen kennen: ein Gefühl, das wie eine innere Suggestion wirkt und das der Betroffene zuweilen wie einen Befehl empfindet, nichts über das Ereignis sagen zu dürfen. Da es bei so vielen in nahezu identischer Weise auftaucht, liegt der Schluß nahe, daß es sich um eine posthypnotische Barriere handelt, die von den *Anderen* errichtet wurde.

Dr. Alberts erkannte, daß es wenig Sinn hatte, mit der Hypnoseregression fortzufahren. *Lisas* Unterbewußtsein weigerte sich, weitere Informationen freizugeben. Vermutlich wäre es möglich gewesen, auf einer noch tieferen Trancestufe diese Weigerung zu durchbrechen, aber wir stehen auf dem Standpunkt, daß das Arbeiten mit der »hypnotischen Brechstange« gerade in solchen Fällen nicht angebracht ist. In erster Linie geht es bei Rückführungen um das Wohlbefinden des Probanden, nicht um die Gewinnung von Daten – ein Grundsatz, den viele Hobby-Hypnotiseure auf diesem Sektor leider allzu schnell vergessen und damit bei den sich ihnen anvertrauenden Betroffenen irreparable Schäden anrichten können. Dr. Alberts jedenfalls holte *Lisa* an dieser Stelle aus der Trance zurück.

Wir vereinbarten, einen neuen Termin anzusetzen, sollte *Lisa* den Wunsch dazu verspüren. Tatsächlich wurden inzwischen zwei weitere Regressionen durchgeführt, die aber jeweils mit dem gleichen Ergebnis endeten. Es gab kein »Durchkommen«. *Lisas* Barriere ist so stark, daß die »sanfte Hypnose«, die Dr. Alberts anwendet, sie nicht zerbrechen kann.

»Solche Barrieren haben ihren Sinn«, meint Dr. Alberts. »Sie verdecken möglicherweise erschreckende, traumatisierende Erlebnisse. Wenn das Unterbewußtsein nicht dazu bereit ist, diese Informationen preiszugeben, dann sollte man es nicht dazu zwingen.«

Dennoch hatte auch dieser Fall seine Fortsetzung. Ein paar Wochen nach dem zweiten Regressionsversuch hatte *Lisa* einen kurzen »Flash-back«, eine plötzlich wieder auftauchende Erinnerung. Sie schreckte in der Nacht hoch, weil sie vor sich, aus einer seitlichen Perspektive, den Kopf eines fremdartigen Wesens gesehen hatte. Sie wußte in diesem Moment sofort, daß sie einem solchen Wesen wirklich begegnet war. Es war ein im Profil langgezogener, ovaler Kopf mit grauer, schuppiger Haut und tränenförmigen Augen, die spitz zuliefen und in diesem Bereich rötlich gefärbt waren: »Wie bei einem Rottweilerhund«, erinnert sich *Lisa*.

Ihren dramatischen Höhepunkt erreichten die Ereignisse in Dettenheim im Dezember 1994. Am Abend des 12. Dezember sind *Lisa* und *Jürgen Hertz* von einer Geburtstagsfeier erst spät abends nach Hause gekommen. *Jürgen* macht es sich auf dem Wohnzimmersofa bequem, murmelt noch: »Heut' nacht schlaf ich göttlich!« und nickt sofort ein.

Lisa beschleicht bereits zu diesem Zeitpunkt ein merkwürdiges Angstgefühl. Dennoch läßt sie ihren Mann auf dem Sofa schlafen. Aus Erfahrung weiß sie, daß er spätestens nach zwei, drei Stunden, sobald es im Zimmer kühl geworden ist, ins Bett kommen wird.

Lisa zieht sich ihre kurze Schlafhose und ein T-Shirt über und geht zu Bett. Sie ist unruhig und ängstlich, kann aber schließlich doch einschlafen.

Dann, irgendwann in dieser Nacht, geschieht es: *Lisa* kommt zu sich und will die Augen öffnen. Aber es geht nicht. Sie kann sich nicht bewegen, hört etwas wie das leise Gemurmel einer ganzen Anzahl von Menschen. Irgend etwas scheint auf ihren Augenlidern zu liegen, sie fest nach unten zu drücken. »Ich muß die Augen aufmachen...!« geht es ihr immer wieder durch den Kopf. »Ich muß sie öffnen!«

Tatsächlich gelingt es ihr für wenige Sekunden. Sie erhascht einen kurzen Blick auf einen hellerleuchteten Raum. Wo ist sie

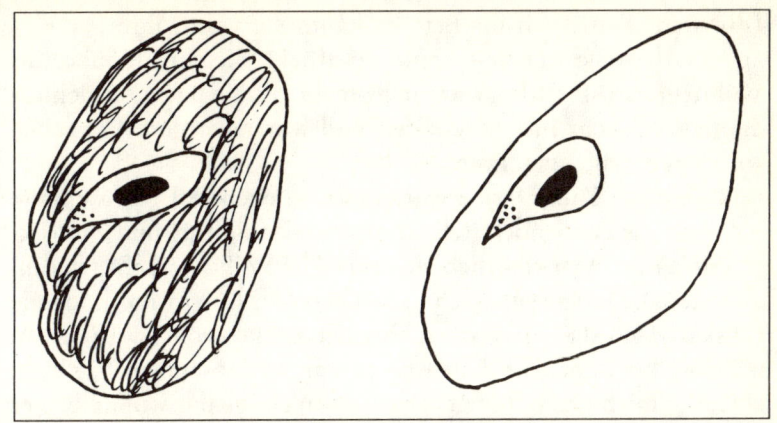

Abb. 2 Lisa Hertz *hatte wenige Wochen nach ihrer Entführung ein »Flash-back«, bei dem sie die Köpfe der Wesen aus einer seitlichen Perspektive sah. Die Augen seien tränenförmig nach vorn gezogen und an der Spitze rötlich gewesen. Zeichnung der Zeugin.*

hier? Sie weiß es nicht. Sie sieht auch niemanden, trotz der murmelnden Stimmen um sie. Doch ihr Gefühl sagt ihr, daß mehrere Personen anwesend sein *müssen*: »Ich hatte in diesem Moment Todesangst. Ich habe etwas Furchtbares erlebt. Ich wußte nicht, wo ich bin und was hier mit mir geschah.«

Dann fallen ihr die Augen wieder zu. Im gleichen Moment schwinden alle bewußten Eindrücke, Lisa fällt in einen tiefen Schlaf.

Als sie am nächsten Morgen erwacht, fühlt sie sich wie gerädert – ein Empfinden, das viele Entführte nach einem solchen Erlebnis in genau der gleichen Weise beschreiben. Es ist, als hätte sie überhaupt nicht geschlafen, als sei sie körperlich wie seelisch vollkommen fertig.

Lisa schaut hinüber zum Bett ihres Mannes. Es ist völlig unbenutzt, etwas, das es bislang nie gegeben hatte. Denn selbst an jenen Abenden, an denen *Jürgen* vor dem Fernseher eingeschlafen war, hatte es ihn nach einigen Stunden doch immer gefröstelt, und er war zu Bett gegangen.

Lisa steht auf. Auch ihr Bett ist kaum verwühlt, ihre Haare – anders als sonst üblich – kaum verdrückt. Sie geht hinüber ins Wohnzimmer. Ihr Mann ist nicht mehr da. Er hatte tatsächlich die ganze Nacht hier geschlafen und war nach dem Erwachen sofort zur Arbeit gefahren.

Lisa geht ins Bad. Dort erwartet sie die nächste Überraschung: »Es war wie ein Schock. Ich schaute in den Spiegel und entdeckte mit einem Mal, daß ich mein T-Shirt völlig verkehrt herum anhatte. Die Innenseite nach außen gekehrt. Das ist mir noch nie passiert. Und da war noch mehr: Ich steckte völlig verkehrt in meiner Hose, mit dem Bauch in einem der Hosenbeine. Es war, als hätte mich jemand angezogen, der nicht genau wußte, wie er das tun sollte – oder dem es im Grunde völlig egal war.«

Zurück im Schlafzimmer entdeckt *Lisa* einen kleinen Blutfleck auf dem Kissen. Aber so sehr sie sich auch selbst untersucht und abtastet, sie findet keine Stelle an ihrem Körper, der eine Verletzung aufweist.

Dann geht sie ins Kinderzimmer zu ihrem kleinen Sohn *Tim*. Auch er schläft noch immer, für ihn äußerst ungewöhnlich. *Lisa* fragt ihn, wie er denn geschlafen habe, und seine Antwort ist so eigenartig wie dieses ganze Ereignis: »Zuerst habe ich nicht gut geschlafen, weil die Männer wieder da waren. Aber die machen nichts. Ein Gutsel (Bonbon) habe ich bekommen und du auch, Mama. Dann habe ich gut geschlafen.«

Flash-back

Läßt sich rekonstruieren, was in dieser Nacht geschehen sein könnte? Das Ereignis gliedert sich in all seinen Einzelheiten in erstaunlicher Weise in das uns inzwischen bekannte Entführungsschema: Das Ehepaar *Hertz* kommt von einer Feier spät abends nach Hause. Unmittelbar nach ihrem Eintreffen beginnt die mentale Kontrolle über beide: *Jürgen Hertz* ermüdet unter diesem Einfluß so schnell, daß er sich auf das Wohnzimmersofa legt und sofort einschläft. *Lisa* selbst spürt eine innere Unruhe und Angst in sich aufsteigen, ein vager Vorbote der kommenden Ereignisse.

Dennoch schläft sie ein. Als sie erwacht, ist sie nicht mehr zu Hause. Sie liegt irgendwo in einem hellerleuchteten Raum, fremdartige Wesen sind um sie, die sie aber nicht sehen, sondern nur hören kann. Sie kann sich nicht bewegen, ihre Augen nur mit Mühe öffnen. Diese Periode der Bewußtwerdung dauert nur Sekunden, dann gerät sie wieder unter den Einfluß der Fremden, versinkt in Bewußtlosigkeit.

Am nächsten Morgen ist die Erinnerung an diesen Moment jedoch gegenwärtig. Sie stellt fest, daß ihr Mann die ganze Nacht über nicht im Schlafzimmer war, daß auch ihr eigenes Bett kaum Anzeichen für einen längeren Schlafaufenthalt zeigt. Selbst ihre Frisur ist kaum beeinträchtigt. Anscheinend war sie fast die gesamte Nacht nicht hier. Hose und T-Shirt sind völlig verdreht herum angezogen, auf dem Kissen findet sich ein kleiner Blutfleck. *Lisa* fühlt sich wie nach einer Nacht voller Schwerstarbeit, ihr kleiner Sohn spricht von »Männern«, die in der Wohnung waren und ihnen ein »Bonbon« gegen hätten.

Hypnagoge Visionen? Träume? Anwandlungen von Schizophrenie? Nichts von alldem kann hier zutreffen. Hypnagoge Träume führen weder zu Blutflecken auf dem Kissen noch zu verkehrt herum angezogener Schlafwäsche. Träume der Ehefrau veranlassen einen Ehemann nicht, ganz entgegen seinem gewöhnlichen Verhalten die Nacht auf dem Sofa zu verbringen. Eine beginnende Schizophrenie bei *Lisa* kann nicht dazu führen, daß ihr kleiner Sohn an genau diesem Morgen von seltsamen »Männern« spricht, die in der Wohnung waren und ihm und seiner Mutter etwas in den Mund steckten.

Ein paar Tage später, in der Nacht vom 19. auf den 20. Dezember, scheint *Lisa* Teile dieses Erlebnisses in einem Traum wieder aufgearbeitet zu haben. Auch dies ist ein ganz gewöhnlicher Effekt bei verdrängten oder vergessen gemachten Erfahrungen. Das Unterbewußtsein entledigt sich auf diese Weise unangenehmer, zurückgehaltener, unterdrückter Erinnerungen:

»Gestern nacht wachte ich schweißgebadet auf. Ich hatte wieder solch einen furchtbaren Traum. Vermutlich habe ich dabei das Erlebnis, das ich in der Nacht vom 12. auf den 13. Dezember hatte, wiedererlebt. Als ich aufwachte, weckte ich sofort meinen Mann und schrie: ›Ich habe Angst!‹ Ich sprang förmlich auf die Bettseite meines Mannes. *Jürgen* war sehr erschrocken und fragte, was denn los sei. Ich erzählte ihm von meinem Traum, und er sagte: ›Wenn etwas passiert wäre, hätte ich es bemerken müssen, denn ich habe nicht sehr gut geschlafen.‹«

Lisa wußte intuitiv, daß dies wirklich nur ein Traum gewesen war, daß das darin Geschaute nicht in dieser Nacht passierte, sondern vermutlich in jener etwa eine Woche zuvor: »Ich träumte, eine Gestalt beugte sich über mich, dahinter stand eine andere. Das Wesen, das sich über mich beugte, sagte: ›Sie ist allein. Jetzt können wir sie mitnehmen.‹ In diesem Moment zwang ich mich zu einer Bewegung und einen Laut von mir zu geben, und in meinem Traum lösten sie sich in diesem Moment einfach in Luft auf. Ich glaube mich zu erinnern, daß sie ovale Gesichter hatten (Gesichtszüge habe ich nicht mehr im Gedächtnis) und so etwas wie schwarze Lederkleidung trugen. Nun war es ja so, daß ich in dieser Nacht, in der ich das sah, nicht allein war, denn mein Mann lag ja neben mir, und ich schloß daraus, daß es um das Ereignis davor ging, als *Jürgen* im Wohnzimmer schlief.«

Auch in den Monaten danach setzten sich die Ereignisse fort. Am 21. Februar 1995 war *Tim* nachts mit einem Schrei erwacht. Er war zu dieser Zeit krank, hatte Fieber. »Ich habe Angst«, rief er. *Lisa* nahm ihn mit ins Ehebett.

Am nächsten Morgen sagte *Tim*: »Mann war wieder da. Hat mir Gutsel (Bonbon) gegeben.« »Welche Farbe hatte denn das Gutsel?« wollte *Lisa* wissen. »Braun.« »War es gut?« »Ja.« Merkwürdigerweise ging es *Tim* von diesem Tag an erstaunlich schnell besser, und rasch war er wieder ganz gesund.

Kinder-Begegnungen

Die Erkenntnis, daß selbst ihre kleinen Kinder in das Geschehen eingebunden sind, ist für viele Betroffene erschütternd. Das Gefühl, machtlos zu sein, die Kinder nicht schützen zu können, mischt sich mit dem unbewußten Selbstvorwurf, in irgendeiner Weise daran schuld zu sein. Viele Betroffene, die Eltern kleiner Kinder sind, denken, sie würden die Fremden irgendwie »anziehen« und die Ereignisse dann auf ihre unschuldigen Kinder übertragen.

Aber solche Vorwürfe sind ungerechtfertigt. Niemand ist *schuld* an diesem Geschehen, und viele Entführte wissen, daß sie selbst als Kinder bereits zu Opfern dieses Phänomens geworden sind. *Franziska Sutter* erinnerte sich an Erfahrungen im Alter von drei Jahren, etlichen anderen Betroffenen geht es nicht anders.

Die Einbeziehung von Kindern – und das über Generationen hinweg – macht aber auch andererseits die großen zeitlichen Dimensionen dieses Phänomens deutlich. Es handelt sich dabei fraglos um ein genetisches Interesse der *Anderen*, um eine irgendwie geartete Beobachtung, die sich über die Zeiten hinweg von den Eltern auf die Kinder und weiter auf deren Kinder und Kindeskinder überträgt. Ich selbst halte die Berichte von Kindern für sehr wichtig, denn sie machen uns die Realität dieser Ereignisse deutlich. Bei Kindern – insbesondere im Alter um zwei, drei oder vier Jahren – kann man eben *nicht* all jene zum Teil abstrusen Erklärungen heranziehen, die sich für Erwachsene so schnell finden lassen. Kleinkindern kann man weder verdrängte Sexualphantasien noch übermäßigen Konsum von Science-fiction- oder UFO-Literatur unterstellen. Deswegen sind die Berichte solcher Kinder bedeutend, weil sie jenen der Erwachsenen gleichen, weil sie exakt die gleichen Elemente beinhalten, die uns Menschen aller anderen Altersstufen berichten.

Maria Struwes Sohn Sebastian, jetzt sieben Jahre alt, ist seit Anfang an in das Phänomen involviert. Ich hatte über den komplexen Fall der Maria Struwe ausführlich in *Kontakt* berichtet. Maria scheint mehrmals in Berührung mit fremdartigen Wesen gekommen zu sein, und es besteht sogar der Verdacht, daß man ihr bei einer dieser Entführungen ein drei Monate altes Embryo aus dem Mutterleib entfernt hat.

Sebastian sprach schon mit zweieinhalb Jahren von seltsamen »Monstern« mit großen Augen, die ihn fortholten. Auch später sah er sie immer wieder. Anfang November 1995 berichtete er von einem »kleinen Arzt«, der nachts bei ihm war und ihn mit seltsamen, stabförmigen Instrumenten behandelte. Eines der Geräte habe sich auf der Haut wie ein »starker Magnet« angefühlt, mit dem anderen habe der »Doktor« ihm den Handrücken aufgeritzt. Eine Verwundung trug Sebastian nicht davon, aber er zeichnete diese Instrumente für mich auf, als ich Maria Struwe und ihn wenige Tage später in Berlin besuchte.

Nicht viel anders erging es den Kindern von Conny Paraschoudis. Auch ihren Fall habe ich in *Kontakt* dargestellt. Ihre beiden Söhne, jetzt 21 und 15 Jahre alt, erinnern sich, als Kinder Seltsames erlebt zu haben. Conny weiß, daß der Ältere immer wieder erzählt hatte, ein kleines Männchen sei in ihrem Zimmer aus dem einen Schrank heraus und in den anderen wieder hineingegangen. Einmal sei es auch am Bett des kleinen Bruders stehengeblieben, er selbst habe sich vor Angst aber nicht rühren können und nichts unternommen.

Jessica und der »ET«

Etwa im gleichen Alter wie damals der Sohn von Conny Paraschoudis ist heute die achtjährige *Jessica*. Sie ist die Tochter von *Harald Ortlieb* aus Chemnitz. In *Kontakt* hatte ich über ihn berichtet: Er war eines Nachts erwacht, vermochte sich nicht zu bewegen, sah einen rotierenden Lichtkreis über sich und eine blauschimmernde Lichtsäule, die zu ihm sagte: »*Ortlieb*, jetzt bist du dran.«

Ende 1994 zog die Familie *Ortlieb* um. Sie wohnt jetzt in einem kleinen Ort in der Nähe von Chemnitz. Und dort scheinen sich die seltsamen Ereignisse auf die Tochter übertragen zu haben.

»Vielleicht liest sie ja einfach nur zu viel Comics oder schaut zuviel fern«, meint *Harald Ortlieb*. »Aber komisch ist das schon – wir haben ja nie über mein Erlebnis miteinander gesprochen.«

Natürlich besteht die Gefahr, daß Kinder – insbesondere im Schulalter – Science-fiction-Geschichten lesen, Science-fiction-Filme sehen. Ich kenne aber keine Kinderfilme, die das Entführungsthema so realistisch verarbeiten, daß nachempfundene Erzählungen dann zu identischen Ergebnissen in der Berichterstattung führen. Kinder haben fraglos noch ein großes Maß an Phantasie, aber die Wahrscheinlichkeit, daß sie etwas in ihren Vorstellungen erleben, wovon sie zuvor nie gehört haben und das dennoch einer erschreckenden Wahrheit entspricht, ist denkbar gering.

»Kurz nach dem Einzug in unser neues Haus klagte *Jessica* über störende Lichter in ihrem Kinderzimmer. Zuerst dachten wir an Autoscheinwerfer, aber das konnte nicht sein. Das Haus steht auf einem Hügel, und eine mögliche Straße ist einen Kilometer entfernt, der Höhenunterschied beträgt etwa zwanzig bis dreißig Meter. Das Dachbodenfenster ist dazu schräg, und Lichter am Fußboden können also nur von oben hereinscheinen. Aber jedesmal, wenn *Jessica* uns rief und wir nach oben kamen, waren die Lichter fort.«

Plötzlich im Zimmer auftretende unerklärliche Lichter, die sich von draußen herein bewegen, im Zimmer erscheinen oder auch das ganze Zimmer hell ausleuchten, sind ein geläufiges Sekundärphänomen, das in der Regel den Beginn oder das Ende eines Entführungserlebnisses anzeigt. Möglicherweise war es bei *Jessica Ortlieb* nicht anders:

»*Jessica* sprach davon, daß ein Raumschiff auf dem Dach des Hauses gestanden hätte, und ›ein ET‹ (diesen Begriff kennt sie aus dem Film von Steven Spielberg) sei durch das geschlossene Fenster zu ihr hereingekommen. Er hätte sie eingeladen mit ihm

Abb. 3   Die acht-jährige Jessica Ortlieb *beschrieb eine Entführung, bei der man sie auf einen »Zahnarztstuhl« setzte und »Blut abnahm«. Zeichnung der Zeugin.*

zu kommen, aber sie wollte nicht. Sie sagte ihm, daß sie mit Fremden nicht mitgehen dürfe, aber irgendwie sei sie dann doch mit ihm im Raumschiff gewesen. Man setzte sie auf einen ›Zahnarztstuhl‹ und hätte ihr eine Spritze gegeben, ›damit sie schön schläft‹. Später, als sie wieder wach war, sei ihr am Arm Blut entnommen worden. Sie zeigte mir den Einstich, ein etwa ein Zentimeter langer Strich auf ihrer Haut, der schnell verheilte. Sie habe auch den Heimatplaneten der ETs gezeigt bekommen. Er wäre vulkanisch und ziemlich rot gewesen. Die Größe der Fremden gibt *Jessica* mit etwa ihrer Größe an. Sie seien schon öfter bei ihr gewesen und würden auch wiederkommen. Sie würden nicht richtig reden, sondern mehr im Kopf, und das höre sich an wie ein Roboter. Es gebe in dem Raumschiff auch einen Raum mit seltsamen Pflanzen (so wie Kakteen), und die ETs könnten sich sehr klein machen wie eine Murmel.«

Dieser Bericht enthält eine ganze Reihe klassischer Entführungskonstanten. Ich muß es nochmals betonen: Es ist extrem unwahrscheinlich, daß *Jessica* im Alter von damals siebeneinhalb Jahren darüber irgendwo gelesen und das Gelesene oder im Fernsehen Gesehene zu einer eigenen Phantasiegeschichte umgearbeitet hat. Hinzu kommt, daß sie von den Erlebnissen ihres Vaters nichts wußte, also nicht einmal ahnen konnte, daß ihr

Vater in das Phänomen involviert ist. Wir wollen diese Entführungskonstanten hier noch einmal detailliert betrachten, um ihre Bedeutung sichtbar zu machen:

● Dem eigentlichen Ereignis geht das Auftauchen seltsamer Lichter voraus, ein sehr häufig auftretendes und immer wieder berichtetes Anzeichen für ein beginnendes Entführungserlebnis.

● Ein »Raumschiff« kommt und »landet auf dem Dach«. *Jessica* verbindet hier sicher Elemente, die ihr aus dem Fernsehen bekannt sind (Raumschiff) mit der realen Beobachtung eines Objekts, das sie intuitiv als Raumschiff einordnet. Dieses Objekt kommt in die Nähe des Hauses, schwebt vielleicht knapp über dem Dach, erzeugt möglicherweise die Lichter in ihrem Zimmer.

● Ein kleines Wesen, das sie – entsprechend dem Film von Steven Spielberg – als »ET« bezeichnet, das also, wie man annehmen darf, nur bedingt Ähnlichkeit mit einem Menschen hatte, dringt durch das geschlossene Fenster in ihr Zimmer ein. Dies ist geradezu charakteristisch für *Bedroom Visitors*: Durch das Fenster, durch geschlossene Türen, ja durch die Wand hindurch »betreten« sie die Räume. Für sie scheint es keine materiellen Barrieren zu geben.

● Der Fremde redet mir ihr »im Kopf«, was für sie sehr fremdartig wirkt. Telepathie scheint die gewöhnliche Kommunikationsweise der Fremden untereinander und bei Entführungen auch mit Menschen zu sein. Dies ist ein weiteres Merkmal einer Begegnung mit den *Anderen*.

● Im Laufe dieser Kommunikation will das kleine Wesen *Jessica* anleiten, mit in das »Raumschiff« zu kommen. Das Mädchen lehnt ab, weil es grundsätzlich mit Fremden nicht mitgehen dürfe. Dies ändert freilich nichts daran, daß dieses merkwürdige Wesen seinen Willen auf irgendeine Weise doch durchsetzt. Ohne daß sie später sagen kann, wie es geschehen ist, findet sich das Mädchen »an Bord« wieder. Auch dies können wir als Indiz für den Wahrheitsgehalt der Schilderung werten, denn nur in den allerwenigsten Fällen vermögen sich die Betroffenen noch daran zu erinnern, *wie* sie in das Objekt oder den Raum ihrer

Untersuchung gelangten. Ganz gleich, ob die Entführung auf einer einsamen Landstraße, irgendwo im Wald oder der eigenen Wohnung beginnt, zwischen diesen ersten Momenten des Ereignisses und der darauf folgenden Erinnerung an die Zeit innerhalb des Objekts klafft eine Lücke. Wir nennen dies »Eingangsamnesie«, und die Tatsache, daß *Jessica* dieses Detail in ihrer Erzählung berücksichtigte, spricht in unzweideutiger Weise *für* den Realitätsgehalt ihrer Geschichte.

● An »Bord« wird das Mädchen den üblichen medizinischen Untersuchungen unterzogen. Sie findet sich in einem »Zahnarztstuhl« wieder, man entnimmt ihr Blut und führt andere Experimente mit ihr durch. Am nächsten Tag vermag sie ihrem Vater sogar eine ein Zentimeter lange Markierung auf der Haut zu zeigen, die aber offensichtlich innerhalb kürzester Zeit wieder verheilt.

● Man zeigt ihr den »Heimatplaneten«. Dies scheint eine der bekannten »Visionen« oder psychologischen Testfolgen zu sein, über die viele Entführte berichten und die wir in einem späteren Kapitel noch genauer analysieren werden. Nicht ganz auszuschließen ist auch, daß man Jessica *wirklich* eine fremde Welt zeigte. Das Mädchen spricht von einem »Planeten mit vielen Vulkanen, der ziemlich rot« gewesen sei. Sie selbst glaubte später, es habe sich um die Venus gehandelt, doch dieser Planet wirkt eher gelb, und die dichte Kohlendioxydatmosphäre verhindert jeden Blick auf die Oberfläche. Doch die von *Jessica* beschriebene Welt gibt es in unserem Sonnensystem tatsächlich: Es ist der vulkanisch aktive, von einer roten Schwefelkruste überzogene Jupitermond Io. Ich möchte bezweifeln, daß *Jessica* jemals ein Foto dieser Welt gesehen hat, und es wäre durchaus vorstellbar, daß man sie ihr tatsächlich zeigte. Ob die »ETs« allerdings von dort kamen, wie man ihr weiszumachen versuchte, ist eher zweifelhaft.

● *Jessica* berichtet von einem separaten Raum mit Pflanzen, die sie an Kakteen erinnerten. Es ist interessant, daß solche Räume auch von anderen Entführten beschrieben wurden. Raymond Fowler zum Beispiel berichtet,[9] Betty Andreasson-Luca, die seit ihrer Kindheit in das Entführungsphänomen involviert ist und deren Falluntersuchung fraglos zu den wichtigsten auf diesem Sektor überhaupt gehört, habe während eines ihrer Erlebnisse einmal ein solches »Vivarium« betreten. Unter Hypnose sagte sie:

»Und wir gehen langsam weiter. Aua! Meine Augen tun weh. Es ist, als ob ich etwas in den Augen hätte. Wir gehen weiter, und wir gehen durch eine Tür. Oh, ist das schön. Oh, wirklich!«

»Was ist schön?«

»Oh, wirklich! Ich bin im Wald. Ich weiß nicht, wie ich hierhergekommen bin, aber ich bin im Wald.«

Natürlich war Betty Andreasson zu diesem Zeitpunkt noch immer an Bord des UFOs. Man hatte sie hier in einen riesigen Raum geführt, ein »Vivarium«, wie Fowler es nennt, in dem Pflanzen und Tiere gedeihen konnten. Wie es den Anschein hat, wurde auch Jessica in genau so einen Raum gebracht.

● Das Mädchen bemerkt, die Fremden hätten sich auch »sehr klein machen können, wie eine Murmel«, d.h. sie konnten offensichtlich zu einer kleinen Kugel zusammenschrumpfen. Interessanterweise ist auch dieser Effekt aus dem Betty-Andreasson-Fall bekannt. Es ist aber auch hier kaum anzunehmen, daß *Jessica* irgend etwas darüber wußte.

Andreas und die Fremden

Im September 1994 veranstaltete ich zusammen mit Erich von Däniken ein Seminar der *Ancient Astronaut Society* in Zürich. Es ging dabei um Eingriffe außerirdischer Intelligenzen in Vergangenheit und Gegenwart, und bei einem meiner Vorträge über UFO-Entführungen zeigte ich in diesem Zusammenhang auch ein Szenenbild aus Steven Spielbergs Film *Unheimliche Begegnung der dritten Art:* Das Foto zeigt einen kleinen Jungen vor einer sich öffnenden Haustür, aus der das helle Licht eines UFOs in das Zimmer fällt.

Unmittelbar darauf sprach mich eine der Seminaristinnen an: *Sonja Gellner* aus Schwyz. *Sonja* ist eine 42jährige Unternehmerin, die zusammen mit ihrem Mann einen gutgehenden mittelständischen Betrieb leitet. Gemeinsam mit ihrer damals 16jährigen Tochter hatte sie sich für unsere Veranstaltung interessiert.

»Als ich das Bild sah«, sagte *Sonja*, »habe ich mich sofort erinnert. Unser kleiner *Andreas* hatte mal so etwas erzählt. Ganz ähnlich. Das ist schon ein paar Jahre her, und wir haben es nie ernst genommen.«

Ich fragte sie, woran sie sich erinnern könne, und sie meinte, er habe damals davon gesprochen, nachts mit seinem Plastikköfferchen zu einem Raumschiff geholt worden zu sein, um dort »reparieren zu helfen«. »Das war total verrückt, weil er sich überhaupt nie für so etwas interessiert hatte, und wir wußten damals auch nichts damit anzufangen. Später sprachen wir nie mehr darüber.«

Ich bat *Sonja* trotzdem, *Andreas* noch einmal behutsam auf dieses Ereignis anzusprechen. Der Junge war jetzt acht Jahre alt, und wenn es sich dabei nur um eine Phantasiegeschichte oder einen unbedeutenden Traum gehandelt hatte, würde er ihn sicher längst vergessen haben. Es kam aber ganz anders.

Etwa einen Monat später schrieb mir *Sonja Gellner*: »*Andreas* war überrascht, als ich zum ersten Mal wieder im September die Sprache darauf brachte. Zuerst meinte er, er könne sich nicht mehr erinnern. Ich sagte zu ihm, er soll doch erst einmal darüber nachdenken, und ließ es damit auf sich beruhen.«

Ungefähr zwei Wochen später brachte *Sonja* das Gespräch erneut auf dieses Thema: »Er sagte, das sei schon lange her und er *dürfe* nichts mehr darüber sagen. So ließ ich ihn und wartete. Anfang Oktober fragte ich wieder, ob er es noch wisse, und daß er mir auch eine Zeichnung machen könne, wenn er nicht darüber sprechen möchte. Er war total unentschlossen, ob er solle oder nicht. Bis zum heutigen Tag.«

Es ist der 16. November 1994. *Andreas* ist von der Schule

Abb. 4   So zeichnete der heute achtjährige Andreas Gellner *aus Schwyz seine Begegnung mit den Fremden und ihrem Objekt. Er selbst stellte sich mit seinem Plastikköfferchen dar, die beiden »Anderen« in etwa gleich groß wie er. An dem scheibenförmigen Flugobjekt erkannte er eine Tür, Fenster und einen »Lichtturm«. Zeichnung des Zeugen.*

daheim, und erneut versucht *Sonja* vorsichtig, das damalige Erlebnis zur Sprache zu bringen:

»Weißt du noch, wie das war mit dem Raumschiff?«

»Ja, ungefähr.«

»Erzähl!«

»In der Nacht schaue ich zum Fenster hinaus.«

»Warum?«

»Ich weiß nicht. Sie sind da.«

»Haben sie gerufen?«

»Ja. Nein. Vielleicht.«

»Wo waren sie?«

»Auf einer Wiese.«

»Wo ist die Wiese?«

»Irgendwo. Eine schöne Wiese.«

In der unmittelbaren Umgebung des Hauses von *Sonja Gellner* gibt es keine Wiese. Es ist aber gut möglich, daß *Andreas* hier einen Zeitverlust erlebt hat: Er schaut zum Fenster hinaus, sieht »sie« kommen und findet sich im nächsten Moment auf einer

Wiese wieder. Wie er dorthin gebracht worden sein könnte, bleibt ihm verschlossen.

»Wie sind sie zu dir gekommen?« fragt *Sonja*. »Durch das Fenster?«

»Nein, einfach so.«

»Willst du mir eine Zeichnung machen?«

»Oh, das ist schwierig. Ich weiß nicht mehr alles.«

Trotzdem geht *Andreas* und macht im Kinderzimmer eine Skizze. Sie zeigt ihn selbst, wie er mit seinem Plastikwerkzeugkoffer vor einem großen runden Objekt und zwei Wesen steht. Diese haben die gleiche Körpergröße wie er, doch während er sich selbst mit einem »Kugelkörper« zeichnet, stellt er diese Wesen nur als »Strichmännchen« dar. *Sonja* fragte ihn wieder:

»Wo war denn das Raumschiff?«

»Auf der Wiese.«

»War es groß?«

»Ja.«

»Stand es mit Füßen auf der Wiese?«

Andreas überlegte an dieser Stelle einen Moment und versuchte, sich genau zu erinnern. Dann sagte er: »Nein. Es war in der Luft.« Das Objekt schwebte also offensichtlich knapp über dem Boden, ähnlich wie es auch *Anette Reger* auf Hawaii beobachtet hatte.

Sonja zeigte auf die Figuren vor dem Objekt und fragte: »Wie viele waren es?«

»Zwei.«

»Was sagten sie?«

»Ich weiß nicht.«

»Und was war kaputt? Was solltest du reparieren?«

Auch hier überlegte *Andreas* eine Weile und meinte dann: »Das Licht.«

Natürlich können wir nicht davon ausgehen, daß *Andreas* geholt wurde, um wirklich etwas mit seinem Plastikwerkzeug zu reparieren. Es ist schwer zu sagen, ob hier die kindliche Phantasie eine Rolle spielt oder ob es sich dabei um ein durch die *Ande-*

ren erzeugtes Element eines *Screen Memory* handelt. Ein solches Verhalten der Fremden entspräche vollkommen ihren bewußten Irreführungen, die wir aus so vielen Fällen kennen, und wäre gleichzeitig auch ein Hinweis darauf, wie tief sie in die Psyche auch eines Kindes einzudringen vermögen.

»Das Licht?« fragte *Sonja* weiter. »Warst du denn drinnen?«

»Ich glaube außen.«

Sonja kam wieder auf die beiden Gestalten zurück, die *Andreas* vor dem Objekt auf der Wiese gesehen hatte: »Waren sie groß?«

Andreas lachte. »Nein, sonst hätte ich doch Angst gehabt.«

»So groß wie du?«

»Ja.«

Andreas war, als er diese Geschichte zum ersten Mal erzählte, etwa fünfeinhalb Jahre alt. Dies entspräche etwa einer vergleichbaren Größe von zirka 1,20 Meter, also der durchschnittlich berichteten Körperhöhe der »kleinen Grauen«.

»Und wie sahen sie aus?« wollte *Sonja* weiter wissen.

»Komisch. Wie Glatzköpfe. Ganz komisch.«

»Waren sie lieb oder böse?«

»Eigentlich recht nett.«

»Wie sah das Raumschiff denn aus?«

»So«, sagte *Andreas* einfach und zeigte auf die Skizze vor ihm.

Sonja schaute es sich noch einmal genau an und deutete ins Zentrum des Kreises:

»Was ist das Runde in der Mitte?«

»Ein starkes Licht. Ein Turm.«

»Was ist da unten?«

»Eine Tür.«

»Mit Treppe?«

»Nein.«

»Wie sind sie herausgekommen?«

»Einfach so.«

Auch dies erinnert wieder in erstaunlicher Weise an das Erlebnis der *Anette Reger* auf Hawaii, die ebenfalls keine Treppe oder Leiter sah.

»Und was ist das nebendran?« wollte *Sonja* wissen.

»Fenster. Oder vielleicht Lichter.«

»Warst du nicht doch drin?«

»Ich weiß nicht.«

Sonja schrieb mir dazu noch: »Damit habe ich das Gespräch beendet. Ich hatte einfach Bedenken, daß, wenn ich zu intensiv frage, ich ihn damit beeinflussen könnte. Aber das, was er mir erzählte, war exakt das gleiche wie damals, obwohl er sagt, er wisse es nicht mehr genau, es sei schon lange her. Vielleicht will er es auch nicht mehr genau wissen.«

Thomas und der »Arzt«

Ein komplexer Entführungsfall – wir werden später noch darauf zu sprechen kommen – spielt sich derzeit in einem kleinen Ort in Mecklenburg-Vorpommern ab. Ich erwähne dies bereits an dieser Stelle, weil *Thomas*, der dreijährige Sohn von *Kerstin Kowallschik*, ebenfalls in das Phänomen involviert ist. Im Mai 1995 erzählte sie ihm eine kleine Geschichte, in der ein Arzt mit einem Hubschrauber zu einem Teddybären kommt: »Da wurde *Thomas* plötzlich ganz ernst, überlegte und sagte dann: ›Der war schon hier.‹ Ich sagte: ›Ja? Wo denn?‹, und er sagte: ›Na, der kam nachts an mein Bett.‹ Ich fragte ihn auch, was er denn anhatte, und *Thomas* antwortete: ›Ganz schwarze Sachen.‹ Er wurde dann regelrecht hysterisch und sagte drei Mal hintereinander: ›Der Mann soll keine schwarzen Augen haben!‹«

Kurz darauf erwachte *Thomas* am Morgen mit zwei Schnitten »wie von Rasierklingen« am Unterarm und am Unterschenkel: »Ich fragte ihn, wo das her sei. Er sagte: ›Der schwarze Mann war da, und dann war ich ganz weit weg. Ganz woanders. Er hat mich auch gestochen.‹ Er zeigte dabei auf den Schnitt am Handgelenk und wurde furchtbar ängstlich. Er glaubte, der Mann sei immer noch da, und ich hatte große Mühe, ihn zu beruhigen.«

John Mack schildert in seinem Buch[16] unter anderem den Fall der 44jährigen Sozialarbeiterin Sheila N., die 1992 zu ihm in die Praxis kam, weil sie mit ihren Erinnerungen an fremdartige Wesen nicht mehr weiterwußte. In einem Brief beschrieb sie »das Gefühl von Wirklichkeit, das sie 1984 angesichts der Wesen in ihrem Zimmer und deren allem Anschein nach zielgerichteter Verteilung im Raum empfunden hatte. Sie wiederholte auch die Erfahrung vieler anderer Entführter, indem sie schrieb: ›Welch fürchterlicher und erschreckender Gedanke, wenn man sein eigenes Kind nicht einmal in den eigenen vier Wänden schützen kann.‹«

Sein eigenes Kind nicht schützen zu können: Viele entführte Eltern leiden unter dieser Erkenntnis, denn niemand vermag ihnen zu helfen. Sie selbst können das Phänomen nicht stoppen und Außenstehende ebenfalls nicht. Vielleicht noch schlimmer aber ist, daß sie sich mit diesem Problem an niemanden wenden können – denn wer nimmt ihre Sorgen ernst? Es gibt psychologische Beratungsstellen, es gibt Telefon-Seelsorgestellen, es gibt die Therapiezentren von Kirchen und Gemeinden. Aber keine dieser offiziellen, offiziösen oder privaten Einrichtungen wäre in der Lage, wirklich zu helfen, wirklich Beistand zu leisten. Nicht, weil man es vielleicht nicht könnte, nicht, weil dies ein Übermaß an therapeutischer oder seelsorgerischer Fürsorge bedeutete. Nein, aus dem einfachen Grund, weil man die Sorgen dieser Menschen nicht anerkennt, weil man sie zu all den Nöten, die sie haben, in der Öffentlichkeit mit Häme überzieht, über sie spottet und ihnen – sollten sie tatsächlich einmal den Weg zu einem Psychologen oder einer Beratungsstelle finden – krankhafte Wahnvorstellungen oder bestenfalls noch eine überspannte Phantasie attestiert. Überhäuft mit »guten« Ratschlägen, sich doch an einen »wirklichen Fachmann« zu wenden, oder vollgepumpt mit Beruhigungsmitteln und Psychopharmaka, überläßt man sie ihrem Schicksal.

Wir haben kein Recht dazu. Wir haben keinen Grund, Menschen, die – nur weil sie Dinge erleben, die für die meisten von uns jenseits des persönlichen Vorstellungsvermögens liegen – als Kranke, als Spinner, als Verrückte abzutun, sie aus der Gesellschaft auszugliedern oder als die »Leute mit dem Kleine-Grüne-Männchen-Tick« in der Öffentlichkeit bloßzustellen.

Das Entführungsphänomen kann über jeden von uns hereinbrechen. Jederzeit und an jedem Ort. Wir können darüber spotten, es also verharmlosen und damit für uns »unschädlich« machen. Wir können es abstreiten und uns auf diese Weise seiner entledigen. All dies ist möglich, all dies ist bis zu einem gewissen Grad auch legitim, denn schließlich ist niemand gezwungen, all dies unbesehen zu *glauben*.

Nur eines können wir nicht: Das Entführungsphänomen zum Schweigen bringen. Es spricht zu uns. Es kommuniziert mit uns. Und die Intelligenz, die hinter all dem steht, weiß, daß wir irgendwann auf diese Worte aus der Unendlichkeit auch *reagieren* werden.

IV

Spurensuche

Physikalische Realität und psychische Wirklichkeit

»Ich habe versucht, diese Geschichte zu vergessen
– vor Angst und Entsetzen. Mir wurde ein halber
Zentimeter Haut zehn Zentimeter lang aus dem
rechten Unterschenkel geschnitten. Der Schmerz
und die große Helligkeit ließen mich aus der
Narkose oder Hypnose erwachen. Sechs Gestalten
umstanden mein Bett, kleine, in graue Tücher
gewickelte Figuren. Als ich an die schmerzende
Wunde fassen wollte, wurde meine Hand eisern
festgehalten. Dann merkte ich, wie eine Betäubung
gegeben wurde.«

Gerlinde Gärtner (70 Jahre)

Schlafparalyse ist ein ganz gewöhnlicher physiologischer Vorgang. Während der REM-Phasen (also im wesentlichen
während der Perioden des Traums) lähmt das zentrale Nervensystem den Körper – nur die Augäpfel vermögen sich unter den
geschlossenen Lidern zu bewegen. Diese Lähmung kann sogar
während der Momente des Aufwachens andauern: Der Geist ist
schon munter, der Körper noch im Schlafzustand.
Viele Entführte – insbesondere jene, bei denen die Entführung
mit einem *Bedroom-Visitor*-Phänomen beginnt oder die sich nur
noch an ein solches erinnern können – berichten genau über eine
derartige Beobachtung: daß sie aus dem Schlaf erwachten, ihren

Körper nicht rühren und allenfalls die Augen hin- und herbewegen konnten. In diesen Augenblicken furchtbarer Angst seien dann die meist dunklen Gestalten an ihr Bett getreten.

Zwangsläufig stellt sich die Frage, ob all diese Menschen in Wirklichkeit nur unter zeitweiliger Schlafparalyse litten. Erwachten sie aus einem Traum, konnten sich nicht bewegen, erschraken – und erzählten dann später Geschichten von kleinen grauen Männchen, die an ihrem Bett standen? Ist es in Wahrheit *das*, was den Kern des Besucher-Phänomens ausmacht?

Ganz sicher nicht. Mehrere Faktoren sprechen gegen eine solche Annahme:

● Wahrnehmung der *Bedroom Visitors* selbst. Das Erscheinen solcher Gestalten ist in keiner Weise zwangsläufig mit einer Schlafparalyse verbunden.

● Zeitgleiche Wahrnehmung von *Bedroom Visitors* durch Ehepaare, Freunde, Bekannte sowie zeitgleiche Paralyse mehrerer Betroffener.

● Möglichkeit der beschränkten Bewegung in Einzelfällen (Versuch des Wachrüttelns des Ehepartners ohne Erfolg).

● Paralyse auch im Wachzustand, z.B. unmittelbar nachdem man sich ins Bett gelegt hat oder nachdem man bereits normal erwacht war.

● Schließlich all die Fälle, in denen Entführungen am Tage geschahen, ohne daß der Betroffene in seinem Bett lag.

»Schlafparalyse erklärt keineswegs sämtliche Schilderungen im Zusammenhang mit UFO-Entführungen, auch wenn eine spitzfindige und naive Untersuchung von Kritikern dies der Öffentlichkeit glauben machen möchte«, schreibt der amerikanische Psychologe John Carpenter.[32] Genauso verhält es sich aber auch mit allen anderen »natürlichen«, bisher in die Diskussion eingebrachten Lösungsansätzen zum Entführungsphänomen. Eigentlich ist es erstaunlich, auf *welch* ausgefallene Ideen UFO-Skeptiker bereits gekommen sind (ich habe etliche dieser Ansätze in *Kontakt* abgehandelt), nur, um nicht zugeben zu müssen, hier mit einer für uns derart fremden Realität konfrontiert zu werden, daß wir einfach noch keine ausreichende Erklärung dafür haben. Also führt man wechselweise pathologische Ursachen, physiologische Erscheinungen, soziokulturelle oder soziopsychologische Hintergründe ins Feld oder mischt diese sogar munter durcheinander. Man übersieht dabei allerdings, daß dies mit einer wissenschaftlichen Vorgehensweise nichts mehr zu tun hat. Um ein Phänomen zu erklären, ist es zwar legitim, mehrere Hypothesen zu entwickeln, man muß sich jedoch über deren Hypothesencharakter im klaren sein. Vor allem ist es unsinnig anzunehmen, pathologische Erscheinungen (wie zum Beispiel Schizophrenie oder Neurosen) könnten *exakt die gleichen* Einzelphänomene erzeugen wie soziokulturell oder soziopsychologisch begründbare Wahrnehmungen.

Das *False-Memory*-Syndrom (Syndrom der falschen Erinnerung) ist ein solches »Erklärungsmodell«, das von UFO-Skeptikern neuerdings gerne herangezogen wird. Man meint damit künstlich erzeugte Erinnerungen: Jemand liest, hört oder sieht derart viel über UFO-Entführungen (oder auch über Vergewaltigungen, Kindsmißbrauch usw.), daß er irgendwann glaubt, bestimmte Ereignisse in der eigenen Vergangenheit damit erklären zu können und sich auch *tatsächlich* an diese Vorgänge »erinnert«. Es sollte aber klargemacht werden, daß das *False-Memory*-Syndrom bislang offiziell überhaupt nicht anerkannt ist, d.h. nicht in den diagnostischen und statistischen Handbüchern für Geisteskrankheiten aufgeführt wird und ein Phänomen, das so weitgefächert und so komplex gestaltet ist wie das Entführungsphänomen, wissenschaftlich nicht erklären kann. Es vermag zum Beispiel nicht Mehrfachentführungen, Erinnerungen mehrerer Familienmitglieder an einzelne Entführungen usw. zufriedenstellend zu erläutern.

All dies zeigt im Grunde nur unsere Unfähigkeit, Einbrüche in bestehende Weltbilder zu kompensieren. Liebgewonnene Vorstellungen aufzugeben, bedingt einen Wandel nicht nur auf der Ebene des Verstandes, sondern vor allem auf der der Emotionen, der der Irrationalität in uns. Wir sind mit bestimmten Ideen aufgewachsen, wir haben sie in der Schule, einige von uns auch an der Universität verinnerlicht. Wissenschaftler neigen grundsätzlich dazu, konventionell und damit konservativ zu denken und neue Entdeckungen nur dann zu akzeptieren und zuzulassen, wenn sie sich ohne Schwierigkeiten in das von ihnen selbst seit Jahrzehnten gelehrte Weltbild integrieren lassen.

Jüngere Assistenten, die auf die Fürsprache ihrer Professoren angewiesen sind und ihre eigenen wissenschaftlichen Arbeiten nur dann erfolgreich abschließen können, wenn das Ergebnis mit den akzeptierten und vom jeweiligen wissenschaftlichen Betreuer vertretenen Richtlinien übereinstimmt, haben nur wenig Gelegenheit, sich dagegen aufzulehnen. Nur, wenn sie mit der herrschenden Lehrmeinung konform gehen und in ihren Arbeiten Lösungen anbieten, die auch den Erwartungen der Gutachter entsprechen, können sie damit rechnen, eines Tages selbst in deren Position aufzurücken. So funktioniert institutionalisierte Wissenschaft seit Jahrhunderten – und ist sich dabei selbst der größte Klotz am Bein.

Eindringlinge

Hans-Joachim Gebhardt ist Beamter in einem kleinen Ort in der Nähe von Leer in Ostfriesland, seine Frau *Renate*, 33 Jahre alt, gelernte Tierschutzhelferin und Mutter dreier Kinder. Die Erlebnisse, die sie berichten, geben anschaulich das Besucher-Phänomen in vielen seiner Facetten wieder.

Im Spätherbst 1992 erwacht *Hans-Joachim Gebhardt* vom Stöhnen seiner Frau. Er macht Licht. *Renate* liegt weinend neben ihm, kuschelt sich in seine Arme. Was war geschehen?

Nur stockend und von Weinkrämpfen unterbrochen versucht sie ihrem Mann zu schildern, was sich gerade ereignet hat. Sie erinnert sich, auf dem Rücken gelegen zu haben, als »irgend etwas von ganz weit oben« sich ihrer bemächtigen wollte, sie aus dem

Bett zu ziehen versuchte. Sie wollte schreien, brachte aber keinen Ton heraus.

In ihrem Kopf, so erzählt sie ihrem überraschten Mann, habe eine seltsame Stimme gedröhnt: »Komm mit!« Aber *Renate Gebhardt* wollte nicht mit, sie wehrte sich, sah keinen Grund, ihre Familie zu verlassen. Sie spürte eine fremdartige Kälte und erkannte einen bläulichen Nebel über ihrem Kopf. Instinktiv spürte sie »etwas Böses«, das sie unter seine Kontrolle bringen wollte. In diesem Moment erwacht ihr Mann von ihrem Stöhnen und schaltet das Licht ein – der Spuk ist vorüber.

Aber dies war nicht das erste derartige Erlebnis von *Renate Gebhardt*. Schon als Kind sah sie öfter »kleine Teufel«, die in ihrem Zimmer waren, hatte wieder und wieder das Gefühl, von irgend jemand Unsichtbarem »beobachtet« zu werden, oder glaubte, verstorbene Angehörige seien um sie. Im November 1991 erwachte sie morgens mit einer Brandblase an der rechten Hand, die mittlerweile vernarbt ist. Sie hatte zwar am Abend zuvor eine Wärmflasche mit ins Bett genommen, aber »nur lauwarm«. Diese hätte wohl kaum dazu führen können, eine solche Verwundung zu erzeugen.

Auch ihr jetzt elfjähriger Sohn *Manuel* berichtet von einem merkwürdigen »Traum«, den er seit drei Jahren immer wieder hat. Er sieht in diesem »Traum« eher unscharf »kleine Männchen«, die irgendwie »dreieckige« Köpfe haben, deren Körper aber recht schmächtig seien. Sie laufen auf einer Wiese in einem bläulich-grünlichen Nebel, und dann erscheine immer etwas Großes, stark Leuchtendes (er meint: ein »Engel«). Aus irgend etwas würden »Strahlen gesandt«, und der »Engel« verschwände daraufhin. Er höre auch ein dauerhaftes, monotones Summen und die Stimme seiner Mutter: »Nein, bitte nicht, nein, nein!« Die Eltern erinnern sich, daß *Manuel*, als er drei Jahre alt war, sich vor einem behaarten Monster fürchtete, das nachts wiederholt in sein Zimmer gekommen sei.

Derartige Berichte gibt es inzwischen zuhauf. Sie wurden mir im Verlaufe der letzten beiden Jahre sogar so oft mitgeteilt, daß ich inzwischen den Schluß wage, beim Besucher-Syndrom müsse es sich um ein *Massenphänomen* handeln. Das bedeutet, daß weit mehr Menschen derartige Erfahrungen machen, als wir bislang wußten oder wahrhaben wollten. Diejenigen, die sich aufgrund meiner letzten beiden Bücher an mich wandten, sind ja nur die oberste Spitze eines Eisbergs, der in unergründliche Tiefen zu reichen scheint. Mit anderen Worten: Die reale Dunkelziffer könnte extrem hoch sein, und vielleicht trifft Prof. John Macks vor einigen Jahren noch eher befremdliche Hypothese wirklich zu: »Vielleicht sind wir alle Entführte – auf die ein oder andere Weise.«

Den meisten Entführten mögen nur ganz vage Erinnerungen – wenn man von solchen überhaupt sprechen kann – gegenwärtig sein. Vielen wird es so gehen wie dem Verfasser des folgenden Briefes an mich, einem pensionierten Beamten aus dem hessischen Eschborn. Er hatte eine ganz besondere Begegnung: mit dem Buch *Die Besucher* von Whitley Strieber:[11]

»Ich befinde mich in einem Buchladen. Vor einem Bücherständer stehend sehe ich mir die Buchtitel an. Eine Kaufabsicht besteht eigentlich nicht. Der Ständer ist drehbar, und ich drehe ihn, um die Buchtitel zu erfassen.

Mein Blick fällt auf eine Buchrückseite und auf ein fremdartiges ›Gesicht‹, ein Gesicht, das mich fasziniert, so, als würde man in einem Fotoalbum blättern und feststellen: ›Den kenne ich auch! Irgendwoher.‹ Das Gesicht oder Antlitz wirkt trotz seiner Fremdartigkeit ›bekannt‹, und es löst in mir ein noch nicht zu differenzierendes Gefühl aus. Was ist die Ursache? Was?

Kein Titel befindet sich auf der Vorderseite dieser Taschenbuchausgabe, nur dieses fremdartige und doch irgendwie vertraute Gesicht! Große, dunkle, schräggestellte, insektenartige Augen, eine kleine, zierliche Nase und ein schmaler, fast lippenloser Mund. Dieses Buch *mußte* ich erstehen, schon des Gesichts wegen.

Dieses Gesicht! Ich habe es schon gesehen, ich hatte mit diesem Gesicht schon zu tun! ›Bekannt‹? Jetzt, da ich dieses Wort wiederholt benutze, glaube ich, damit nicht das Empfinden genau wiedergegeben zu haben, welches das Gesicht beim Anschauen auslöst. ›Erinnerung‹ trifft wahrscheinlich weit mehr zu. Eine nicht unangenehme Erinnerung, das ist es. Aber woran...?«

Bis ins hohe Alter

Menschen in jedem Lebensabschnitt können betroffen sein. Der 82jährige *Christoph Ahlbeck* aus Pirna in Sachsen berichtete mir von einem Erlebnis vor drei Jahren: »Es war in der Nacht vom 3. auf den 4. August 1993. Ich wohne im Hochhaus in der 16. Etage. Das Fenster nach Süden ist jede Nacht leicht gekippt. In dieser Nacht wurde ich durch einen sehr starken Stechschmerz im rechten Schienbein plötzlich wach. Mein Versuch, den Schmerz mit Speichel auf der Schmerzstelle zu lindern, blieb erfolglos.«

Christoph Ahlbeck steht auf und geht ins Bad. Er befeuchtet die Stelle mit kaltem Wasser, schaut sie sich aber nicht weiter an, da er glaubt, es sei nur ein Mückenstich. Er geht zurück ins Schlafzimmer: »Als ich mich ins Bett legen wollte, ging mein Blick zum Fußboden am Nachtschränkchen, da sah ich plötzlich die grellen Augen. Die helle Fläche mit den Augen, etwa 25 cm lang und 15 cm breit, wollte ich sofort mit der rechten Hand ergreifen; mein Körper lag schon halb. Aber eine unbekannte Kraft, die wie Narkose wirkte, stoppte meine Hand. Ich wurde sanft aufs Bett in Rückenlage beordert, und in der gleichen Sekunde fiel ich in einen tiefen, ruhigen Schlaf bis zum nächsten Morgen. Als ich dann das Bad betrat, um meinen Stich zu kontrollieren, lag auf dem Schienbein ein abgetrockneter erbsengroßer Blutstropfen.«

Im November 1994, mehr als ein Jahr später, tauchte die fremdartige Gestalt nochmals in der Wohnung von *Christoph Ahlbeck* auf: »Ich wurde plötzlich geweckt und sah am oberen Teil am Wäscheschrank, der dem Bett gegenübersteht, die gleiche helle Erscheinung in den gleichen Abmessungen. Auch hier wieder die gleiche Reaktion. Sekunden später wurde ich durch die gleichen Strahlen oder Kräfte daran gehindert, diese Erscheinung weiter zu beobachten, und in einen tiefen Schlaf bis zum Morgen versetzt.«

Im thüringischen Plauen lebt die 70jährige Rentnerin *Gerlinde Gärtner*. Im Juli 1994 ereignete sich das von ihr bis dahin für unmöglich Geglaubte: »Ich habe versucht, diese Geschichte zu vergessen – vor Angst und Entsetzen. Ich bin ganz klar und kann das Geschehen genau beschreiben. Mir wurde ein halber Zentimeter Haut zehn Zentimeter lang aus dem rechten Unterschenkel geschnitten. Der Schmerz und die große Helligkeit ließen mich aus der Narkose oder Hypnose erwachen. Sechs Gestalten umstanden mein Bett, kleine, in graue Tücher gewickelte Figuren. Als ich an die schmerzende Wunde fassen wollte, wurde meine Hand eisern festgehalten. Dann merkte ich, wie eine Betäubung gegeben wurde.«

Auch *Gerlinde Gärtner* erwacht erst am kommenden Morgen aus ihrem tiefen Schlaf. Überrascht stellt sie fest, daß sie keinen Verband trägt und nicht einmal die Bettwäsche von Blut beschmutzt ist. Aber: »Mein Bein schmerzte sehr, und zu sehen war eine schwarze Naht. Bis heute habe ich diese Narbe und werde immer noch gefragt, woher sie stammt. Die Narbe ist am rechten, hinteren Unterschenkel deutlich zu sehen.«

Ich bat Frau *Gärtner*, unbedingt einen Hautarzt aufzusuchen, ein Schritt, der nicht leicht fällt, insbesondere, wenn ein Erklärungsbedarf besteht: Wie trage ich einem Arzt mein Anliegen vor, wenn dieser noch nie zuvor Berührung mit der Entführungsproblematik hatte?

Trotz ihrer Bedenken entsprach Frau *Gärtner* meiner Bitte und konsultierte eine Hautärztin in Plauen. Am 28. September 1995 schrieb sie mir: »Gleich nach Erhalt Ihres Briefes bin ich zu Frau Dr. Lenz, Hautärztin, gegangen. Mir ist es nicht leichtgefallen, von dieser Geschichte zu sprechen. Sie hat so ein ungläubiges Gesicht gemacht, als ich nur eine Bescheinigung über den Strich am Bein haben wollte. Das Ergebnis möchte sie Ihnen selbst zuschicken. Ich hätte gleich mit der frischen Wunde zu ihr kommen sollen. Jetzt ist nichts mehr zu sehen.«

In der Tat erhielt ich wenig später einen Brief von Frau Dr. Ursula Lenz, der zumindest bestätigt, daß die Strichmarkierung auf dem Unterschenkel von Frau Gärtner durch eine Verletzung entstanden sein könnte: »An der rechten Wade war ein 10 cm langer, senkrechter Streifen sichtbar (evtl. Pigmentierung durch oberflächliche Hautläsion). Narbengewebe liegt nicht vor. Frau Gärtner berichtet mir, daß Anfang Juli 1994 sechs außerirdische Wesen (in graue Tücher gehüllt) ihr in der Nacht die rechte Wade aufgeschnitten und ein $1/2$ cm breites Hautstück in oben genannter Länge entfernt hätten; keine Blutung. Am nächsten Tag habe die Stelle schwarz-rot (wie vertrocknetes Blut) ausgesehen.«

Fraglos besteht die Möglichkeit, daß Frau *Gärtner* sich diese Hautritzung auf natürliche Weise selbst zugefügt hat: bei der Arbeit, beim Spaziergang, bei einer ganz gewöhnlichen Tätigkeit. *Beweisen* läßt sich der Eingriff fremder Wesen auf diese Weise nicht. Wie in allen Fällen geht es auch hier in erster Linie um die Glaubwürdigkeit der berichtenden Person. Frau *Gärtners* Glaubwürdigkeit schätze ich als sehr hoch ein, zumal sie umgehend bereit war, die Markierung einem Hautarzt zu zeigen – sie hätte diesen Gang wohl kaum gewagt, wenn sie einen bewußten Schwindel hätte inszenieren wollen.

Was zeigen uns »Narben«?

Verletzungen auf der Haut, Markierungen und Narben gehören seit jeher zu den wichtigsten Indizien für den realen Eingriff fremder oder außerirdischer Wesen. Als erster erkannte Budd Hopkins ihre potentielle Bedeutung, ich selbst habe in *Kontakt* mehrere Fälle zitiert und solche Markierungen, Narben und Einstiche auch abgebildet.

Angeregt durch eine Anfrage des UFO-Skeptikers Rudolf Henke haben zwei Marburger Hautärzte, nämlich Prof. Dr. R. Happle und Prof. Dr. Irmgard Oepel, die Abbildungen in *Kontakt* begutachtet.[33] Prof. Happle meint: »Etwas Außergewöhnliches läßt sich an diesen Abbildungen nicht ausmachen.« Und Prof. Oepel konstatiert: »Ich sehe auf allen vier Bildern verschiedene Hautveränderungen, die aber nichts Besonderes darstellen. Das kann man sehr häufig beobachten. Für eine Veranlassung durch einen Außerirdischen sehe ich überhaupt keinen Grund.«

Anhand der Fotos würde ich eine solche Veranlassung *auch nicht sehen*. Aber letztlich ist dieses Urteil ein Armutszeugnis, das die beiden Mediziner sich selbst ausstellen. Wie mir andere Ärzte bestätigten, kann und darf ein Gutachten wie dieses nur *nach Untersuchung am Patienten selbst* gefällt werden, insbesondere dann, wenn ein solches Urteil öffentlich gemacht wird. Aufgrund von Fotos ist dies weder gerechtfertigt, noch entspricht es wissenschaftlicher Arbeitsweise.

Doch zumindest zu einer der in *Kontakt* abgebildeten Narben (dort Abb. 8) haben wir tatsächlich die Expertise eines Spezialisten: Es geht um den Fall des Münchner *Winfried Amberger*, der sich damit persönlich an einen Hautarzt wandte (und ihm nicht nur das Foto entgegenhielt). Damals wurde festgestellt, daß es sich um eine *Narbe* (vermutlich posttraumatischer Natur) handelt, die von einer früheren Verletzung oder Operation stammen könnte.

Zudem: Was *erwarten* wir denn von »Narben durch Außerirdische«? Sollen diese grün gefärbt sein, fluoreszierend leuchten, radioaktiv strahlen? Sollen uns eingeschleppte außerirdische Bakterien entgegengrinsen, wenn wir ein Mikroskop darauf richten? Wunden, Markierungen, Einstiche werden, ganz gleich, ob sie mit einem irdischen oder einem »außerirdischen« Skalpell erzeugt worden sind, notwendigerweise immer die gleichen Symptome zeigen. Eher ist zu vermuten, daß eine »außerirdische Medizintechnologie« dazu in der Lage ist, Narbenbildungen einzuschränken und Wundheilungen zu beschleunigen, als klaffende Risse im Gewebe zu hinterlassen.

Es kann also in erster Linie gar nicht darum gehen, ob sich eine Narbe oder Hautveränderung als gewöhnlich oder »außergewöhnlich« darstellt, ob sie auf den ersten Blick etwas »Besonderes« ist oder nicht. Es geht immer um die *Genese* einer solchen Veränderung: Wie hat sie sich gebildet? In welchem Kontext steht sie mit Erinnerungen des Betroffenen an Eingriffe ungewöhnlicher Art? Gibt es überhaupt eine Erinnerung an die Entstehung dieser Narbe usw.? *Dies* sind die Fragen, die wir stellen müssen, und *erst dann* kann sich ergeben, ob man eine Narbe oder Hautveränderung als »normal« bezeichnet oder nicht.

Morgendlicher Besuch

Begegnungen mit der uns fremdartigen Realität des Besucher-Phänomens können nicht nur zu einem völligen Wandel in der Weltanschauung des Betroffenen führen. In Einzelfällen verändern sie das Leben eines Menschen vollständig. Reiner und Karin Feistle haben eine solche Veränderung fast schlagartig vollzogen.
Seit sie ihre Erlebnisse nicht mehr ignorieren, sondern als Tatsache anerkannt haben, sind sie gemeinsam neue Wege gegangen. Sie haben ihren alten Beruf »an den Nagel gehängt« und sich in Friedrichshafen am Bodensee einen kleinen Laden für esoterische Literatur aufgebaut. »Ich möchte vor allem UFO-Bücher anbieten«, beschrieb mir Reiner seine Motivation, »um den Menschen zu zeigen, was auf diesem Sektor alles geschehen ist und noch immer geschieht.«
Das Ehepaar Feistle gehört zu jenen, die ganz offen über ihre Erlebnisse reden möchten. Inzwischen gaben sie Interviews für verschiedene Zeitschriften und waren Gast in Fernsehsendungen, die sich diesem Thema widmeten. Das liegt nicht zuletzt auch daran, daß sich Reiner Feistle der Realität seiner Beobachtungen völlig sicher ist.

Die für ihn wohl einschneidendste Begegnung ereignete sich Anfang März 1995. Reiner erinnert sich, gegen Morgen zunächst einen ganz gewöhnlichen Traum gehabt zu haben: »Ich liege auf einer Luftmatratze und schaukele auf dem Meer. Über mir ist blauer Himmel, es ist warm, die Sonne scheint auf meinen Körper. Ich spüre kleine Wellen gegen meine Füße schlagen. Es ist schön und entspannend.«

Doch dann ändert sich das Szenario hin zu einem beängstigenden Alptraum: »Es ging ganz plötzlich. Woher sie kamen, weiß ich nicht, aber auf einmal bedeckten mich graue, sich wie Gummi anfühlende Schmetterlinge. Sie waren überall auf meinem Körper, tasteten an mir herum und flatterten wild durcheinander. Voller Panik versuchte ich, sie von mir zu stoßen. Dabei fiel ich von der Matratze ins Wasser – und wachte auf.«

Normalerweise ist in einem solchen Moment der Alptraum vorüber. Nach einer Schrecksekunde, in der man sich der Unwirklichkeit der gerade erlebten Situation klar wird, schließt man gewöhnlich wieder die Augen und fällt zurück ins Reich der Träume. Doch bei Reiner Feistle scheint die plötzliche Wendung des Traumes direkt mit Ereignissen in einem Zusammenhang gestanden zu haben, die sich zu diesem Zeitpunkt wirklich mit ihm abspielten und die sein Traumbewußtsein auf diese Weise verarbeitete:

»Mein Blick geht über das Bett in die linke Ecke des Raumes. Ich denke, ich seh' nicht richtig. Aber dort steht jemand, eine kleine Gestalt, ein ›kleiner Grauer‹, wie man ihn sich typischer kaum vorstellen kann. Auch an meinem Fußende sehe ich jetzt ein solches Wesen, und rechts von ihm erkenne ich den schattenförmigen Umriß eines normal großen ›Menschen‹. Ich wage kaum zu atmen, als ich den Kopf weiterdrehe und zur Tür schaue, weil ich dort eine Bewegung wahrnehme. Da kommt tatsächlich ein weiterer ›kleiner Grauer‹ durch die geschlossene Tür hindurch, zuerst mit dem Kopf, dann mit dem ganzen Körper.

Ich hatte die Luft angehalten vor Entsetzen – Augenblicke wie diese sind nicht zu beschreiben. Aber in dem Moment, als ich dem Wesen, das ich in der Ecke hatte stehen sehen, in die Augen blickte, verschwand diese Angst schlagartig. Jetzt war ich von dieser seltsamen Situation einfach nur noch fasziniert.«

Kurz darauf muß Reiner Feistle wieder in seinen Schlaf zurück-gefallen sein. Er kann auch nicht sagen, wie lange er diese vier Wesen insgesamt sah, und schätzt die Dauer auf zehn bis zwan-zig Sekunden. Aber er weiß, daß er wach war, denn er hörte deutlich vom Nebenzimmer aus die Piepsgeräusche des Compu-ters, an dem sein Sohn zu dieser frühen Stunde schon spielte. Als Reiner schließlich erneut erwachte, konnte er sich sofort an alles erinnern.

Eine bewußte Wahrnehmung in das Zimmer eindringender »kleiner Grauer« berichtete mir auch Maria Struwe im Oktober 1995. Sie hatte sich abends ins Bett gelegt und gerade das Licht gelöscht, als es an ihrem Schlafzimmerfenster hell wurde: »Es war ein blaues Licht, das hereinstrahlte. Ich kannte das, ich wußte: Jetzt geht es los. Mein Herz schlug bis zum Halse, aber ich wollte wach bleiben. Ich sagte mir: Du mußt aufpassen, was jetzt passiert. Du mußt dir alles merken! Und dann kamen sie... Sie kamen einfach durch die Fensterscheibe hindurch. Vier Wesen. Klein. Grau. Sie schritten vorwärts, wie auf einer unsichtbaren Rampe, die schräg vom Fenster aus zu meinem Bett führte. Ich sah es so deutlich, das ganze Zimmer war von blauem Licht erfüllt. Ich fühlte eine Berührung am Bein – und dann schwebte ich selbst in gekrümmter Haltung in Richtung Fenster. Das ist das letzte, was ich weiß.«

Über die komplexen Entführungserlebnisse des 32jährigen Indu-striekaufmanns *Jens Heller* aus einem kleinen Ort in der Nähe von Essen hatte ich bereits in *Kontakt* berichtet. In den knapp zwei Jahren seit der Veröffentlichung dieses Buches setzten sich bei ihm die ungewöhnlichen Erlebnisse weiter fort, mehrmals erwachte er schweißgebadet und erinnerte sich an beängstigen-de Prozeduren. *Jens Heller* ist geschieden und wohnt mit seiner Lebensgefährtin *Bettina* und deren Tochter zusammen. Nur an manchen Tagen ist auch seine eigene Tochter da, und beide Mädchen scheinen wie er selbst in das Phänomen involviert zu sein.

Auch bei ihm ist es vor allem das *Bedroom-Visitor*-Phänomen, an das er seine deutlichsten Erinnerungen besitzt, zum Teil – genauso wie Reiner Feistle – direkt aus dem Wachzustand heraus. In der Nacht vom 3. auf den 4. Februar 1995 kam er sich, als er selbst bereits an der Schlafzimmertür stand – wie er dorthin gekommen war, weiß er nicht: »Ich wurde mir in diesem Moment bewußt, daß irgend jemand in das Zimmer eindringen wollte. War es meine Tochter, die an diesem Wochenende bei mir übernachtete, oder die Tochter von *Bettina*? Aber der Druck war so stark, daß ich sofort daran zweifelte. Also griff ich durch den Spalt hindurch, während ich mit der anderen Hand die Tür festhielt. Ich berührte irgend etwas Feuchtes, fast Glitschiges. Es war in der Höhe meiner Brust – ich bin mir ziemlich sicher, daß es die Augen eines der ›kleinen Grauen‹ waren. In diesem Moment, als ich das realisierte, bekam ich wirklich Panik. Ich versuchte, die Tür zuzudrücken, aber so sehr ich mich auch dagegen stemmte, sie ging langsam auf. Licht drang herein. Dann setzt meine Erinnerung aus.«

Fremde Präsenzen

Bedroom-Visitor-Erlebnisse ziehen sich gewöhnlich durch das ganze Leben und beginnen bei all jenen, die Opfer solcher Ereignisse werden, in der frühen Kindheit. *Eva-Maria Winter* aus Berlin, deren UFO-Beobachtung und deren merkwürdigen Zusammenhang zu psychischen Phänomenen ich in *Kontakt* beschrieb, erinnert sich an eine ganze Reihe unheimlicher Besuche:
»Ich weiß noch, daß ich als Kind wach im Bett lag. Etwas hantierte oberhalb des Kopfes, es erschien mir weiblich. Plötzlich sah ich drei Lichtkugeln über meiner Stirn in der Luft stehen. Die mittlere war, glaube ich, etwas größer, und auch als ich die

Augen geschlossen hatte, sah ich noch das Licht durch die geschlossenen Augenlider hindurchscheinen.«

Häufig war es auch einfach nur ein Augenpaar in der Dunkelheit, das *Eva-Maria* als Kind beobachtete. Doch auch später hielten die Besuche aus dem Unsichtbaren an:

»Einmal sah ich eine Gestalt neben *Christian*, meinem Mann, und mir liegen. Ich meinte, sie berührt zu haben, und erschrak heftig. In der Nacht vom 22. zum 23. Juli 1990 schlief ich, als ich aufwachte, weil ich spürte, wie sich etwas an meinem Haaransatz bewegte. Es schien lebendig zu sein. Ich rief zu meinem Mann: ›*Christian*, Hilfe, Hilfe!‹ Eine schwache Stimme sagte etwas wie: ›Na, na‹, und *Christian* schlief fest weiter. Ich faßte mit der Hand nach oben, und es war weg. Ich hatte furchtbare Angst.«

Die Ereignisse setzten sich über die Jahre hinweg fort. Immer wieder erwachte *Eva-Maria* und »spürte oben etwas am Kopf, als ob etwas hantiert oder arbeitet, später, als ob man angehoben, abgetastet und untersucht wird«. Andere Male sah sie helle Blitze oder Lichter im Zimmer auftauchen und wieder verschwinden oder befand sich unmittelbar nach dem Zubettgehen für eine ganze Stunde lang in einer Körperstarre, in der sie nur die Augen bewegen konnte. Gleichzeitig nahm sie fremde Präsenzen wahr, hörte Personen um sie, die sich leise unterhielten. In einer der folgenden Nächte sah sie dann direkt »zuerst zwei, dann drei Gestalten an meinem Bett stehen, die an mir hantierten und mich ansahen. Sie waren ca. 1,20 Meter groß und grau.«

Auch für mich immer wieder verblüffend ist die Vielzahl der Schilderungen solcher Erlebnisse. Haben all diese Menschen identische Halluzinationen? Sind sie alle in der exakt gleichen Weise krank, leiden unter gleichartigen Sehstörungen, träumen von Gestalten, die jedes Mal das Gleiche tun? Das anzunehmen ist weit unwahrscheinlicher als die einfache Hypothese, daß diese Menschen etwas *Reales* erleben, das sich ihnen in identischer Weise zeigt. Beispiele gibt es zuhauf:

Dieter Hermann, 33jähriger Einzelhandelskaufmann aus Dortmund, hatte vor etwa vier Jahren ein verwirrendes Erlebnis: »Ich lebte damals schon mit meiner Freundin zusammen, als etwas geschah, das mich vollkommen konfus machte und meine Angst vor der Dunkelheit selbst in meiner eigenen Wohnung fast krankhaft werden ließ. An den genauen Zeitpunkt kann ich mich nicht mehr erinnern, es war Ende 1990 oder Anfang 1991. Eines Nachts wurde ich übergangslos wach und – sah ein kleines Männchen an mir vorübergehen. Ich weiß, wie verrückt sich das anhört... Es war ungefähr einen Meter groß und schien so etwas wie eine Kapuze zu tragen. Es schaute mich nicht an und ging an mir vorbei in die Ecke. Aber dort war keine Tür. Ich hatte furchtbare Angst, das Männchen könnte bemerken, daß ich wach war, und so folgte ich ihm nur mit den Augen und wagte nicht zu atmen. Meine Freundin wurde nicht wach. Sie bemerkte später nur, daß ich verkrampft im Bett saß und eine Holzlatte vor mir in den Händen hielt. Ich konnte die ganze Zeit vor Angst nichts anderes tun. Sie meinte, ich hätte unsere Katze gesehen, aber die schlief im Wohnzimmer und hätte wohl kaum auf zwei Beinen durch das Zimmer marschieren können.«

Ein Leben lang von den unheimlichen Phänomenen verfolgt wurde auch der heute 50jährige *Gottfried Halmer* aus Gummersbach. Im Laufe seines Lebens wechselte er achtzehn Mal seinen Wohnsitz, immer auf der Flucht vor »irgend etwas«, das er all die Jahre hindurch nicht spezifizieren konnte. Erst langsam, durch die Fernsehserie »Phantastische Phänomene« von Rainer Holbe und durch mein Buch *Die Anderen*, wurde ihm verständlich, *warum* all dies geschah. In seinem ersten Brief vom 10. April 1994 schrieb er: »Ohne es gewußt zu haben, hat meine Abneigung gegen alles religiöse Gehabe mit den Geschehnissen zu tun, die Sie zum Beispiel in Ihrem Buch *Die Anderen* beschreiben. Dieses Buch hatte ich mir nicht etwa – wie alle anderen – selbst gekauft, es wurde mir ausgeliehen. Als Bettlektüre gedacht, geriet es mir zum Alptraum.«

Abb. 5   *Der Einzelhandelskaufmann* Dieter Hermann *aus Dortmund sah die schwarze Silhouette eines »Kapuzenwesens« an seinem Bett vorübergehen. Die Gestalt verschwand in einer Ecke des Zimmers. Nach einer Zeichnung des Zeugen.*

Die Schilderungen über das weltweite Entführungsszenario ließen bei *Gottfried Halmer* die verdeckt liegenden Erinnerungen wieder aufsteigen: »Es war etwa im Jahr 1957, als meine Eltern mit mir und meinem zwei Jahre jüngeren Bruder von Köln in ein kleines Eifeldörfchen zogen. In diesem Ort zogen wir dann noch einmal um in einen Bauernhof mit atriumähnlicher geschlossener Architektur. Nur ein etwa fünf Meter breiter Durchgang zur angrenzenden Wiese war offen. Der Innenhof hatte etwa die Maße zehn mal zwanzig Meter.«

Wann es genau gewesen ist, vermag *Gottfried Halmer* heute nicht mehr zu sagen, da er als Elfjähriger »kein Buch über dieses und noch folgende Ereignisse geführt« hatte. Wichtig erscheint ihm aber, daß »es zu dieser Zeit weder Farbfernsehen noch irgendwelche Berichte über besagte Ereignisse gab. Auch hatte ich keinerlei Literatur über besagte Phänomene, die mich damals, ich war elf Jahr alt, wohl auch nicht interessiert hätten. Es gab also keinerlei Beeinflussung jedweder Art, welche mich zu Phantastereien in dieser Richtung getrieben hätte.«

Aber irgendwann in diesem Zeitraum, als er mit seinen Eltern und seinem jüngeren Bruder auf dem Bauernhof in der Eifel wohnte, geschah es: »In jener Nacht wachte ich auf und bemerkte ein schwach blaues Leuchten vom Hof her. Sehen konnte ich von meinem Bett aus nichts, da das Fenster mit einer Gardine verhangen war. Ich traute mich auch nicht nachzusehen, da mein Bruder im gleichen Zimmer schlief und ich ihn nicht wecken wollte. Was dann weiter geschah, entzieht sich meiner Erinnerung, ich weiß nur noch, daß ich furchtbare Angst hatte und glaubte, irgendwelche Wesen – damals hatte ich noch keinen Schimmer, welcher Art oder Gestalt – hätten an mir herumgefummelt. Ich kann diese Wesen nicht beschreiben, dazu fehlt mir jede Erinnerung. Heute glaube ich, in den im Fernsehen gezeigten Wesen mit den großen Augen jene Gestalten wiedererkannt zu haben, sicher bin ich mir aber nicht.«

Trotz aller Umzüge: Die *Anderen* fanden *Gottfried Halmer* immer wieder. Mehrere Beobachtungen seltsamer Objekte am Himmel, unheimliche und zum Teil erschütternde paranormale Erlebnisse und das Auftauchen fremder Gestalten in seinen Wohnungen kennzeichnen das Leben dieses Mannes. Schließlich durch den Beginn seiner Korrespondenz mit mir mit dem Unausweichlichen, immer wieder Verdrängten konfrontiert, brachen sich die Erinnerungen Bahn. Aber das Phänomen selbst ließ nicht von ihm ab. Am 27. Mai 1994 schrieb er mir: »Es scheint ein unausweichliches Schicksal zu sein, wenn man einmal von dieser Sache betroffen ist. Inzwischen hatte ich, da bin ich mir sicher, wieder Besuch von unseren bekannten blauen Monstern mit den großen Augen. Es war noch in der Nacht, in der ich den Brief an Sie fertiggeschrieben habe. Es war grausam. Verzweifelt schloß ich die Augen, nachdem ich wieder das seltsame Leuchten am Schlafzimmerfenster bemerkte. Aber es war vergebens.

Auch durch die geschlossenen Lider konnte ich die Gestalt erkennen, die sich über mich beugte. Aufgewacht bin ich erst am nächsten Morgen, schweißgebadet und voller Angst.«

Traum-Kommunikation

Angst, Entsetzen, Panik – das sind die Reaktionen auf diese Erlebnisse, die für einen Außenstehenden sicher verständlich, aber wohl kaum nachzuempfinden sind. Was muß in einem Menschen vorgehen, der nachts erwacht und ihm unbekannte Wesen neben seinem Bett stehen sieht? Wie ist dieses Gefühl, sich nicht rühren zu können, ausgeliefert zu sein, völlig ohne jede Chance in ein Ereignis zu geraten, das den Szenen eines Horrorfilms gleicht? Können wir uns überhaupt eine *Vorstellung* davon machen, wie es ist, so etwas wieder und wieder erleben zu müssen?

Und wen wundert es, wenn die meisten Betroffenen versuchen, diese Erlebnisse ins Reich der Träume zu verbannen? Als Alptraum klassifiziert, verlieren sie wenigstens am Tag ihren Schrecken, und die tranceähnlichen Zustände, in denen sich die Betroffenen häufig während der *Bedroom-Visitor*-Begegnungen befinden, die mentale Kontrolle, der sie unterliegen, unterstützt einen solchen Verdrängungsmechanismus. Zudem ist es im Einzelfall in der Regel schwer, zwischen einem realen Ereignis und einem Erlebnis zu unterscheiden, das weiter in der Vergangenheit liegt, nun aber in einem äußerst lebendigen Traum wieder aufgearbeitet wird.

Und noch etwas kommt hinzu: Die *Anderen* kommunizieren mit uns in erster Linie über die Bilder unserer Seele. Sie benutzen unsere Psyche, unser Innerstes, sie teilen sich uns mit in der Sprache der Symbole, generiert aus unserem eigenen kollektiven und individuellen Unbewußten. Sie sind erfahren in diesen Dingen, weit erfahrener, als wir es uns vorstellen können. Und vor allem beherrschen sie eines: unsere Träume. Sie schalten sich in unsere Träume ein, sie verwischen die Grenzen zwischen Realität und Traum, sie sprechen mit uns, während wir schlafen.

Das macht die ganze Angelegenheit so kompliziert und verwirrend. Wer will später entscheiden, ob es »nur ein Traum« war oder mehr als das? Wie will man beweisen, »ihnen« tatsächlich begegnet zu sein, wenn sie sich »nur« in unsere Psyche projizieren und dort eine quasireale Gestalt annehmen?

Ist das zu verrückt? Sind solche Überlegungen pure Phantastik? Ich denke nein. Wir müssen uns darüber klar werden, daß wir es mit einer uns weit überlegenen Intelligenz zu tun haben, die fraglos nicht nur auf technologischem, sondern ebenso auch auf psychisch-mentalem Gebiet Erkenntnisse und Fähigkeiten gewonnen hat, die für uns jenseits des Vorstellbaren liegen. Wir machen leicht den Fehler, uns Außerirdische als grünhäutige Varianten eines Mr. Spock vorzustellen, von denen uns im Grunde nur unterscheidet, daß sie mit schnelleren Raumschiffen durchs All jagen als wir. Doch kultureller Vorsprung von Jahrhunderttausenden oder gar Jahrmillionen kann nicht nur eine ins Unvorstellbare gesteigerte Raumfahrttechnologie bedeuten. Wenn es *nur das* wäre, wäre es enttäuschend. Kultureller Vorsprung wird auch und gerade eine für uns nicht minder unvorstellbare Entwicklung auf dem Sektor psychischer Phänomene einschließen: Wozu sind biologische Entitäten in der Lage, die Jahrmillionen einer kulturellen Entwicklung hinter sich haben? Was vermag die Psyche einer Intelligenz zu leisten, die möglicherweise gar nicht mehr an organische Gehirne gebunden ist?

Dies ist vielleicht die wichtigste Erkenntnis unserer Suche überhaupt: Daß reale Begegnungen mit Außerirdischen nicht nur auf der physikalischen, sondern auch auf der psychischen Ebene ablaufen können, daß also Konfrontationen und Kommunikationen mit den *Anderen* ebensogut irgendwo auf einer einsamen Waldlichtung wie *mitten in unseren Träumen möglich sind.*

Ein besonders eindrucksvolles Beispiel, wie sich eine solche Traum-Kommunikation entwickeln kann, wurde mir von *Karin Beck* aus Berlin berichtet. *Karin* ist 34 Jahre alt, Sekretärin und

Mutter zweier Kinder. Ihr ist es manchmal möglich, sich beim Einschlafen Situationen oder Personen vorzustellen, die dann zu konkreten Bildern werden und in den Träumen der kommenden Nacht wieder auftauchen: »Als ich im Bett lag, stellte ich mir eine bestimmte Person vor. Es dauerte eine Weile, bis ich diese Person bildlich mit geschlossenen Augen vor mir sah. Er stand am Fußende vor meinem Bett und sah zu mir.«

Eigenartigerweise taucht nun aber ein völlig fremdes Element auf: »Plötzlich stand ein ›Grauer‹ neben dieser Person. Er war kleiner als der Mann neben ihm. Ich sah direkt in seine großen Augen, und im gleichen Moment riß ich meine Augen auf und war echt erschrocken. Ich war dann richtig sauer, weil dieses Ding mir meinen romantischen Traum versaut hatte. Ich konnte nur schwer wieder einschlafen, da ich mir das nicht erklären konnte.«

Fraglos ist nicht beweisbar, daß hier eine beginnende Kommunikation mit den *Anderen* abgebrochen wurde. Aber die Szenerie verdeutlicht im Grunde *genau das*, was wir in einem solchen Fall zu erwarten hätten: *Karin Beck* befindet sich in einem entspannten Zustand, ein willentlich herbeigeführtes Traumbild hat Gestalt angenommen – und von einer Sekunde zur anderen schaltet sich eine fremde Intelligenz, symbolisiert durch die Standardfigur des »kleinen Grauen«, in den Traum ein. Wäre *Karin Beck* an dieser Stelle nicht furchtbar erschrocken aus dem Schlaf gefahren – hätte sich die Kommunikation dann weiterentwickelt? Wäre sie am nächsten Morgen erwacht und hätte sich vage an seltsame Prozeduren in ihrem Schlafzimmer oder sogar in einem fremden, lichterfüllten Raum erinnern können? Ich halte dies für gut möglich.

Das Entführungsphänomen hat keine scharfen Grenzen, weder nach innen noch nach außen. Es offenbart sich in vielerlei Gestalt, und die Übergänge zur Realität in dem Sinne, wie wir sie begreifen, sind fließend. Solange wir nicht zu verstehen gelernt haben, daß wir beides berücksichtigen müssen, die physikalische Ebene des Phänomens genauso wie seine psychische, werden wir kaum eine Chance haben, hinter sein Geheimnis zu kommen.

»Kleine Heinos«

Als »Traum« eingeordnet hat die 40jährige Rechtsanwaltsgehilfin *Saskia von Essen* auch ein Ereignis, das einer gewissen Komik nicht entbehrt, für die Betroffene im Moment des Erlebens allerdings von gleich erschreckender Qualität war wie bei allen anderen auch. *Saskia* lebt mit ihrem Mann und ihren beiden Söhnen im Alter von 11 und 15 Jahren in einem kleinen Ort zwischen Hamburg und Bremen. Auch sie begleitet das Besucher-Phänomen seit ihrer Kindheit, aber vor einigen Jahren hatte sie eine Begegnung der ganz besonderen Art: Sie sah an ihrem Bett »lauter kleine *Heinos*«!

»Ich liege im Bett und sehe plötzlich viele ›Leute‹ darum herumstehen. Klein, wie Kinder von etwa zehn Jahren. Sie haben alle lange weiße Kittel an und exakt das gleiche Gesicht, hellblonde Haare und schwarze Sonnenbrillen wie ›Heino‹.«

Es ist natürlich die Assoziation der »schwarzen Sonnenbrillen«, die hier die gedankliche Verbindung mit dem Sänger Heino entstehen läßt und die vermutlich nichts anderes waren als die schwarzen Augen der Fremden.

»Es ist dunkel im Zimmer, aber dennoch kann ich die weißen Kittel und die hellen Haare genau sehen. Ich habe panische Angst, versuche zu schreien, aber lange kommt kein Ton aus meinem Mund, ich bin wie erstarrt. Plötzlich gelingt es mir aber doch noch zu schreien. Mit einem Satz springe ich aus dem Bett und stoße dabei einen der ›kleinen Ärzte‹ um. Er kippt einfach nach hinten auf den Rücken wie eine Puppe. Ich laufe ins Wohnzimmer und drei Stufen der Treppe hinauf. Zwei der Wesen verfolgen mich, bleiben aber unten an der Treppe stehen. In meinem Kopf ist plötzlich ein ›Gedanke‹ oder ein ›Satz‹, etwa in der Art: ›Wieso läufst du weg? Du kannst uns doch nicht entkommen.‹«

Saskia dreht sich auf der Treppe um und schaut die beiden Gestalten an: »Einer von ihnen hat etwas in der linken Hand, sieht aus wie eine Stablampe oder ein Leuchtstab. In meiner Angst springe ich ihn an, dabei verliert er seine Maske und ist augenblicklich verschwunden. Alle sind auf einmal verschwunden, nur die Maske liegt auf dem Boden vor der Treppe, und ich trample wütend und irgendwie verzweifelt darauf herum. Dann erwache ich in meinem Bett. Vollkommen klitschnaß vor Angstschweiß. Es blieb noch eine zusätzliche Erinnerung aus diesem Traum: das Bild eines seltsam geformten schwarzen Auges in Form eines Salmis oder Papierdrachens.«

Aber das war noch nicht alles. Auch *Saskias* Mann hatte in dieser Nacht einen seltsamen »Traum«, dessen Inhalt in einer eigentümlichen Verbindung zum Erlebnis *Saskias* steht: »Mein Mann träumte in der Nacht von einem Arzt, der ihn untersuchte. Der Arzt hatte ein Okular auf dem Kopf – nennt man das so? Es ist dieses Stirnband mit einer runden Scheibe daran und einem Loch in der Mitte. Mein Mann erzählte mir, er hätte in dieses Loch blicken müssen und sei furchtbar erschrocken gewesen, weil er dort in eine ›unergründliche Tiefe‹ gesehen habe. Durch den Schreck ist er dann wie ich schweißgebadet erwacht.«

Immer wieder

Vielleicht noch schwerer als alle anderen haben es Soldaten, mit diesem Phänomen umzugehen. Ausgebildet, notfalls gegen Feinde aus Fleisch und Blut zu kämpfen, versagt jeder Drill, jede Waffentechnik und jeder Siegeswillen im Angesicht des Unbegreiflichen.

Walter Herbert ist Bundeswehroffizier. Er ist verheiratet, Vater zweier kleiner Kinder und in einer Stadt in Schleswig-Holstein stationiert. Auch ihn verfolgt das Phänomen, seit er bewußte Erinnerungen hat:

»Meine Eltern wohnten etwa von 1959 bis 1976 in Plettenberg (Nordrhein-Westfalen) in einer kleinen Mietwohnung. Oben, im ersten Stock, lag auch mein kleines Kinderzimmer mit Fenster zum Norden, von außen durch ein Kunststoffdach leider vom Himmel abgeschirmt. Ich hatte nicht selten Angst, dort zu schlafen, traute mich nicht, lange auf der Bettkante zu sitzen, weil ich meinte, es würde mich jemand nach unten ziehen, und fühlte mich oft nachts bedroht.«

Damals, so glaubt *Walter Herbert*, habe er die *Anderen* niemals richtig, sondern immer nur »schemenhaft im Traum« gesehen. Und dies sei auch bei einer Begegnung im Jahr 1993 so gewesen: »Den Tag oder den Monat kann ich nicht mehr bestimmen, aber der Schreck sitzt mir noch im Genick. ›Sie‹ kommen tatsächlich ohne Vorwarnung. Es muß etwa gegen 23 Uhr in der Nacht gewesen sein. Ich schlief schon fest und träumte irgend etwas. Da hörte ich auf einmal jemanden meinen Namen laut und deutlich rufen. Ich fühlte, daß da jemand in meiner unmittelbaren Nähe sein mußte, ich hatte große Angst – ja, auch erwachsene Soldaten sind nur Menschen! Von einer Sekunde auf die andere schreckte ich auf, schaltete die Nachttischlampe ein und richtete mich auf. Ich sah aber niemanden.«

Alles »nur« ein Traum? Traum und das, was wir Realität nennen, sind vielleicht nur zwei Seiten der gleichen Medaille. *Walter Herbert* sagte mir einmal: »Wir können nicht davor weglaufen, fliehen. Wer einmal gekennzeichnet, registriert ist, wird immer wieder damit Bekanntschaft machen. Man erlebt es im Wachzustand, im Traum, sieht Merkmale, Wunden und andere Seltsamkeiten, hat UFO-Sichtungen oder CE-IV-Erlebnisse. Im Grunde ist es alles dasselbe.«

Von jenseits der Sterne hat eine fremde Intelligenz den Weg zu unserer Erde gefunden – schon vor Jahrtausenden, vielleicht vor Jahrmillionen. Unsere Vorfahren verehrten sie als Götter, Elfen und Feen, wir sehen in ihnen Raumfahrer mit grauer Haut und schwarzen Augen. Doch es sind nur unsere jeweiligen Vorstellungen, die sich da widerspiegeln, denn die Intelligenz aus der Unendlichkeit ist so zeitlos wie der Geist, der sie treibt. Sie kann uns in vielerlei Gestalt gegenübertreten, und die Modi ihrer Kommunikation mit uns vollziehen sich auf allen Ebenen der physikalischen wie der psychischen Welt.

Und trotz dieser Vielgestaltigkeit, davon bin ich überzeugt, kennen wir bislang nur einen Hauch dessen, wozu diese Intelligenz in der Lage ist. Einen Hauch, weil man uns nur gestattet, auf die spiegelnde Oberfläche zu schauen, in der wir in all unserer Verwirrung nichts anderes erblicken als uns selbst. Und trotzdem: Einige von uns haben diesen Hauch gespürt, einen Hauch, der sie im Innersten berührte und sogar in die Tiefen ihrer Träume eindrang. Denn dort, irgendwo in den weiten Landschaften unserer Seele, liegt der Schlüssel – der Schlüssel für das Tor zu den Sternen, der Schlüssel für den Weg in die Unendlichkeit...

V

Schattenwesen

Besucher in der Dunkelheit

»Da ich mit dem Gesicht zur Wand schlief, sah ich
nicht, was los war. Ich weiß nur, daß es mir
vorkam, als sei jemand im Zimmer. Ich konnte
mich vor lauter Angst nicht bewegen oder irgend
etwas tun. Ich schwitzte sehr stark. Ich glaube, ich
hatte mich damals mindestens eine Stunde lang
nicht bewegt. Die Angst saß mir so stark im
Nacken, daß ich wochenlang nicht in meinem
Zimmer schlafen wollte. Ich weiß bis heute nicht,
was damals wirklich geschah.«

Markus Schweizer (33 Jahre)

Der Physiker Prof. David Bohm schreibt 1983: »Es ist also
so, daß wir die Fakten schaffen. Beginnend mit einer unmittelbaren Wahrnehmung entwickeln wir ein Faktum, indem wir
ihm Ordnung, Form und Struktur verleihen. In der klassischen
Physik wird ein Faktum im Sinne der Ordnung planetarischer
Umlaufbahnen ›gemacht‹. In der allgemeinen Relativitätstheorie
wird ein Faktum im Sinne der Ordnung der Riemannschen Geometrie ›gemacht‹... In der Quantentheorie wird ein Faktum im
Sinne der Ordnung von Energieebenen, Quantenzahlen, Sym-
metriegruppen usw. ›gemacht‹«.[34]
Wirklichkeit »ist« nicht, sie entsteht erst in dem Moment, in
dem wir beobachtete Vorgänge in die uns geläufigen Schemata

einordnen: in der Physik, in der Biologie, wo auch immer. Tatsächlich sind es nur *Erscheinungen*, die wir wahrnehmen und die wir als Fakten bezeichnen, wenn sie in das bestehende Weltbild zu integrieren sind – und als »pseudowissenschaftlichen Unsinn«, wenn das nicht möglich ist. So wurde die Existenz von Sonnenflecken, die Galileo Galilei als erster durch sein Fernrohr entdeckt hatte, von der damals maßgeblichen wissenschaftlichen Institution, der römischen Kirche, ignoriert und als »Sehstörung« deklariert, weil sie mit den allgemein gültigen Dogmen nicht in Einklang zu bringen waren. Trotzdem existierten sie. In gleicher Weise wurde die Kugelgestalt der Erde geleugnet, wurde bestritten, daß Meteorite aus dem Weltraum auf unseren Planeten fallen (»weil es, wie jedermann weiß, im Himmel keine Steine gibt«), war die Annahme, die Lebensgeschichte könne auch durch Katastrophen kosmischen Ursprungs beeinflußt worden sein, noch bis in die beginnenden achtziger Jahre unseres Jahrhunderts ein »Hirngespinst«. Heute wissen wir es besser.

Aber *lernen* wir auch daraus? Kaum. Solange wir keine *Theorie* für bestimmte Erscheinungen haben, verbannen wir sie in die nebulöse Grauzone unsinniger, unwichtiger und einer wissenschaftlichen Erforschung unwürdiger Randphänomene, die eigentlich nur störend wirken und mit denen man sich als »seriöser Forscher« nicht abgibt. Die *scientific community* (die wissenschaftliche Gemeinschaft) läßt weltweit durch »anerkannte Wissenschaftler« verkünden, was Fakten sind und was nicht. Ohne es zu bemerken, haben diese Propagandisten des »wahren Glaubens« jene scheinheiligen Vertreter kirchlicher Allwissenheit abgelöst, die jahrhundertelang zuvor unter dem Deckmantel christlichen Missionsauftrags das Licht des Wissens verdunkelten. Heute sind es keine Bischöfe der Inquisition mehr, die hunderttausendfach den Schuldspruch der Ketzerei mit vom Blute Unschuldiger triefenden Federkielen unterzeichnen, heute sind es die auf ihre »Seriosität«, auf ihren »Skeptizismus« so bedachten öffentlichen Speerspitzen der

»rationalen Weltsicht«. Sie lassen nicht mehr auf dem Scheiterhaufen verbrennen, köpfen, hängen und vierteilen. Aber die subtile Weise, in der sie moderne Ketzer mundtot zu machen versuchen und jene, die Erfahrungen vorzuweisen haben, die jenseits ihrer eigenen beschränkten Horizonte der Erkenntnis liegen, mit dem Bann belegen, steht dem in seiner Wirkung kaum nach.

Unterstützt werden sie auf dem uns interessierenden Sektor des UFO-Phänomens von einigen »UFO-Zetetikern« oder »UFO-Nehilisten«, deren selbstgewählte Lebensaufgabe in der beständigen Dementierung besteht: Es gibt keine UFOs, es gibt keine Außerirdischen, es gibt keine Entführungen. Da dies als ein Faktum gilt (bzw. von der *scientific community* zu einem Faktum stilisiert wurde), *müssen* in jedem Fall andere Erklärungen gefunden werden. Gewissermaßen standardmäßig werden daher wechselweise Wetterballone, Laserstrahl- und andere Lichtmaschinen (z.B. sogenannte Sky Tracker), Solarzeppeline, die Venus, der Jupiter und – wenn das alles nichts mehr hilft – Lug und Betrug aus der Schublade alleinseligmachender Weltbilderhaltungsnormen gezogen. Mich würde einmal interessieren, welche tiefenpsychologisch ergründbaren Ursachen bei diesen selbstgekrönten Häuptern eines majestätischen Skeptizismus dazu geführt haben, Tag für Tag und Nacht für Nacht nichts anderes zu tun, als UFO-Fälle »aufzuklären«, das heißt, mit erstaunlicher Gleichförmigkeit zu simplifizieren, zu generalisieren und vor allem zu negieren. Ich kann gut verstehen, wenn sich jemand *für* etwas einsetzt, *für* etwas engagiert. Aber welches Motiv treibt einen Menschen dazu, sein Leben dem Einsatz *gegen* etwas zu widmen? Welchen Sinn sehen diese Jünger ihres Herrn, der etablierten Wissenschaft, in ihrem Tun?

Die monotone, immer wieder mit dem Brustton der Überzeugung vorgetragene Antwort lautet, mit ihrer »aufklärerischen Tätigkeit« all jene, die nicht dem blinden Skeptizismus moderner Weltsicht verfallen sind, vor den furchtbaren Irrungen und

Wirrungen ihres pseudowissenschaftlichen Aberglaubens erretten zu müssen. Dafür opfern sie in selbstloser Weise nicht nur ihre gesamte Freizeit, sondern setzen zum Teil auch nicht unerhebliche eigene finanzielle Mittel ein, ja, sie nehmen es auf sich, von der »unwissenden« Schar der »UFO-Gläubigen« kritisiert und angegriffen zu werden. Sie gleichen in diesem märtyrerhaften Gebaren jenen mittelalterlichen Flagellanten-Bruderschaften, die, sich selbst kasteiend, durch die Lande zogen, um die armen Seelen der vom wahren Glauben Abgefallenen den ewigen Qualen der Hölle zu entreißen.

Wirklich löblich. Nur leben wir nicht mehr im Mittelalter. Unsere Gesellschaftsordnung erlaubt uns, das für wahr und richtig zu erachten, was wir uns selbst erarbeitet, vor allem, was wir selbst gesehen und erlebt haben. Wir benötigen dafür weder die Allwissenheit verheißenden Kommentare der *scientific community* noch jene ihrer unkritischen Nachplapperer, die ihnen in blinder Gefolgschaft hinterdreinrennen. Sie verwenden die gleichen Argumente, die man vor knapp fünfhundert Jahren benutzte, um Sonnenflecken als Sehstörungen zu klassifizieren oder um, entgegen allen anderslautenden Indizien, den Glauben an die Scheibengestalt der Erde aufrechtzuerhalten. In regelrechten Organisationen zusammengeschlossen, sind diese Skeptiker in Wahrheit ideologische Einbahnstraßen-Fundamentalisten, die sich »wie Paranoiker skurrile und phantasievolle Systeme ausdenken«, um diese dann als »gegeben« bezeichnen zu können, wie Robert Anton Wilson so treffend schreibt.[35] *Ich* möchte mir von derartigen Vertretern des völlig unkritischen Glaubens an die Allmacht menschlicher Verdrängungsmechanismen nicht vorschreiben lassen, wen oder was ich gesehen oder mit wem oder was ich konfrontiert worden bin. Es wird Zeit, daß wir uns die *Erscheinungen* anschauen, statt weiterhin »Fakten« zu erfinden, um sie im Weltbild unserer Ignoranz auf den Thron machtvoller Deifikation zu setzen.

Kapuzenwesen

Jene Wesen, die sich hinter der wechselnden Gestalt des *Bedroom Visitors* verbergen, sind mächtig. Sie vermögen unsere Gefühle zu steuern, unsere Emotionen, unsere Träume. Sie erscheinen uns in vielerlei Formen, getarnt hinter den Bildern unseres eigenen Unterbewußtseins, unserer eigenen Phantasien und Vorstellungen.

Mittlerweile ist es der »kleine Graue«, der, wie ich schon gezeigt habe, das Bild dominiert. Zahlreiche Betroffene wurden mit dieser Gestalt konfrontiert, dieses Buch würde nicht ausreichen, alle Berichte ausführlich darzustellen, die mich erreichten. Eine kleine Auswahl muß daher genügen. Für die 38jährige *Carola Strauch* zum Beispiel begannen die Erlebnisse mit diesen Gestalten bereits in der Kindheit: »Ich hatte sehr oft geträumt oder gemeint, irgendwelche kleinen dunklen Gestalten oder Zwerge wollten mich aus meinem Bett zerren, dann bin ich ganz schnell zu meinen Eltern ins Zimmer gelaufen und habe mich dort ins Bett gelegt. Aber nie vorne an den Bettrand, sondern immer zwischen meine Eltern, weil ich immer glaubte, auch dort könne man mich wegzerren.«

Diese »kleinen Grauen« – ich hatte bereits in *Kontakt* darauf hingewiesen – treten häufig mit Kutten und Kapuzen, denen von Mönchen nicht unähnlich, in Erscheinung. Manche Betroffene, die den Begriff »Graue« zuvor nicht kannten, bezeichneten sie denn auch als »kleine Mönche« oder »die Kuttenwesen«. Solche Gestalten sah zum Beispiel der 33jährige *Klaus Sieger* 1983 oder 1984 in seiner Wohnung auftauchen. *Klaus Sieger* ist in der Elektro- und Fernmeldebranche tätig und bezeichnet sich selbst als »glücklichen Vater von drei Kindern«. Seit er sich seiner Erlebnisse bewußt geworden ist, beschäftigt er sich intensiv mit der UFO-Problematik in Vergangenheit und Gegenwart. Anlaß dafür war vor allem das eigenartige Erlebnis vor elf, zwölf Jahren: »Ich war damals schon verheiratet und lebte in der eigenen Wohnung in Berlin/Alt-Hohenschönhausen. Es war nachts zwi-

Bettdecken sind weggelassen!

Abb. 6 *Zwei in Kutten gekleidete Wesen tauchten 1983/1984 im Schlafzimmer des Elektrotechnikers* Klaus Sieger *auf. In Augenhöhe der Gestalten bemerkte er ein orangefarbenes Leuchten. Zeichnung des Zeugen.*

schen 23 und ein Uhr. Ich wurde durch einen auf- und abschwellenden dumpfen Ton wach und sah an meinem linken Bettende – etwa in Fußhöhe – zwei dunkle Schatten. Sie waren etwa 1,40 bis 1,50 Meter groß, und in der geschätzten Augenhöhe der Gestalten war ein schwaches orangefarbenes Leuchten zu erkennen. Ich versuchte, meine Beine wegzuziehen, mich herumzudrehen, konnte mich aber nicht bewegen. Meine Frau schlief tief und fest neben mir.«

In diesem Moment registrierten die beiden Gestalten offenbar, daß *Klaus Sieger* ihrer mentalen Kontrolle entglitten war und sie wahrnehmen konnte: »Der vordere hob seine ›Hand‹ über meine Schienbeine. Genaue Konturen konnte ich allerdings nicht erkennen, denn alles war wie unter einer Kutte oder Robe verborgen. Mich durchströmte sofort ein wohliges Gefühl – und ich schlief unerklärlicherweise wieder ein.«

Angst und Panik verspürte auch *Jakob Ungerer*: »Es war irgendwann mitten in der Nacht Ende 1986. Ich wohnte damals in München. Ich wachte auf einmal auf und war von einer Sekunde zur anderen hellwach. Ich sah am Ende meines Bettes ein Wesen mit einem sehr großen Kopf und riesigen schwarzen Augen sitzen. Nach zwei oder drei Sekunden ergriff mich eine wahnsinnige Panik, und ich wollte mich in meinem Bett aufrichten. Aber ich konnte mich nicht bewegen und war wie gelähmt. Sekunden darauf – so ist jedenfalls meine Erinnerung – war ich ›weg‹, eingeschlafen oder bewußtlos. Einige Zeit danach wachte ich wieder auf, wobei ich nun keine Angst mehr verspürte und alles wieder normal war. Dieses Erlebnis beschäftigt mich seither, und ich konnte erst nach etwa fünf Jahren das erste Mal mit einem Menschen darüber reden.«

Roger Lange ist Rettungsassistent beim Roten Kreuz, ein Mann, der schon von Berufs wegen mit zahlreichen erschreckenden Situationen konfrontiert wird. Aber die Ereignisse in seiner Familie vermitteln auch ihm immer wieder Momente, mit denen er nur schwer fertig wird: »Meine Frau wachte vor etwa acht Wochen nachts auf und hatte eine furchtbare Angst«, schrieb er mir im November 1994. »So hatte ich sie noch nie zuvor erlebt. Sie erzählte mir von einem kleinen schwarzen Wesen mit großen schwarzen Augen, das an ihrem Bett gewesen sei und vor dem sie diese wahnsinnige Angst hatte. Sie erzählte, daß sie wie versteinert gewesen sei, sie konnte sich nicht bewegen und auch nicht rufen.«

Anfangs dachte *Roger Lange*, es sei vielleicht nur ein Alptraum gewesen. »Etwas später stellten wir dann aber fest, daß sie zwei kleine Einstiche an ihrem Hals hatte. Sie waren nicht besonders groß, sahen aber auch nicht aus wie Schnakenstiche. In Ihrem Buch *Kontakt* findet sich ebenfalls eine solche Abbildung, die der meiner Frau genau gleicht [sog. Rattlesnake-Bites, Abb. 5 in *Kontakt,* Anm. J. F.]. Sie sahen aus, als ob sie von einer Schlange gebissen worden sei. Nur eben ein bißchen kleiner, die Stiche hatten einen Abstand von ca. fünf bis sieben Millimetern.«

Gesichter am Fenster

Zuweilen sind es einfach nur kurze Momente, in denen diese Gestalten sich zeigen. *Heide Altenburg,* 35 Jahre alt, studierte nach dem Abitur Biologie. Heute ist sie Pferdezüchterin auf einem eigenen Hof in Westfalen, verheiratet und Mutter zweier Kinder. Sie hat sehr komplexe Erlebnisse hinsichtlich des Missing-Embryo-Syndroms erfahren müssen, und einmal zeigte sich ihr das Gesicht eines »kleinen Grauen« am Fenster: »Irgendwann sah ich ein Gesicht im Fenster unseres Wohnzimmers. Im Fernsehen lief ein Krimi, draußen war es dunkel, mein Mann lag auf dem Sofa. Zufällig schwenkt mein Blick vom Fernseher zum Fenster. Wahrscheinlich hatte ich aus den Augenwinkeln heraus etwas wahrgenommen. Ich sah ein Gesicht. Obwohl das Gesicht nicht menschlich war, war dort jemand. Es war ein Schock. Da es kein Mensch sein konnte (1. Stock), hielt ich es für eine Schleiereule, obwohl ich immer noch das unbestimmte Gefühl habe, daß das Gesicht größer war und Schleiereulen in unserem Dorf meines Wissens sonst nicht heimisch sind. Richtig bewußt wurde mir dieses Geschehen wieder, nachdem ich das Bild Nr. 19 von *Winfried Amberger* in Ihrem Buch *Kontakt* gesehen habe [das Bild eines »kleinen Grauen«, Anm. J. F.].«
Ebenfalls am Fenster zeigte sich ein »kleiner Grauer« dem 33 Jahre alten Reprographen *Horst Eck* aus einem Dorf in der Nähe von Hannover. Nachdem wir bereits mehrfach brieflich miteinander kommuniziert hatten, schrieb er mir im Mai vergangenen Jahres: »Ich weiß, daß dies alles sehr unglaubwürdig erscheint. Und was ich Ihnen nun berichte, fällt mir wirklich nicht leicht. Ich bin mir nicht sicher, ob mir geglaubt wird, und

bis vor einer halben Stunde war ich mir auch nicht darüber im klaren, ob ich das Folgende überhaupt aufschreiben soll. Es geschah vor einer Woche: Ich las ein wenig in Ihren Texten, dann wusch ich mich und wollte ins Bett gehen. Aus irgendeinem Grund schaute ich zum Dachfenster – und meinte, einen Grauen gesehen zu haben.«

Unruhig ging *Horst Eck* zu Bett. In dieser Nacht, so glaubt er, passierte jedoch nichts weiter. Dafür hatte er in der darauffolgenden Nacht einen merkwürdigen »Traum«: »Am nächsten Abend ging ich ganz normal zu Bett, doch hier geschah es. Ich träumte mal wieder von den schwarzen Gestalten. Einer zerrte mich am Arm, und ich merkte, wie er eine lange Nadel in mein Schultergelenk stach. Ich versuchte, mich zu wehren, doch es half nichts. Es war, als ob ich irgendwie festgehalten würde. Ich sah aber kein helles Licht und dachte auch, daß ich normal in meinem Bett liege. Ich glaube, er sprach von einer Knorpelprobe. Am nächsten Morgen wachte ich normal auf, dachte zunächst auch an nichts, merkte aber, daß meine Schulter schmerzte. Als ich im Bad war, traute ich meinen Augen nicht – es war, verdammt noch mal, Realität. Ein etwa fünf Zentimeter langer Streifen, dazu ein kleiner blauer Fleck, der sich aber schon gelblich verfärbt hatte. Bereits am nächsten Morgen war alles nicht mehr zu sehen, kein Grind, keine Narbe. Ich bin mir sicher, daß normalerweise ein blauer Fleck einige Tage zu sehen ist. War es nur ein Spiel meines Unterbewußtseins – oder doch Wirklichkeit?«

Gestalten am Bett

Phantasie? Traum? Wirklichkeit? Die Grenzen verschwimmen, gehen ineinander über. Unser Unterbewußtsein, das weiß jeder Psychologe, ist zu mancherlei »Späßen« in der Lage. Wir können halluzinieren, ohne es zu bemerken, wir halten Träume für Realität und Realität für Träume. Aber ich habe noch nie von

Halluzinationen oder Visionen oder wie immer man derartiges bezeichnen soll gehört, die sich bei so vielen verschiedenen Menschen in solch nahezu identischer Weise äußern.

Reinhard Gomulka aus Rostock, von dessen »Fledermaus-Erlebnis« ich bereits berichtete, erinnert sich an einen Abend im Jahr 1992. Er hatte noch lange ferngesehen und legte sich erst nach zwei Uhr morgens ins Bett. »Ich weiß nicht, ob ich schon schlief oder noch nicht – ich hatte eher den Eindruck, daß ich noch wach war. Aber ich hatte so etwas wie eine ›Vision‹. Ich sah eine wolkenverhangene Gegend, und aus diesen Wolken tauchte plötzlich ein linsenförmiges Flugobjekt auf. Es hatte um die Mittelachse eine Reihe Fenster. Ich sah, wie es wieder in die Wolken zurücktauchte, wieder hervorkam und erneut verschwand.«

In diesem Moment ist die »Vision« beendet, *Reinhard Gomulka* liegt wach in seinem Bett. Er nimmt den dunklen Raum wahr und hat gleichzeitig das Gefühl, es befände sich noch jemand neben ihm. Er kommt aber nicht mehr dazu, sich herumzudrehen: Ein graues Wesen mit großem Kopf und großen, grauschwarzen Augen beugt sich über ihn. »Im gleichen Moment verspürte ich einen stechenden Schmerz im Kopf. Ich versuchte, mich zu wehren, aber ich hörte plötzlich mitten in mir den Befehl, mich am Metallgestell meines Bettes festzuhalten. Ich tat das auch, und das Wesen ›sagte‹ mir noch: ›Damit du dich nicht so verkrampfst.‹ Was dann passierte, weiß ich nicht. Meine Erinnerung setzt in dem Moment wieder ein, in dem ich von einer Sekunde auf die andere voll da bin – meine Hände hielten sich aber noch immer am Metallgitter am Kopfende meines Bettes fest. Die Finger schmerzten, so sehr hatte ich das Gerüst umklammert gehalten.«

Nur zwei oder drei Tage später erwacht *Reinhard Gomulka* mitten in der Nacht – und sieht erneut eine graue Gestalt, die sich gerade von seinem Bett entfernt. An der Tür dreht sie sich noch einmal zu ihm um, blickt den völlig geschockten Mann an und verschwindet. Nicht durch die Tür, sondern einfach durch die Wand hindurch nach draußen.

Auch *Franziska Sutter* hat eine Vielzahl solcher Erfahrungen machen müssen. Insbesondere im Zeitraum zwischen 1967 und 1977 tauchten die »kleinen Grauen« wiederholt bei ihr auf: »Es geschah fast immer in der gleichen Art, in diesen Jahren kamen sie manchmal jede Nacht. Dann war wieder Pause von einem bis zwei Monaten, dann wieder wöchentlich. Ich war oft allein zu Hause, d.h. mit meiner Tochter, die aber damals regelmäßig früh zu Bett ging. Mein Mann kam oft spät nach Hause – wegen seines Berufs und als engagierter Fußball-Coach, häufig erst gegen ein Uhr in der Nacht.

Ich war meistens schon recht früh, so gegen 21 Uhr, sehr müde und wollte schlafen. Dann ging ich zu Bett und schlief auch innerhalb weniger Minuten ein. In jenen Nächten, in denen sie kamen, erwachte ich dann irgendwann plötzlich – manchmal, weil ich spürte, wie ich berührt wurde, manchmal einfach so. Ich schaute auf und sah am Fußende des Bettes eine kleine graue Gestalt stehen. Ich starrte sie an und versuchte mir bewußt zu werden, ob ich wirklich wach bin. Dann, wenn ich sicher war, daß es real war, bekam ich regelmäßig die Panik. Ich kann gar nicht sagen, wie oft das damals genau so geschah. Immer wieder. Ich schrie sehr laut auf und machte sofort das Licht an. Dann war alles weg. Ich zitterte dann und saß aufrecht im Bett, das Licht eingeschaltet, bis mein Mann nach Hause kam. Wenn ich es ihm erzählte, sagte er immer nur, daß er halt solche Dinge nicht sehen könne und daß ich mich wieder beruhigen solle. Später habe ich ihm dann nichts mehr davon gesagt.«

Die einzigen Menschen, denen sich *Franziska* damals anvertrauen konnte, waren eine Freundin und ihre Mutter: »Und immer, wenn sie mich fragten, ob die Gestalt nebelhaft gewesen sei und weiß, sagte ich: Nein, es war ein kleiner grauer Mann – mit Betonung auf *grau*, weil ich auch immer dachte, Geister seien weiß.«

Franziska glaubte damals ebenfalls, es mit dem Geist eines Verstorbenen zu tun zu haben, den sie nur bis zur Brust und daher so klein wahrnehmen konnte. »Ich dachte, dieser Verstorbene wolle mir wohl etwas sagen und ich hätte einfach nicht die Nerven, ihm zuzuhören, weil ich zu früh in Panik geriet. Einige Male habe ich ihn, nachdem ich ihn sah, angefleht, doch am Tage zu mir zu kommen und mir zu sagen, was er wolle, vor allem, mich nicht mehr so zu erschrecken. Ein anderes Mal bat ich ihn, einfach zu verschwinden und nie mehr wiederzukommen. Ich verbot es ihm sogar. Es hat nichts genützt. Bis etwa um 1977. Ab diesem Zeitpunkt kam er nie wieder in dieser Form. Es war schrecklich, und ich schämte mich furchtbar, diese Geschehnisse irgend jemandem außer meiner Mutter und meiner Freundin zu erzählen.«

Familien-Erinnerungen

In vielen Zuschriften, in den vielen Gesprächen, die ich mit Betroffenen führe, wird mir immer wieder auch von Erlebnissen aus deren Verwandtschaft oder Bekanntschaft berichtet. Häufig sind es Erzählungen der Eltern oder Großeltern, und sie zeigen, daß dieses Phänomen vor Jahrzehnten genauso präsent war wie heute. Heinz Schaffer aus Köln beispielsweise erinnert sich an Berichte seiner Großmutter: »Anfang der fünfziger Jahre hat mir meine Großmutter (geb. 1886, gest. 1968) etwas von einem ›kleinen grauen Männchen‹ erzählt. Ich selbst, Jahrgang 1942, bin damals noch zur Schule gegangen, aber meine Mutter kennt diese Geschichte auch noch. Das Ereignis muß sich vor dem Zweiten Weltkrieg im Sudetenland zugetragen haben.
Eine Nachbarin meiner Großmutter hörte eines Nachts Geräusche. Sie wohnten in einem einzeln gelegenen Gehöft, die Hunde schlugen an, zu sehen war aber nichts. Diese Geräusche wiederholten sich fast jede Nacht. Es wurde auch am Türdrücker des Hauses gerüttelt, aber niemand schien da zu sein. Dann, eines Nachts, die Nachbarin lag im Bett, kam ein ›kleines graues Männchen‹ – so beschrieb sie es meiner Großmutter – in die Wohnung. Das Männchen ging etwa dreimal um den Tisch und schlug mit etwas, das wie eine Peitsche aussah, die Petroleum-

lampe um. Anschließend war es verschwunden. Als die Frau dann am nächsten Tag zur Kirche ging, war in der Folgezeit Ruhe. Mein Onkel, inzwischen 89 Jahre alt, hat meiner Mutter und mir vor etlichen Jahren erzählt, in seiner Jugend sei einmal eine ›weiße Frau‹ durch die Wand seines Zimmers gekommen, habe ihn angelächelt und sei durch die gegenüberliegende Wand wieder verschwunden.«

Der *Bedroom Visitor* hat vielerlei Gestalt. In Form des »kleinen Grauen« taucht er seit Jahrhunderten auf – aber niemals zuvor in der erstaunlich dominanten Weise wie heute. Doch selbst die Gestalt dieses Grauen verändert sich. War es in den fünfziger und sechziger Jahren – auch etwa beim berühmten Hill-Fall 1961 – einfach eine kleine grauhäutige menschenähnliche Gestalt, deren Kopf und Augen nur unwesentlich größer waren als die eines normalen Menschen (die ersten Zeichnungen von Betty Hill belegen dies eindeutig), ist er heute zu einem eher insektenhaften Wesen mit extrem schmächtigem Körper, überdimensioniertem Kopf und riesigen Augen mutiert.
Wenig wahrscheinlich, daß sich eine gesamte Rasse innerhalb einiger Jahrzehnte so verändert. Wenig wahrscheinlich auch, daß sie parallel dazu all die anderen zuvor aktiven Entitäten zurückdrängt. Ich muß es wiederholt betonen: Weder die kleinen Grauen noch die anderen Gestalten des Besucher-Phänomens sind biologische Lebewesen wie wir Menschen oder wie die Tiere um uns. Es sind Projektionen, bewegte Bilder, holographische Erscheinungen, die sowohl in der uns unmittelbar umgebenden Welt als quasimaterielle »Wesenheiten« als auch ausschließlich in unserer Psyche, eingespeist in die Welten unseres Bewußtseins, zum Leben erweckt werden können. Sie erscheinen an unserem Bett und malträtieren die Betroffenen mit obskuren Instrumenten. Sie erscheinen aber auch in gleicher Weise ausschließlich in unserem Gehirn – und können dort phantastische Dinge bewirken.
Wer will im nachhinein voneinander trennen, was wirklich geschehen ist? Für sie, die *Anderen*, scheint die Welt der Psyche

und die Welt der Physis eine Einheit zu bilden, in der eine Trennung weder sinnvoll noch von irgendeinem Nutzen ist. *Wir* sind es, die wir – ausgehend vom dominierenden kartesianischen Weltbild – eine solche Trennung geschaffen haben. *Wir* teilen in ein Subjekt und ein Objekt, in eine Innen- und eine Außenwelt, und vergessen dabei, daß beides nur Teil eines viel größeren Ganzen sein kann.

Flug über Berlin

Bedroom-Visitor-Erlebnisse werden von Menschen aller Altersgruppen, aller sozialer Schichten, aller Bildungsstufen wahrgenommen. Der 32jährige Berliner Diplomingenieur *Peter Northmann* ist, wie er betont, ein »Mann, der mit beiden Beinen fest im Leben steht«. Dennoch beschäftigt ihn seit seiner Kindheit eine ganze Reihe merkwürdiger Erlebnisse, für die er keine Erklärung finden konnte:

»Im Alter von etwa drei Jahren schrie ich abends oder vielleicht auch mittags immer wieder im Bett: ›Mama, das Flugzeug will mich holen!‹ Meine Mutter sagte mir jetzt, als ich sie wieder darauf ansprach, sie habe mich damals immer beruhigt, indem sie mir empfahl, ich solle nicht mit dem Kopf auf dem Arm liegen, weil ich dann meinen eigenen Puls hörte. Aber ich erinnere mich, mehrfach ein Fluggerät bis an mein Fenster kommen gesehen zu haben und daß ich furchtbare Angst hatte.«

Doch für *Peter Northmann* blieb es nicht bei diesen Stipvisiten. In seiner Erinnerung ist zumindest ein Ereignis fest verankert, das ein erstaunliches Geschehen beschreibt: »Eines Tages kam das ›Flugzeug‹ durch das geschlossene Fenster hindurch, und ich sah Leute hinter der ›Pilotenkanzel‹, die dann aber für kurze Zeit irgendwie frei in oder außerhalb des Zimmers verharrten. Diese Leute waren wie ein Professorenkollegium gekleidet, mit weißen Kitteln und Kappen auf dem Kopf. Sie unterhielten sich und sagten: ›Jetzt ist es soweit.‹«

Abb. 7 Wie ein Professoren- kollegium geklei- dete Bedroom Visitors *sah der* Dipl.-Ing. Peter Northmann *als Kind in Berlin. Sie drangen in sein Zimmer ein und nahmen ihn mit in ihr Objekt. Zeichnung des Zeugen.*

Danach klafft eine Lücke in der Erinnerung des damals drei- oder vierjährigen *Peter*: die typische Eingangsamnesie. Denn die darauffolgende, im Gedächtnis verbliebene Szene spielt bereits »an Bord« des Fluggerätes: »Als nächstes erinnere ich mich, wie ich mich über dem gegenüberliegenden Haus befand, und zwar innerhalb dieses Flugobjekts. Neben mir stand ein freundlich gesonnener ›Professor‹ und auf der anderen Seite sein ›Kollege‹. Vielleicht standen die anderen hinter mir. Sie zeigten mir von dort oben meine Wohngegend, die Häuser, die Bäume usw. Es war taghell. Ich sah Grundstücke, die man als normaler Beob- achter von der Erde aus nicht einblicken konnte.«
Die »Professoren« mit den weißen Kitteln und den Kappen auf dem Kopf erklärten *Peter*, wie schön diese Welt sei und daß wir alles tun müßten, damit es auch so bleibe. »Als Dreijähriger«, meint *Peter Northmann* heute, »habe ich mit dieser Aufforde- rung nicht viel anfangen können. Ich wollte mit ihnen einfach

141

noch ein bißchen fliegen. Der ›Professor‹ fragte seinen Kollegen, aber der lehnte ab, weil sie zum nächsten müßten. Ich habe dann noch gefragt, was passiere, wenn meine Eltern mein leeres Bett vorfänden. Sie beruhigten mich aber und meinten, meine Eltern würden mich schon wieder im Bett antreffen, wenn sie das Zimmer beträten. Nach diesem Erlebnis hatte ich keine Angst mehr vor solchen ›Flugzeugen‹ und kann mich auch an kein weiteres mehr erinnern.«

Trotzdem setzten sich die Erlebnisse, wenn auch auf einer anderen Ebene, fort. Vor etwa zwei bis drei Jahren hatte *Peter Northmann* einen »Traum«, bei dem »mir etwas aus meinem Körper entfernt wurde. Es sah irgendwie organisch aus. Es war ein angenehmes Gefühl, und seit dieser Zeit habe ich keine Magenbeschwerden mehr und nehme auch wieder zu (z.Zt. 77 kg, früher hatte ich ein Gewicht von nur 64 kg).«

Doch auch weniger angenehme Erlebnisse gehören dazu: »Vor etwa zwei Monaten sah meine Frau neben ihrem Bett eine Gestalt, die mit langen dünnen Fingern sie so schmerzhaft kniff, daß sie noch heute die Stelle am Oberschenkel zeigen kann.«

Ein Phänomen ohne Grenzen

Ebenfalls in Berlin lebt die 44jährige *Gerda Melchow*. Im einstigen Bezirk Potsdam aufgewachsen, hatte sie zu Zeiten der ehemaligen DDR sicher noch weniger Möglichkeiten, irgend etwas hinsichtlich »übernatürlicher« Ereignisse in Erfahrung zu bringen als vergleichbare Kinder im Westen. Doch die seltsamen Gestalten aus anderen Welten kamen auch zu ihr: »Bis heute ist mir eine Erscheinung unerklärlich, die ich als Kind hatte. Ich war vier oder fünf Jahre alt. Meine Eltern waren nicht daheim, ältere Leute aus dem Haus sollten auf mich aufpassen. Ich lag schon, da stand eine dunkelgekleidete Gestalt vor meinem Bett. Es sah aus, als hätte sie eine Lampe und ein großes Schlüsselbund. Ich versteckte mich unter meiner Zudecke. Dann faßte ich

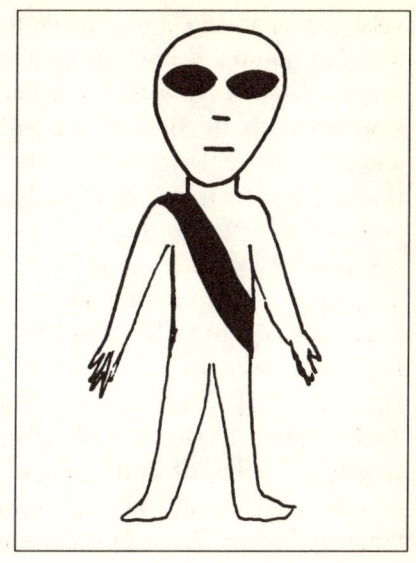

Abb. 8 Monika Goldmann *erschien als Kind ein kleines, grünhäutiges Wesen. Es hatte große Augen und eine »Schärpe« um die Brust. Zeichnung der Zeugin.*

Mut, schrie auf, doch ich sah nichts mehr. Ich rannte hinunter zu den älteren Leuten. Sie waren im Wohnzimmer. Es kann also keiner von diesen beiden gewesen sein – und meine Eltern waren im Kino.«

In den folgenden Jahren zog die heranwachsende *Gerda* mit ihren Eltern immer wieder um. Aber das Gefühl, beständig beobachtet zu werden, blieb von diesem Erlebnis an bestehen. »Später hat jemand im zweiten Stock durch das Fenster geschaut. Das war, als ich schon verheiratet war und meine ersten beiden Kinder hatte. Mein Mann war fort zur Nachtschicht. Er glaubte mir nicht, als ich ihm erzählte, ein ›Glatzkopf‹ habe zu mir hereingeschaut. Er war von hellem Licht umgeben gewesen, so daß ich ihn deutlich sehen konnte. Bei uns knarrten dann auch immer wieder zu bestimmten Zeiten die Dielen, die Tür ging von alleine auf usw. All das meistens nachts.«

Im thüringischen Meiningen und damit in der ehemaligen DDR aufgewachsen ist auch die jetzt 23jährige *Monika Goldmann*.

143

Und genauso wie *Gerda Melchow* hatte auch sie als kleines Kind eine Begegnung, die so ganz und gar nicht ins Weltbild paßte – weder in das des damals herrschenden »real-existierenden Sozialismus« noch des westlichen »Kapitalismus mit menschlichen Zügen«: »Damals war ich so drei oder vier Jahre alt. Ich wohnte mit meinen Eltern, meinem Bruder und meinen Großeltern in einem Haus. Wir wohnten oben, meine Großeltern unten. Seit nun fast 19 Jahren verfolgt mich diese Situation von damals und läßt mir keine Ruhe. Irgendwie ist das alles seltsam. Ich schlief zu dieser Zeit mit meinen Eltern und meinem Bruder in einem Schlafzimmer.«

Damals, um 1976, kamen die Fremden in Gestalt eines kleinen Zwerges zur vierjährigen *Monika*: »Eines Nachts wurde ich von einem Kribbeln auf meiner Hand aus dem Schlaf geholt, so, als ob mich jemand kitzelte. Ich wachte auf, setzte mich und sah an meinem linken Bettende ein ›grünes Männchen‹ sitzen. Seine Hand war blaß grün, sein Kopf größer als normal, und es hatte leuchtend gelbe Augen, die schräg nach oben standen. Es hatte auch lange dünne Finger. Ich kann mich erinnern, daß, als ich ›es‹ sah, der Raum ganz hell war, als ob jemand Licht gemacht hätte.«

Wie sich diese Situation weiterentwickelte, was dieses grüne Männchen tat, daran hat *Monika* heute keine Erinnerung mehr. Sie weiß aber noch genau, wie ihr Zimmer damals aussah und daß sie in dieser Nacht einen gelben Schlafanzug mit einer Ente auf der Brust trug. »Als ich kürzlich den Versuch machte, diese Geschichte meiner Mutter zu erzählen, lachte sie mich aus. Ich fragte, ob ich als Drei- oder Vierjährige solch einen Schlafanzug hatte, aber sie wußte es nicht mehr. Also fragte ich meine Oma, allerdings ohne ihr die Geschichte mit dem Männchen zu erzählen. Und sie sagte spontan ja!«

Noch immer grübelt *Monika* über die Realität dieser Begegnung: »Ist alles nur Zufall, Einbildung, ein Traum? Ich glaube nicht, daß ich mich nach so vielen Jahren so genau an einen Traum erinnern könnte. Lange Zeit habe ich mit niemandem

144

darüber geredet. Ich hatte dieses ›Männchen‹ lange vergessen, doch irgendwann begann ich, immer öfter daran zu denken. Als ich das erste Buch über UFOs und außerirdische Intelligenzen las, in dem einige Skizzen solcher ›Männchen‹ abgebildet waren, war ich regelrecht schockiert, weil eines genau so aussah wie ›meines‹.«

Die wohl geläufigste Vorstellung eines Besuchers aus dem All dürfte die eines Astronauten sein. Eigenartigerweise sind »Astronauten-Sichtungen« jedoch sehr selten; sie tauchen in letzter Zeit kaum noch auf, wurden hingegen in den fünfziger und frühen sechziger Jahren mehrfach beobachtet. Eine derartige Begegnung – in Form eines typischen *Bedroom-Visitor*-Erlebnisses – schilderte mir die jetzt 69jährige *Hilda Leipziger* aus Gallneukirchen in Österreich. Nach dem Krieg lebte sie in Kassel und hatte dort eine für sie einschneidende visionsähnliche Erfahrung: »Das genaue Datum weiß ich nicht mehr. Ich erwachte – oder glaubte zu erwachen –, und vor meinem Bett stand ein Wesen in einem Astronautenanzug, der eine bräunlich-rote Färbung hatte. Ein Gesicht konnte ich nicht erkennen, denn er trug einen Helm, der vorn eine dunkle Gesichtsscheibe hatte. Seltsamerweise hatte ich keine Angst. Das Wesen hob einen Arm und machte eine Geste zur Tür hin, die ich so verstand, als ob ich mit ihm kommen sollte. Das wollte ich nicht! Ich wachte daraufhin auf und war ganz verdutzt. Sehr seltsam!«
Viele dieser Begegnungen scheinen sich im Grenzbereich von Wachen und Schlafen abzuspielen. Aber wenn es sich nur um hypnagoge Träume oder Traumfetzen handelt – warum sind diese dann bei allen Betroffenen in solch erstaunlicher Weise ähnlich? Es ist lediglich die Gestalt des oder der Besucher, die »veränderlich« erscheint. Der Zeitpunkt seines Auftretens, die Art und Weise, wie dies geschieht, der *Modus operandi* seiner Handlungen, schließlich sein unerklärliches Verschwinden, all dies läuft in einer erstaunlichen Uniformität ab. Hypnagoge Visionen während der Einschlafphase verhalten sich anders.

Der Mann mit dem Hut

In *Kontakt* hatte ich bereits auf Fälle hingewiesen, in denen sich der *Bedroom Visitor* in Gestalt eines normalgroßen Mannes mit dunklem Mantel und Hut zeigte. *Franziska Metz* stieß derartiges um 1984 in Würzburg zu, Conny Paraschoudis in Berlin begegnete ihm ebenfalls.

Gerade dieser merkwürdige »Humphrey-Bogart-Typus«, wie *Franziska Metz* ihn nannte, scheint neben dem »kleinen Grauen« die häufigste Erscheinungsform der fremden Besucher zu repräsentieren. Etliche Betroffene wurden mit diesen Gestalten konfrontiert. Sie entsprechen dem Mythos des »schwarzen Mannes«, uns in Erinnerung geblieben durch den Kinderreim »Wer fürchtet sich vorm schwarzen Mann?«, aber offenbar eine Figur mit uralter Symbolik.

Mit einer UFO-Sichtung begannen für den Feinmechaniker *Karl-Heinz Bönisch* aus dem nordrhein-westfälischen St. Augustin im Spätherbst 1989 die beängstigenden Erlebnisse. Es war gegen sechs Uhr morgens, als er auf der Autobahn zur Arbeit fuhr: »Es war um diese Zeit noch vollkommen dunkel. Auf einmal schwebte etwas über mir. Mein ganzer Körper fing an zu kribbeln, Angst überkam mich, ich wußte nicht, was ich tun sollte. Es hatte nicht annähernd die Form eines mir bekannten Flugzeuges, es machte keine Geräusche, es hatte bunte Lichter. Dann war es plötzlich weg.«

Drei Jahre später, 1992, kehren die unheimlichen Besucher zurück. Diesmal direkt ins Schlafzimmer von *Karl-Heinz Bönisch*: »Ich wache nachts schweißgebadet auf, mein ganzer Körper kribbelt, ich habe Angst. Ich liege auf der Seite zum Fenster. Ganz langsam drehe ich meinen Kopf in die Richtung, in der ich etwas spüre. Neben der Tür steht eine Gestalt. Sie ist schwarz gekleidet, mit einem großen Hut. Wie gebannt schaue ich auf das, was da steht. Es bewegt sich nicht. Ich nehme all meinen Mut zusammen und mache Licht. Es ist weg!«

Doch nur ein Traum- und Trugbild? Sicher nicht für *Karl-Heinz Bönisch*, denn seither »wache ich immer wieder schweißgebadet,

Abb. 9   Im Alter von elf oder zwölf Jahren erlebte Ina Seeler *den Besuch eines »schwarzen Mannes« mit Hut und Mantel an ihrem Bett – ein Ereignis, das sie bis heute beschäftigt. Zeichnung der Zeugin.*

nach Essig stinkend, mit dem wahnsinnigsten Horror auf. Mein Gefühl sagt mir dann, daß da wieder einer im Raum gewesen ist. Manchmal finde ich auch unerklärliche Verletzungen an meinem Körper, zumeist kleine, ca. fünf Millimeter durchmessende Wunden, die schlecht verheilen und braune Flecken zurücklassen.«
Wie bei vielen anderen war es auch bei *Ina Seeler* die Lektüre von *Kontakt,* die lang zurückliegende Ereignisse erneut wach werden ließ: »Ich bin sehr aufgewühlt«, schrieb sie mir, als sie sich das erste Mal mit mir in Verbindung setzte. »Ihr Buch hat mich sehr gefesselt, denn ich habe ähnliche Situationen erlebt. Es ist auf jeden Fall gut zu wissen, daß auch anderen Leuten ungewöhnliche Dinge passieren und es Menschen gibt, die sich dafür interessieren.«

Ina war etwa elf oder zwölf Jahre alt, als sie einen »Traum« hatte, der ihr in all der Zeit »so furchtbar real« erschien, daß sie ihn nie vergessen konnte: »Ich liege im Bett und versuche einzuschlafen oder schlafe auch ein. Plötzlich bemerke ich einen großen Mann über meinem Bett. Er steht einfach nur da und schaut zu mir hinunter. Dieser Mann trägt einen langen schwarzen Mantel und einen schwarzen Schlapphut. Ich kann sein Gesicht nicht erkennen, bekomme aber Angst, denn ich weiß genau, dieser Mann ist der Tod.«

Ina reißt die Augen weit auf und schreit – doch in diesem Moment ist der Mann verschwunden. Ihre Schwester im Hochbett über ihr erwacht von diesem Schrei, aber sie hat nichts bemerkt.

All die Jahre hindurch hatte *Ina Seeler* geglaubt, dieser Mann sei der »Tod« gewesen. Erst, als sie nun von gleichen Erfahrungen anderer Betroffener im Zusammenhang mit dem UFO- und Entführungsphänomen erfuhr, änderte sich ihre Einstellung dazu.

Auch *Gertrud Bäcker*, die heute 61jährige Mutter von *Lisa Hertz*, scheint vor etwa dreißig Jahren dem seltsamen Mann begegnet zu sein. »Damals bin ich nachts aufgewacht und sah die Umrisse eines mittelgroßen Mannes direkt neben meinem Bett stehen. Ich habe einen kurzen Schrei ausgestoßen und hatte furchtbare Angst. Ich habe mich vor Schrecken nicht rühren können. Die ganze Zeit merkte ich, daß er mich beobachtet und mich anstarrt. Zudem hatte ich das Gefühl, ich wäre nackt, obwohl ich ein Nachthemd trug bzw. ein solches immer anhabe. Plötzlich war er einfach weg. Ich hörte noch ein Geräusch wie ›Türenschlagen‹, schlief dann aber normal weiter. Erst am nächsten Morgen berichtete ich meinem Mann. Sein Kommentar war nur: ›Du spinnst!‹«

Unsichtbare Fremde

Die Besucher – von wo immer sie kommen mögen – müssen nicht in jedem Fall auch tatsächlich sichtbar sein. Zuweilen ist es einfach nur ihre Präsenz, die spürbar wird, ihre Bewegung im

Raum, die Berührungen, die sie den Betroffenen zuteil werden lassen.

»Meine Begegnung mit den *Anderen* fand im Jahr 1979 statt. Damals war ich ungefähr 20 Jahre alt«, berichtet mir die Anwaltsgehilfin *Miriam Haupt*. Jetzt in Pinneberg lebend, fand diese Begegnung noch in ihrer ehemaligen Wohnung in Hamburg-Barmbek statt: »Es war etwa 21 Uhr abends. Wohnungs- und Balkontür waren fest verschlossen. Ich lag im Bett, und draußen war es fast dunkel.«

Miriam befindet sich schon im Halbschlaf, als das für sie unbegreifliche Geschehen beginnt. Auch hier zeigt sich, daß diese Momente zwischen Wachen und Schlafen für die *Anderen* die entscheidenden Phasen zum Eingreifen darstellen, und es muß noch einmal betont werden, daß es sich dabei *nicht* um ein gewöhnliches Traumgeschehen handeln kann, weil die Symptome des Eingriffs miteinander identisch sind und sich nur in der äußeren Form der Besucher unterscheiden. Andererseits bieten diese Momente für die Fremden offenbar entscheidende Vorteile. Das Tagesbewußtsein des Betroffenen ist bereits ausgeschaltet, eine tiefe Schlafphase noch nicht erreicht. Daß sie diesen Augenblick so häufig nutzen, zeigt aber auch etwas anderes: ihre offenbar uneingeschränkte Möglichkeit der Observation jener, die in das Phänomen involviert sind:

»Ich bemerkte plötzlich, daß sich drei Wesen in der Küche aufhielten und sich in meine Richtung bewegten«, erinnert sich *Miriam Haupt*. »Gehgeräusche auf dem Linoleumboden waren zu hören. In diesem Moment empfand ich eine furchtbare Angst, denn ich hing fest zwischen Wachsein und Schlaf, zu keiner Reaktion fähig. Es handelte sich um ein weibliches und um zwei männliche Wesen, die ich aber nie richtig zu Gesicht bekam. Plötzlich fühlte es sich so an, als würde elektrischer Strom durch mich hindurchgeleitet, und ich wurde durchgeschüttelt und gefesselt von einer elektrischen Wellenstruktur. Das letzte, was ich von meiner Umgebung noch wahrnehmen konnte, war das Geräusch von einer zugeschlagenen Autotür auf dem nahe gelegenen Parkplatz. Dann kam zunächst tiefe Schwärze, und dann folgte ein sehr merkwürdiger Traum.«

Ich fragte *Miriam,* wie sie denn diese Wesen, wenn sie sie nicht gesehen habe, hatte wahrnehmen können und woran sie sich in diesem Zusammenhang vielleicht noch erinnern könne. »Nein, ich habe sie nicht nur gefühlsmäßig gespürt«, bestätigte sie mir. »Ich *hörte* die Gehgeräusche auf dem Linoleumfußboden in der Küche, und die darunter verlegten Holzdielen knarrten ein wenig. Je länger ich darüber nachdenke, um so deutlicher wird für mich, daß ich noch mehr Wahrnehmungen hatte.«

Meine Fragen hatten *Miriam* dazu angeregt, sich nochmals tief in das damalige Ereignis hineinzuversetzen. Längst vergessene oder verdrängte Erinnerungsfragmente strömten nun in das Bewußtsein zurück: »Ja, sie kamen zur Wohnungstür herein, denn bevor sie in die Küche kamen, mußten sie durch den Flur. Schon dort machten sie Geräusche, genauer gesagt: Geräusche durch das Gehen. Ich hörte auch das Rascheln bzw. eher ein leichtes Rauschen ihrer Kleidung. Meine damalige Wohnung war schlauchförmig, ein Zimmer ging in das andere über. Sie waren noch in der Küche, als ich in diese merkwürdige Erstarrung fiel. Danach nahm ich sie nur noch gefühlsmäßig wahr, eben in der Art, daß sie sich mir immer mehr näherten. Ich hörte keine Stimmen und sah auch keine Schatten. Am nächsten Morgen war meine Wohnungstür jedenfalls abgeschlossen und der Schlüssel steckte von innen.«

Das Erlebnis der Katja Wolff

Je tiefer wir in das Geheimnis um solche Besuche eindringen, um so deutlicher wird auch, daß es engste Zusammenhänge zwischen dem Phänomen der *Bedroom Visitors* bzw. der Entführungen und psychischen bzw. parapsychologischen Erfahrungen gibt. Wie dieser Zusammenhang beschaffen ist, bleibt vorläufig eine Frage der Spekulation. Werden *Bedroom-Visitor*-Erlebnisse beispielsweise durch bewußt herbeigeführte psychische Grenzerfahrungen *ausgelöst* (in diesem Fall wäre sie lediglich als sekundäres Beiprodukt einer solchen Erfahrung zu betrachten), oder *nutzen* fremde Intelligenzen derartige Momente veränderter Bewußtseinszustände, um in den Raum des Betroffenen einzudringen? Für beides lassen sich Argumente finden, aber vermutlich ist es hier wie mit dem gesamten Phänomen: Es stellt sich uns in Wahrheit weit komplexer dar, auf tiefen Ebenen miteinander verknüpft, ohne daß wir im Moment anhand der uns zur Verfügung stehenden Informationen auch nur die Chance hätten, diese Verbindungen zu sehen und sinnvoll zu interpretieren.

Ein Beispiel für die enge Verbindung solcher psychischer Grenzerfahrungen und dem *Bedroom-Visitor*-Phänomen beschreibt die Schriftstellerin Katja Wolff in ihrem Buch *Salomos Kunst*.[36] Das Buch behandelt in erster Linie außerkörperliche Erlebnisse, sogenannte »Out-of-Body-Experiences« (OOBEs), bei denen es dem Bewußtsein möglich ist, den Körper zu verlassen und völlig unabhängig von diesem zu agieren.

Das entscheidende Erlebnis, das bei Katja Wolff ihre späteren OOBEs auslöste, ergab sich aufgrund eines *Bedroom-Visitor*-Phänomens nach einer gewollt herbeigeführten psychischen Extremsituation. Ihr Ziel war es, mit Hilfe einer speziellen Meditationstechnik zu erfahren, »ob es möglich ist, körperlich zu schlafen und geistig wach zu bleiben«.

Tatsächlich gelingt es Katja, sich in einen veränderten Bewußtseinszustand zu versetzen. Dann allerdings erlebt sie einen Blackout – und als sie wieder zu sich kommt, ist sie vollständig paralysiert: »Es war, als wäre ich urplötzlich in eine Gestalt aus Edgar Allen Poes Büchern verwandelt worden. Vielleicht kennst du seine Geschichte ›Lebendig begraben‹. Dann kannst du dir ungefähr vorstellen, wie ich in diesem Augenblick empfand: Panik, Entsetzen, Horror. Es war grauenvoll. Ich konnte mich nicht bewegen.«

War diese Paralyse – die wir ja aus anderen Fällen eines beginnenden *Bedroom-Visitor*-Phänomens gut kennen – eine Folge der Meditation, oder handelte es sich um eine von außen kommende Beeinflussung des Körpers? Möglicherweise letzteres, denn während Katja noch mit sich rang und versuchte, ihre Panik niederzukämpfen, geschah etwas Seltsames: »Irgend etwas in mir und zugleich außerhalb meiner ›sagte‹ ohne Worte: ›Du brauchst keine Angst zu haben!‹ Es war, als spreche eine unhörbare und doch klar verständliche Stimme geradewegs in meinen Kopf hinein, mitten in die Zentrale meines Bewußtseins, dort, wo die Gedanken produziert werden... Schlagartig verlor ich die Angst. Diese ›Stimme ohne Worte‹ erschien mir fremd und urvertraut zugleich.«

Katja erhält von der »Stimme« den Befehl, die Augen zu öffnen. War sie soeben noch vollkommen gelähmt, konnte sie jetzt wenigstens ihre Augen aufschlagen. Da sie auf der Seite lag, fiel ihr Blick zum anderen Ende des Schlafzimmers in der Nähe der Badezimmertür: »Und da – da erblickte ich etwas, da war etwas. Ich habe so etwas noch nie gesehen. Es war ein ovales Gebilde. Es schien ungefähr dreißig oder vierzig Zentimeter lang zu sein und bestand aus gelblichem Licht – oder aus einer feinen leuchtenden Substanz, deren sichtbare Eigenschaften denen des Lichtes ähneln. Seine Konturen hoben sich deutlich von der weißen Zimmerdecke ab. Im Inneren des Ovals waren mehrere Kreise oder Kugeln. Ich schätze, es waren acht bis zehn Stück. Sie bestanden aus einem dunkleren, intensiver leuchtenden Lichtgelb als das Oval. Sie sahen alle gleich aus; trotzdem schien es mir, als habe jede dieser Kugeln eine eigene Individualität. Zugleich aber bildeten alle Kugeln gemeinsam so etwas wie eine Gesamtindividualität. Ich spürte: Das ovale Ding da oben an der Zimmerdecke stand in irgendeinem Zusammenhang mit meiner Bewegungsunfähigkeit.«

Ist dieses »Licht-Oval« überhaupt zu vergleichen mit den Gestalten, die sonst gesehen werden? Ich denke ja, denn wir müssen uns bei all dem immer wieder deutlich vor Augen führen, daß die Beobachtung von Gestalten – ganz gleich, ob es sich um »kleine Graue« oder um »Männer in Mänteln« oder was auch immer handelt – nur eine unseren Vorstellungen angepaßte *Projektion* ist. Gut möglich, daß Katja als eine der wenigen in diesem Energie-Oval die *wirkliche* Erscheinungsform dieser Besucher gesehen hat, vielleicht ausgelöst durch ihre meditativen Experimente im Vorfeld, die ihr den Blick dafür öffneten. Es ist also nicht die äußere Form, aufgrund deren wir einen *Bedroom Visitor* identifizieren können, sondern es sind die Eigenschaften dieses »Wesens«. Und die sind auch in Katjas Wahrnehmung völlig identisch mit jenen, die uns von anderen Betroffenen berichtet werden:

»Dieses Licht-Oval war ein lebendiges Wesen. Es hatte Bewußtsein, es konnte kommunizieren und zielgerichtet handeln. In einem Punkt jedoch unterschied sich sein Bewußtsein grundsätzlich von unserem. Das Licht-Oval war nämlich völlig frei von Emotionen. Es hatte keine Gefühlsregungen, wie wir sie kennen... Um es in menschliche Begriffe zu übersetzen: Es war kraftvoll, hochintelligent, sachlich, ein bißchen ironisch und kühl distanziert. Eine emotionale Beziehung ließ sich zu ihm nicht herstellen. Mir schien, als sei es gleichermaßen spöttisch und wohlwollend; es wirkte auf mich herablassend und gutmütig zugleich – nicht lieblos, im Gegenteil, aber trotzdem emotionslos. Was mich zutiefst empörte und beleidigte: Dieses Ding da oben an der Zimmerdecke nahm nicht den geringsten Anteil an dem, was ich empfand. Es stand meinen Gefühlen gleichgültig gegenüber, beinahe so, als hätte es nur einen Routinejob zu erledigen.«

Dieses »Wesen« jedenfalls veranlaßt Katja, »aufzustehen«. Tatsächlich gelingt es ihr – aber es ist nicht ihr Körper, der sich erhebt, sondern allein ihr Bewußtsein: Sie hat in diesem Moment ihr erstes OOBE.

Erst viel später, beim Lesen meines Buches *Die Anderen,* entdeckte Katja die Ähnlichkeiten ihres Erlebnisses mit denen klassischer *Bedroom-Visitor*-Erfahrungen. Und sie wurde sich vieler anderer Begebenheiten bewußt. Anfang November 1995 schrieb sie mir: »Sie haben – vermutlich (?) – keine Vorstellung, welches

Gefühl der Ent-Lastung man empfindet, wenn Dinge, die einem lange Zeit unerklärlich waren und einen daher bedrückten, vor einer bestimmten Folie plötzlich Sinn machen und ihre mögliche Bedeutung enthüllen.« Zeitverlust, merkwürdige Träume, die Begegnung mit einem unheimlichen Menschen – es sind die schon fast »üblichen Standarderfahrungen«, derer sich Katja Wolff nun bewußt geworden ist, vor allem, die sie nun einordnen kann: »Ich habe bisweilen ›Träume‹ (?), in denen ich beispielsweise von kleinen Leuten operiert (?) werde. Ich bin dann im ›Traum‹ sehr wütend und sage: ›Ihr dürft das nicht, ihr seid doch keine richtigen, ausgebildeten Ärzte!‹ Bei einer ›Operation‹ in der Herzgegend und am Unterleib war ich nicht narkotisiert, sondern ›wach‹. Trotzdem kann ich mich an Schmerzen nicht erinnern.«

Screen Memories

Bei Katja Wolff war es ein *Bedroom Visitor* in Gestalt eines leuchtenden Ovals. Doch manchmal werden die eindringenden »Wesen« auch überhaupt nicht optisch wahrgenommen. Der Betroffene fühlt lediglich ihre Anwesenheit. Nur ein subjektives Empfinden aus einem Angstgefühl heraus? Ich habe nicht diesen Eindruck.

Christoph Fellner aus Salzgitter zum Beispiel weiß noch heute von einem Erlebnis im Alter zwischen vier und sechs Jahren: »Das Besondere an dieser Geschichte ist eigentlich ihre Bedeutungslosigkeit, die mir dennoch in über dreißig Jahren nicht aus dem Kopf gegangen ist. Da mein Vater zu dieser Zeit Schichtdienst hatte, durfte ich damals in den Nachtschichttagen in seinem Bett schlafen. Ich wurde plötzlich wach durch Geräusche an der Tür oder im Zimmer und dem Gefühl, daß wir nicht mehr allein im Raum waren. Ich versuchte, meine Mutter zu wecken, aber trotz aller Mühe gelang es mir nicht.«

Das war im Grunde alles – bzw. ist alles, woran sich *Christoph* heute noch erinnern kann: die lediglich gefühlsmäßig wahrgenommene Präsenz einer fremden Person im elterlichen Schlafzimmer: »Natürlich kann man sagen«, schränkt er ein, »daß dies der ängstliche Traum eines kleinen Kindes gewesen sei, und genau das habe ich ja auch all die Jahre hindurch angenommen. Aber es gibt einige Dinge, die mich nachdenklich machen, etwa, warum sich dieses eigentlich unbedeutende Ereignis über Jahre hinweg so tief in meine Erinnerung eingeprägt hat.«

Und noch etwas kommt bei *Christoph* hinzu: ein im Zusammenhang mit dem Entführungsphänomen als fast schon klassisch zu bezeichnendes *Screen Memory* in Gestalt von Wölfen mit großen schwarzen Augen: »Lange Jahre hatte ich zwei ähnliche Alpträume. In einem wurde ich von Wölfen mit großen schwarzen Augen verfolgt. Es gelang mir immer erst im letzten Moment, das rettende Haus zu erreichen und die Tür hinter mir zu schließen. Die Wölfe blickten mich immer durch das Fenster an. Der zweite Traum war ähnlich, die Wölfe verfolgten mich, ich kam jedoch nicht von der Stelle, watete wie durch zähen Sirup.«

Solche Verfolgungsträume, in denen wir trotz näherrückender Bedrohung einfach nicht vom Fleck kommen, sind in der Regel nichts Besonderes. Wir alle träumen immer wieder von solchen Augenblicken. Psychologen interpretieren sie gewöhnlich als einen Hinweis unseres Unterbewußtseins darauf, daß wir uns momentan in einer Situation befinden, in der wir uns weiterentwickeln wollen, es aber aus irgendwelchen Gründen nicht schaffen. Trifft dies auch hier zu?

Grundsätzlich kann das nicht ausgeschlossen werden, auch nicht bei einem vierjährigen Kind. Aber es sind denn auch eher die typischen Symbole der Wölfe »mit den großen schwarzen Augen«, die in unserem Fall von Bedeutung sind. Insbesondere Wölfe, aber auch Rehe, Hirsche, Eulen kennen wir inzwischen als jene Bilder, die als Deckerinnerungen benutzt werden – sei es durch posthypnotische Suggestionen der Fremden oder durch Schutzmechanismen unseres eigenen Unterbewußtseins.

Zusätzlich müssen zwei weitere Aspekte bedacht werden, die *Christoph Fellner* mir anvertraute: »Jahrelang – ja, eigentlich auch noch heute – habe ich Angst, allein im Dunkeln zu sein. Früher konnte ich nicht in dunkle Keller gehen oder ohne Licht schlafen. Auch wurde ich oft mit dem Gefühl wach, nicht allein zu sein. Und Abbildungen von ›kleinen Grauen‹, ob in Ihren Büchern oder den Büchern anderer Autoren, flößen mir auch heute, als erwachsenem Mann, Angst ein. Ich bin nicht dazu in der Lage, ihnen in die Augen zu schauen.«

Etwa zwölf Jahre alt war die heute 47jährige Verwaltungsangestellte *Sibylle Friedrich* aus Regensburg, als sie in den Schulferien bei ihrem Onkel und ihrer Tante auf dem Lande untergebracht war. Sie erinnert sich, daß an einem dieser Abende ein schweres Gewitter aufzog: »Ich hatte schreckliche Angst. Doch trotz der Furcht schlief ich dann irgendwann ein. Es war ein leichter Schlaf, denn die Furcht ging mir unter die Haut.«

Doch plötzlich ist *Sibylle* wieder hellwach: »Ich bemerkte, daß sich an meinem Fußende die Bettdecke hob und etwas unter mein Nachthemd kroch. Es schlüpfte bis zu meinem Bauchnabel hoch. Ich war wie gelähmt. Ich konnte weder schreien noch mich bewegen.« Nach ihrem Empfinden dauerte diese Starre etwa fünf Minuten, dann vermochte sich das Mädchen wieder zu regen: »Ich lief weinend in das Zimmer meiner Tante. Sie glaubte mir nicht, was ich ihr erzählte. Meine Tante meinte, so etwas könne unmöglich sein, denn im Haus gäbe es weder Katzen noch Hunde, und Fenster und Türen seien wegen des Gewitters verschlossen. Zu meiner Beruhigung suchten sie die beiden Zimmer ab, fanden aber nichts.«

Sibylle durfte in dieser Nacht im großen Bett von Onkel und Tante schlafen – an ihrer Angst änderte dies wenig: »Ich kann dieses Ereignis bis heute nicht einstufen. Auch konnte ich mich nicht erinnern, jemals in den oberen Räumen eine Katze vorgefunden zu haben. Vor allem, selbst als ich mich von dem Schrecken erholt hatte, war mir trotzdem nicht klar, wie sich dieses Wesen wieder von mir entfernt hatte.«

Dies deutet darauf hin, daß die subjektiv empfundenen fünf Minuten der Starre doch deutlich länger angedauert haben könnten, ohne daß *Sibylle Friedrich* später irgend etwas darüber wußte. Da sie zwar das Eindringen des Fremden, nicht aber sein Verschwinden wahrnahm, ist die Möglichkeit nicht auszuschließen, hier habe noch weit mehr stattgefunden, als dem Mädchen damals bewußt geworden ist.

Nur ein Gefühl?

Ingenieuren kann man sicher eher selten einen Hang zu übertriebenem Irrationalismus nachsagen, es sind Männer und Frauen, die schon von Berufs wegen logisch denken und dazu in der Lage sein müssen, auf dem Zeichenpapier oder im Computer Konstruiertes in die Realität umzusetzen. Daß auch sie nicht vom *Bedroom-Visitor*-Phänomen verschont bleiben, zeigt nicht nur das Beispiel *Peter Northmanns*, sondern auch das des 51jährigen Diplomingenieurs *Klaus Renner* aus München. Vor etwa fünfzehn Jahren, so ist es ihm noch heute deutlich in Erinnerung, »wachte ich nachts auf und erlebte, wie eine ›Person‹ mit menschlichem Aussehen versucht, mir etwas in den Bauch hinein- oder aus dem Bauch herauszuholen. Ich erschrecke – und die Erscheinung verschwindet. Ich bin mir aber absolut sicher, daß es kein Traum war. Seit diesem Erlebnis hatte ich wochenlang Beschwerden in der Magengegend (Ziehen, Kribbeln, Darmgeräusche).«

Vor etwa zwei Jahren kam der seltsame Besucher zurück – und diesmal für *Klaus Renner* völlig unsichtbar: »Ich wachte nachts mehrfach auf und verspürte deutlich, daß ›jemand‹ im Zimmer war. Über zwei Dinge bin ich mir absolut sicher: 1. daß es kein Traum war und 2. daß ›jemand‹ im Schlafzimmer war. Wer dieser ›Jemand‹ gewesen ist, kann ich nicht sagen, denn ich konnte niemanden sehen. Ich bekam große Angst, Schauer durchliefen meinen Körper. Diese Erlebnisse hatte ich mehrmals in der

Nacht und in mehreren Nächten hintereinander, wobei ich dann immer wieder seltsamerweise einschlief.«

Ängste bedrücken auch heute noch den 33jährigen *Markus Schweizer* aus Kahl am Main. Er muß etwa zwölf oder dreizehn Jahre alt gewesen sein, als er von seinem Fenster im elterlichen Haus aus ein rötliches, Zickzacklinien fliegendes Objekt beobachtete. An Verkehrsmaschinen und ihre Flugbahnen durch die Nähe zum Frankfurter Flughafen gewöhnt, kam ihm dies so ungewöhnlich vor, daß er hinunter zu seiner Mutter lief und sie bat, doch mit ihm aus dem Fenster zu schauen. Doch das Objekt war verschwunden. Als die Mutter den Raum wieder verlassen hatte, »war es mir, als ob ich erneut nachsehen sollte. Dies tat ich auch. Ich beugte mich aus dem Fenster und schaute nach rechts über den Rand des Daches. Da war es wieder. Es stand ganz ruhig und setzte sich dann erneut in Bewegung. Es flog an den Punkt, an dem ich es zuerst sah, um dann in einem Winkel von etwa 30 Grad mit einer extremen Beschleunigung nach rechts zu verschwinden. Mir war, als hätte man meine Gedanken observiert.«

Etwa zu dieser Zeit geschah noch etwas anderes – *Markus* erwachte mitten in der Nacht durch ungewöhnliche Geräusche im Zimmer: »Da ich mit dem Gesicht zur Wand schlief, sah ich nicht, was los war. Ich weiß nur, daß es mir vorkam, als sei jemand im Zimmer. Ich konnte mich vor lauter Angst nicht bewegen oder irgend etwas tun. Ich schwitzte sehr stark. Ich glaube, ich hatte mich damals mindestens eine Stunde lang nicht bewegt. Die Angst saß mir so stark im Nacken, daß ich wochenlang nicht in meinem Zimmer schlafen wollte. Ich weiß bis heute nicht, was damals wirklich geschah.«

Nicht zu wissen, was geschehen ist, Ängste zu haben vor dem Unbekannten, vor Ereignissen, in die man, ohne es zu wollen, verwickelt wurde und die man nicht einordnen kann – all dies sind Erfahrungen, die Betroffene immer wieder aufs Neue machen oder machen müssen: »Ich lese gerade Ihr Buch *Kontakt*«, berichtet mir zum Beispiel die 25jährige *Ingrid Haller* aus Stuttgart. »Ich weiß nicht, mit wem ich darüber reden soll. Alle Leute – bis auf meinen Verlobten *Stephan* – denken, ich habe mir dieses Erlebnis nur eingebildet, aber ich weiß genau, daß es real war. Seit diesem Erlebnis schlafe ich nachts sehr unruhig, und kein Tag vergeht, an dem ich nicht vor dem Einschlafen daran denke.«

Das Ereignis, das *Ingrid* so aufgewühlt hat, fand erstmals im Oktober 1993 statt: »Ich hatte sehr unruhig geschlafen, mich immer wieder hin- und hergedreht. Ich sah noch auf die Uhr, es war kurz vor drei Uhr. Es kann nur etwa fünf oder zehn Minuten später gewesen sein, als mich ein seltsames Gefühl beschlich. Ich hörte ein unheimliches Summen, dann ein immer lauter werdendes Brummen. Ich dachte, mein Kopf zerplatzt, es tat furchtbar weh. Gleichzeitig wurde das ganze Zimmer hell. Ein sehr grelles Licht, das mir in den Augen weh tat. Ich wollte schreien, doch meine Stimme blieb weg. Ich wollte meinen Freund *Stephan* anstupsen und ihn um Hilfe bitten, aber ich konnte mich überhaupt nicht bewegen. Ich war wie gelähmt, nichts ging mehr. Ich hatte solche Angst, schreckliche Angst. Ich spürte, daß etwas im Zimmer war. Ein ganz komisches Gefühl war das, aber ich sah niemanden, nur dieses grelle Licht. Dann weiß ich nichts mehr – ich muß wohl eingeschlafen sein.«

Als *Ingrid* am nächsten Morgen erwacht, sind sämtliche elektrische Uhren ausgefallen, auch die am Videorecorder. Sie selbst hat furchtbare Kopfschmerzen, fühlt sich unwohl und »schlapp«. Auch ihre beiden Katzen verhalten sich ungewöhnlich: »Sie liefen von Fenster zu Fenster, schnupperten alles ab und hatten ganz dicke, aufgebauschte Schwänze. Sie maunzten die ganze Zeit und fauchten und waren sehr aggressiv. Abends erzählte mir dann *Stephan*, daß er die letzte Nacht schlecht geschlafen und einen furchtbaren Traum gehabt habe, der ihm eigentlich sehr real vorgekommen sei. Er erzählte mir genau das

159

gleiche, was ich auch erlebt hatte. Wir konnten uns einfach nicht erklären, was da vorging.«

Aber es blieb nicht bei diesem einen Mal. Im März 1994 ereignete sich fast dasselbe erneut. Wieder begann es mit einem Summen, das sich ins Unerträgliche steigerte, wieder konnte sich *Ingrid* nicht bewegen, wieder leuchtete das grelle Licht auf: »Ich dachte, das kann doch nicht wahr sein. Ich sah auf den Wecker: 2.51 Uhr. Ich bin wach – und so etwas Komisches passiert. Das Unglaublichste war, daß mein Freund neben mir schlief und nichts von alldem merkte.« *Ingrid* ist sich sicher, daß diesmal drei oder vier Gestalten im Zimmer waren: »Ich habe gespürt, daß sie da sind und mich beobachten, mehrere Augenpaare. Und so ein Wind war in der Luft. Plötzlich verspürte ich keine Angst mehr – es war wie Wellen, die durch meinen Körper gingen.«

Von diesen »Wellen« berichtete seltsamerweise auch *Miriam Haupt*, als die unsichtbaren Gestalten durch den Flur und die Küche in ihrer Wohnung in Hamburg kamen. Offensichtlich hat *Ingrid Haller* in dieser Situation die gleichen körperlichen Empfindungen gehabt, ist der gleichen unverständlichen Prozedur unterworfen worden.

»Dann, auf einmal, hatte ich wieder Angst. Ich dachte, ich falle jetzt gleich in Ohnmacht und versuchte immer wieder zu schreien. Doch kein Laut kam über meine Lippen. Das Ganze ging etwa zwölf bis fünfzehn Minuten so. Dann, urplötzlich, war das Licht, das Kribbeln und das Brummen weg. Es war wieder ganz ruhig und dunkel. Ich fuhr hoch und schrie. Mein Freund war sofort wach und wußte gar nicht, was geschehen war. Meine Katzen waren total verstört und rannten wild hin und her. Die Zeit nach diesem Erlebnis ging es mir nicht besonders gut, da ich immer daran denken mußte und nachts kaum schlafen konnte.«

Welch lebensbedrohliche Ängste solche Erfahrungen auslösen können, auch das zeigt sich im Beispiel von *Ingrid Haller*. Im Mai 1995 schrieb sie mir: »Zur Zeit bin ich krank. Ich hatte eine Lungen- und Rippenfellentzündung und war vier Wochen im Krankenhaus. Jetzt bin ich schon die neunte Woche krank und habe sehr starkes *Asthma bronchiale*. Ich habe große Angst, daß mir dieses Erlebnis nochmals passiert und ich einen Asthmaanfall bekomme. Wenn ich mich dann nicht mehr bewegen kann – ich könnte ja ersticken.«

All dies zeigt vor allem eines: die extreme Traumatisierung von Betroffenen. Es fällt leicht, Menschen, die vom Besucher-Phänomen heimgesucht werden, für verrückt zu erklären, sie in windigen Talk-Shows der Lächerlichkeit preiszugeben. Aber kaum einer jener, die in verantwortungsloser Oberflächlichkeit über diese Themen »berichten«, macht sich auch nur annähernd einen Begriff davon, was es heißt, so etwas zu erleben, mit so etwas fertig werden zu müssen. Vor allem, damit zu rechnen, daß es wieder und wieder über einen hereinbrechen kann.

Der amerikanische Entführungsspezialist Raymond Fowler schreibt in seinem Buch über das Allagash-Ereignis und die darin verwickelten Personen:[37] »Wer könnte erraten, in wieweit die unterdrückten Erinnerungen ihrer Erlebnisse ihr Leben bis heute beeinflußt haben? Wer weiß, welche verborgenen Erinnerungen noch immer in ihrem Unterbewußtsein vergraben sind und wie sie ihre Zukunft beeinflussen werden? Und da wir über die Zukunft sprechen: Das Entführungsphänomen hat uns gezeigt, daß es für die Entführten niemals endet... Es ist eine unendliche Geschichte!«

Dem ist nichts mehr hinzuzufügen.

VI

Maskenspiel

Begegnungen im Hier und Jetzt

»Da geschah etwas, das mir selbst in der Erinnerung
noch Herzklopfen verursacht. In meinem Tagebuch
beschrieb ich es etwa so: Ich hatte das Gefühl, als hätte
ich eine Alarmsirene im Kopf, die auf einmal so schrill
zu heulen begann, daß ich völlig in Panik geriet.«

Saskia von Essen (40 Jahre)

Bei Sonnenuntergang wirken sie fast mystisch: die rätselhaften
Wüstenzeichen von Nazca in Peru. Wenn man – ein wenig
abseits der *Panamerikana,* dieser berühmten »Traumstraße der
Welt« – auf einen der kleinen Hügel steigt, kann man sie im war-
men Licht der hinter dem Horizont versinkenden Sonne erahnen: gerade Linien, die auf einen zulaufen, gewundene Kurven,
die sich durch die Wüste ziehen.
Überwältigend aber ist der Eindruck vom Flugzeug aus. Linien,
bis zu 22 Kilometer weit schnurgerade über Berge und Täler
gezogen, riesige trapezförmige Figuren, Geraden, die sich kreu-
zen, parallel zueinander laufen, plötzlich Knicke vollziehen oder
sich sternförmig an einem der Hügel treffen, die aus der Ebene
ragen. Die berühmten Tierdarstellungen – Kondor, Kolibri, Affe,
Fisch – verschwinden fast angesichts der Fülle unerklärlicher
geometrischer Markierungen.
Anfang Februar 1995: Zusammen mit Erich von Däniken, dem
wohl bekanntesten Forscher auf den Spuren einstiger Eingriffe

163

außerirdischer Intelligenzen, Ulrich Dopatka, dem Autor der ersten CD-ROM über solche Themen,[38] und einem weiteren Mitglied der *Ancient Astronaut Society* sitze ich in einem winzigen Flugzeug. Der Mann am Steuerknüppel ist der Chefpilot der kleinen *Nazca Air Line*, er hat schon in den frühen siebziger Jahren jene Filmcrew geflogen, die auf von Dänikens Spuren einen abendfüllenden Kinofilm produzierte, benannt nach dem großen Bestseller des Schweizer Forschers: *Erinnerungen an die Zukunft.*

Erinnerungen an die Zukunft – wenn man über Nazca fliegt, kommt einem dieser schon zum Begriff gewordene Titel wieder und wieder in den Sinn. Was sich da unter einem in der vegetationslosen Wüste ausbreitet, ist ein Rätsel ohnegleichen – und so ungelöst wie eh und je. Was war das? Ein gigantischer Kalender? Trotz aller Computerberechnungen hat man keine relevanten Zuordnungen zu irgendwelchen Gestirnen gefunden. Inka-Straßen? Wenig wahrscheinlich – denn die Linien führen nirgendwo hin. Ein einstiges »Beschäftigungsprogramm«, um die »Indianer vom Kinderkriegen abzulenken«? Tatsächlich eine ernsthaft vorgetragene Hypothese, die letztlich aber genauso abwegig ist wie die seinerzeit von Prof. Hoimar von Ditfurth propagierte Vorstellung, Nazca hätte als Sportplatz gedient und die Ureinwohner seien die Linien abgespurtet, um irgendwelche Preise zu erringen. Eine Religion der Geometrie? Ein Lande- und Startplatz für Ballone der Inka? Oder doch eine Erinnerung an einstige Kontakte zu den *Anderen*? Wer weiß...

Die Linien von Nazca sind aber nur ein Teil des Rätsels. In den Bergen weiter im Süden hat man vor kurzem neue Figuren entdeckt – Linien, Trapeze, vor allem aber Menschendarstellungen. Der Wind und die Sandablagerungen der Jahrhunderte haben sie fast völlig zerstört, und nur unter günstigem Lichteinfall sind sie noch erkennbar. Sie scheinen die ältesten Scharrbilder in Nazca und überhaupt in Südamerika zu sein.

Die Menschen, die hier lebten, entfernten die oberste Schicht der mit dunklem Wüstenlack bedeckten Kiesel (einer Erzhaut, die

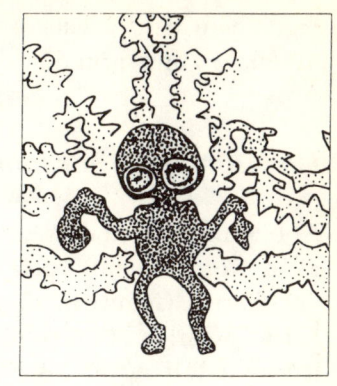

Abb. 10   Umzeichnung der Scharrbilddarstellung eines zwergenhaft erscheinenden Wesens mit großem Kopf und großen Augen in den Bergen südlich der Ebene von Nazca (Peru).

durch den manganhaltigen Sand im Laufe der Jahrmillionen auf die Steine gebrannt wurde) und legten auf diese Weise die darunter zum Vorschein kommende hellere Sand- und Kieselschicht frei. Die Linien sind so entstanden und die Bilder in den Bergen ebenso.

Seltsame Gestalten treten einem hier entgegen. Was sind es: Indianer? Stammeshäuptlinge? Schamanen? Götter? Einige von ihnen tragen Kleider und Hüte. Aber eine – sie wird von den Piloten der Nazca-Fluglinie treffenderweise »der Außerirdische« genannt – sprengt dieses Bild. Es ist eine zwergenhaft erscheinende Figur mit großem Kopf und großen, runden Augen. Feuerflammen oder Feuerschlangen scheinen ihn zu umgeben, in seinen Händen hält er nicht zu definierende Gegenstände. Parallelen drängen sich auf: zu den »kleinen Grauen« heutiger Entführungsberichte.

Eine andere, »el astronauta« genannte Figur kannte man schon seit längerem. Sie ist ebenfalls in einen der Hügel geschart, liegt aber unmittelbar in der Ebene selbst. Auch sie hat überproportional große Augen.

Wen oder was symbolisieren diese zum Himmel blickenden Figuren? Was *ist* die Ebene von Nazca? Über Jahrhunderte hinweg scheinen die hier in der Wüste lebenden Indianer nichts anderes getan zu haben als Menschen-, Tier- und geometrische

165

Figuren in den Wüstensand zu scharren. Wozu? Was ist der *wirkliche* Hintergrund?

Die »Anderen« vor Jahrtausenden

Abbildungen fremdartiger Wesen gab es zu allen Zeiten auf allen Kontinenten. Auch und gerade aus den Jahrtausenden vor Christi Geburt bis hinein ins Neolithikum finden sich an Felswänden, in Höhlen und in figürlichen Darstellungen Bilder jener Gestalten, die als »göttlich« oder »heilig« verehrt wurden. Von vielen dieser Wesen wissen wir aus der Mythologie oder anderen korrespondierenden Mitteilungen, daß die Menschen, die diese Abbildungen schufen, ihre Herkunft im Himmel ansiedelten.

Ein bekanntes Beispiel für neolithische Kunst mit Darstellung fremdartiger, »astronautenähnlicher« Wesen sind sicher die Wandmalereien im Tassili-Gebirge mit dem »großen Marsgott«, die Woodina-Zeichnungen in Australien oder »UFO«-ähnliche Objekte in verschiedenen Steinzeithöhlen Portugals, Spaniens und Frankreichs.

Daß es auch auf diesem Sektor immer wieder Neues zu entdecken gibt, zeigen Funde in Asien. Im Karakorum (Pakistan) kennt man seit längerem die an die 30 000 Einzelzeichnungen umfassende antike »Bildergalerie« zwischen den Ortschaften Chilas und Shatial, unmittelbar im Industal gelegen. In Jahrmillionen hat sich auf den dortigen Granitfelsen eine dunkle Mangankruste gebildet, in die Menschen während der letzten 8000 Jahre Motive unterschiedlichster Art einkratzten. Zur Zeit sind Archäologen der Universität Heidelberg unter Leitung von Prof. Harald Hauptmann damit beschäftigt, wenigstens einen Teil dieser Zeichnungen aufzunehmen, zu vermessen und zu datieren – bei bis zu 51 Grad im Schatten sicher keine beneidenswerte Aufgabe. Von den frühesten Abbildungen (Hand- und Fußdarstellungen der dort lebenden steinzeitlichen Jäger) bis hin zu solchen

buddhistischer und islamischer Künstler finden sich mannigfaltige religiöse und weltliche Motive.

Die ältesten von Hauptmann und seinen Kollegen gefundenen Menschenabbildungen sind die sogenannten »Riesen« (wobei sich das »Riesenhafte« lediglich auf die Größe der Einzeldarstellungen bezieht und nicht auf irgendwelche Anhaltspunkte aus Mythologie oder Schrifttum). Einer dieser »Riesen« wurde in einem Beitrag von Dr. Waltraud Sperlich in *Bild der Wissenschaft*[39] publiziert und im Text kurz erläutert (die hier wiedergegebene Zeichnung entspricht der Abbildung auf S. 79 in *BDW*).

Zu dem »Riesen« heißt es in der erläuternden Bildbeschreibung der Zeitschrift: »Über zwei Meter mißt der von den Heidelberger Wissenschaftlern nachgezeichnete Riese (Alter: mindestens 6000 Jahre)... Die Deutung der scheinbar helmbewehrten und antennenbestückten Wesen ist noch unklar.«

Noch erstaunlicher ist die Darstellung im laufenden Text von *Bild der Wissenschaft* selbst: »Die Riesen indes geben Rätsel auf. Ebenfalls aus den frühen Jahren der Wanderkultur, stehen sie mit gespreizten Beinen weitab allein und ohne Zusammenhang mit den Strichtierchen. Als »höhere Wesen« interpretiert sie der Forscher – und das sind sie mit ihrer Größe von zweieinhalb

167

Metern schon rein äußerlich. Nie wurde ihr Nimbus angekratzt, denn um sie herum verkniff sich jeder spätere Graveur das sonst übliche Beiwerk. Diese Giganten auf Granit würden Däniken wunderbar ins Konzept passen. Tragen sie doch Helme, aus denen – fragte man dazu den Fantasy-Geschichtler – deutlich Antennen ragen. Die Astronauten abholden Archäologen sehen da eher einen Haar- oder Strahlenkranz, aber bizarr ist der Kopfputz allemal. Hintersinn und Schöpfer der bislang dreißig Riesen bleiben im dunkeln.«

Klammern wir einmal die völlig unnötigen weil überflüssigen ironischen Bemerkungen gegen Erich von Däniken aus, bleibt folgendes festzuhalten:

1. Die etwa dreißig »Riesendarstellungen« gehören zu den ältesten Abbildungen im Industal überhaupt (entstanden etwa um 6000 v.Chr.).

2. Sie zeichnen sich durch ihre besondere Größe (über zwei Meter) aus.

3. Sie wurden im Laufe der nachfolgenden Jahrtausende nie »angekratzt« oder anderweitig beschädigt, nie »übermalt«, nie »ausradiert«, man beließ sie immer allein und in weiter Ferne von anderen Darstellungen.

4. Die Gestalten sind mit gespreizten Beinen und mit weit ausgestreckten, geöffneten Armen gezeichnet.

5. Sie tragen »Helme« mit »Antennen«.

6. Ihre Schöpfer ebenso wie das Motiv der Darstellung sind unbekannt.

7. Von den Archäologen werden sie wegen der Einzigartigkeit ihrer Darstellung und der Isolierung von anderen Zeichnungen als »höhere Wesen« klassifiziert.

»Höhere Wesen«, die sich mit ihrer dominaten Gestik wie »Götter« gebärden und durch ihre Abgrenzung von anderen Motiven offenbar auch so verstanden wurden, die man (vielleicht wegen ihrer tatsächlichen Körpergrösse oder aufgrund anderer Attribute) als Riesen darstellte und die Helme mit antennenähnlichen

168

Aufsätzen tragen – wie würde man solche Gestalten wohl bezeichnen, wüßte man nicht, daß die Zeichnungen 6000 Jahre alt sind?

Die Frage ist im Grunde einfach zu beantworten. Aber ich fürchte, daß die Gestalten vom Industal genauso wie jene in den Bergen von Nazca als »symbolische«, »kultische« oder mit sonstigen nichtssagend-überdeckenden Wortschöpfungen belegte »Riesen« und »Zwerge« in die Literatur übernommen und damit festgeschrieben werden. Jegliche Benennung ist ja bereits eine bewußt oder unbewußt vorgenommene Klassifizierung, die sprachlich, gedanklich und thematisch das eigentlich Unerkläriche einordnet und damit die Grenzen für zukünftige Interpretationen festlegt. Da weder über die steinzeitlichen Künstler noch über ihre zeichnerisch überlieferten Vorbilder Näheres zu erfahren sein wird, dürfte das Thema damit als abgeschlossen betrachtet werden. So verhindert man von vornherein eine Analyse auch unter anderen Blickwinkeln – und läßt still und heimlich all jene Indizien »unter den Tisch fallen«, die, zusammengenommen, inzwischen eine recht erstaunliche Anzahl beweiskräftiger Aussagen liefern könnten.

Handelt es sich also um Darstellungen von Außerirdischen? Gut möglich. So, wie den Menschen unserer Tage »Zwerge«, »kleine Graue«, »Riesen«, »normale Menschen« und Wesen ganz bizarrer Art entgegentreten, so scheinen sie auch in vergangenen Jahrtausenden auf die eine oder andere Weise mit ihnen konfrontiert worden zu sein: Riesen im Karakorum und in Afrika, zwergenhafte Wesen im frühgeschichtlichen Südamerika. Vielleicht handelt es sich um verschiedene Rassen außerirdischer Intelligenzen, vielleicht aber – und das ist meine Vermutung – auch um die unterschiedliche Weise, in der diese Fremden sich unseren eigenen Vorstellungen seit jeher anpassen.

Bemerkenswert ist in meinen Augen auch, daß die rätselhaften Gestalten jeweils ganz am Anfang stehen – in Nazca wie im Karakorum. Erst *nachdem* diese Wesen aufgetreten, von Menschen im Stein verewigt und damit die Grundlagen eines Kults geschaffen worden waren, entwickelten sich weitere religiöse Kunstformen und damit offensichtlich auch weitere oder darauf aufbauende religiöse Verhaltensweisen heraus. Das ist letztlich genau das, was wir im Rahmen von Cargo-Kulten noch heute beobachten können. (Mit Cargo-Kulten bezeichnet man religiöse Verehrungsformen in primitiven Stammeszivilisationen, die aufgrund kurzzeitiger Kontakte mit technologisch höherentwickelten Kulturen – etwa der modernen westlichen – entwickelt werden).[40]

Die Gestalt bei Nazca scheint von »Feuerschlangen« umgeben zu sein – eine Darstellung, wie man sie bislang nicht kannte. Die »höheren Wesen« im Industal tragen – so meint der Archäologe Harald Hauptmann – vielleicht einen »Strahlenkranz«. Beide Bilder sind offensichtlich sehr alt. Aber obwohl Tausende von Kilometern dazwischenliegen, so haben die Menschen, die ihre Motive in Stein ritzten oder in gigantischen Scharrfiguren in die Berghänge der Wüste gruben, doch das gleiche wiedergegeben: ungewöhnliche Wesen, die in lichtvollen Erscheinungen auftraten und die es Wert waren, der Nachwelt erhalten zu bleiben.

Außerirdische oder einfach Riesen mit »bizarrem Kopfputz«? Wenn wir ganz objektiv urteilen – welche Alternative haben wir dann wirklich...?

Kontaktmodi

Die Götter der Vergangenheit sind nichts anderes als die »Götter« der Gegenwart. In unserem Buch *Zeichen am Himmel*[31] habe ich zusammen mit meinem Bruder Peter zeigen können, daß zum Beispiel Marienerscheinungen nichts anderes sind als ein religiös verbrämter Aspekt des UFO-Phänomens. Ganz gleich, ob wir die Erscheinungsserie von Fatima (1917 in Portugal), von Guadalupe (1513 in Mexiko), von Eisenberg (1954–1956 in Österreich), von Montichiari (1969 in Italien), von Heroldsbach (1949–1952 in Deutschland), von Medjugorje (1981 bis heute [?]

in Bosnien-Herzegowina) oder wo auch immer einer näheren Analyse unterziehen, jeweils zeigt sich insbesondere in den sogenannten »Sekundärphänomenen« eine eindeutige Affinität zum UFO-Sichtungsspektrum. Lichteffekte, Geräuscheffekte, elektromagnetische Wechselwirkungen, elektrostatische Phänomene, Temperaturveränderungen, Bodenmarkierungen, fliegende Objekte (Lichtobjekte, »Sterne« usw.), gestörtes Tierverhalten, Paralyseerscheinungen und Zeitlücken bei den Sehern, medizinische Komplikationen als Folgeerscheinungen usw. kennen wir hier wie dort. Eine derartige Vielzahl an Parallelen und direkten Identitäten kann nach allen Gesetzen der Statistik und Wahrscheinlichkeitsrechnung nur zu einem Schluß führen: daß wir es mit dem gleichen *Verursacher* zu tun haben.

Ausschlaggebend für Marienerscheinungen ebenso wie für UFO-Erscheinungen ist eine im Hintergrund wirkende fremde Intelligenz. Je nach religiösem oder soziokulturellem Niveau des ausgewählten »Sehers« oder »Beobachters« wird ein reales Erscheinungs- bzw. UFO-Phänomen inszeniert. Die Beeinflussung durch die Öffentlichkeit (zustimmende ebenso wie ablehnende Reaktionen) genauso wie die ganz persönliche Einschätzung des Betroffenen erzeugen einen zusätzlichen »psychologischen Filter«, der das reale Ereignis dann verzerrt wiedergibt.

Dies zeigt sich auch und gerade beim *Bedroom-Visitor*-Phänomen. Welche Gestalten wie wahrgenommen werden, entscheidet sich vermutlich erst im Moment des Beginns eines solchen Ereignisses: Die Bilder werden direkt aus dem Unterbewußtsein, aus den Vorstellungen der jeweils kontaktierten Person entnommen. Die »kleinen Grauen« spielen dabei nur eine, in den vergangenen Jahren zwar quantitativ steigende, aber nicht notwendigerweise immer entscheidende Rolle. Es gibt zahlreiche Beispiele, die – religiös gefärbt – die Übergänge zu Marienerscheinungen deutlich machen oder auch ganz andere Aspekte (etwa zu den »Erscheinungen Verstorbener«) anklingen lassen.

Heilige?

Michael Reiter ist Fliesenlegermeister in einem Ort am öster-
reichischen Attersee. Schon seit längerem interessiert er sich für
die Problematik möglicher Besuche und Eingriffe außerirdischer
Intelligenzen auf der Erde und ist seit 1994 Mitglied der *Ancient
Astronaut Society*. Aber erst nachdem mein Buch *Kontakt*
erschienen war, stellte er Parallelen zu einem Ereignis fest, das er
bislang weitgehend verdrängt, in jedem Fall aber anders eingeordnet hatte.

Anfang 1993 wurde *Michael Reiter* gegen 23 Uhr durch klirren-
de Geräusche im Garten geweckt: »Es hörte sich an, als ginge
jemand auf schon zerbrochenen Glasscherben.« Zuerst dachte
Michael an Einbrecher und verhielt sich ganz ruhig, um die weitere Entwicklung abzuwarten. Aber dann wandelte sich die
Situation abrupt:

»Plötzlich hörte ich einen Knall und fiel halb aus dem Bett. Nur
mit einem energischen Ruck gelang es mir, wieder zurückzukehren. Vor dem Schlafzimmerfenster hörte ich die Stimmen mehrerer Personen, die sich unterhielten und herzlich lachten. Aber
obwohl ich aufmerksam hinhorchte, konnte ich nicht verstehen,
was sie sprachen.«

Angestrengt blickt *Michael Reiter* zum Fenster: »Ich sah drei
Personen außerhalb des Schlafzimmers in Fußbodenhöhe vor
der Schlafzimmerwand schweben. Einer von den dreien schaute
mir direkt in die Augen – sonderbarerweise stellte der räumliche
Abstand dabei überhaupt kein Sehhindernis dar. Die Augen dieses Mannes schienen in mein Innerstes zu sehen. Ich hatte das
Gefühl, als wäre er mit seinen Gedanken in meinem Kopf. Dabei
schien er sich gar nicht für meine eigenen Gedanken zu interessieren, sondern für etwas, das viel tiefer lag.«

Wir kennen diese Observierung aus vielen anderen Fällen. Diese
Wesen (bzw. ihre Gestalt angenommenen Projektionen) vermögen über einen intensiven Blickkontakt mental in das Bewußtsein
des Betroffenen einzudringen, es unter ihre Kontrolle zu zwingen

oder beliebige Informationen daraus zu entnehmen. Dies geschah offensichtlich auch bei *Michael Reiter*, der nun mit einer weiteren Entwicklung des Geschehens konfrontiert wird:

»Nach wenigen Augenblicken drehten er und seine zwei Begleiter sich zur Wand, und mit einem ›Ruck‹ standen sie im Schlafzimmer vor meinem Bett. Zu dieser Zeit konnte ich mich nicht bewegen.«

Interessant ist nun der Eindruck, den *Michael Reiter* von der Identität dieser drei Gestalten gewinnt: »Ich hatte das Gefühl, daß sich diese Personen als die Apostel Johannes, Petrus und Paulus darstellten. Einer von den Dreien wollte mich mit der Hand an einem Fuß berühren, doch in diesem Moment sagte einer der beiden hinter ihm Stehenden: ›Laß ihm Zeit, er ist noch nicht soweit.‹ Er zog die Hand zurück, ohne mich berührt zu haben. Lautlos verschwanden sie. Ich konnte mich endlich wieder bewegen, weckte meine Frau und fragte, ob sie etwas gehört oder gesehen habe, aber sie verneinte.«

Dieses gesamte Szenario ist das eines typischen *Bedroom-Visitor*-Erlebnisses – lediglich die *Interpretation* der Gestalten als Apostel scheint dem auf den ersten Blick entgegenzustehen. Aber dieser Widerspruch besteht nur solange, wie wir uns nicht klarmachen, welche Mechanismen hier wirken. Natürlich ist es unsinnig anzunehmen, es seien tatsächlich Johannes, Petrus und Paulus erschienen und hätten sich genauso verhalten wie die uns viel geläufigeren »kleinen Grauen«. Diese »Apostel« waren ebensowenig real im Sinne biologischer Entitäten wie die Mariengestalten, die seit Jahrhunderten weltweit in katholisch geprägten Landstrichen gesehen werden, oder die »Astronauten« oder eben die »kleinen Grauen« und all die sonstigen merkwürdigen Gestalten des Entführungsphänomens. Es ist ein Mimikry-Verhalten, das die dahinter stehende Intelligenz an den Tag legt, und es sind *wir selbst*, die wir die Vorlagen dafür liefern, wer oder was uns in welcher Gestalt gegenübertritt.

Das kann sogar der *Nikolaus* sein. Der heute 61jährige *Norbert Schuster*, 1935 in Dortmund geboren, wurde während des Krieges zusammen mit seiner Mutter ins Sudetenland evakuiert. Dort brachte man die beiden in einem Hotel in Groß-Ullersdorf im Altvatergebirge unter. *Norbert* war sieben oder acht Jahre alt, es war der 6. Dezember, Nikolausabend – und von »kleinen Grauen« hatten weder er noch irgend jemand sonst auf diesem Planeten jemals etwas gehört.

»Am Abend des besagten 6. Dezember nun war meine Mutter, während ich schon schlief, ins Kino gegangen. Dieses Kino befand sich in einem Seitenflügel des Hotels, in dem wir wohnten. Irgendwann nach dem Weggang meiner Mutter wurde ich wach und bemerkte, wie die Dunkelheit des Raumes, in dem ich lag, ganz allmählich von einem Lichtschimmer erhellt wurde.«

Das Licht dringt durch die Tür des Hotelzimmers, die sich unmittelbar neben dem Kopfende des Bettes des Achtjährigen befindet. »Mir wurde es unheimlich, denn ich merkte gleich, daß es kein elektrisches Licht war, sondern ein merkwürdig fahles, grünliches Licht, das sich offensichtlich auf dem Flur der Zimmertür näherte und dabei ständig zunahm.« *Norbert* richtete sich voller Angst im Bett halb auf, blickte in Richtung des immer stärker werdenden Lichtglanzes und »sah mit Entsetzen, wie auf einmal völlig lautlos und durch die geschlossene Tür hindurch eine große Gestalt ins Zimmer trat. Von ihr ging der Lichtglanz aus, und es war der Nikolaus, so, wie man ihn sich als Kind eben vorstellt, mit langem Bart und Mantel, Pelzmütze und Stiefeln. Halbtot vor Angst zog ich schnell das Oberbett ganz über mich.«

Norbert liegt nun, vor Furcht schlotternd, unter der Decke und schaut nur durch einen schmalen Spalt nach draußen: »Ich sah, wie der ›Nikolaus‹ vor einem Stuhl links von meinem Bett, etwa in der Mitte des Raumes, stehenblieb und etwas betrachtete, das auf dem Stuhl lag.« In dem von der Gestalt ausgehenden Licht erkennt *Norbert* einen Teller mit Gebäck und Süßigkeiten, einem Buch und anderen kleinen Geschenken, die seine Mutter hinterlassen hatte, damit er sie am nächsten Morgen als Überraschung vorfinden konnte. Dann beginnt das seltsame Wesen sich wieder zu bewegen:

»Nachdem der ›Nikolaus‹ die Geschenke betrachtet hatte, wandte er sich um, kam auf mein Bett zu und kniete direkt vor meinen Augen nieder. Zwischen seinem Gesicht und meinem war kein halber Meter Abstand. Lautlos verharrte er so mehrere Minuten und schien zu beten. Schließlich streckte er seine Hand aus, strich über meine Stirn, erhob sich und verließ den Raum genauso, wie er gekommen war: durch die geschlossene Tür hindurch. Ganz langsam wurde das von außen hereindringende Licht wieder schwächer und erlosch schließlich ganz. Halb ohnmächtig vor Schrecken konnte ich nicht wieder einschlafen, bis meine Mutter kam.«

Natürlich erzählte ihr *Norbert* die Geschichte, aber sie nahm lediglich an, er hätte einen Alptraum gehabt und glaubte ihm nicht: »Dabei bin ich wohl nie in meinem Leben so hellwach gewesen wie während dieser Erscheinung! Noch heute erinnere ich mich an die Empfindung, die ich hatte, als der ›Nikolaus‹ über meine Stirn strich. Seine Hand fühlte sich ganz merkwürdig an, wie Samt oder die Haut eines Pfirsichs.«

Auch später noch gab es in diesem Zimmer immer wieder merkwürdige Erscheinungen: Fast regelmäßig sah *Norbert* nachts drei Lichter an den Wänden oder unter der Decke schweben, etwas größer als Kerzenflammen, aber nicht ganz so hell.

Es ist doch ziemlich unwahrscheinlich, daß *Norbert* hier eine Vision des »richtigen« Nikolaus hatte: Von diesem könnte man sich zwar vorstellen, daß er in der beobachteten Weise ins Zimmer eindringt – aber wohl kaum, daß er bei einem kleinen Kind mutwillig diese Ängste ausgelöst hätte. Nein, weder St. Nikolaus noch die heilige Maria noch die drei Apostel würden guten Gewissens solche Panikzustände bei jenen hervorrufen, denen sie sich zeigen. Es sind keine Heiligen, denen wir da begegnen, keine »guten, himmlischen Geister«. Es ist die gleiche, so facettenreiche Intelligenz, die das UFO-Phänomen produziert, die Entführungen inszeniert, die uns über die Mythen und Legenden unserer und vergangener Zeiten kontrolliert.

Gestaltvariation

Wie tief diese Wesen tatsächlich in unsere Erinnerungen eindringen können, welcher Mittel sie sich bedienen – und daß sie bei all ihrer hochentwickelten Technologie der mentalen Beeinflussung doch nicht immer perfekt sind, zeigt das Beispiel Karin Fahrnberger. Wir hatten bereits ihr seltsames Erlebnis im Wald kennengelernt, bei dem sie vor wenigen Jahren einem »roten Zwerg« begegnet war. Doch was am 4. September 1995 geschah, war selbst für sie derart ungewöhnlich, daß sie sich schon kurz darauf mit mir in Verbindung setzte: »Ich war an diesem Montag sehr früh aufgestanden. Es war noch nicht einmal sechs Uhr, und mein Lebensgefährte fragte mich, was ich schon so früh auf täte. Ich sagte ihm, daß ich bereits ausgeschlafen sei und mir für den heutigen Tag viel vorgenommen hätte.«

Doch dann tat Karin etwas sehr Seltsames: »Kaum hatte er die Wohnung verlassen, um zu seinem Dienst zu gehen, ging ich einfach ins Bett. Ich weiß nicht, warum ich das machte, ich war nicht müde und wollte mich eigentlich gar nicht hinlegen. Als ich im Bett war, überlegte ich, warum ich das tat – vielleicht um zu lesen? Ich nahm eine Zeitschrift zur Hand, aber noch bevor ich nur eine Zeile gelesen hatte, muß ich eingeschlafen sein.«

Wir kennen dieses merkwürdige Verhalten bereits: Die mentale Kontrolle beginnt, zwingt die Frau unter einen fremden Willen, läßt sie »einschlafen«.

»Plötzlich war ich wieder wach. Bevor ich noch den Versuch machte, mich zu bewegen, dachte ich mir: ›Seltsam, jetzt habe ich doch geschlafen.‹ Mir fiel auf, daß ich auf dem Rücken lag, irgendwie verrenkt. Den Kopf hatte ich nach links zur Tür gedreht. Dabei konnte ich die Uhr sehen, es war 7.34 Uhr. Meinen rechten Arm hatte ich oben unter meinem Kopf, der linke Arm lag über dem Bauch. Während ich mich noch über meinen Schlaf wunderte, wollte ich aufstehen. Plötzlich war ich hellwach – ich konnte mich nicht bewegen! Ich war wie gelähmt – nur meine Augen konnte ich bewegen. Ich erschrak fürchterlich

1 (vorangehende Seite) Das Mondtor von Tiahuanaco (Bolivien) als »Sternentor«. Das Symbol des Tores als Durchgang zu einer anderen Welt ist uralt.

2 Entführung in ein UFO: Mehr und mehr Menschen berichten von Situationen wie dieser. Was geschieht bei solchen Kontakten wirklich?

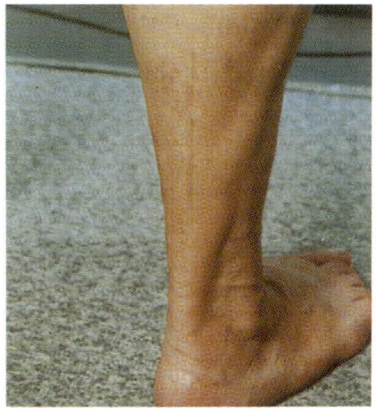

3a

3 In ihrer Genese ungeklärte Hautmarkierungen und Hautveränderungen. a: Eine zehn Zentimeter lange Strichmarkierung bei Hanna Schneider. *b und c: Nahezu identische runde Hautveränderungen auf den Beinen von* Elena *und* Thomas Richter.

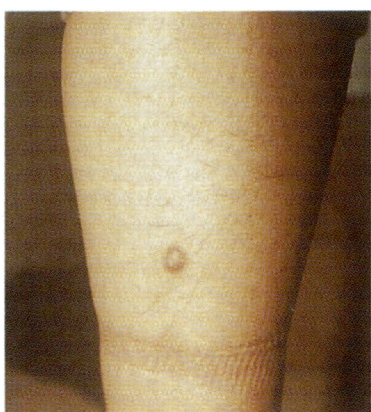

3b

4 (folgende Seite) Ein »kleiner Grauer« vor Jahrtausenden? Das etwa zwanzig Meter hohe, neuentdeckte Scharrbild in den Bergen südlich der Ebene von Nazca (Peru).

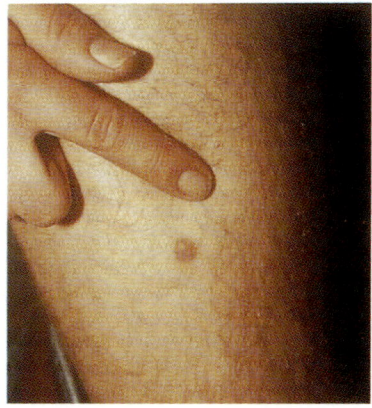

3c

4

5

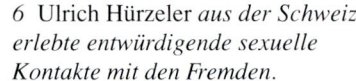

5 *Bizarre Prozeduren werden von Entführten beschrieben – zum Beispiel Untersuchungen in einem »gläsernen Sarg«.*

6 Ulrich Hürzeler *aus der Schweiz erlebte entwürdigende sexuelle Kontakte mit den Fremden.*

7 *Zahlreiche Frauen, die Kontakt mit den »Anderen« haben, berichten von künstlichen Befruchtungen und späterem Diebstahl der herangewachsenen Embryos durch die »kleinen Grauen«.*

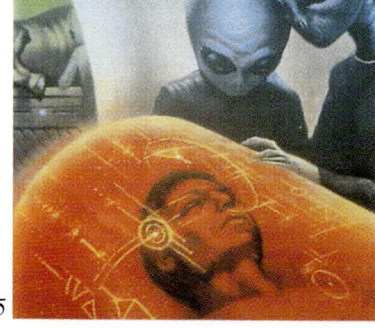

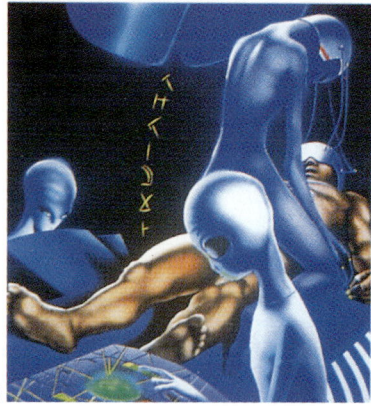

6

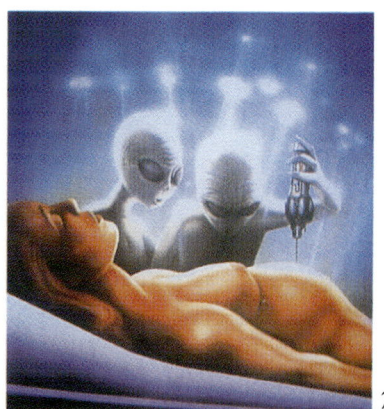

7

8 Karin Fahrnberger aus St. Pölten in Österreich. Seit ihrer Kindheit erlebt sie vielfältige Aspekte des Besucher-Phänomens.

9 Reisen ins All, zu fremdartigen Land- schaften, futuristischen Städten und in andere Dimensionen der Wirklichkeit. Entführte erleben diese »Virtual- Reality-Szenarien« in einer erstaunlichen Realitätsnähe.

9

10 Die »Kraterpyra- mide« auf dem Mars. Völlig ungeklärt ist Entstehung oder Über- dauern eines solchen turmhohen »Berges« in unmittelbarer Nähe eines Meteoriten- kraters.

10

*11 Die von Dr. Mark Carlotto ent-
deckte »Doppelpyramide« in der
südlichen Cydonia-Region des Mars.
Handelt es sich um künstlich über-
prägte Strukturen?*

11

*12 Der kleine Neptun-Mond
Nereide: Das beste Foto, das die
VOYAGER-II-Sonde zur Erde funkte.
Finden sich hier Hinweise auf eine
außerirdische Intelligenz?*

*13 Die rechteckige Einfriedung na-
he des Kraters Fontanelle auf dem
Mond. Eine Entstehung unter rein
natürlichen geologischen Prozessen
ist nur schwer vorstellbar.*

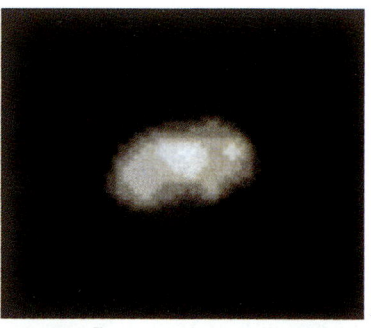

12

13

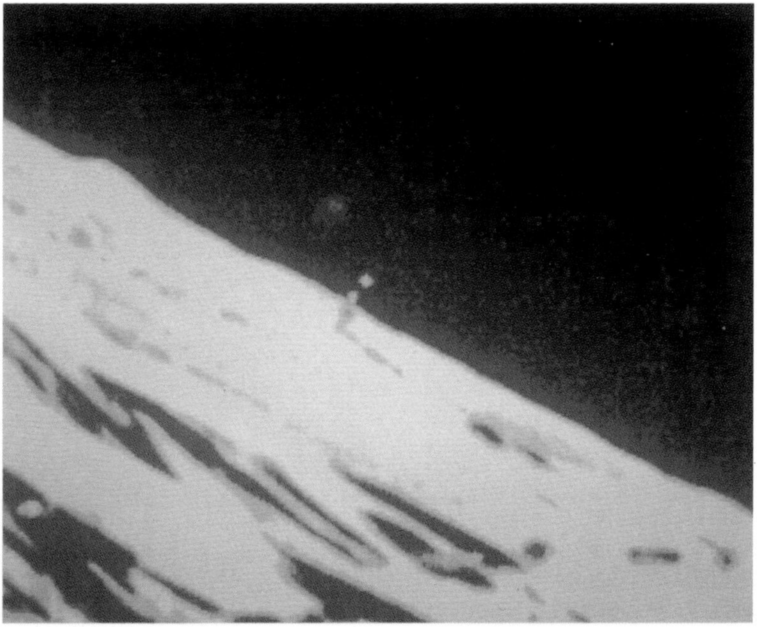

14

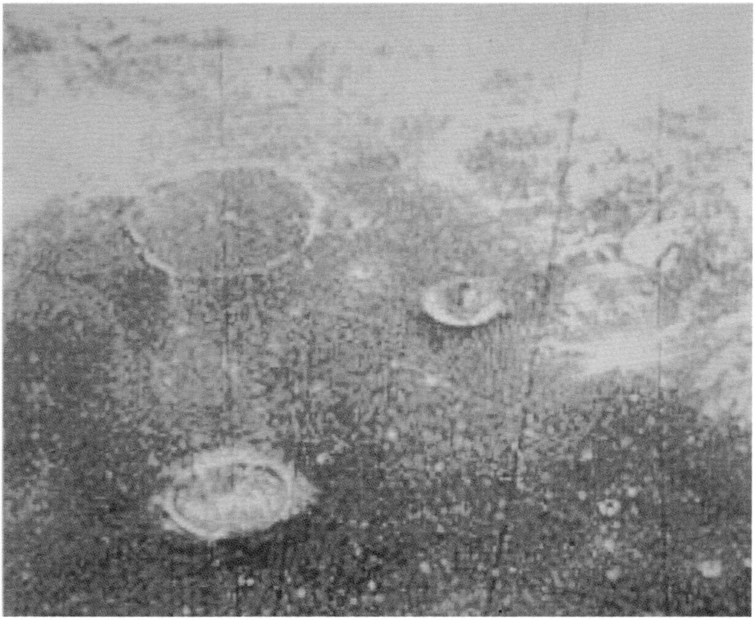

15

16

14 (vorhergehende Seite oben) »The Shard«, das von Richard Hoagland
entdeckte 2000 Meter hohe Objekt auf dem Mond.

15 (vorhergehende Seite unten) »The Tower«, ein ebenfalls von Richard
Hoagland auf der Mondrückseite gefundenes monolithisches Objekt in einem
Krater.

16 Die Menschheit auf dem Weg in die Zukunft: Sternentore durchschreitend, liegt das Universum vor uns. Gemälde von Werner Beyeler.

und bekam Angst. Mein erster Gedanke war, daß ich mir nur einbilde, munter zu sein, und alles nur träume.«

Doch Karin registriert sehr schnell, daß sie wirklich wach ist. Ihre Augen tasten das Zimmer ab, soweit es ihr eingeschränktes Blickfeld ermöglicht. Alles ist so wie immer, so, wie es sein sollte. Sie kann auch vollkommen klar und folgerichtig denken – nur eine körperliche Bewegung ist nicht möglich, die Paralyse des Körpers vollkommen. Verzweifelt versucht die Frau, ein Bein, einen Arm, einen Finger zu bewegen: »Nichts, es ging einfach nicht. Schön langsam bekam ich die Panik.«

Und nun registriert sie einen weiteren, fremden Faktor im Raum: »Dadurch, daß ich so mit mir selbst beschäftigt war, hörte ich die Stimme erst jetzt. Sie war rechts von mir, in einem Winkel, den ich nicht einsehen konnte. Die Stimme redete ununterbrochen, leise und monoton. Ich konnte sie nicht verstehen. Ich richtete meine ganze Konzentration darauf, und langsam begann ich sie zu ›verstehen‹. Je mehr ich zuhörte, je mehr wurde diese Stimme zu der Stimme meiner Ex-Schwägerin. Ich verstand jetzt lauter belangloses Zeug.«

Erneut versucht Karin sich zu bewegen, den Kopf in Richtung der Stimme zu drehen, kann aber nur aus den Augenwinkeln heraus nach rechts blicken: »Ich sah die Gestalt, ungefähr bis zum Halsansatz. Ich glaube, sie trug blaue Jeans und ein blaues Jeanshemd. In etwa so, wie sich meine Schwägerin kleidet.«

Karin Fahrnberger nimmt all ihren Mut und ihre Kraft zusammen und versucht, die Gestalt anzusprechen. »Auch mein Mund war wie gelähmt, und meine Stimme klang angestrengt verzerrt. Erst nach und nach konnte ich halbwegs normal sprechen. Bewegen konnte ich mich aber noch immer nicht.«

Dann entwickelt sich einer der seltsamsten Dialoge, die es mit solchen »Wesen« wohl jemals gegeben hat, Wesen, die in ihrem Mimikry-Verhalten zuerst die Schwägerin und später sogar die verstorbene Großmutter von Karin Fahrnberger zu imitieren versuchen:

Karin: »Margot, bist du das?«

Stimme (plaudernd): »Ja, ja, ich war bei meiner...« (usw. lauter belangloses Zeug).

Karin (unterbricht): »Margot, du kannst nicht hier sein!«

Stimme: »Doch, doch, ich bin ja zuvor auf Besuch gekommen« (und plaudert weiter).

Karin: »Nein, das gibt es nicht. Es ist Morgen, und wärst du zu Besuch hier, würden wir in der Küche sitzen.«

Stimme: »Nein, nein, das ›paßt‹ schon so!«

Karin: »Nein, es ›paßt‹ nicht! Wenn du gekommen wärest, wüßte ich davon, und ich wäre sicher nicht in meinem Bett!«

Stimme: »Mach dir keine Sorgen, laß mich erzählen!«

Karin: »Nein, du bist nicht Margot. Was ist hier los?«

Nun ändert sich plötzlich die Stimme der Gestalt. Sie wird tiefer – und zu der von Karins verstorbener Großmutter:

Karin: »Oma, bist du das?«

Stimme: »Ja, freilich, wer denn sonst?«

Karin (verärgert und jetzt ganz sicher, daß es sich weder um die Großmutter noch um die Ex-Schwägerin Margot handeln kann): »Du kannst nicht meine Oma sein. Die ist vor über fünf Jahren verstorben, sie kann nicht hier sein! Und ich glaube auch nicht an die Erscheinung von Stimmen der Verstorbenen!«

Unmittelbar verändert sich die Stimme erneut, wieder zu der von Margot: »Na gut, aber laß mich jetzt weiterreden!«

Karin: »Nein, überhaupt nicht! Du bist nicht echt, Margot ist nicht hier. Wer bist du?«

Stimme: »Das weißt du doch!«

Karin: »Nein! Du bist nicht echt, laß dich anfassen und ansehen. Gibt mir deine Hand, ich will wissen, ob du wirklich da bist.«

Das Gespräch hat offenbar bewirkt, daß Karin der mentalen Kontrolle der Fremden zu entgleiten beginnt – jedenfalls kann sie nun mit Mühe den Kopf ein wenig drehen. Dennoch vermag sie das Gesicht der Gestalt noch immer nicht zu erkennen, da diese zu nah am Bett steht: »Ihre Hand ist ganz nah bei mir. Es ist sehr anstrengend, aber ich schaffe es, die rechte Hand zu bewegen. Alles geht sehr langsam. Ich greife die Hand, spüre sie aber nicht. Ich habe einige Male einfach durch die Hand hindurchgegriffen.«

Trotzdem sagt die Stimme: »Siehst du, ich bin wirklich da.«

Karin: »Nein, so ein Blödsinn. Ich habe doch durch dich hindurchgegriffen! Du bist nicht echt!«

Stimme: »Ich bin da, du hast daneben gegriffen.«

Karin: »Nein, sicher nicht. Komm her und beweise es mir!«

Doch die Gestalt beginnt statt dessen, sich von der Position, auf der sie die ganze Zeit hinter Karin verharrt hatte, zu entfernen. Sie geht langsam am Bettrand hinunter und um das Bett herum: »Ich konnte das Gesicht nicht genau erkennen, aber mit den Augen stimmte etwas nicht. Die Augen verrieten, daß es sicher nicht Margot war. Die Gestalt bewegte sich so, daß immer ihre Vorderseite zu mir gedreht war. Sie sprach jetzt nicht mehr.«

Dennoch versucht Karin, sie zu provozieren: »Bleib da, wenn du echt bist! Da, komm her! Setz dich auf mein Bett und laß dich berühren!«

Doch die Gestalt geht weiter: »Was ist?« ruft Karin. »Hat es nicht geklappt? Bin ich nicht darauf 'reingefallen? Komm zurück! – Jetzt gehst du? Weil ich das durchschaut habe? Das ist gemein und unfair!«

Die Gestalt bleibt am linken Fußende des Bettes stehen. Sie sieht Karin Fahrnberger an. Ihr fällt nun auf, daß die Schlafzimmertür noch immer offen ist, so, wie sie sie gelassen hatte. Und sie spürt auch, daß sich die Kontrolle über ihren Körper mehr und mehr verringert: »Ich bemerke, daß ich mich jetzt wieder bewegen kann, und denke daran, schnell aufzuspringen und die Tür zuzuschlagen, bevor die Gestalt ›entwischt‹. Ich will der Sache auf den Grund gehen, ich will wissen, was hier los ist. Doch bevor ich mein Vorhaben ausführen kann, ›muß‹ ich die Gestalt ansehen.«

Der Blick in die Augen, mit »denen etwas nicht stimmte«, läßt Karin wieder unvermittelt und vollständig unter die Macht der fremden Gestalt geraten. Sie fällt in einen tiefen, ohnmachtsähnlichen Zustand: »Es ist wie ein Filmriß, von diesem

Moment an weiß ich nichts mehr. Um 10.34 Uhr werde ich wach. Ich muß einige Stunden sehr tief geschlafen haben. Ich erinnere mich sofort wieder. Alles ist vollkommen normal, aber ich fühle mich sehr müde und zerschlagen. Erst jetzt kommt Angst in mir auf – diese Angst hält ein paar Tage an. Während des Erlebnisses hatte ich kein bißchen Angst. Ganz im Gegenteil, mir war immer bewußt, daß mir irgendein ›Theater‹ vorgespielt wird, und ich wollte mich mit aller Kraft dagegen wehren – was mir zum Teil wohl auch gelungen sein muß.«

Das Theater durchschaut, die Maske erkannt zu haben: Karin Fahrnberger gehört zu den wenigen Betroffenen, die jemals Gelegenheit dazu hatten: »Das Seltsamste war, daß ich, während ich diesen Dialog führte, auch an Sie, Herr Fiebag, dachte. Ich dachte mir: Das ist doch genau das, was Dr. Fiebag mit Mimikry-Verhalten meint. Sie zeigen mir Bilder aus meinem eigenen Unterbewußtsein. Sie zeigen mir meine Schwägerin so, wie ich sie beschreiben würde. Nur haben sie es nicht besonders gut hinbekommen oder übertrieben. Ich weiß, Margot trägt meistens Jeans und ist sehr schlank, aber sie ist nicht so hager, wie es mir vorgespielt wurde!«

Das Intelligenzkonglomerat

In meinen vergangenen Büchern habe ich im Zusammenhang mit dem UFO-Phänomen ein »Virtual-Reality-Szenario« vorgeschlagen, um die zahlreichen Effekte, die wir über all die Jahrhunderte und Jahrtausende bis hinein in unsere Zeit beobachten, erklären zu können. Virtual-Reality-Szenario bedeutet: Die *Anderen* verfügen technologisch ebenso wie mental-psychologisch über einen solch hohen Entwicklungsstandard, daß sie dazu in der Lage sind, in unsere Wirklichkeit einzugreifen, wie wir es bislang nur in die von uns geschaffenen künstlichen Welten des Cyberspace können. Ich habe – wie mir der eine oder andere Kritiker vorgeworfen hat – niemals behauptet, wir *lebten* in einem Cyberspace, ich habe dies immer nur als Analogie benutzt und möchte es auch als solche verstanden wissen.

Aber diese Analogie eröffnet uns eine ganze Reihe von Möglichkeiten. Wenn wir uns vorstellen, eine genügend hoch entwickelte Intelligenz könnte in unserer Realität in gleicher Weise nach Belieben schalten und walten, wie wir dies vermögen, sobald wir uns eine Cyberspace-Brille aufsetzen und in die elektronischen Welten unserer Phantasie abtauchen, ergeben sich zahlreiche, doch recht erstaunliche Übereinstimmungen. Wer schon einmal das Vergnügen hatte (das für andere zugegebenermaßen eine Horrorvorstellung ist), mit Brille und Datenhandschuh, vielleicht sogar mit einem Ganzkörperanzug ausgerüstet, unsere Alltagsrealität zu verlassen und in jene künstlichen Welten hochgerüsteter Computer einzusteigen, wird wissen, wie schnell man sich dieser neuen Umgebung anpassen kann, wie schnell man glaubt, wirklich »dort« zu sein.

Und »dort« kann man tun und lassen, was immer man will. Grenzen sind nur durch die Gestaltung des jeweiligen Cyberspace-Programms auferlegt, d.h. durch unsere eigenen technischen Möglichkeiten und Phantasien. Aber schon jetzt ist die Entwicklung absehbar, die es uns in wenigen Jahren erlauben wird, gewissermaßen unendliche Kunstwelten zu durchschreiten und die unglaublichsten Abenteuer zu erleben.

Im Cyberspace kann man alles. Man kann zaubern. Man kann schweben und fliegen. Man kann sterben und wieder zum Leben erweckt werden. Man kann sich verwandeln, jede Gestalt annehmen. Man kann den künstlichen, rein durch Programmierung entstandenen Wesen im virtuellen Raum erscheinen, wie immer es einem beliebt: als starker Kämpfer, als wunderschöne Prinzessin, als makelloser Held. Oder als »kleiner Grauer«, als »Heilige Maria«, als »Apostel Paulus« oder als »Exschwägerin *Margot*«. Alles ist möglich, alles ist erlaubt.

Noch mal: Ich behaupte weder, wir selbst lebten in einem solchen Cyberspace oder seien elektronisch erzeugte Schattenwesen in einem gigantischen Computerprogramm, noch glaube ich daran.

Aber das UFO-Phänomen mit all seinen bizarren Aspekten und Facetten zeigt uns eindeutige *Parallelen* zu einem solchen Szenario. Dies *kann* nur bedeuten, daß wir es bei der dahinterstehenden Intelligenz mit Wesen zu tun haben, die über für uns nahezu unermeßliche Möglichkeiten verfügen, die in unsere Wirklichkeit eindringen und diese in beliebiger Weise manipulieren können.

Vielleicht sind diese Wesen sogar irgendwo daheim auf ihrem Planeten, in ihrem mittlerweile völlig umgestalteten Sonnensystem, bar jeglicher Illusionen und Abenteuer, sind mit seltsamen, utopischen Geräten verkoppelt, liegen in einem todesähnlichen Dämmerschlaf – und bewegen ihre künstlich erzeugten Projektionen durch die Schlafzimmer, Häuser und Städte unserer und anderer Welten. Ich könnte mir gut vorstellen, wie die letzten Überlebenden einer uralten Rasse in Behältern mit einer Unsterblichkeit verheißenden Flüssigkeit liegen, bewegungslos, unter dem roten Licht einer sterbenden Sonne. Wie sie ihr Bewußtsein eingespeist haben in die futuristische Maschinerie, die sie umgibt und die ihnen die Abenteuer beschert, nach denen sie sich sehnen: Verbunden mit Sonden in unserem und anderen Sonnensystemen, überlichtschnell durch höhere Dimensionen geleitet, um in dieser oder jener Gestalt, als dieses oder jenes »Wesen« unseren Planeten zu betreten.

Oder: Sie besitzen irgendwo auf dem Mond, dem Mars, dem Asteroidengürtel ihre »Basis«, leiten von dort aus in ähnlicher Weise ihre Operationen, sind in der Lage, über höhere Dimensionen und Sternentore in unserer Welt zu erscheinen. Sie sondieren die Bewußtseinsinhalte der von ihnen ausgewählten Beobachtungsobjekte, jener Betroffenen, die von Kindheit an in das gesamte Phänomen involviert sind. Sie geben sich die Gestalt, die sie dort, in den tiefen Schichten der Erinnerung, in den Phantasien und religiösen Vorstellungen antreffen. Sie warten auf den günstigsten Moment, sie verändern die umgebende Realität, sie öffnen ein Sternentor – und treten in unsere Welt.

Oder: Es existiert ein umfassendes Intelligenzkonglomerat.

Wesen (auf biologischer und rein mentaler Basis) von fernen Sternen, aus parallelen Welten, aus anderen Zeiten, anderen Universen, anderen Dimensionen sind seit Urzeiten miteinander verbunden und miteinander vernetzt. Für sie ist unser Weltall nur eine von unendlich vielen Möglichkeiten, sich selbst zu realisieren. Mir erscheint ein solches Szenario am wahrscheinlichsten – denn warum sollten hochentwickelte Intelligenzen, die sich aus verschiedenen Bereichen und Ursprungs-»orten« her entwickelt haben, für immer und ewig isoliert voneinander existieren? Wenn dem so ist, haben wir es mit möglicherweise weit voneinander differierenden Intelligenzformen zu tun, und auch das kann teilweise die für uns verwirrenden Erscheinungsformen des UFO-Phänomens erklären. Über die technologischen Errungenschaften eines solchen Konglomerats zu spekulieren, ist sinnlos. Sie mögen über Fähigkeiten verfügen, die uns im wahrsten Sinne des Wortes »traumhaft« erscheinen, und die Manipulation dessen, was wir als unsere Wirklichkeit betrachten, dürfte für sie auf jeder nur denkbaren Ebene ein »Kinderspiel« sein.

Science-fiction? Ja, sicher. Aber mir scheint es in Anbetracht dessen, was wir bislang an Informationen gesammelt haben, ein durchaus realistisches Szenario zu sein. Bedenken wir, daß sogar einige Astronomen inzwischen viel weiter gehen. Dr. Edward R. Harrison zum Beispiel, Professor für Astronomie an der Universität von Massachusetts (USA), überlegt in einer jüngst publizierten Arbeit, ob nicht sogar unser *gesamtes Universum* von hochentwickelten Intelligenzen eines anderen Universums »geschaffen« worden sein könnte:[41] »Heute wissen wir bereits, wie man Universen im Prinzip ›herstellen‹ könnte. Weit intelligentere Wesen, vielleicht sogar unsere Nachfahren in einer fernen Zukunft, mögen nicht nur über die Kenntnisse zur Gestaltung eines Universums, sondern auch über die entsprechende Technologie verfügen. Diese Annahme bildet die Basis einer Theorie der natürlichen Selektion von Universen: Intelligentes Leben in Universen der Vorgänger-Generation schöpft Universen der Folge-Generation, und in diesen neuen, für die Besiedlung nun offenen Universen entwickelt sich Leben bis zu einem hohen Grad an Intelligenz, die ihrerseits wiederum weitere Universen schafft. In Universen, die für eine solche Besiedlung ungeeignet sind, fehlt es an Intelligenz, und folglich können diese auch nicht weiter reproduziert werden. Daraus ergibt sich, daß Universen der Folge-Generation ihren Vorläufer-Universen – von geringfügigen genetischen Variationen hinsichtlich physikalischer Konstanten abgesehen – sehr ähnlich wären, und jene Universen, die für intelligentes Leben am vorteilhaftesten sind, werden auf natürliche Weise aufgrund ihrer Fähigkeit zur Reproduktion selektiert. Dieser natürliche Ausleseprozeß erklärt, warum die Konstanten in der Physik ihre so weit aufeinander abgestimmten Werte haben, und er mag uns sogar dabei helfen zu verstehen, warum unser Universum für den menschlichen Verstand überhaupt zugänglich ist.«

Zugegebenermaßen ist mir ein wenig unwohl bei der Vorstellung, unser Universum könnte »nur« die Schöpfung einer fremden, hochentwickelten Intelligenz sein (dies wäre im Grunde das »totale Cyberspace-Szenario«). Immerhin bleibt die Frage, wer denn dann das *allererste*, für die Besiedlung von intelligentem Leben geeignete Universum »schuf«. Auch Prof. Harrison weiß dies nicht: »Wir müssen uns entweder an das theistische Prinzip (Schöpfung durch ein göttliches Wesen) oder an das anthropische Prinzip halten. Keine Antwort ist wirklich völlig befriedigend, aber jede weitere Untersuchung führt uns unweigerlich in den Bereich des Unbegreiflichen. Doch warum ist unser Universum überhaupt verständlich für den menschlichen Geist? Vielleicht weil hochentwickelte Wesen mit einem grundsätzlich ähnlichen Geist es gestalteten und schufen. Die Geburt eines Universums könnte des Ergebnis eines geplanten Projekts sein, um die Durchführbarkeit einer Kosmogenesis zu testen, für intelligentes Leben günstigere Universen zu errichten oder – vielleicht etwas spekulativer – um von einem Universum in ein anderes überwechseln zu können.«

Ich kann mir vorstellen, daß vielen derartige Überlegungen nicht nur zu weit gehen, sondern an Blasphemie grenzen. Dennoch bieten sie uns Möglichkeiten, die Diskussion über die Entstehung unseres Weltalls auf eine andere Ebene zu heben. Mir selbst – ich schrieb es bereits – ist diese Vorstellung eher suspekt. Aber ich gestehe, daß es sich um eine rein subjektive und emotional statt rational begründete Ablehnung handelt. Wer will schon wissen, was *wirklich* vor 15 Milliarden Jahren geschah?

Was uns solche – hier durchaus in einem wissenschaftlichen Rahmen und in einer anerkannten wissenschaftlichen Zeitschrift vorgetragenen – Überlegungen zeigen, ist doch vor allem dies: daß die *Akzeptanz* uns extrem weit überlegener Intelligenzen im Universum (oder auch außerhalb davon) wächst. Bis zu meiner eigenen Hypothese, daß derartige Wesen in der Lage dazu sein würden, in unsere Wirklichkeit einzugreifen wie wir in die virtuellen Realitäten des Cyberspace, ist es dann fraglos nur noch ein kleiner Schritt.

Noch wissen wir nicht, mit wem wir es wirklich zu tun haben, können nur darüber spekulieren, woher »sie« kommen, was »sie« von uns wollen, über welche Möglichkeiten »sie« wirklich verfügen. Aber daß sie mächtig sind, beweisen sie auf ihre Weise jeden Tag und jede Nacht. »Ich weiß«, drückte es eine österreichische Betroffene mir gegenüber aus, »daß diese Wesen jede Form und Gestalt annehmen können und es auch tun, jede, die gewünscht ist oder die ihnen in manchen Situationen einfach angebracht erscheint.«

Begegnung im Alltag

Und das wiederum heißt, daß sie – selbstverständlich! – auch *mitten unter uns* sind. Mitten unter uns bedeutet: Sie sind hier! Sie können uns offen auf der Straße begegnen, neben uns im Kino sitzen, am Tisch gegenüber im Restaurant. Da sie sich jede äußere Gestalt geben, jede Maske zu tragen vermögen, haben wir kaum eine Chance, sie zu erkennen. Es sei denn, sie machen Fehler, so wie im Fall der Karin Fahrnberger. Oder sie verhalten sich Betroffenen gegenüber in einer auffällig merkwürdigen Weise.

Die 40jährige *Saskia von Essen*, die während eines *Bedroom-Visitor*-Phänomens im ersten Moment glaubte, »lauter kleine Heinos« zu sehen, hat eine solch merkwürdige Begegnung gehabt: »Es war in unserem kleinen Kaufhaus, in dem ich häufig meine Einkäufe erledige. Meine Kinder waren in der Schule, und meine Mutter begleitete mich. Im Laden trennten wir uns für kurze Zeit. Ich reihte mich in eine Warteschlange vor der Käsetheke ein, während sie sich um die sonstigen Einkäufe kümmern wollte. Soweit ich mich erinnere, standen etwa fünf oder sechs Kundinnen vor mir.«

Saskia fühlt sich an diesem Tag nicht besonders gut gelaunt, sie ist eigentlich ganz froh, in dieser Reihe zu stehen und einmal für ein paar Momente »abschalten« zu können. Da geschieht es:
»Plötzlich fühlte ich mich von irgendwoher beobachtet und sah mich um. Ich entdeckte ihn sehr schnell. Etwa zwei bis drei Meter von mir entfernt stand ein etwa 40jähriger Mann. Er war auffallend groß, hatte blonde Haare, die im Nacken dunkler wurden, und dunkle Augen.«

Im ersten Moment glaubt *Saskia*, der Mann sei vielleicht auf einen Flirt aus. Aber sie hat an diesem Tag alles andere im Kopf und will sich wieder abwenden: »Da geschah etwas, das mir selbst in der Erinnerung noch Herzklopfen verursacht. In meinem Tagebuch beschrieb ich es etwa so: Ich hatte das Gefühl, als hätte ich eine Alarmsirene im Kopf, die auf einmal so schrill zu heulen begann, daß ich völlig in Panik geriet.«

Kann ein normaler Mann (»er sah zwar gut aus, entsprach aber nicht meinem Geschmack«) eine solche Reaktion auslösen? Möglich. Doch die folgenden Ereignisse lassen jeden Gedanken an eine übermäßig ausgeprägte erotische Episode in sich zusammenfallen: »Ich konnte von diesem Mann nicht wegsehen, d.h. ich glaube, ich konnte mich nicht einmal bewegen. Gleichzeitig hatte ich das Gefühl, ihn zu kennen. Das war aber ein Gedanke, den ich sofort wieder verwarf, denn zu denken vermochte ich

seltsamerweise sehr klar. Es war nur durch die schreckliche
Angst, die mich ergriffen hatte, als spule mein Gehirn jede Möglichkeit ab, um mir die so seltsamen Empfindungen irgendwie
erklären zu können. Mir fiel auf, daß der Mann anscheinend
ebenfalls völlig bewegungslos nur dastand und mich ansah –
oder eher in mich hineinzusehen schien.«

Ein neuer Gedanke schießt durch die versteinerte Frau: Vielleicht ist es ein Verbrecher, der ihr hier auflauert? »Es war einfach gräßlich, es war die blanke Angst. Nie zuvor habe ich so
etwas jemals erlebt. Aber dann verschwand diese Angst mit
einem Schlag, ich wurde plötzlich ganz ruhig und sehr neugierig.
Mir war jetzt klar, daß etwas ganz Ungewöhnliches mit mir geschah.«

Ohne einen wirklichen Einfluß darauf zu haben, bahnt sich nun
eine Gedankenkommunikation an: Mit wem unterhielt sich *Saskia* – mit ihrem eigenen Selbst oder mit dem Fremden, der sie
nach wie vor hypnotisierend anstarrt? Vermutlich werden wir
Fragen wie diese nie lösen können.

»Also, ich dachte zum Beispiel: ›Ich kenne diesen Mann.‹ Und es
schien im selben Moment eine ›Antwort‹ da zu sein: ›Ja, ich kenne ihn. Aber nicht von der Schule oder sonstigen Kinder- und
Jugendkontakten.‹ Und er stand nur da und ließ den Blick nicht
von mir. Seine Haltung erinnerte mich irgendwie an eine Schau-
fensterpuppe.«

In diesem Moment wird *Saskia* von der Verkäuferin angesprochen – etwas unwillig, ob sie denn nun etwas kaufen möchte
oder nicht. *Saskia* erwacht wie aus einem Bann. Sie ist völlig
durcheinander und schiebt den Einkaufswagen nur ein
Stückchen weiter: »Als ich mich nach dem Mann umsah, war er
verschwunden. Ich suchte nach meiner Mutter und bat sie, mir
beim Suchen zu helfen. Ich hatte die Hoffnung, daß sie mir vielleicht sagen könnte, wer er war. Leider konnten wir ihn beide
nicht wiederfinden. Er blieb verschwunden.«

Ich würde im Grunde nicht viel auf eine solche Geschichte
geben. Vielleicht war es wirklich nur irgendein Mann, der sich –

selbst wie vom Blitz getroffen – in *Saskia* verliebt hatte. Vielleicht verfügte er über irgendwelche suggestiven, hypnotischen Fähigkeiten. Vielleicht besaß er die Gabe, telepathisch in das Bewußtsein *Saskias* einzudringen. Vielleicht löste er sich gar nicht in Luft auf, sondern verschwand nur hinter dem nächstbesten Einkaufsregal. Vielleicht...

Aber was ich seltsam finde: *Etliche* vom Besucher-Phänomen Betroffene begegnen exakt derartigen Gestalten. Auch sie sehen nicht immer identisch aus, auch sie variieren in ihrem Äußeren. Aber die Art und Weise, in der sie sich bewegen, in der sie – über ihre seltsamen, stechenden Augen – in das Bewußtsein der Beobachter (oder in diesem Fall besser: der Beobachteten) eindringen, so, wie sie auftauchen und wieder spurlos verschwinden, all dies zeigt derart deutliche Parallelen, daß man kaum von einem Zufall sprechen kann. Hier geschieht etwas, etwas, das im Zusammenhang mit dem gesamten Phänomen steht und das wir bislang kaum zur Kenntnis genommen haben.

Dabei berichteten bereits amerikanische Entführte – allerdings eher am Rande – über derartige Begegnungen. Whitley Strieber zum Beispiel schreibt in seinem Buch *Transformation*[12] über exakt diesen Typus, und die entsprechende Schilderung war es auch, die bei *Saskia von Essen* ein regelrechtes Entsetzen auslöste: »Als ich im letzten Kapitel von *Transformation* etwas über hochgewachsene Männer oder Frauen las, blond, mit dunklen Augen und meist beigefarbener Kleidung, verdrehte es mir zuerst den Magen. Ich konnte das Buch lange Zeit nicht zu Ende lesen, denn plötzlich schien dieses Phänomen mich persönlich zu betreffen, und damit kann man sich nicht so leicht anfreunden.«

Geheimnisvolle Gestalten

In seinem Buch *Das Sphinx-Syndrom*[42] berichtet der durch sein Theologie-Studium zum Besucher-Phänomen gekommene Autor Walter-Jörg Langbein über den Entführungsfall *Yvonne*

Schneider. Yvonne wurde in der Nacht vom 15. zum 16. August in der Nähe der Externsteine bei Detmold in ein UFO entführt und mehreren medizinisch-biologischen Experimenten unterzogen. Auf unser Nachfragen hin zeigte sich nun, daß sie bereits als Kind einem merkwürdigen Wesen begegnet war: »Ich spielte mit meinem Teddy, da kam eine Art Wichtel. Es war eine Art Kind, etwa so groß wie ich, wie ein fünfjähriges Kind. Es hatte aber ein irgendwie altes Gesicht. Ich dachte: ein Hutze-Zwergen-Opa. Er interessierte sich für meinen Teddy, spielte damit. Er sah aus wie ein Kind, aber er hatte ein altes Gesicht und keine Haare. Er hatte Augen wie eine Katze.« Unmittelbar nach ihrer Entführung im August 1994 erschien ihr dieses Wesen im Traum wieder: »Er lächelte mich an und sagte: ›Du bist ja groß geworden. Denkst du manchmal noch an mich? Ich habe dich nicht vergessen.‹«

Doch bereits zuvor scheint *Yvonne* dem gleichen Mann (oder zumindest einer Gestalt des gleichen Typus) begegnet zu sein, den *Saskia von Essen* im Kaufhaus traf: ein Mann um die vierzig, mit Hut und braunem Anzug. »Ich saß im Bus. Plötzlich fühlte ich mich beobachtet. Ich drehte mich um, aber ich war, vom Fahrer abgesehen, allein. Als ich dann an der Zielstation ausstieg, kam plötzlich ein Mann sehr schnell auf mich zu und starrte mich für Sekunden intensiv an. Er drang förmlich durch meine Augen in meine Gedanken ein. Ich hatte das Gefühl, daß er mich in den wenigen Augenblicken vollkommen durchschaute und alles von mir wußte. Dann hastete er weiter. Er war etwa vierzig Jahre alt, konservativ gekleidet, hatte einen braunen oder bräunlichen Anzug an und trug einen Hut.«

Zwei Frauen, beide in das Entführungsphänomen involviert, sehen einen offenbar identischen oder sehr ähnlichen Mann gleichen Alters, gleicher Statur, mit gleicher Kleidung, der sie intensiv »anstarrt«. Beide haben das Gefühl, diese Person dringe in ihre Gedanken ein, durchschaue sie vollkommen. Wirklich nur ein Zufall? Es fällt schwer, daran zu glauben.

Einem ebenfalls etwa 40jährigen Mann – diesmal allerdings »gebrechlich und bedürftig«, jedoch mit dem gleichen, das Bewußtsein sondierenden Blick – begegnete auch *Sibylle Friedrich* aus Regensburg: »Ich traf diesen seltsamen Mann auf der Straße. Ich war auf dem Weg nach Hause. Es kam mir eine gebeugte Gestalt entgegen. Ich wunderte mich, daß ein Mann in diesem Alter (etwa vierzig Jahre) so gebrechlich und bedürftig aussehen konnte. Als er in meiner Nähe war, fragte ich spontan, ob ich ihm irgendwie helfen könne, doch er schaute mich mit unheimlichem Blick an und verneinte. Ich dachte, wenn es Dämonen tatsächlich gibt, dann war dies einer. Ich hatte ein unheimliches Gefühl, das mich seither nicht mehr losläßt. Als ich mich damals noch umdrehte, nachdem ich ihn angesprochen hatte, schien er sich einfach in Luft aufgelöst zu haben. Ich erwähne dies, weil die Straße keinerlei Ausweichmöglichkeiten bot. Es war mir unheimlich zumute.«

Später hatte *Sibylle* – wie so viele andere Betroffene auch – dieses Ereignis einfach verdrängt und vergessen. Heute sieht sie jedoch den Zusammenhang zu all ihren anderen Erlebnissen (etwa dem Besuch des unsichtbaren *Bedroom Visitors*, der in jener Gewitternacht um 1960 unter ihr Bett kroch). »Es ist«, meint sie, »schwer zu vermitteln, warum ich dieses Gefühl eines Zusammenhanges nicht loswerde, aber ich glaube, daß mein Verständnis von allem mit dieser Gestalt seinen Anfang nahm.«

Ebenfalls nie »so recht zu verkraften« vermochte *Corinna Feld* aus dem baden-württembergischen Ettlingen ihre Erlebnisse. Auch bei ihr das bereits gewohnte Bild: UFO-Sichtungen, unheimliche Begegnungen, PSI-Phänomene.

Im Alter von etwa sieben oder acht Jahren »hatte ich einen für mich sehr schlimmen Traum. Ich sah einen Mann mit stechendem Blick. Er hatte große schwarze Augen, seine Pupillen waren spitz. Am nächsten Morgen mußte ich in unserem Dorf einkaufen, und als ich das Geschäft verließ, stieß ich mit einem Mann zusammen. Ich schaute hoch – und erschrak fürchterlich. Denn es war *genau der Mann mit diesen Augen*.«

Corinna hatte das Erlebnis jahrelang beschäftigt – und dann vollkommen verdrängt. Erst mein Nachfragen ließ das Geschehen wie eine Flut in ihr Gedächtnis zurückschwappen:

»Ich erinnere mich wieder, daß ich so sehr erschrak, daß ich alles fallenließ und durch den Wald eiligst nach Hause rannte. Ich weiß jetzt auch wieder, daß er nur starr auf mich blickte, ohne irgendeine Reaktion zu zeigen. Im Wald bekam ich dann aber noch einmal einen fürchterlichen Schrecken, denn ich sah ein Licht, ein Glimmen zwischen den Bäumen.«

Heide Altenburg, der Pferdezüchterin aus Nordrhein-Westfalen, begegnete eine solche Gestalt einmal direkt während eines Entführungerlebnisses. Sie hatte von klein auf »Träume«, in denen sie immer wieder durch unbekannte Gänge, Schächte und Räume lief, in denen sie aber niemals andere Menschen sah: »Mit einer Ausnahme – einmal war da ein Mann mit Hut, gesichtslos, alterslos und ohne bestimmte Größe.«

Das Men-in-Black-Phänomen

Franziska Sutters Begegnung mit einer mysteriösen männlichen Gestalt war auch zugleich mit einem ungeklärten Zeitverlust verbunden – sie konnte sich später nicht daran erinnern, was eigentlich im Moment der Begegnung wirklich geschehen war. An einem Sonntagvormittag im Winter 1978 war sie mit ihrem Auto auf dem Weg vom Kanton Argau in Richtung Birmensdorf: »Es war einige Kilometer vor Bremgarten. Es war eine zu dieser Zeit relativ einsame Gegend, und es lag ziemlich viel Schnee. Kaum ein Auto kam mir entgegen. Da sah ich etwa fünfzig Meter vor mir einen Mann am Straßenrand stehen. Die Straße macht dort eine Linkskurve, und an der Kurve war ein kleiner Park- oder Rastplatz. Der Mann war sehr groß und dünn. Ich staunte, wie groß er war und wie die Sonne und der

Schnee ihn so stark leuchten ließen, daß ich nur seine Umrisse sah. Aber ich sah, daß er mir winkte, anzuhalten. Ich wollte auch anhalten. Das war das letzte, woran ich mich erinnere. Das nächste war, daß ich vom Parkplatz wegfuhr und den Mann wieder so leuchtend und groß im Rückspiegel sah. Es war mir total unheimlich zumute, denn ich erinnerte mich nicht, ob ich wirklich angehalten hatte und was eigentlich passiert war.«

Daß nicht nur Frauen, sondern auch Männer mit diesen unheimlichen Gestalten konfrontiert werden, zeigen zahlreiche Beispiele. In den fünfziger und sechziger Jahren tauchte im Zusammenhang mit dem UFO-Phänomen auch erstmals das der *Men in Black,* der *Männer in Schwarz* auf. UFO-Sichtungszeugen sollen von meist drei in schwarze Anzüge oder hochgeschlagene Mäntel gekleideten, mit schwarzen Hüten bedeckten, häufig Brillen oder Sonnenbrillen tragenden, in schwarzen Limousinen sich fortbewegenden, orientalisch oder fremdländisch wirkenden Gestalten verfolgt, bedroht und zum Schweigen gebracht worden sein.[43] Ich muß gestehen, lange Zeit an der Realität dieses eher absurd wirkenden Randphänomens gezweifelt und alles auf die überspannte Phantasie einiger Wichtigtuer geschoben zu haben. Aber so einfach liegen die Dinge offenbar nicht.

Denn in nur wenig veränderter Form scheinen die gleichen Beobachtungen von etlichen vom Besucher-Phänomen Betroffenen nun auch hier gemacht zu werden. *Hans-Jürgen Lewandowski*, 1939 im oberschlesischen Beuthen geboren, ist nun in München wohnhaft und bei einem privaten Sicherheitsdienst beschäftigt. Im August 1978 erlebte er eine mögliche Entführung mit Zeitverlust (wir werden darauf noch zurückkommen), und einmal begegnete ihm eine dieser seltsamen, unheimlichen Gestalten: »Dieser Mann hat bei mir eine eigenartige Angst ausgelöst, obwohl ich nicht zu den Menschen zähle, die im allgemeinen einen ängstlichen Typ darstellen – ich bin eher das Gegenteil davon. Es war im Bus. Er trug eine graue Jacke, dunkle Hosen, war etwa 185 cm groß, das Gesicht markant schmal, aber ein großer Kopf und Augen wie die eines Reptils. Diese Augen waren es auch, die in mir diese eigenartige Angst auslösten, die bisher einmalig in meinem Leben war. Ansonsten hatte ich keinen Sprechkontakt oder anderen Kontakt mit ihm, da ich mit dieser fürchterlichen Angst an der nächsten Halte- stelle ausstieg. Der Mann sah mir nach, bis ich seinem Blick ent- schwand.«

Horst Eck aus der Nähe von Hannover, der einmal einen »klei- nen Grauen« an seinem Fenster sah, hatte sogar mehrmals Begegnungen mit den »Männern in Schwarz«: »Einmal stand ein orientalisch wirkender Mann vor mir – mit schwarzem Anzug. Er verfolgte meine Begleiter und mich auf Schritt und Tritt und schien sich in irgendeiner Weise sehr für mich zu inter- essieren. Er sprach kein Wort, sondern starrte mich nur an. Ab und zu bemerkte ich auch, daß schwarze Limousinen ›aus dem Nichts‹ hinter mir auftauchten oder mir entgegenkamen, in denen solche Typen saßen. Es waren jeweils schwarze BMWs, die Männer alle Brillenträger.«

Selbstkritisch versucht auch *Horst*, eine natürliche Erklärung für all das zu finden, aber er meint: »Einbildung kann das nicht gewesen sein, denn zumindest das erste Mal hatte ich ja Zeugen dabei. Und erst später hielt ich dann ein Buch über UFOs in den Händen, in denen die *Men in Black* beschrieben wurden. Zuvor hatte ich nie davon gehört.«

Körperliche Wesen?

Die heute 22jährige *Beate Wedekind* ist – genauso wie ihre Mutter und ihr Stiefvater – offensichtlich von früher Kindheit an in das gesamte Phänomen involviert. Im Alter zwischen sieben und acht Jahren hatte sie ein Erlebnis, das man auf den ersten Blick sicher anders deuten würde (nämlich als versuchte Kindsentführung), das aber nach allem, was wir über die *Men in Black* wissen, in gerade- zu beispielhafter Weise ihrem Verhalten entspricht.

Damals, um 1980, befand sich *Beate* auf dem Weg von der Schule nach Hause und kam dabei nahe der Raiffeisenbank ihres Heimatortes Immenstaad am Bodensee vorbei: »Dort stand ein schwarzer Porsche. Im Inneren saßen zwei Männer (der eine war schon älter mit weißen Haaren, der andere hatte einen Hut auf, trug eine Sonnenbrille und einen Mantel, dessen Kragen hochgeschlagen war) sowie auf der Rückbank eine Frau. Der ältere Mann winkte mich her. Ich ging hin. Er sagte irgend etwas zu mir, dann riß er die Tür auf und packte mich am Arm. Ich konnte mich aber losreißen und entkommen. Das Auto fuhr daraufhin sehr schnell davon.«

Nur ein paar Tage später begegnet *Beate* dem schwarzen Porsche erneut: »Ich ging mit meiner Schwester zum Einkaufen, es war noch sehr früh (so etwa 7.30 Uhr). Der gleiche Porsche kam angefahren und blieb neben mir auf der Straße stehen. Im Auto saß der Mann mit dem Mantel, die anderen zwei waren nicht dabei. Der Mann schaute mich etwa fünf Minuten an, und ich schaute zurück. Dann fuhr er ganz schnell weg. Später habe ich das Auto nie wieder gesehen. Soweit ich weiß, war es eine ganz seltsame Autonummer.«

Im Gegensatz zu diesen *Men in Black* stehen heute auch die »Blonden«, die wir bereits kennengelernt haben und die sogar während der Entführungsszenarien selbst eine Rolle spielen können. Dem DRK-Rettungsassistenten *Roger Lange* zum Beispiel sind sie mehrfach begegnet: »Es ist mir schon ein paar Mal passiert, daß einer dieser großen Blonden mich plötzlich anstarrte. Sie sind ziemlich hager, groß, äußerst schlank. Sie haben eine blasse Hautfarbe und lange Haare. Ich glaube, mich an leuchtend blaue oder manchmal auch an pechschwarze Augen zu erinnern. Es geschieht meistens im Alltagstrubel, so, als sollte man bewußt durch äußere Einflüsse abgelenkt werden. Er stand da und sah durch die vielen Leute einfach hindurch, als ob er nur mich sehen würde. Es kann sein, daß ich in Gedanken bei meinem Namen gerufen wurde. Aber eine direkte Beeinflussung spürte ich nicht. Vielleicht war sie so perfekt, daß ich sie gar nicht bemerken *konnte*. Das erste Mal, mitten in Heidelberg, drehte ich mich blitzschnell herum und sah diesen großen Mann mit seinen langen, hellen, fast weißen Haaren, der mich anstarrte. Er hatte die ganze Zeit immer ein leichtes, wohlwollendes Lächeln auf den Lippen. Ich sah ihn zu anderen Gelegenheiten später in ähnlicher Weise wieder. Manchmal ist er mit einem langen beigen oder hellgrauen, manchmal auch mit einem schwarzen Mantel bekleidet. Manchmal hat er einen großen Hut auf dem Kopf. Als ich einmal auf ihn zuging, drehte er sich um und verschwand an der nächsten Kreuzung. Ich ging ihm nach, doch als ich die Straße erreichte, war er wie vom Erdboden verschwunden.«

Das Grauen, das eine Begegnung mit diesen Wesen – ganz gleich, ob es sich nun um die klassischen *Men in Black* oder um die »Blonden« handelt – häufig hervorruft, ist mit Worten kaum zu beschreiben. Die Schriftstellerin Katja Wolff hat es versucht. Ihr Bericht ist ein bewegendes Dokument solcher Erfahrungen: »Ich kenne die elementare Todesangst, denn mir hat einmal ein unberechenbar Betrunkener ein scharfes Messer an die Halsschlagader gesetzt. Es gibt die lähmende Angst angesichts einer konkreten Bedrohung. Und es gibt das namenlose Entsetzen: *das Grauen*. Das Grauen unterscheidet sich von der begründeten Furcht. Eine konkrete Bedrohung ist faßbar – das Grauen ist anders. Es kommt von jenseits der Worte, von jenseits des Verstandes. Es entzieht sich dem Zugriff des rationalen Teils in uns. Ich habe beides erfahren – Todesangst und das namenlose Grauen. Das Grauen ist bei weitem schlimmer.
Im Spätherbst 1990 besuchte ich eine Freundin über ein verlängertes Wochenende in Freiburg. Am ersten Abend machten wir einen Kneipenbummel durch die Altstadt. Bald stellten wir fest, daß wir verfolgt wurden. Es handelte sich – ja, hier stocke ich schon, und es fällt schwer, weiterzuschreiben. Ich erinnere mich, daß meine Freundin diese Gestalt mit der Spitze ihres Regenschirms berührte, um, wie sie später erklärte, festzustellen, ob

diese Gestalt *überhaupt einen Körper hatte*! Es war ihr also auch unheimlich.

Ich weiß nicht, wofür sie ihn hielt, jedenfalls nicht für einen gewöhnlichen Menschen. Dabei war er, was sein Äußeres anging, die Inkarnation der Durchschnittlichkeit: eher klein, blondes kurzes Haar, irgendwie ironisch wirkend. Er flößte mir das beängstigende Gefühl ein, *alles* über mich zu wissen. ›Etwas‹ tief in mir drinnen verspürte unsagbares Grauen, namenlose Panik, daß es Wesen gibt, die Menschengestalt annehmen können und sich unbehelligt unter uns bewegen. Ich habe – wie wohl jeder in mehr oder minder entwickeltem Maße – ein Gespür für die Aura eines Menschen. Und ich weiß: *Das war kein Mensch!* Ich habe nicht die Worte, das Grauen zu beschreiben.«

Ein Teil unserer Welt?

Worum handelt es sich bei diesen Gestalten? Haben alle Betroffenen nun auch noch eine identische »Neurose« oder »Paranoia«, die sich auf »große Blonde« und »Männer in Schwarz« bezieht, auf »Personen«, die sich ihnen in nahezu identischer Weise nähern und zeigen? Ist das wirklich *wahrscheinlich*?

Wir hätten kaum all diese Schilderungen, würden diese Menschen nicht tatsächlich über ihre ohnedies schon beängstigenden Erfahrungen hinaus auf offener Straße, in Kaufhäusern, in Verkehrsmitteln, wo auch immer, durch diese Gestalten observiert werden. Das UFO-Phänomen, so scheint es, zieht immer größere Kreise, weitet sich aus hinein in Bereiche, über die wir uns kaum eine Vorstellung machen.

Wir werden nicht darum herum kommen, das Virtual-Reality-Szenario als mögliche Erklärung in Betracht zu ziehen. Ich weiß, daß eine derartige Vorstellung – daß nämlich fremde Wesen in einer nahezu unbeschränkten Weise in unsere Wirklichkeit eingreifen und auf unserer Welt aktiv zu sein scheinen – unkontrollierbare Ängste auslösen kann, daß selbst hartgesottene UFO-Forscher sie nur mit Widerwillen zur Kenntnis nehmen werden. *Besuche* Außerirdischer – ja. Der ein oder andere *Eingriff* – ja. *Entführungen* – ja, vielleicht. Aber eine solch umfassende Präsenz, eine solch umfassende Kontrolle?

Forschung ist und war immer geprägt durch den Ansatz des Forschers, auf jedem Sektor, auf jedem wissenschaftlichen Gebiet. »Man sieht nur, was man kennt«, ist eine alte, sich immer wieder bestätigende Regel, die genau ausdrückt, was gemeint ist: Wir nehmen nur das zur Kenntnis und lassen es in unsere Hypothesenbildung einfließen, was wir bereits kennen, das, was sich katalogisieren, schematisieren, regulieren läßt. Alles andere fällt durch das grobmaschige Sieb unserer subjektiven *Imaginationen* dessen, was wir als Forschungsziel betrachten.

Dem Untersuchungsobjekt selbst wird diese Methode nur selten gerecht. Auch beim UFO-Phänomen haben wir all die Jahre hindurch den Fehler gemacht, zu selektieren, nach »gut« und »böse«, nach »vorstellbar« und nach »unvorstellbar« zu differenzieren und auszugrenzen – ich selbst will mich da keineswegs ausschließen. Aber wir sind nun an einem Punkt angekommen, an dem wir erkennen müssen, daß all dies noch weit phantastischer, unglaublicher und im wahrsten Sinne des Wortes *unvorstellbarer* ist, als wir die Jahre hindurch angenommen haben.

Das UFO-Phänomen ist ein Teil unserer Welt, ein Teil unserer Wirklichkeit. Die dahinterstehende Intelligenz befindet sich nicht nur irgendwo weit draußen im Orionnebel oder auf Sirius, sie ist *hier*, hier bei uns, genau da, wo Sie sich im Moment aufhalten und dieses Buch lesen. Sie vermag jederzeit und an jedem Ort und unter jeder Bedingung in Erscheinung zu treten, und das aus einem einfachen Grund: Weil sie diese *Bedingungen* kontrolliert, weil sie in unserer Wirklichkeit (oder das, was wir dafür halten) agieren kann, wie immer es ihr beliebt.

Das ist keine besonders beruhigende Erkenntnis, und ich kann verstehen, wenn man sie empört von sich weist. Okay – wer sollte etwas dagegen einzuwenden haben?

Nur habe ich den Eindruck, daß es *genau das* ist, was den *Anderen* seit Jahrtausenden jede Narrenfreiheit gibt, die man sich vorstellen kann: Unsere Ignoranz erst verleiht ihnen Macht, unser Abstreiten, unser Verdrängen, unsere Flucht in die schönen, guten, so beruhigenden Welten des Alltags.

Auch dies hatte seine Berechtigung. Mit Kindern verfährt man auf diese Weise, mit Kindern, die unwissend sind, die sich erschrecken würden, wenn sie die Wahrheit erführen. Wir waren wie Kinder, durch all die Jahrtausende der Vergangenheit hindurch bis zum heutigen Tag. Unmündig, unwissend, bar jeglicher Ahnung dessen, was sich jenseits unserer Welt, die wir so lange für das Zentrum des Universums hielten, abspielt.

Doch nun wird es Zeit, daß wir *erwachsen* werden.

Und ich glaube, daß auch die *Anderen* sich auf ihre ganz eigene Weise dessen bewußt sind...

VII

Zeitverlust

Fehlende Stunden und Tage

»Ich hatte einen Filmriß. Ich weiß nur noch, daß
ich vom Boden zum Himmel geschaut habe. Ich
glaube, dort noch einen Lichtpunkt gesehen
zu haben, der sich sehr schnell entfernte, aber das
kann auch eine Täuschung gewesen sein. Mein
Spaziergang dauerte normalerweise nie länger als
eine Stunde. Aber es war früher Morgen, als ich
nach Hause kam.«

Udo Bernhardt (29 Jahre)

11. März 1995, Stuttgart, Psychotherapiezentrum »Synapse«.
Zum ersten Mal treffen sich auf meine Einladung hin in dem von
dem Psychiater Dr. Henning Alberts geleiteten Institut Mediziner
aus Deutschland, Österreich und der Schweiz, um miteinander
über das »Entführungsphänomen« zu sprechen. Psychologen,
Psychiater, Allgemeinmediziner – sie alle verbindet das Interesse
an diesem Thema. Kritisch, aber offen und ohne Vorurteile werden Entführungsfälle »unter die Lupe genommen«, denkbare
Ursachen sondiert und Therapiemöglichkeiten diskutiert.
Dabei ging es im wesentlichen um zwei Punkte, nämlich: Wie
kann man Betroffenen – sofern sie durch die Ereignisse in eine
seelische Notlage geraten sind – medizinisch/psychotherapeu-
tisch helfen und wie können die beteiligten Mediziner als Forscher zur Aufklärung des Phänomens beitragen?

Offenbar ist die Gruppe jener, die unter dem Phänomen wirklich *leiden*, d.h. bei denen es zu massiven Befindlichkeitsstörungen oder sogar seelischen Erkrankungen kommt, kleiner als jene, die diese Erfahrungen in irgendeiner Weise verarbeitet und in ihr Leben integriert haben. Dennoch muß natürlich gerade der erstgenannten Gruppe die besondere Aufmerksamkeit zugewandt werden, um Leidensdruck abzubauen und dahingehend zu helfen, daß die Betroffenen die für sie zunächst erschreckenden Erfahrungen als Teil ihres Lebens anerkennen und in ihr Selbstverständnis integrieren. Konkret wurde damals beschlossen, die Anschriften der am Treffen teilnehmenden und später noch hinzustoßenden Mediziner und Psychologen einschließlich eines differenzierten Unterstützungsangebots mitzuteilen, so daß Hilfebedürftigen Kontaktadressen zur Verfügung stehen. Dabei kann es zunächst nur darum gehen, dem Betroffenen zuzuhören, die vorgefallenen Ereignisse zusammen mit ihm zu klären und auf die Wünsche des Kontaktierten zu reagieren. Inwieweit dies in eine Therapie einmündet oder einmünden sollte, muß dann im Einzelfall entschieden werden.

Etwas problematischer ist ein anderer Ansatz, der aber inzwischen gute Früchte trägt. Ich hatte bereits zuvor das »Projekt Austausch« ins Leben gerufen. Vom Besucher-Phänomen Betroffene, die mit anderen, die ähnliches erlebt haben, kommunizieren möchten, erhalten von mir die Adressen dazu bereiter Personen. Jene, die sich an diesem Austausch beteiligen, sind sich über die möglichen Gefahren bewußt: Es kann nicht ausgeschlossen werden, daß sich der eine oder andere mit »unlauterer« Absicht in dieses Projekt »einschleicht«, um so an die Adressen von »Entführten« zu gelangen, beispielsweise, um diese dann für eigene publizistische Zwecke zu nutzen. Aber viele Betroffene sind dieses Risiko bewußt eingegangen, um so die Gelegenheit zu erhalten, mit anderen reden zu können, mit Menschen, die Vergleichbares erfahren haben, vor allem mit Menschen, die die eigenen Nöte und Sorgen, die eigenen Ängste verstehen können – weil sie sie selbst in gleicher Weise verspüren. Man hat mit solchen Projekten sowohl unter Entführten in den USA als auch bei anderen Gruppen, deren Angehörige unter dem posttraumatischen Schocksyndrom leiden, gute Erfolge erzielt. Die Erfahrungen der ersten eineinhalb Jahre des »Projekts Austausch« zeigen, daß sich über eine derartige, inzwischen international (Deutschland, Österreich, Schweiz) kommunizierende Gruppe für den einzelnen tatsächlich die erhofften Erfolge zeigen. Zudem kann so die Schaffung lokaler Selbsthilfegruppen vorangetrieben werden, in denen es zu einem persönlichen Austausch kommt.

Dem persönlichen Austausch dienen auch die jährlichen Treffen. Bislang insgesamt drei Mal (am 5. Februar 1994 in Berlin, am 17. Dezember 1994 in einem kleinen Ort in Südniedersachsen und am 4. November 1995 erneut in Berlin) sowie einmal in Schwyz (Zentralschweiz) kamen bis zu sechzig Betroffene zusammen, um Erlebnisse auszutauschen, vor allem, um sich gegenseitig kennenzulernen. Ich halte gerade derartige Treffen (ohne Tagesordnung, Vorträge, irgendein festgelegtes Programm) für wichtig, weil sie die notwendige Kommunikation untereinander fördern und festigen.

Dies ist auch das Anliegen einer kleinen, ausschließlich für die Betroffenen von mir herausgegebenen Zeitschrift *(CE-IV-Report)*, die inzwischen ins zweite Erscheinungsjahr gegangen ist. Hier wird nicht nur über neueste Entwicklungen auf diesem Sektor informiert, hier erhalten vor allem die Betroffenen selbst die Gelegenheit, ihre eigenen Erlebnisse (meist anonym und unter Chiffre-Nummer) zu publizieren, so daß jene, die Ähnliches oder sogar Identisches erlebt haben, dazu Stellung nehmen können.

Möglichkeiten der Hilfe und Forschung

Auf dem Treffen in Stuttgart wurde aber auch darüber diskutiert, wie man zukünftig die Forschung nach den *Ursachen* dieses Phänomens gestalten könnte. Unstrittig war dabei, daß beides – Hilfe und Forschung – zusammenhängt, da wirkliche Hilfe nur dann möglich ist, wenn wir mehr über das Phänomen selbst wissen. Unstrittig war auch, daß das Phänomen *existiert*, auch wenn wir über die Ursachen noch relativ wenig wissen.

Welche Möglichkeit der Forschung – insbesondere aus medizinischer Sicht – haben wir überhaupt? Tatsächlich bieten sich mehrere Möglichkeiten:

a) Suche nach Implantaten: Bislang ist es noch nicht gelungen, »extraterrestrische Implantate« nachzuweisen, obwohl viele Betroffene überzeugt sind, im Laufe von Entführungen solche Implantate eingesetzt bekommen zu haben (möglicherweise liegt dies am »Material«: Es könnte sich um biologisch gezüchtete, mikrominiaturisierte Sonden handeln, die mit dem Gewebe verwachsen). Gegebenenfalls könnte man mit thermographischen Meßmethoden Fortschritte erzielen, da sich im Umfeld von Implantaten gewöhnlich eine veränderte Kapillarität des Gewebes entwickelt und damit ein verändertes Temperaturverhalten zu beobachten sein müßte. Die Suche sollte jedoch auch mit »traditionellen« Methoden, etwa Röntgenphotographie und Computertomographie, weitergeführt werden.

b) Missing-Embryo-Syndrom, Narben, anomales Nasenbluten: Hier muß es im Einzelfall darum gehen, möglichst detaillierte Informationen über das Ereignis und die Krankengeschichte des Betroffenen zu erhalten. Erst, wenn alle natürlichen Ursachen ausgeschieden werden können, darf eine »unnatürliche« Genese solcher Nebeneffekte einer Entführung angenommen werden.

c) Psychologische Testverfahren und statistische Erhebungen. Zusammen mit dem Testpsychologen Gerd W. Höchsmann habe ich inzwischen zwei Testbögen entworfen, die uns zum einen Aufschluß über die Erlebnisse der jeweiligen Person geben, zum anderen aber auch statistisch relevante Aussagen über die *Gesamtheit* der Betroffenen zulassen. Zum gegenwärtigen Zeitpunkt dauert die Befragung noch an (um abgesicherte Ergebnisse vorlegen zu können, bedarf es einer bestimmten Mindestmenge an Probanden; diese Zahl wird vermutlich im Sommer erreicht sein).

d) Hypnotische Regressionen. Diese werden auch weiterhin im Bedarfsfall von Dr. Henning Alberts in Stuttgart und von Dr. Uwe Jammermann in Halle durchgeführt. Sie sollten aber nicht als »Allheilmittel« betrachtet werden.

Inzwischen sind weitere, durchaus auch kritische, aber dem Phänomen gegenüber offene Mediziner zu diesem Kreis gestoßen. Der Freiburger Psychologe Dr. Thomas Deutschbein zum Beispiel hat sich intensiv Gedanken über eine Therapie bedürftiger Betroffener gemacht. Er meint, daß im Rahmen einer Behandelbarkeit insbesondere die Frage nach der Diagnose Schwierigkeiten bereiten wird: »In der Literatur wird öfters die Posttraumatische Belastungsstörung (PTS) genannt. Diese Diagnose setzt eine Vorentscheidung voraus, nämlich daß die ›kleinen Grauen‹ objektiv vorhanden sind. Obgleich ich auch von den objektiven oder scheinbar objektiven Merkmalen wie Narben, abgebrochenen Schwangerschaften usw. beeindruckt bin, halte ich diese Diagnose für verfrüht, und ich würde zunächst einmal allgemein von einer Angststörung ausgehen, ohne Festlegung in posttraumatischer oder angstpsychotischer (oder beides gleichzeitiger) Richtung.«
Ungeklärt ist für Dr. Deutschbein noch die Frage der psychiatrischen Behandelbarkeit. Er meint: »Ich halte es für sehr wichtig, zu ermitteln, ob beispielsweise die Medikation von Neuroleptika einen Einfluß auf die ›Entführungen‹ hat. Da die bizarren Berichte zunächst einen psychotischen Eindruck machen, muß dieser Punkt als erstes geklärt werden.« Auch Dr. Deutschbein erinnern die Phasen des Ausgeschaltetwerdens an eine Hypersomnie, und er hält es für wichtig, durch eine differenzierte Untersuchung der Schlafstadien und deren Verlauf weitergehende Hinweise zu finden. Er nennt ein Beispiel:
»Ich habe jetzt eine Frau in Therapie – Diagnose: Alpträume und *Pavor nocturnus*. Sie berichtet über sehr guten Schlaf – fast zu gut, schläft schnell ein, ist kaum aufzuwecken. Die Träume sind grauenhaft und bizarr, sie handeln von Tod und Verwesung. Einige Traumelemente lassen an das bekannte UFO-Szenario

denken: Sie sieht ›Wesen‹ (keine Kinder und keine Erwachsenen), die Gesichter machen angst, ›wie von einem anderen Stern‹, sie sind von grünlich-grauer Farbe, ›unbeweglich starr schauen sie mich an‹. Oder in einem anderen Traum sieht sie ›Menschen mit nicht normalem Körper, unheimlich dicke und lange Arme, aber dünne Hände‹. Sie träumt, sie wäre ›in einer anderen Welt, als wäre diese Welt vor meiner Zeit gewesen‹.«

Aber diese Frau hatte, wie Dr. Deutschbein konstatiert, eine grauenhafte Kindheit einschließlich sexuellem Mißbrauch. Und sie hatte schon immer die Tendenz gezeigt, sich in den Schlaf zu flüchten, etwa nach der Maxime: »Wenn etwas Schreckliches auf mich zukommt, schlafe ich schnell ein.« Bei dieser Frau richtet sich die Behandlung also auf eine nachweisbare Traumatisierung, um auf diese Weise auch die Alpträume von den nicht-menschlichen Wesen zu eliminieren.

Nach Auffassung von Dr. Thomas Deutschbein wäre es also notwendig, zunächst verhaltensanalytisch vorzugehen: Besteht ein eventueller Zusammenhang mit vorausgehenden Bedingungen, psychischer Verfassung und nachfolgenden Konsequenzen? Ich selbst würde von meinem Kenntnisstand aus einen solchen Ansatz begrüßen und im Einzelfall sogar für unbedingt erforderlich halten. Andererseits hat sich durch Untersuchungen in Amerika (und, wie sich durch erste Trends andeutet, auch bei unserer eigenen Testserie) gezeigt, daß Entführte eben in der Regel *keine* weiteren traumatisierenden Erlebnisse in der Kindheit hatten (der Prozentsatz von sexuellem Mißbrauch beispielsweise ist nicht höher als bei »normalen« Vergleichsgruppen), also bei den meisten von ihnen derartige Ursachen auszuschließen sind. Dennoch meine ich, daß wir nicht vorsichtig genug sein können und grundsätzlich *jede* Möglichkeit in Betracht ziehen müssen.

Abb. 12   Differentialdiagnostik der UFO-Entführungserlebnisse: Schematische Einordnung von Dr. Hans-Martin Zöllner (Zürich).

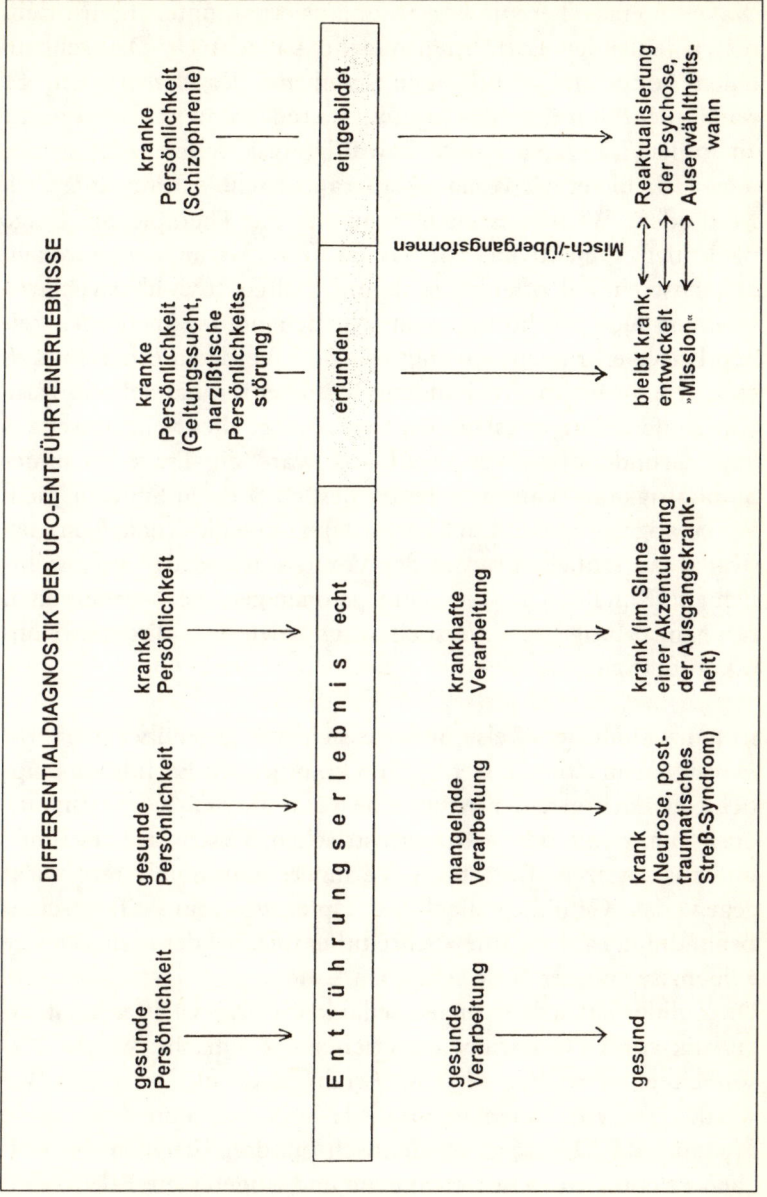

DIFFERENTIALDIAGNOSTIK DER UFO-ENTFÜHRTENERLEBNISSE

gesunde Persönlichkeit	gesunde Persönlichkeit	kranke Persönlichkeit	kranke Persönlichkeit (Geltungssucht, narzißtische Persönlichkeitsstörung)	kranke Persönlichkeit (Schizophrenie)

Entführungserlebnis echt / erfunden / eingebildet

| gesunde Verarbeitung | mangelnde Verarbeitung | krankhafte Verarbeitung | | |

| gesund | krank (Neurose, posttraumatisches Streß-Syndrom) | krank (im Sinne einer Akzentuierung der Ausgangskrankheit) | bleibt krank, entwickelt "Mission" | Reaktualisierung der Psychose, Auserwähltheitswahn |

Misch-/Übergangsformen

205

Was nun eine Therapie von traumatisierten, unter ihren Erlebnissen leidenden Entführten angeht, so sieht Dr. Deutschbein einen Fokus im »Hilflosigkeitserleben« der Betroffenen. Es reicht nicht, nur über das Erlebnis zu reden und sich verstanden zu fühlen, Therapie müßte Bewältigungskompetenzen vermitteln. Hier bietet der verhaltenstherapeutische Ansatz einiges an Methoden. Wichtig ist, daß man für die Therapie die Frage nach der subjektiven oder objektiven Natur der ›Grauen‹ zunächst einmal offenlassen kann. Sollten sowohl psychiatrische wie auch psychotherapeutische Behandlungsmethoden keinen Erfolg erbringen und sollte sich der Verdacht erhärten, daß es sich um objektiv vorhandene Intelligenzen handelt, so wäre eine andere Ausgangslage gegeben.« Aber dies wäre durchaus kein Grund aufzugeben: »Wichtig wäre die Frage nach der Sinnhaftigkeit – kann ich diesen Besuchen einen Sinn für mein Leben abgewinnen? Man könnte dann entweder versuchen, den ›Kanal‹ zu schließen (unter der Voraussetzung, daß unabsichtlich ein ›Kanal‹ zu anderen Dimensionen geöffnet wurde), oder, für ganz Mutige, der Versuch einer bewußten, direkten Kontaktaufnahme.«

In ganz ähnlicher Weise äußerte sich mir gegenüber auch Dr. Hans-Martin Zöllner. Den zu ihm kommenden Entführten empfiehlt er nach genauer Absprache »den aktiven Kommunikationskontakt mit den ›extraterrestrischen Wesen‹ aufzunehmen und fortzusetzen. Das stärkt die innere Autonomie und wirkt gegen das Gefühl, willenloses Opfer zu sein.« Teil seiner Behandlung ist auch eine »Schreibtherapie, bei der man sich ›die Erlebnisse von der Seele schreiben kann‹.«
Dr. Zöllner hat sich erstmals Gedanken zu einer Differentialdiagnostik von UFO-Entführungserlebnissen gemacht. Welche Persönlichkeiten machen derartige Erfahrungen und vor allem: Wie werden sie von ihnen verarbeitet? Das von ihm entworfene System (Abb. 12) zeigt schematisch die drei Gruppen von solchen Erlebnissen (echte, erfundene und eingebildete Erlebnisse),

den Gesundheitszustand derjenigen, die diese Erfahrungen machen, und die Form, in der sie darauf reagieren. Wichtig erscheint mir hier vor allem die Feststellung, daß echte Entführungserlebnisse durchaus auch krankhafte Folgeerscheinungen auslösen können, sofern eine mangelhafte Verarbeitung stattfindet oder dieses Ereignis auf eine bereits kranke Persönlichkeit trifft. Gerade in diesem Fall ist psychotherapeutische Hilfe vonnöten.

Ein *Entführungserlebnis* – was ist das eigentlich? Wenn wir ehrlich sind, müssen wir eingestehen, daß wir eine Antwort darauf nicht wissen. Häufig ausgehend von einem *Bedroom-Visitor*-Phänomen in der Nacht oder rekonstruierbar aufgrund eines Zeitverlustes in der Wachperiode berichten uns Betroffene von häufig sehr ähnlichen, zuweilen sogar identischen Erfahrungen: daß sie in kahlen, hellen Räumen erwachten, daß seltsame Wesen sich mit ihnen beschäftigten, daß bizarre Untersuchungen, Eingriffe, Manipulationen an ihnen vorgenommen wurden, daß man sie Visionen durchleben ließ, sie etwas »lehrte«, woran sie später aber nur noch vage Erinnerungen hatten, und daß man sie schließlich wieder »irgendwie« an den Ausgangspunkt ihres Erlebnisses zurückbrachte. Oder zumindest in dessen Nähe.

Aber *was* diese Entführungen wirklich sind, *was* mit ihnen bezweckt wird, *welches Motiv* dahintersteht, Hunderttausende, vielleicht Millionen von Menschen über all die Zeiten hinweg episodisch diesen erschreckenden Erfahrungen auszusetzen, darauf haben wir keine Antwort. Alles, was wir im Moment tun können, ist – gewissermaßen in einem vorwissenschaftlichen Ansatz –, Daten zu sammeln. Und das bedeutet: zuhören, unsere Aufmerksamkeit jenen widmen, die uns davon berichten, jenen, die im Zentrum nahezu unglaublicher Ereignisse stehen.

Zwischen Assuan und Abu Simbel

Es ist der 7. Januar 1995. Ich bin zu Besuch bei Ehepaar *Elena* und *Thomas Richter* in einem Vorort von Zürich. *Elena Richter* ist gebürtige Südamerikanerin, beide interessieren sich in außergewöhnlicher Weise für Naturwissenschaften und haben sich im Laufe der Jahre eine beachtenswerte Sammlung an Mineralien, Fossilien und Meteoriten zugelegt.

Aber noch eines verbindet diese beiden Menschen: ihre Abenteuerlust, das Bedürfnis, andere, fremde Länder zu sehen, am liebsten im »Alleingang zu zweit«. Und bei einer solchen Reise nach Ägypten im September 1992 geschah es:

Elena und *Thomas Richter* waren damals mit einem Mietwagen auf der Strecke von Assuan nach Abu Simbel unterwegs. Ungefähr fünf Kilometer vor Abu Simbel bogen sie in einen Feldweg nach links ab, fuhren an einer armseligen, von Steinbrucharbeitern bewohnten Hütte vorbei und schlugen schließlich hinter einem Hügel, etwa tausend Meter von der Hauptstraße entfernt, ihr Zelt auf. Sie bereiteten sich ihr Abendessen aus den mitgeführten Vorräten auf einem kleinen Gaskocher und wollten sich gerade in ihren Schlafsäcken zur Ruhe legen, als mehrere der Steinbrucharbeiter über den Hügel kamen und sie mit lauten Worten und Drohungen von dort vertrieben. So packten sie ihre Sachen wieder ein und fuhren den gleichen Weg zurück zur Hauptstraße.

»An der Kreuzung angekommen, überlegten wir: Was sollten wir machen? Wir entschieden uns, nach rechts zu fahren, den Wagen dann einfach am Straßenrand abzustellen und im Auto zu schlafen. Wir dachten uns, die Wahrscheinlichkeit, daß uns dort erneut jemand vom Steinbruch oder gar aus dem fünf Kilometer entfernten Abu Simbel stört, sei ziemlich gering.«

Die beiden fahren etwa fünf bis zehn Minuten die dunkle Wüstenstraße nach Norden, zurück in Richtung Assuan. Dann stellen sie sich an den rechten Straßenrand, klappen die Sitze nach hinten und versuchen einzuschlafen.

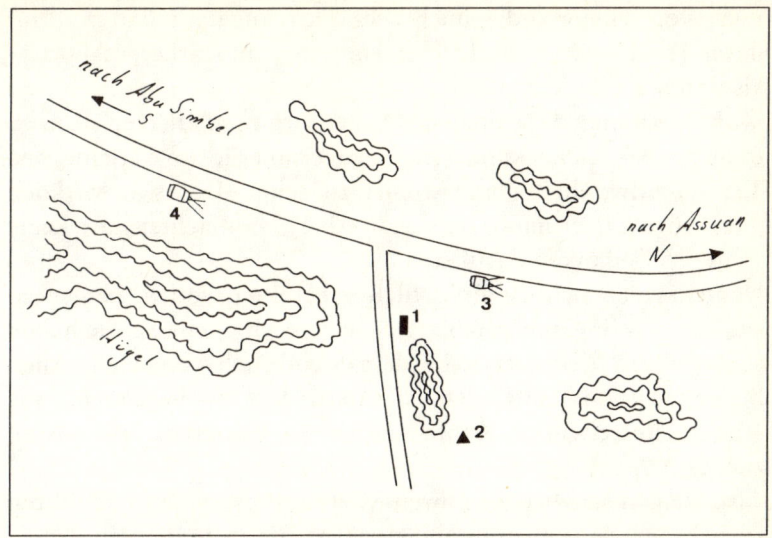

Abb. 13   Lageskizze der Situation in Ägypten, wie das Ehepaar
Richter *sie erlebte (nicht-maßstäbliche Darstellung). Punkt 1: Hütte
der Steinbrucharbeiter. Punkt 2: ursprünglicher Zeltplatz. Punkt 3:
hier (nördlich der Abzweigung nach Assuan) stellten sie ihren
Wagen ab. Punkt 4: an dieser Stelle (südlich der Abzweigung nach
Assuan) erwachten sie am Morgen.*

»Das letzte, woran ich mich erinnern kann«, sagt *Thomas*, »sind
die beiden Lichter, die von vorne kamen. War es ein Lastwagen
aus Assuan? Jemand schaute bei uns zum Fenster herein – war
es der Lastwagenfahrer? Ich weiß es nicht. Meine Erinnerung
daran ist nur noch sehr vage. Ich habe auch kein konkretes
Gesicht im Gedächtnis.«
Gut möglich, daß es nur ein Lastwagen aus Assuan war, daß der
Fahrer zu ihnen hereinschaute (aber dazu hätte er aussteigen
müssen – warum?). Gut möglich auch, daß beide so müde
waren, daß sie sofort einschliefen. Gut möglich...
Um 6.15 Uhr am Morgen des nächsten Tages erwachen *Elena*
und *Thomas* gleichzeitig. *Elena* entdeckt mehrere blaue Flecken

»wie von Fingern, die mich sehr hart angefaßt hatten«, auf ihrem rechten Ober- und Unterarm (oben ein stärkerer Abdruck als unten).

Woher kommen diese Stellen? Bei Berührung schmerzen sie noch immer, aber *Elena* kann sich nicht erinnern, am vergangenen Tag irgendwo heftig angestoßen zu sein. »Das war wirklich merkwürdig«, erinnert sie sich. »Aber wir machten uns keine weiteren Gedanken darüber.«

Dann, als sie sich ihr Frühstück zubereiten wollen, bemerken sie, daß das Eßgeschirr fehlt. Die einzige Möglichkeit: Sie haben es an ihrem Zeltplatz nahe dem Steinbruch vergessen. Allen Bedenken zum Trotz, den Arbeitern dort zu begegnen, eine erneute unfreiwillige Konfrontation zu riskieren: Sie müssen zurück.

Also steigen sie wieder in ihren Mietwagen, wenden und fahren zurück, um die Kreuzung mit der Einfahrt zu finden, an der sie gestern im Dunkeln entschieden hatten, sich nach rechts, Richtung Assuan, zu wenden. Eine monotone Landschaft, Wüste rings um sie, auf der linken Seite ein langgestreckter Hügel. Das ein oder andere Auto kommt ihnen entgegen. Wo ist die Kreuzung?

Dann, nach knapp tausend Metern: Erstaunen. Ungläubiges Kopfschütteln. Vor ihnen tauchen die ersten Hütten eines Ortes auf. Schließlich das Schild: Abu Simbel. Unmöglich! Hier kann nicht Abu Simbel sein, das ist viele Kilometer weiter entfernt im Süden! Aber das Schild steht unverrückbar, ist unzweideutig: Abu Simbel.

Also kehren sie wieder um, fahren die Hügelkette entlang, Kilometer um Kilometer. Wo ist die Einfahrt zum Steinbuch? Sie finden sie nicht. Schließlich klettert *Thomas* auf einen der Hügel – er hat Glück. Nicht allzu weit entfernt entdeckt er tatsächlich die Hütte der Arbeiter, jetzt leer und verlassen. Nun finden sie auch den Weg, finden den Platz, an dem sie ihr Zelt aufgebaut hatten – nur das Eßgeschirr finden sie nicht. Es ist und bleibt verschwunden.

Aber wo waren *Elena* und *Thomas* erwacht, was war geschehen? Sie fahren zurück zu der kleinen Kreuzung, sie versuchen zu rekonstruieren, was passiert sein könnte. Sie vermögen sich genau zu erinnern: Hier hatten sie am Abend gestanden und noch darüber diskutiert, ob sie nach rechts oder links abbiegen sollten. Sie waren nach rechts gefahren, nach Norden, Richtung Assuan. Beide wußten es, beide waren sich absolut sicher.

Aber warum sind sie dann dort erwacht, wo sie erwachten – kurz vor Abu Simbel? Das war völlig unmöglich. Es hätte nicht nur bedeutet, daß sie statt nach rechts nach links abgebogen sind, sondern auch, daß *Thomas Richter* nochmals vor dem Halten wendete, um mit der Vorderfront des Wagens wieder Richtung Assuan stehen zu können (am Morgen wendete er ja wiederum und fuhr dann Richtung Abu Simbel). Sie hätten in jedem Fall *nördlich* des Feldweges stehen müssen, nicht *südlich* davon.

Was geschah in dieser Nacht? Wir wissen es nicht. Weder *Elena* noch *Thomas* erinnern sich an irgendwelche Vorkommnisse. Sie erwachten am Morgen definitiv an einer anderen Stelle als jener, an der sie sich am Abend »zur Ruhe gebettet« hatten. *Elena* besaß an ihrem rechten Ober- und Unterarm (Türseite des Beifahrersitzes) blaue Flecken, die die Form von Fingerabdrücken hatten, *Thomas* erinnert sich vage an Lichter, die er kurz vor dem Einschlafen erkannte, die sich auf den Wagen zubewegten, und an ein Gesicht, das bei ihnen zur Fensterscheibe hereingeschaut hatte.

Mag sein: Vielleicht haben sich beide in einer erstaunlich simultanen Weise doch geirrt und sind statt nach Norden nach Süden abgebogen. Vielleicht hat *Thomas* (ohne daß *Elena* dies bemerkte) den Wagen am Abend *doch* noch gewendet. Vielleicht stammten die blauen Flecken vom Stoßen gegen eine Mauerwand, vom Aufbau des Zeltes oder von dessen hastigem Abbau. Vielleicht waren die Lichter die eines Lasters und das Gesicht das des Fahrers, der den Wagen gestoppt und zum Fenster hereingesehen hatte. Vielleicht...

Flug in die Schneeberge

Auch hier hätte ich diese Geschichte nicht erwähnt, gäbe es nicht noch andere Vorfälle, die insbesondere *Elena* betreffen und die uns deutlich zeigen, daß zumindest sie von Kindheit an in das Besucher- und Entführungsphänomen involviert ist.

Damals sah sie zusammen mit ihrer Großmutter ein UFO, ein geradezu »klassisches« Objekt, silbern, linsenförmig, das an ihrem Haus in San Juan vorbei über die Straße schwebte, eine Kurve beschrieb und über den nahen Bergen verschwand.

Dann, im Alter von fünfzehn Jahren, hat sie ihr einschneidenstes Erlebnis: Mitten in der Nacht erwacht sie – aber sie ist nicht daheim in ihrem Bett, sondern in einem merkwürdigen Raum, etwa zweieinhalb Meter hoch. »Der Raum war eher oval als rund, an den Wänden befanden sich vier oder fünf filigrane ›Säulen‹. Ich lag unten auf dem Bauch, vor mir war ein zirka ein Meter durchmessendes Fenster in den Boden eingelassen.«

Durch dieses Fenster blickt *Elena* nach draußen. »Wir flogen. Unter mir waren schneebedeckte Berge – ich hatte niemals zuvor schneebedeckte Berge gesehen, nur auf Fotos. Dann gingen wir tiefer, ganz ruhig, ohne zu schaukeln, ohne jedes Geräusch. Wir steuerten auf einen kleinen See zu, das Wasser war dunkelblau, wunderschön. Der Boden war überall von Schnee bedeckt, nur in unmittelbarer Nähe des Sees war er ein wenig aufgetaut. Hier sah man Steine und Kies. Ich entdeckte einen Eisbären, der am Wasser trank.«

Elena erinnert sich genau, wie sie sich mit beiden Armen an den Rändern des Fensters festhielt und nach draußen blickte. »Seltsamerweise hatte ich überhaupt keine Angst. Alles war ruhig und friedlich. Ich wußte nicht, wie ich in diese Situation gekommen war. Hatte ich nur einen Traum? War ich wirklich hier?«

Dann, von einer Sekunde zur anderen, bricht das Geschehen ab, und »im nächsten Moment befand ich mich anscheinend in einem anderen Raum. Mein Körper gehorchte mir nicht mehr, nicht einmal meine Augen konnte ich öffnen, nur der rechte Fuß ließ sich bewegen. Ich hatte das Gefühl, auf einer flachen, im Raum schwebenden Unterlage zu liegen. Ich bekam eine furchtbare Angst, weil ich nicht wußte, was da mit mir passiert. Dann bricht auch diese Erinnerung ab.«

Als *Elena* erneut zu sich kommt, liegt sie wieder daheim in ihrem Bett. Ihr ganzer Körper, vor allem aber der Nacken schmerzt. Sie erinnert sich sofort an die beiden Szenen, kann sie jedoch nicht einordnen. Im Laufe des Vormittags lassen die Schmerzen weitgehend nach, nur die im Nacken sind auch nach drei Tagen noch immer zu spüren.

Etwa eine Woche danach sitzt sie auf ihrer Bank vor dem Haus in San Juan. Sie weiß heute nicht mehr, ob sie etwas las oder einfach nur den Tag genoß. Plötzlich wird ihre Aufmerksamkeit auf die Straßenecke unterhalb des Hauses gelenkt: »Um die Ecke bogen vier Leute – zwei Männer und zwei Frauen. Sie bewegten sich unnatürlich steif und starrten nur geradeaus. Ihre Gesichter waren wie Masken, inhaltslos, die Augen kalt – wie belebte Maschinen. Als sie die Position auf der Straße in meiner Höhe erreicht hatten, drehten sie ihre Köpfe absolut gleichzeitig in meine Richtung. Sie starrten mich an. Ich sprang vor Schreck auf und flüchtete ins Haus. Als ich durch das Fenster wieder auf die Straße schaute, waren sie verschwunden, wie vom Erdboden verschluckt.«

Schon *Elenas* Tante hatte, als sie noch ein junges Mädchen war, eine unheimliche Begegnung: An ihrem Bett stand plötzlich ein »kleines Männchen und rüttelte am Bettgestell. Meine Tante schrie auf – und das Wesen verschwand im selben Augenblick.«

Mehrfach nahm *Elena* später, als sie schon verheiratet war, die Präsenz eines unsichtbaren Wesens in der Wohnung wahr, *Thomas* hörte einmal deutliche Schritte auf dem Dachboden und besitzt eine kreisrunde, ihm selbst unerklärliche Narbe an der rechten Wade und eine weitere am linken Fußspann. Beide haben seit ihrer Kindheit ein, wie sie sagen, »abnormes« Interesse für Raumfahrt und Astronomie, *Elena* wäre als Mädchen am liebsten Astronautin geworden.

Eine hypnotische Regression möchten die beiden nicht durchführen lassen, auch nicht hinsichtlich ihres gemeinsamen Erlebnisses in Ägypten: »Was geschehen ist, ist geschehen«, brachten sie es mir gegenüber zum Ausdruck. »Und wenn wir es nicht wissen, so wird es sicher seinen Grund haben.«

Diese Geschichte enthält fast alles, was einen komplexen Entführungsfall ausmacht: unerklärliche Ortsversetzung, Narben, Entführung, *Men-in-Black*-Beobachtung, *Bedroom-Visitor*-Phänomen in der Familie, UFO-Sichtungen, Wahrnehmung fremder Präsenzen in der Wohnung, Spukerscheinungen. Ich bin sicher, daß noch weit mehr mit diesem Ehepaar geschehen ist, und ich bewundere ihren Gleichmut, mit dem sie all das hinnehmen.

Kurz vor der Grenze

Zeitverlustfälle sind fraglos ein besonders gewichtiges Indiz für einen Entführungsfall, insbesondere dann, wenn dieser Zeitverlust mit der zuvor oder danach stattgefundenen Beobachtung eines UFOs, einer seltsamen Wesenheit oder eines unerklärlichen Ereignisses einhergeht.

Der bei einem privaten Münchener Sicherheitsdienst beschäftigte *Hans-Jürgen Lewandowski* fährt am 2. August 1978 zusammen mit seiner Mutter, von einem Besuch in Polen kommend, in Richtung Grenze der ehemaligen DDR. Als die beiden die Abfahrt Lignitz passieren, bemerkt *Hans-Jürgen* am mondhellen Nachthimmel ein Fluggerät mit zwei roten und einem grünen Licht. Er mißt dem jedoch keine weitere Bedeutung bei und hält es für ein gewöhnliches Flugzeug mit Positionslichtern.

Die beiden fahren weiter. Auf einer Anhöhe, von der aus sie in das vor ihnen liegende Tal blicken können, geschieht etwas ganz Seltsames: »Ich sah weit vor mir von der Autobahn aus ein Gerät starten, bei dem ich annahm, daß es sich eventuell um eine russische AWACS handeln könnte. Dieses Fluggerät kam in einer Höhe von etwa dreißig Metern auf uns zu, und obwohl ich ca.

170 km/h schnell fuhr, flog es, ohne eine Kurve zu ziehen, in meiner Fahrtrichtung linksseitig über mein Auto weiter vorbei. Ein tiefer Brummton war im Dach des Pkw zu hören, es vibrierte. Die Sache endete so, daß mir ca. eine bis eineinhalb Stunden fehlen. Meine Mutter und ich hätten etwa um 23.30 Uhr an der Grenze in Görlitz sein müssen, jedoch sind wir erst um 0.30 Uhr dort angekommen.«

Diese Beschreibung ist von großem Interesse. Wir wollen daher die einzelnen Stationen noch einmal gesondert durchgehen:

● *Hans-Jürgen Lewandowski* und seine Mutter beobachten auf der Fahrt ein Objekt. Es hat grüne und rote Lampen, sie messen dem aber keine weitere Bedeutung zu und halten es für ein Flugzeug.

● Kurz darauf erreicht ihr Wagen eine Anhöhe. Vor ihnen im Tal steigt ein Fluggerät auf (das sie für etwas Ähnliches wie eine – russische – AWACS halten, ein Radarflugzeug also, das mit einer großen, scheibenförmigen Konstruktion ausgerüstet ist).

● Das Fluggerät kommt auf sie zugeflogen, *Hans-Jürgen Lewandowski* selbst fährt ihm mit einer Geschwindigkeit von etwa 170 km/h entgegen. Als das Objekt über ihm ist, bemerkt er, daß es »ohne eine Kurve zu ziehen in meiner Fahrtrichtung linksseitig über mein Auto weiter vorbeiflog«. Dies ist physikalisch aber nicht möglich. Die Beobachtung *kann* nur bedeuten, daß das Objekt auf ihn zuflog, »irgend etwas« geschah (u.a. eben doch ein Fahrtrichtungswechsel des Objekts) und dann das Abdrehen desselben links am Auto vorbei in Fahrtrichtung. Dabei ist ein brummendes Geräusch zu hören, das Autodach vibriert.

● *Hans-Jürgen Lewandowski* fehlen ein bis eineinhalb Stunden. Es ist sehr wahrscheinlich, daß diese Zeitlücke in den Bereich einzuordnen ist, in dem das Fluggerät auf ihn zukam und ihn in umgekehrter Richtung wieder verließ.

Eine bewußte Erinnerung daran, *was* in diesen eineinhalb Stunden geschehen sein könnte, hat *Hans-Jürgen* nicht. Doch nach diesem Erlebnis »bekam ich eigenartige Träume, unter anderem, daß unweit meines damaligen Hauses in der Nähe von Gummersbach ein untertassenähnliches Objekt stand und zwei Personen, die ich nicht beschreiben kann, mich hineingeleiteten. Dabei verspürte ich große Angst.«

Und noch etwas kam hinzu: »In der darauffolgenden Zeit hatte ich immer das Gefühl, als ginge mir jemand mit einem sehr weichen Gegenstand, ähnlich einem Wattestäbchen, durch mein linkes Ohr. Dies verspürte ich sogar im Wachzustand, obwohl niemand da war. Daraufhin mußte ich zur ambulanten Behandlung und habe mir eine Spritze links in den Hinterkopf geben lassen, da ich auch in der linken Kopfhälfte Schmerzen hatte.«

Am 27. Juni 1994 vernahm *Hans-Jürgen Lewandowski* nach all den Jahren seit 1978 erneut den seltsamen Brummton, den er damals bei seiner UFO-Begegnung wahrgenommen hatte: »Es war für dreißig bis vierzig Sekunden. Ich erschrak sehr, denn der Ton war extrem laut. Er trat im Ohr und der linken Gehirnhälfte auf. Das war bis dahin niemals vorgekommen, ich kann mir keinen Reim darauf machen.«

Aus der Erfahrung vieler anderer, ähnlich gelagerter Fälle läßt sich der Schluß ableiten, daß *Hans-Jürgen Lewandowski* 1978 tatsächlich entführt wurde (ein Ereignis, das er in den folgenden Nächten in seinen Träumen aufarbeitete), daß man ihm dabei einen Gegenstand durch das linke Ohr ins Gehirn einführte und daß er noch heute an den Folgeerscheinungen dieses Eingriffs leidet. »Diese Dinge«, meinte *Hans-Jürgen Lewandowski* mir gegenüber einmal, »haben mich bis zum heutigen Tage beschäftigt. Als ich mich einem Bekannten offenbarte, wurde ich glatt ausgelacht. Glauben Sie mir, das schmerzt, aber ich kann das diesen Menschen nicht verübeln, sie sind ja selbst nicht betroffen.«

Wie »vom Donner gerührt«

Insgesamt drei Briefe hatte der 31jährige Metallarbeiter *Harald Berger* aus dem baden-württembergischen Landau an mich geschrieben – und alle drei wieder zerrissen. Erst im vierten Anlauf schaffte er es: »Ich habe dieses Ereignis von 1982 über Jahre hinweg verdrängt – aus Angst. Manchmal hatte ich das Gefühl, daß ich dieses Erlebnis um keinen Preis der Welt erzählen durfte, es war wie eine mentale Blockade. Ich habe es mir lange überlegt, ob ich außer meiner Freundin noch jemanden informieren soll, aus Angst, mich lächerlich zu machen. Aber es gibt nichts Schlimmeres als mit einem solchen Problem allein gelassen zu werden.«

Das Problem des *Harald Berger* war ein für ihn noch immer unerklärliches Ereignis vor vierzehn Jahren: »Damals, ich war siebzehn Jahre alt, ging ich jeden Samstag in einen Jugendclub im benachbarten Dorf. Dieser Jugendclub ist von meinem damaligen Elternhaus rund drei bis vier Kilometer entfernt.«

Zu Fuß benötigt man etwa eine gute halbe Stunde, um diese Strecke zu bewältigen. Der Jugendclub, den *Harald* damals besuchte, war jeweils von 20 bis 23.30 Uhr geöffnet: »An jenem Samstag ging ich zu Fuß dorthin. Auf dem Heimweg lief ich über die Landwirtschaftswege in den Weinbergen. Es war 23.30 Uhr, als ich den Jugendclub verließ.«

Harald ist diesen Weg schon oft gelaufen, er kennt ihn genau. Etwa 150 Meter vor dem Ortseingang zu seinem Heimatdorf macht er nochmals eine Pause, um eine Zigarette zu rauchen und den in dieser Nacht besonders sternenklaren Himmel anzuschauen: »Plötzlich fiel mir zu meiner Rechten oberhalb ein leuchtender, heller Punkt auf, den ich anfangs für einen besonders strahlenden Stern hielt. Denn zunächst stand er ganz still, begann dann aber wie ein Pendel hin- und herzuschwingen.«

Mitten in einer dieser Pendelbewegungen stürzt das seltsame Objekt plötzlich regelrecht auf *Harald* zu, vergrößert seinen Umfang in Sekunden um das Zehnfache.

»Was dann geschah, war einzigartig und ein Moment, den ich sicherlich nie vergessen werde. Das Objekt kam in einer unglaublichen Geschwindigkeit auf zirka zwanzig bis dreißig Meter heran. Ich hatte auf einmal große Angst und wollte weglaufen, aber ich hatte keine Kontrolle mehr über meinen Körper. Soweit ich mich noch erinnern kann, hatte das Objekt die Form einer Scheibe und war extrem hell und sehr groß.«

Harald schätzt den Durchmesser heute auf etwa zwanzig bis fünfundzwanzig Meter. Im Zentrum der Unterseite beobachtete er ein rundes, dunkel-orangefarbenes pulsierendes Feld: »So stand ich wie vom Donner gerührt, aber die Angst verschwand, und ich hatte nun ein euphorisches Gefühl. Das Ganze dauerte etwa drei Minuten, dann flog das Objekt davon. Der ganze Flugvorgang war einfach phantastisch. Es bewegte sich nämlich ohne jedes Geräusch.«

Doch für *Harald Berger* ist das Ereignis mit dem Verschwinden des UFOs noch nicht beendet – es hatte Nachwirkungen: »Auf dem Heimweg stellte ich fest, daß ich ›Nasenbluten‹ hatte. Nicht einfaches Nasenbluten, sondern so stark, daß mein Taschentuch blutdurchtränkt war.« Natürlich brachte *Harald* dieses Nasenbluten damals nicht mit seiner vorausgegangenen UFO-Sichtung in Verbindung, aber noch etwas war geschehen: »Als ich daheim ankam, ging ich in die Küche, weil ich sehr großen Durst hatte. In der Küche hängt eine Uhr – es war 0.40 Uhr. Da das Erlebnis kurz vor dem Ortseingang war, hätte ich eigentlich um Null Uhr zu Hause sein müssen, und das Erlebnis hatte meinem Zeitgefühl nach nur etwa drei Minuten gedauert. Das hat mich damals so verwirrt, daß ich die ganze Nacht kein Auge zutat. Als ich am nächsten Morgen aufstand und mich anzog, fiel mir am linken Oberschenkel eine Narbe auf, die ich vorher nicht hatte. Die Narbe ist bis heute sichtbar, sie ist zwei Zentimeter lang, eineinhalb Zentimeter breit und hat die Form eines Rhombus.«

Harald Berger hat Angst davor, sich unter Hypnose noch einmal in diese Situation zurückführen zu lassen, weil er befürchtet, es würden dann »Dinge ans Licht treten, die ich schwer verkraften könnte«. Seither jedenfalls hat er immer wieder merkwürdige Träume, in denen er mit einem UFO über fremdartige Landschaften und das Meer fliegt.

Sehr ähnlich wie *Harald Berger* muß es auch dem 29jährigen Friedhofsgärtner *Udo Bernhardt* gegangen sein. Im Sommer 1982 – er war damals 16 Jahre alt – machte er einen Nachtspaziergang zwischen den beiden Gemeinden Maisenbach-Zainen und Oberlengenhardt nahe von Bad Liebenzell in Baden-Württemberg. Es war zwischen 23 und ein Uhr, als er einen sich vergrößernden Lichtpunkt auf sich zufliegen sah: »Ein helles Objekt, das mir rautenförmig erschien.« Es verursachte keinerlei Geräusch, aber *Udo* weiß noch, daß »der Erdboden sehr hell erleuchtet war, als sich das Objekt nur noch etwa ein- bis zweihundert Meter von mir entfernt befand.«

Eigenartigerweise kann sich *Udo* nicht an den Abflug dieses UFOs erinnern: »Ich habe einen Filmriß. Ich weiß nur noch, daß ich vom Boden zum Himmel geschaut habe. Ich glaube, dort noch einen Lichtpunkt gesehen zu haben, der sich sehr schnell entfernte, aber das kann auch eine Täuschung gewesen sein.«

Keine Täuschung war hingegen die Zeitlücke, die er bei seiner Rückkehr feststellte: »Mein Spaziergang dauerte normalerweise nie länger als eine Stunde. Aber es war früher Morgen, als ich nach Hause kam.«

Der Mond auf den Feldern

Interessanterweise sind es bei diesen Zeitverlustfällen immer die im Grunde gleichen Abläufe, die uns berichtet werden: Ein Objekt oder ein helles Licht kommt auf den Betrachter zu, *irgend etwas* geschieht, zuweilen wird beobachtet, wie sich das Objekt nach einer scheinbar kurzen Zeit wieder entfernt – doch in Wirklichkeit sind inzwischen eine halbe, eine dreiviertel oder sogar mehrere Stunden vergangen. Die Betroffenen entdecken später Narben, haben anormal starkes Nasenbluten (sehr häufig wird berichtet, Implantate seien durch die Nase ins Gehirn eingesetzt worden) und im Anschluß daran häufig intensive Träume, in denen sie sich selbst an Bord eines UFOs sehen. Das

Eigenartige daran ist, daß uns dies alles von Menschen berichtet wird, die sich nie zuvor gekannt haben, die sich nie mit UFO-Literatur beschäftigt haben, die nichts darüber wissen konnten, daß es irgendwo auf dieser Welt noch andere gibt, die genau das gleiche auch erlebten.

In *Kontakt* berichtete ich über den komplexen Entführungsfall der *Anke Drewitz* aus der Nähe von Gera. Seit das Buch vor zwei Jahren veröffentlicht wurde, hat sie erneut *Bedroom-Visitor*-Erfahrungen machen müssen und nachts ein seltsames, nebelig-fahles Objekt am Himmel über ihrem Ort gesehen.

Sie berichtete mir nun aber auch über Ereignisse aus ihrer Jugend, die sie seit Jahren beschäftigen: »Es war im August 1964. Ich war damals 16 Jahre alt und im zweiten Lehrjahr (ich lernte damals als Köchin). Mein Ausbildungsplatz war eine Gaststätte in Schmölln, unserer Kreisstadt. Damals mußte ich schon ab und zu Spätdienst machen und konnte so oft erst gegen Mitternacht mit dem Fahrrad nach Hause fahren. Es waren ungefähr elf Kilometer zu meinem damaligen Heimatort. Ich fuhr dabei keine Hauptstraße, sondern immer eine Abkürzung durch vier kleine Orte.«

Es war eine dunkle, sternenlose Nacht. Erstmals hatte *Anke* bereits beim Aufbruch in Schmölln Angstgefühle, die ihr unerklärlich waren, weil sie sie zuvor nie verspürt hatte. Sie verließ den Ort gegen 23.30 Uhr und fuhr auf das erste kleine Dorf ihres Heimweges zu: »Es war stockdunkel, und so merkte ich rasch, daß mich ein Licht verfolgte. Zuerst war ich der Meinung, es sei ein anderes Fahrrad hinter mir. Ich drehte mich immer wieder um, und das Komische war, daß dieses Licht mal auf der rechten Seite des Weges war und dann auf die linke huschte, mal erlosch es, und dann war es wieder da.«

Als *Anke* den ersten Ort erreicht, ist das Licht hinter ihr verschwunden. Doch kaum hat sie den Ort verlassen, taucht auch das merkwürdige Glimmen wieder auf und verfolgt sie weiter. Dann, nach dem zweiten Ort, scheint es endgültig fort zu sein. *Anke* atmet auf, auch wenn sie sich keinen Reim auf all das machen kann.

Sie passiert das dritte Dorf auf ihrem Weg: »Dann, am Ortsausgang, geschah es: Aus irgendeinem Grund fuhr ich nicht mehr auf der gewohnten Straße weiter, sondern bog in einen Feldweg ein, der zwar auch zum vierten Ort auf meiner Route, aber mitten durch die Felder führte.«

Dies ist ein fast schon geläufiges Phänomen bei sich ankündigenden Zeitverlustfällen: die längst observierten Betroffenen (hier durch das *Anke* zuvor verfolgende Licht) biegen irgendwo auf ihrem Weg plötzlich von der Straße ab, hinein in einen Feldweg, weg von möglichen Zeugen, die alles beobachten könnten. Bereits der erste bekanntgewordene Entführungsfall, jener von Betty und Barney Hill, verlief exakt nach diesem Muster: Die beiden hatten zuerst einen sich bewegenden Lichtpunkt am Himmel wahrgenommen, Barney hatte gehalten und ihn mit dem Fernrohr anvisiert, er hatte dabei ein großes Objekt mit Fenstern erkannt und war voller Angst weitergefahren. Doch aus irgendeinem unbekannten Grund blieb er nicht auf der Straße, sondern bog plötzlich in einen Waldweg ab. Nach ein paar hundert Metern stießen die beiden auf eine Lichtung – und dort stand das gelandete Objekt, dessen Insassen sie bereits erwarteten.

Bei *Anke Drewitz* scheint dies nicht viel anders gewesen zu sein: »Da war rechts von mir, etwa fünfzig Meter von diesem Feldweg entfernt, ein kleiner Wald. Und da stand neben diesem kleinen Wald – man kann fast sagen: auf dem Feld – ein riesiger gelber, runder Mond! Er blendete mich sehr. Ich konnte gar nicht richtig hinsehen. Ich kann mich nur noch erinnern, daß ich irgendwie dachte: ›Nanu, der Mann im Mond.‹ Plötzlich fing ich an zu schwitzen, bekam eine fürchterliche Angst und fuhr davon wie der Teufel. Ich getraute mich gar nicht mehr, zu diesem Mond zurückzusehen. Nur weg, dachte ich.«

Als *Anke*, völlig verängstigt, schließlich ihren Heimatort erreicht, wartet eine weitere Überraschung auf sie: »Als ich dann am Ortseingang ankam, stand dort meine Mutter. Sie war sehr besorgt, weil ich fast eine Stunde später dran war als sonst. Ich konnte mich an die letzte Wegstrecke auch überhaupt nicht mehr erinnern, ich war einfach froh, wieder zu Hause zu sein.«

Lange Jahre hatte *Anke Drewitz* dieses und andere Ereignisse ihrer Jugend verdrängt. Erst, seit sie sich einer Entführung im Jahr 1992 bewußt wurde, fluteten auch die Erinnerungen daran wieder in ihr Gedächtnis zurück. Seither versucht sie zu ergründen, was damals geschehen sein könnte. In einem Brief im September 1995 schrieb sie mir:

»Ich grübele nun seit zwei Jahren darüber nach und komme zu keinem Ergebnis. Einiges ist für mich unzweifelhaft:

1. Es war in der besagten Nacht stockdunkel, kein Stern war am Himmel zu sehen, und als ich aufbrach, auch noch nicht der Mond.

2. Wenn es der Mond war, stand er doch um Mitternacht noch recht tief, also quasi auf der Erde.

3. Er war riesig groß und in der Mitte seines gelben, blendenden Lichtes war etwas Schwarzes, was mich beim Hinsehen so sehr erschreckte. Als ich es sah, dachte ich: ›Der Mann im Mond!‹«

Es war gewiß nicht der Mond, den *Anke Drewitz* in dieser Nacht sah. Da er hell und rund war, könnte es sich nur um den Vollmond gehandelt haben – aber dieser hätte um Mitternacht im Zenit stehen müssen und nicht in der Nähe des Horizonts: Der Vollmond geht bei Sonnenuntergang auf und hat um 24 Uhr die Hälfte seines Weges über das Himmelsfirmament zurückgelegt.

Also, was dann? Was war das für eine seltsame Vorahnung, die sie schon in Schmölln beschlich? Was hatte es mit dem Licht auf sich, das sie einen Großteil der Wegstrecke verfolgte? Warum bog sie plötzlich in einen Feldweg ab? Was hat es mit dem seltsamen »Mond« auf sich, der nahe einem kleinen Wald über dem Boden schwebte? Wer war der »Mann im Mond«, den *Anke* erkannte und vor dem sie sich so ängstigte? Welches Ereignis ließ sie schließlich eine ganze Stunde später zu Hause eintreffen, als dies eigentlich hätte geschehen dürfen?

Die Antworten auf all diese Fragen ergeben sich nahezu zwangsläufig aus dem Gesamtzusammenhang und aus den Parallelen, die wir zu vielen anderen, ähnlich oder identisch ablaufenden Fällen haben. Das *Missing-Time*-Erlebnis ist seit Anfang an ein Charakteristikum von UFO-Entführungen im Wachzustand, und es läuft im Prinzip immer nach den gleichen Mustern ab.

Ein Winterspaziergang

Die Jahre 1964 und 1965 scheinen für *Anke Drewitz* ohnedies eine Zeit gewesen zu sein, in der die Fremden wieder und wieder den Kontakt zu ihr suchten. Am 2. Weihnachtsfeiertag 1964 hatte *Anke* damals ebenfalls in Schmölln zu arbeiten. Da sie im Winter nicht mit dem Fahrrad fahren konnte und die Verkehrsverbindungen ungünstig waren, mußte sie bereits am 1. Weihnachtsfeiertag mit dem Zug in die Stadt. Sie durfte dort bei einer bekannten Familie übernachten, um dann morgens zur Arbeit gehen zu können: »Ich kam so gegen 20 Uhr dort an. Die Familie war wohl nicht so begeistert von mir, weil man gerade eine Familienfeier hatte und ich störte. Man schickte mich in ein Zimmer oben im Haus. In diesem Zimmer stand ein Sofa, ein Tisch, Stühle, ein Sessel, ein Stubenschrank mit Glas und ein Fernsehgerät. Im Zimmer, daran erinnere ich mich genau, war es kalt, und so legte ich mich gleich schlafen. Ich fror unter der Decke und weinte bitterlich, weil ich mich so verlassen fühlte.«

Während *Anke* noch mit sich und der Welt hadert, verändert sich die Beleuchtung des Zimmers auf unheimliche Weise: »Da war plötzlich ein grau-blaues Licht neben dem Tisch, und irgendwie schien auch das ganze Zimmer beleuchtet. Mir wurde warm, und ich fühlte mich auf einmal wohl und schlief friedlich ein. Ich habe später oft überlegt, was das wohl gewesen sein könnte, habe aber mit niemandem darüber gesprochen. Ich weiß nur noch, daß ich damals dachte: ›Der liebe Gott hat mich weinen gehört und tröstet mich.‹ Komisch, ich hatte doch gar nicht gebetet oder so.«

Blaues Licht, das zum Zimmer hereinstrahlt oder im Zimmer selbst auftaucht, ist gewöhnlich das erste Anzeichen eines bevorstehenden Entführungsereignisses. Maria Struwe, *Harald Ortlieb*, *Gottfried Halmer*, *Franziska Sutter* und viele andere berichten im Zusammenhang mit beginnenden *Bedroom-Visitor*-Phänomenen genau vom Aufscheinen eines solchen Lichtes. Diese Beobachtung kann man wohl kaum als »zufällig« bezeichnen.

Ein oder zwei Monate später begegnet *Anke Drewitz* dem seltsamen Mond erneut: »Ich schlief damals mehrmals bei dieser Familie, wenn ich an den Wochenenden arbeiten mußte. Mit dem Fahrrad zu fahren, das war nichts im Winter. Es muß an einem Sonntag abend gewesen sein, ich weiß es nicht mehr so genau. Ich hatte damals einen jungen Mann kennengelernt, und wie das so ist, man ging eben mal abends ins Kino oder bummeln. So auch an diesem Abend.«
Anke Drewitz schätzt, daß es bereits nach 20 Uhr gewesen sein muß. Damals hatte viel Schnee gelegen, und *Anke* ging mit ihrem Freund durch die Stadt und dann zum nahen Stadtwald: »Ich war sechzehn Jahre alt und der Junge achtzehn oder neunzehn. Wir gingen den Weg entlang, der Schnee leuchtete. Dann sind wir aber einfach vom Weg abgegangen und sind zwischen den Bäumen durch den tiefen Schnee gestapft. Warum, weiß ich auch nicht.«
Auch hier wieder das bereits bekannte Phänomen: Aus unerklärlichen Gründen ändern die Betroffenen die Richtung, schlagen einen Weg abseits der Straßen ein, hinein in den menschenleeren Wald: »Wir sind immer tiefer in den Wald, und dann ging es nicht mehr weiter. Ich weiß noch, da war auch wieder der gelbe Mond, aber nicht oben am Himmel, sondern irgendwie zwischen den Bäumen. Ich weiß nicht mehr, was wir dort taten, aber mir ist noch in Erinnerung, daß ich ein Stückchen weiter gegangen bin als der Junge. Er blieb etwa fünf Meter hinter mir stehen, ich weiß nicht, warum. Ich kann mich aber noch genau

erinnern, daß ich mich umdrehte und er da stand. Irgendwie sind wir dann wieder zurückgerannt, aber auch daran fehlt mir die konkrete Erinnerung.«

Auf dem Weg nach Hause

Entführungen, das wissen wir, finden selten nur einmal im Leben eines Betroffenen statt. Sie beginnen in der Kindheit. Im Alter von drei oder vier Jahren macht der von den *Anderen* Kontaktierte in der Regel seine ersten, bewußt im Gedächtnis behaltenen Erfahrungen mit dem Phänomen, später, mit acht oder neun, kehren die Besucher zurück. Einen ersten Höhepunkt (meist mit intensiven medizinischen und gynäkologischen Untersuchungen und Experimenten) erreicht das Phänomen, sobald die Pubertät einsetzt, und kann dann – wie etwa bei *Anke Drewitz* – auch etliche Jahre andauern. Später kehren die *Anderen* sporadisch zurück, bei Frauen offensichtlich häufiger als bei Männern, wobei sich die Beobachtung einzelner Personen, wie wir bereits gesehen haben, bis ins hohe Alter hinein erstrecken kann.

Und: Es ist ein Generationenphänomen. Auch das wissen wir von zahlreichen Beispielen. Wenn Kinder involviert sind, sind es mit großer Wahrscheinlichkeit auch deren Eltern und waren es deren Großeltern (beziehungweise zumindest ein Eltern- bzw. Großelternteil). Seit *Andreas*, der jetzt achtjährige Sohn von *Sonja Gellner* aus Schwyz, von seinem merkwürdigen Erlebnis mit dem nachts erscheinenden UFO erzählte, zu dem er mit seinem Plastikwerkzeugköfferchen gerufen worden war, achtet *Sonja* verstärkt auf merkwürdige Ereignisse. Und sie erinnerte sich an eine nie geklärte Situation aus ihrer eigenen Kindheit.

Sonja wuchs in Warmensteinach in der Nähe von Bayreuth auf und zog erst später zu ihrem Mann in die Schweiz. Damals war sie im ersten Lehrjahr als Bauzeichnerin für den Hochbau tätig und mußte täglich mit dem Zug von Warmensteinach nach Bayreuth fahren und am Abend wieder zurück. Um 17.30 Uhr fuhr der Zug in Bayreuth ab und erreichte ihren Heimatort um etwa 18.20 Uhr. Dann schloß sich noch ein Fußmarsch von fünfzehn bis zwanzig Minuten an, so daß sie gewöhnlich zwischen 18.35 und 18.40 Uhr zu Hause war.

»An diesem Abend nahm ich – wie des öfteren – die Abkürzung vom Bahnhof, vorbei an der stillgelegten Glasfabrik, über den Sportplatz und dann die ›Hügelchen‹ hinauf auf den Trampelpfaden zu unserem Haus. Damals standen auf den Anhöhen noch keine Häuser, es waren alles Felder, die landwirtschaftlich genutzt wurden. Meine Kameraden gingen hingegen auf der Straße nach Hause. Als ich daheim ankam, fielen meine Eltern wie ›Furien‹ über mich her, wo ich denn so lange gewesen sei. Sie hatten sich furchtbar aufgeregt und geängstigt und in der Zwischenzeit schon bei meiner Freundin Gabi angefragt, wo ich denn sei. Gabi hatte geantwortet, ich sei über den Sportplatz nach Hause gegangen. Ich war so erschrocken und verdattert, ich wußte nicht, was ich sagen sollte. Und als ich die Uhrzeit sah, verstand ich überhaupt nichts mehr: Es war schon 20.50 Uhr – ich war zwei ganze Stunden über die Zeit!«

Zu ihrer Verteidigung erzählte *Sonja* ihren noch immer aufgebrachten Eltern, sie sei bei ihrer Freundin Hannelore gewesen, die in der entgegengesetzten Richtung wohnte und deren Eltern kein Telefon besaßen. *Sonja* wurde jedenfalls bis auf weiteres der Ausgang verboten, und es wurde verstärkt auf Pünktlichkeit geachtet: »Ich ging dann ins Bett und konnte mir nicht erklären, wo ich denn so lange war. Ich machte mir dann aber keine Gedanken mehr darüber, und irgendwie ging das in der hektischen Jugendzeit verloren, bis ich mit meiner Mutter im März 1995 meine Kinder- und Jugendzeit ›durchkaute‹ und das alles wieder hervorkam.«

Man könnte einwenden, *Sonja* habe, als sie vom Bahnhof in Warmensteinach kam, einfach nur herumgetrödelt und sei deswegen so spät nach Hause gekommen. Fraglos ein akzeptables Argument – wenn es sich um zehn, meinetwegen auch um 20

Minuten »verlorene Zeit« gehandelt hätte. Aber volle zwei Stunden *Missing Time* gegenüber einer Zeitspanne von nur fünfzehn bis zwanzig Minuten, die man gewöhnlich für diese Wegstrecke braucht – das ist weit mehr, als man vernünftigerweise für eine derartige »Trödelei« veranschlagen kann. Vor allem: Hätte *Sonja* tatsächlich nur gebummelt, hätte sie sich daran erinnern können. Sie erreichte ihr Zuhause aber – und wußte von nichts. Sie hatte keine Ahnung, konnte sich selbst keine Rechenschaft darüber ablegen, was in all dieser Zeit geschehen war.

Daß sie es schließlich vergaß und im »Trubel« der Jugendjahre ganz verdrängte, ist keineswegs ungewöhnlich. Vielen Betroffenen geht es so, *Anke Drewitz* zum Beispiel, die ihre »Mond-Erlebnisse« in gleicher Weise einfach »vergessen« hatte.

Im Indianerreservat

Die Österreicherin Karin Fahrnberger, der ein *Bedroom Visitor* in Gestalt ihrer Schwägerin begegnete, wuchs als Jugendliche in Kanada auf. Die Familie lebte damals in der Nähe des Pinantan Lake, und zu besagter Zeit – um 1977 – war Karin bei einer Freundin zu Besuch. »Meine Mutter hatte mir gesagt, ich müsse um 23 Uhr wieder zu Hause sein. Unser Haus war ungefähr einen Kilometer entfernt. Die Gegend ist waldreich und dünn besiedelt.«

Als Karin das Haus am Abend verlassen will, sieht sie über dem Haus einen hellen »Stern«. Sie weiß genau: Dies ist »ihr« Stern, jenes Objekt, das schon so oft am Himmel stand, bevor sich seltsame Dinge ereigneten. Karin hat Angst, und die Freundin bietet ihr an, doch über Nacht zu bleiben: »Nach einer Stunde gingen wir hinaus, um nachzusehen, aber der Stern war noch immer da, diesmal auf der linken Seite. Er schien noch näher. Ich weigerte mich heimzugehen und blieb bei Mimi über Nacht.«

Erst am nächsten Morgen traut sich das Mädchen zurück nach Hause. Ihre Eltern glaubten ihr diese Geschichte natürlich nicht

– sie bekam für eine Woche Stubenarrest. Doch die Dinge sollten sich anders entwickeln:

»Am nächsten Tag waren meine Eltern zu Besuch bei Nachbarn. Ich war allein zu Hause. Es war ungefähr 16 Uhr, als ein Bekannter vorbeischaute. Er fragte mich, ob ich in die Stadt mitkommen wolle. Die Fahrt in die Stadt dauert etwa eine halbe Stunde. Ich erklärte ihm, warum das nicht ginge, aber er meinte, bis die Eltern heimkämen, seien wir längst wieder zurück.«

Tatsächlich verbringen die beiden nur etwa eine Viertelstunde in der kleinen Ortschaft: »Ich war froh, daß wir so bald wieder fuhren. Etwa zwei Kilometer nach der Stadt ist das Indianerreservat und eine etwas leere Gegend. Plötzlich ging das Licht des Wagens aus, und der Motor blieb stehen. Frank sagte, er müsse nachsehen, und ich war sehr böse, denn ich dachte, er mache das mit Absicht. Nach meiner Schätzung dauerte es etwa fünfzehn Minuten, bis es weiterging.«

Alles in allem noch immer Zeit genug, um rechtzeitig wieder daheim zu sein. Aber: »Als wir vor dem Haus standen, fiel uns auf, daß es schon finstere Nacht war. Meine Eltern waren schon lange da, und natürlich bekam ich große Schwierigkeiten. Denn es war jetzt fast 23 Uhr, aber es hätte nicht viel später als 18.30 Uhr sein dürfen.«

Auch hier haben wir im Grunde die gleichen Symptome: Observation (der helle, sich bewegende, näher kommende Stern am Tag zuvor), dann die Fahrt durch eine menschenleere Gegend, ein unerklärlicher, aber von zahlreichen UFO-Beobachtungen bekannter Energie- und Motorausfall – und vermutlich daran anschließend ein Zeitverlust von mehreren Stunden.

Ich bat Karin, sie möge doch versuchen, ihren Bekannten Frank ausfindig zu machen. Leider hat sie wenig Hoffnung, da die Verbindung zu ihm später völlig abbrach. Dennoch ist sie dabei, über andere Bekannte nach ihm zu forschen, und man kann auch hier gespannt darauf sein, welche Erinnerungen er vielleicht noch an dieses Erlebnis hat.

Das Objekt im Wald

Die gleiche Hoffnung hege ich auch in einem anderen Fall. *Franziska Sutter* erlebte als Kind offenbar zusammen mit einer Freundin einen Zeitverlust – ebenfalls in einem Wald:
»Wir liefen auf einem Waldweg. Es war früh am Mittag, so gegen 13 Uhr. Dann war ganz plötzlich ein silbriges Ding, absolut lautlos, direkt bei den Baumkronen über uns. Es war ziemlich groß. Wir sind furchtbar erschrocken. Dann fanden wir uns am Boden, etwa vier Meter auseinander, am Wegrand wieder. Ich zitterte stark. Dieses Zittern blieb noch einige Tage. Ich weiß noch, daß ich damals staunte, weil ich mir nicht vorstellen konnte, daß ein Mensch so zittern kann. Die Arme und Beine bewegten sich von selbst. Es war nicht zu stoppen, ich war schweißnaß. Wir sind dann sofort nach Hause gegangen. Ich weiß nicht genau, aber schwach ist mir in Erinnerung, daß es schon furchtbar spät geworden war. Komischerweise haben wir nie mehr darüber gesprochen – wir waren sonst sehr gesprächige Freundinnen.«
Von etwa diesem Zeitraum an wurde *Franziska* von einem Traum verfolgt, der sie immer wieder, mit nur geringen Variationen, aus dem Schlaf schrecken ließ. Ich halte es für gut möglich, daß sie hier das Erlebnis im Wald aufarbeitete: »Ich hatte sehr oft Träume, in denen mich etwas aus der Luft verfolgt. Es war wie ein Flugzeug, das stehenbleiben konnte, ein Flugzeug mit Scheinwerfern. Erst erschrak ich, denn es kam immer unverhofft, dann rannte ich weg. Es verfolgte mich und fand mich immer. Ich wurde ganz kraftlos und langsam. Und wenn ich dachte, ich hätte ein Versteck gefunden, tauchte von dort aus eine Gestalt auf, die sich veränderte. Oft dachte ich, es sei jemand, bei dem ich Schutz finden könne, aber dann verwandelte es sich in ein Wesen aus dem Flugkörper. Dann blieb ich hilflos stehen, ohne Kraft, und hatte verloren.«
Ich hatte *Franziska* gebeten, doch nach all den Jahren, in denen sich beide nicht mehr gesehen hatten, Kontakt mit dieser Freun-

din aufzunehmen. Am 22. Dezember 1995 schrieb sie mir: »Mit meiner damaligen Freundin habe ich nach vielen Jahren wieder telefoniert. Nach den üblichen Fragen und Austausch von Kindheitserinnerungen kam ich auf den Vorfall von damals zu sprechen. Ich sagte ihr, ich hätte in letzter Zeit oft Träume deswegen. Meine Frage, ob sie noch etwas darüber wisse, verneinte sie zwar, meinte jedoch, daß sie noch darüber nachdenken wolle. Es stellte sich im Gespräch dann aber heraus, daß es sie – genau wie mich – immer noch in die Nähe jener Stelle zieht, an der es damals passierte. Sie geht fast jeden Tag mit ihren drei Hunden in diesen Wald. Sie wohnt zwar jetzt in einem anderen Dorf, dennoch sei sie fast täglich dort. Es ist dieselbe Stelle, zu der ich oft von Zürich aus hinfahre (zirka eine Stunde Fahrzeit), wenn ich nachdenklich bin oder Probleme habe. Sie ist jetzt mit einem Tierarzt verheiratet und hat zwei Kinder. Sie sagte mir auch, daß sie seit etwa zwei Monaten plötzlich sehr intensiv fast täglich an mich und unsere gemeinsamen Kindheitserlebnisse gedacht hätte. Wörtlich: ›Das kann kein Zufall sein, sag mir, was ist der wirkliche Grund für deinen Anruf? Hast du etwas gespürt?‹ Ich verneinte dies wahrheitsgemäß, sagte aber nochmals, daß es mich einerseits interessiere, wie es ihr gehe, und ich andererseits oft Träume von diesem Ereignis hätte, das ich klären wolle, und daß sie mir dabei helfen könne. Wir werden uns ganz sicher demnächst treffen.«

Zweierlei ist auffällig: Zum einen, daß *Franziskas* Freundin dieses Erlebnis offenbar so gut verdrängt hat, daß sie sich jetzt nicht mehr bewußt daran erinnern kann (ein solcher Mechanismus ist nicht ungewöhnlich; Walter Webb zeigt in seiner Analyse des Buff-Ledge-Falles[15] nahezu Identisches auf). Zum anderen aber, daß trotz dieser Verdrängung noch immer ein unbewußter, aber doch auffälliger Kontakt zu jener Gegend zu bestehen scheint, in der das Unglaubliche vor so langer Zeit geschah. Interessant ist schließlich auch die Bemerkung, seit etwa zwei Monaten vor diesem Telefonat intensiv an *Franziska* und gemeinsame Kindheitserinnerungen gedacht zu haben. Zwei

Monate zuvor – das war in etwa die Zeit, in der *Franziska* und ich uns auf diesen Aspekt ihrer Erlebnisse zu konzentrieren begannen.

Ich bin sicher, daß hier noch zahlreiche Informationen einer Entdeckung harren, und es würde mich nicht wundern, wenn die Erinnerungen nun auch bei *Franziskas* Freundin ins Gedächtnis zurückkehren würden.

Totales Vergessen

Daß Verdrängung nicht nur über Jahre, sondern sogar über nur wenige Monate hin perfekt funktionieren kann, zeigt sich auch in einem anderen Beispiel aus dem so vielfältigen »Repertoire« der Erlebnisse von *Franziska Sutter*. Als sie zusammen mit ihrer Kollegin *Barbara Reutimann* im Juli des vergangenen Jahres in Italien Urlaub machte, waren beide am letzten Tag, einem Samstag, noch einmal zum Meer gefahren und hatten dann in dem kleinen Ort Senigalia einen Kaffee getrunken. Nach *Franziskas* Erinnerung war es gegen 22 Uhr, als die beiden schließlich aufbrachen, um die etwa zwanzig Kilometer zurück nach Ostra Vetere zu fahren: »Wir wollten noch packen, putzen und gleich aufbrechen, damit wir nicht in der Tageshitze die weite Fahrt zurück nach Zürich machen mußten. Die Straße um Senigalia war noch relativ stark befahren, aber später nicht mehr. Sie führte durch ländliches Gebiet, es war schon ziemlich dunkel. Ich mußte gut aufpassen, damit ich alles sah. Später nahmen wir eine kleine Abzweigung und fuhren ganz über Land Richtung Ostra Vetere.«

An dieser Straße stehen hin und wieder Bäume und Büsche, an einer Stelle sogar eine ganze Reihe von etwa zehn Meter hohen Bäumen rechtwinklig zur Straße. Weit und breit keine Häuser, keine Menschen: »Plötzlich sah ich zuerst hinter, dann über den Bäumen ein großes, oranges Licht, das sich in die Höhe bewegte. Es stieg auf und schwebte über den Bäumen. Es war ziemlich groß, etwa zehn Meter im Durchmesser. Dann erlosch es wie auf Knopfdruck. Ich sagte zu Barbara: ›Hast du das gesehen?‹ Sie sagte: ›Ja, was war das? Es ist gut, daß du mich darauf aufmerksam gemacht hast, denn wieder war ich so komisch, ich sah es an, wußte nicht, was es war und begann zu dösen, und ich hätte es dir gegenüber nicht erwähnt, obwohl ich doch sonst sofort frage, wenn ich etwas nicht weiß.‹ Wir fuhren sofort weiter.«

Barbara schien – im Gegensatz zu *Franziska* – keinerlei Angst zu haben. Und erst, als sie die ersten Häuser von Ostra Vedere erreichen, fährt *Franziska* an den Rand und hält den Wagen an: »Wir schauten auf die Uhr. Es war 23.28 Uhr. Ich habe eine Zigarette angezündet, war also doch etwas aufgeregt, und wir konnten uns beide nichts vorstellen, was so aussah und so leuchten konnte. Das Wort UFO ist nicht gefallen. Dann sind wir wie geplant zur Wohnung gefahren.«

Es war also halb zwölf, als die beiden Frauen in Ostra Vetere eintrafen, sie hätten folglich für die zwanzig Kilometer eineinhalb Stunden gebraucht – zu viel, selbst wenn diese zwanzig Kilometer über Land führten.

Noch auffälliger wird diese Zeitdiskrepanz jedoch, wenn man sie mit der Aussage von *Barbara Reutimann* vergleicht. Ich hatte sie gebeten, mir ihre Erinnerungen zu schildern, um gegebenenfalls Abweichungen zu den Aussagen von *Franziska* feststellen zu können. Doch überraschenderweise vermochte sich *Barbara* zunächst an überhaupt nichts mehr zu erinnern: Sie hatte sämtliche mysteriösen Erlebnisse – auch das mit der plötzlichen Blutung im Garten oder den schaurigen Ereignissen in den Nächten – vollkommen verdrängt. In ihrem Kommentar vom 21. Dezember 1995 schreibt sie: »Als *Franziska* mich bat, den Bericht über unsere Erlebnisse in Italien durchzulesen und diese bei Bedarf zu korrigieren und meine eigene Version davon aufzuschreiben, wußte ich nicht genau, was sie damit meinte. Gut – ich nahm den Bericht mit nach Hause und habe ihn am Abend durchgelesen.«

Erst jetzt, in diesem Moment, kehrt *Barbaras* Erinnerung zurück:
»Da wurde mir schlagartig bewußt, daß ich das Ganze total vergessen hatte. So etwas ist bei mir noch nie vorgekommen. Ich habe ein sehr gutes Gedächtnis und erinnere mich sonst an jede Kleinigkeit auch noch nach Jahren, und ich gebrauche mein Gedächtnis im Geschäft ohne Probleme. Wie konnte ich das einfach aus meinen Erinnerungen streichen? Solch ungewöhnliche Erlebnisse, die mich damals doch sehr aufwühlten (vor allem das Blut, das mich erschreckte, und die Kugel) würden mir doch im Gedächtnis haften bleiben, bis sie geklärt sind.«

Barbara kann nicht verstehen, wie es zu diesem partiellen Gedächtnisverlust gekommen ist. Noch am gleichen Abend machte sie sich eigene Aufzeichnungen, aus Angst, am nächsten Morgen könne alles erneut aus ihren Erinnerungen gelöscht sein. Doch diesmal hielt sie ihrem eigenen Verdrängungsmechanismus stand: Sie bestätigte die Angaben ihrer Freundin *Franziska* bis auf ein Detail. Dieses Detail ist allerdings insofern von Bedeutung, als daß sich dadurch eine *noch* weit größere Zeitlücke zu ergeben scheint:

»Alles hat sich genauso abgespielt wie in *Franziskas* Bericht erwähnt, außer: Ich bin nicht damit einverstanden, daß wir erst um 22 Uhr von Senigalia weggefahren sind. Ich denke es war früher, so etwa zwischen 19 und 20 Uhr. Wir tranken doch nur schnell einen Kaffee dort und sprachen noch davon, daß wir jetzt aufbrechen, während die Italiener erst viel später gehen würden. Auch wollten wir noch schlafen und packen. Aber sonst ist alles genau wie beschrieben. Ich sehe jetzt noch die orangefarbene Kugel vor mir und mein Erschrecken wegen des Blutes und daß ich noch abklären wollte, ob mir nichts fehlt. Aber ich habe nachträglich nie mehr an diese Vorkommnisse gedacht.«

Ich befragte aufgrund der sich ergebenden Zeitdiskrepanz auch noch einmal *Franziska*, wie spät es nach ihrem Empfinden denn nun wirklich gewesen sein könnte. Sie meinte, es könne durchaus erst 20 Uhr gewesen sein (»nicht 19 Uhr, das wäre zu früh«), sie hätte ja bei der Abfahrt nicht auf die Uhr geschaut und diese erste Zeitangabe nur ihrem subjektiven Empfinden nach gegeben. Wenn wir als Abfahrzeit von Senigalia also 20 Uhr und als Ankunftszeit 23.30 Uhr annehmen und davon – großzügig bemessen – eine ganze Stunde Fahrtzeit für die zwanzig Kilometer zwischen den beiden Ortschaften veranschlagen, so bleiben zweieinhalb Stunden, in denen *irgend etwas* geschehen sein muß, an das sich keine der beiden Frauen mehr erinnern kann. Und man liegt wohl nicht ganz falsch, wenn man diese »fehlende Zeit« mit dem Auftauchen der roten Kugel über den Bäumen auf der einsamen Straße nach Ostra Vetere in Verbindung bringt.

Ursula Schachter, die später mit ihrem Mann in Frankreich ein altes Haus kaufte und dort einem »Kobold« begegnete, campierte im Alter von 22 Jahren – 1958 – allein in der Nähe von Leukerbad im Kanton Wallis: »Von damals fehlt mir ein ganzer Tag. Ich hatte mein Zelt ein Stück vom Dorf weg aufgebaut und holte meine Milch immer unten im Laden. An einem dieser Tage sagte ich zur Verkäuferin: ›Sie haben einen Zettel zuviel am Kalender abgerissen, heute ist Donnerstag.‹ Sie schaute mich nur ganz merkwürdig an und entgegnete: ›Nein, heute ist Freitag. Gestern haben Sie Ihre Milch nicht abgeholt.‹ Ich war erschüttert, denn ›gestern‹ war für mich Mittwoch. Aber es stimmte: Es war wirklich schon Freitag. Bis heute weiß ich nicht, was an diesem Donnerstag geschehen ist.«
Etwa zehn Jahre später gingen *Ursula* nochmals etwa zwei Stunden »verloren«: »Ich war mit meinen Kindern bei einer Bekannten zu Besuch. Kaum war ich dort, war der Nachmittag ›vorbei‹, und ich konnte mich überhaupt nicht erinnern, was wir die ganze Zeit gemacht hatten. Unerklärlicherweise war die Bekannte ›böse‹ auf mich und wollte mich nie mehr einladen. Sie behauptete, ›Angst‹ zu haben, was ich überhaupt nicht verstand. Aber ich habe bis heute keine Ahnung, was an diesem Nachmittag geschehen ist und warum es plötzlich schon so spät war.«

Nächtlicher Zeitsprung

Zeitverlust tritt in der Regel am Tag ein. Während der Nacht, d.h. in den Stunden, in denen der Betroffene schläft, nimmt er keine »fehlende Zeit« wahr, einfach, weil er sich dessen nicht bewußt werden kann. Ausnahmen sind lediglich jene Fälle, in denen der Kontaktierte zuvor erwacht, zufällig auf die Uhr schaut und später eine zeitliche Lücke rekonstruieren kann. Oder in denen er im Laufe eines ungewöhnlichen und unheimlichen Ereignisses plötzlich an einer anderen Stelle des Zimmers steht, sitzt oder liegt, ohne zu wissen, wie er dort hingekommen ist.

Der Einzelhandelskaufmann *Dieter Hermann,* den 1991 ein kleines, kuttentragendes Wesen in seinem Zimmer in Dortmund überraschte, hatte acht Jahre zuvor genau ein solches Erlebnis: »Am 6. März 1983 ging ich um 0.30 Uhr zu Bett. Ich erwachte durch ein Geräusch, das sich anhörte, als huste jemand in ein langes Rohr, zwei Mal hintereinander. Ich bekam Angst, die mich körperlich lähmte. Gleichzeitig starrte ich zum Fenster und bekam Panik vor etwas, das ›vielleicht draußen vor der Scheibe‹ wäre. Ich sprang auf, tastete mich zum Lichtschalter und stieß gegen die Heizung. Der Schmerz zwang mich, mich zu setzen. Nachdem ich dann das Licht angeschaltet hatte, ging ich vorsichtig zum Fenster – und wurde mit erhobenen Beinen und Armen auf meinem Bett wach. Ich konnte mich nicht bewegen und ›rief‹ dann in Gedanken um Hilfe. Ich hatte einen dumpfen Schmerz im Hinterkopf, und meine Gedanken waren zäh wie Kaugummi. Die Lähmung ließ nach etwa fünf Minuten nach, aber damit kam auch die Angst wieder. Ich schlich zum Fenster, hob das Rollo hoch und rannte dann in Panik ins Wohnzimmer zu meinen Eltern, denen ich davon erzählte. Sie glaubten mir nicht. Seitdem hatte ich starke Angst vor der Dunkelheit, besonders in der Wohnung. Ich schaffte mir sogar einige Hiebwaffen an. Heute ist diese Angst fast verschwunden.«

Der von *Dieter* beschriebene Effekt ist genau das, was wir bei einem Zeitverlust im eigenen Zimmer erwarten können – sofern die Fremden nicht so umsichtig sind, den Betroffenen nach einer Entführung exakt an die gleiche Stelle zurückzubringen, von der sie ihn holten: *Dieter* erwacht durch ein seltsames, ungewohntes Geräusch, er tastet sich zum Lichtschalter, verletzt sich dabei, geht zum Fenster – und kommt »im nächsten Moment« mit erhobenen Armen und Beinen auf dem Bett wieder zu sich. Was in der Zwischenzeit geschah, wie er zu seinem Bett gelangt ist und diese seltsame Körperstellung einnahm – darüber hat sein Gedächtnis offenbar keine Informationen gespeichert.

Ganz ähnlich erging es auch der jetzt 35jährigen *Andrea Schmidt* aus einem kleinen Ort in Norddeutschland. *Andrea* leidet seit diesem Erlebnis unter regelrechten Panikattacken, was deutlich macht, wie schwerwiegend solche Erfahrungen in die Psyche und damit in die gesamten Lebensumstände einer Person eingreifen können. *Andrea Schmidt* ist aufgrund dieser Panikattacken als arbeitsunfähig und zu 80 Prozent schwerbehindert eingestuft.

Das Ereignis, mit dem alles begann, spielte sich im Herbst des Jahres 1977 in ihrer Geburtsstadt Gelsenkirchen ab. *Andrea* lag in ihrem Bett und las einen Krimi, als ein uns bereits bekannter Effekt eintrat: »Plötzlich, von einer Sekunde zur anderen, war mein Zimmer in ein gleißend blaues Licht getaucht. Voller Angst zog ich mir die Decke über den Kopf. Als die Furcht etwas nachließ, siegte meine Neugier, und ich stieg aus dem Bett, um ans Fenster zu gehen. Ich wollte nachsehen, wer mich zu dieser späten Stunde zum Narren hielt – meine damaligen Freunde waren richtige Witzbolde, immer zu Scherzen aufgelegt.«

Andrea geht vom Bett hinüber zum Fenster und öffnet es. Dabei fällt ihr Blick auf die Uhr, die auf der Fensterbank steht. Es ist genau 1.30 Uhr.

»Ich beugte mich aus dem Fenster und suchte die Umgebung ab. Ich sah niemanden, noch hörte ich irgend etwas. Ich sah die Hauswand hinunter, dann fiel mein Blick auf die Wiese und die Straßenbahntrasse hinter unserem Haus. Auch dort war alles ganz normal, so, wie es nachts eben sein sollte: dunkel und still.

236

Das fand ich irgendwie merkwürdig. Ich fragte mich, warum alles andere ganz normal war, während mein Zimmer in ein unheimliches blaues Licht getaucht war! Dies war das Seltsamste und Eigenartigste, das ich bis zu diesem Zeitpunkt erlebt hatte.«

Andrea verspürt keine Angst. Ganz im Gegenteil, sie fühlt sich trotz dieser merkwürdigen Situation, trotz dieses blauen Lichtes in ihrem Zimmer ruhig und entspannt: »Aber was dann passierte, war sogar noch seltsamer für mich als dieses gleißend blaue Licht. Ich stand ja, wie gesagt, am offenen Fenster und sah hinaus. Plötzlich, von einer Sekunde zur anderen, stand ich an meiner Tür und hatte die Türklinke in der Hand. Das Fenster war geschlossen und die Gardinen vorgezogen. Ich weiß bis heute nicht, wie ich zur Tür gekommen bin. Ich kann mich nämlich nicht daran erinnern, dorthin gegangen zu sein. So sehr ich mich auch anstrenge, es fällt mir nicht ein.«

Leider vermied es *Andrea*, nochmals zur Uhr zu schauen. Ich bin sicher: Hätte sie es getan, hätte sie vermutlich eine weitere Überraschung erlebt und feststellen müssen, daß seit ihrem letzten Blick darauf um 1.30 Uhr weit mehr Zeit vergangen war als die wenigen Sekunden, die ihrem subjektiven Empfinden nach verstrichen sein konnten.

Die Summe aller Teile

Genauso erging es Karin Fahrnberger bei einem zweiten Zeitverlusterlebnis, auch dieses, als sie noch mit ihren Eltern in Kanada lebte: »Eines Nachts war ich alleine zu Haus. Ich glaube, ich hatte gerade die Lichter gelöscht. Ich war im Wohnzimmer, als ich durch das Fenster hindurch in unserem Wald Lichter sah. Ich dachte, das sei ein Auto, das die Zufahrt herunterkäme, und ging in die Küche, um nachzusehen. Aber es war nichts da, mir fiel nur auf, wie still es war. Also ging ich wieder ins Wohnzimmer zurück, doch die Lichter waren verschwunden.

Das Fenster war geöffnet, und auf einmal bekam ich eine fürchterliche Angst. Ich blieb ganz starr stehen und zitterte. Dann hörte ich draußen ein Piepsen oder seltsame Töne, heute würde man sagen, wie wenn zwei ›Computerspiele‹ sich miteinander unterhielten. Was danach geschah, weiß ich nicht. Als das passierte, war es etwa 22 Uhr, und ›zu mir gekommen‹ bin ich dann in meinem Zimmer. Ich saß in der Ecke und hatte mich mit einem Messer bewaffnet. Da war es schon fast drei Uhr morgens.«

Nachdem sie in den vorangegangenen Tagen mehrfach ein silbrig schimmerndes Objekt gesehen hatte, erlebte auch *Franziska Sutter* einen Zeitverlust in ihrer Wohnung – und auch hier zeigen sich die bereits bekannten Symptome: »Ich wollte um 13 Uhr den Zug nach Zürich nehmen. Ich war schon bereit, das Haus zu verlassen, da bin ich nochmals auf den Balkon gegangen, um den Store hochzuziehen. Ich habe zu der Stelle am Himmel gesehen, und da war das Objekt wieder. In diesem Moment blendete mich ein grelles Licht. Alles wurde weiß, ich sah nichts mehr. Ich bin dann später auf dem Sofa im Wohnzimmer aufgewacht. Mein Kopf brummte schrecklich. Ich hatte keine Ahnung, wie ich dorthin gekommen bin. Es war, als ob ich aus einer Bewußtlosigkeit erwacht wäre. Es war zu spät, um nach Zürich zu gehen, es waren mehr als zwei Stunden vergangen. Ich konnte es kaum glauben.«

Es ist eine seltsame Welt, in der wir leben: Menschen erfahren ungeheure Dinge, Dinge, die in keiner Weise in das Schema zu passen scheinen, das wir von dieser Welt entworfen haben. Dieses Schema ist freilich auch ein äußerst beruhigendes Schema, denn es klammert alles aus, was jenseits dessen liegt, was sich in einem Labor messen, bestimmen und analysieren läßt. Sogar unsere Gefühle glaubt man inzwischen im Griff zu haben: als Nebenprodukte chemischer Reaktionen im Gehirn.

Ganz nett. Aber wenn ich Freude empfinde, weil ich durch eine blühende Wiese gehe und sich ein azurblauer Himmel über mich spannt, oder Trauer, weil ein lieber Mensch verstorben ist, dann empfinde ich das tief in meinem Gemüt – und dann sind mir die Reaktionen irgendwelcher Kettenmoleküle in den Windungen meines Gehirns ziemlich egal. Wir übersehen bei all unseren Forschungen und Hypothesenbildungen nur zu leicht, daß die materielle Komponente unserer Welt eben nur eine *Komponente* ist und daß es darüber hinaus Aspekte gibt, die sich weder in Worte noch in Formeln fassen lassen.

Die Beobachtung seltsamer Wesen, die Erfahrung von Zeitlücken, paranormale Ereignisse, Entführungen in unbekannte Bereiche jenseits unseres Verständnisses – all dies sind Hinweise für uns, Hinweise, uns nicht zufriedenzugeben mit dem Offensichtlichen, dem Etablierten, dem, was man uns in Schule und Universität gelehrt hat. Die Welt besteht nicht nur aus Atomen und zwischen ihnen ablaufenden chemischen Reaktionen.

Und das Ganze ist auch und gerade hier *mehr* als die Summe seiner Teile.

VIII

Dort draußen

Operationen und bizarre Prozeduren

> »Ich erwachte, auf der Seite liegend, mit Blick zum
> Fenster, als ich spürte, daß etwas hinter mir lag
> und mich im Arm hielt. Ich bin 1,58 Meter groß,
> dieses Etwas war kleiner als ich. Ich habe es nicht
> gesehen, nur ganz deutlich gespürt. Ein leichter
> Schmerz war in meinem Rücken, als wenn dieses
> Etwas *mit mir verkoppelt* war.«
>
> *Renate Krüger (44 Jahre)*

Wenn es um UFOs geht, dann ist sich die sogenannte
»seriöse Presse« der deutschsprachigen Länder einig: alles
Nonsens, verrücktes Zeug, allenfalls gut für eine Glosse, um
damit das alljährliche Sommerloch zu füllen.
Der angebliche Roswell-Film, den der britische Videoproduzent
Ray Santilly im Sommer 1995 auf den Markt brachte, gab
Anlaß für kosmisches Allerlei: Presse, Rundfunk, Fernsehen, die
Boulevardzeitungen ebenso wie die »ernstzunehmenden Nach-
richtenmagazine« stürzten sich auf das Thema. Natürlich stand
für die meisten von ihnen das Ergebnis von vornherein und ohne
jede Prüfung fest: alles Schwindel, ein Ulk, den sich jemand
gemacht hat.
Heute, Monate später, ist noch immer unklar, *wer* diesen
Schwindel inszeniert hat – oder haben soll, je nachdem, wie man
es betrachtet. Ob dieser Obduktionsfilm einer menschenähnli-

241

chen Leiche, die aussieht, als habe sie unter *Progeria* (vorzeitiger Vergreisung) gelitten, echt ist oder nicht, d.h. ob er wirklich ein Wesen zeigt, das bei dem berühmten Roswell-Absturz 1947 in New Mexico ums Leben kam, vermag ich nicht zu beurteilen. Ich bin weder »Roswell-Spezialist« noch »Spezialist für Trickfilme aller Art«. Allerdings weiß ich, wie einfach es heute möglich ist, Aufnahmen und Filme zu fälschen, und es sollte zu denken geben, daß jene UFO-Forscher in den USA, die sich seit etlichen Jahren mit diesem Spezialthema auseinandersetzen – etwa Don Berliner, Stanton Friedman[44] oder der Begründer der »Roswell-Initiative« (siehe Anhang), Kent Jeffrey –, ernste Zweifel angemeldet haben.[45] Ähnlich sieht es der Arzt und UFO-Forscher Joachim Koch.[46] *Daß* bei Roswell etwas Außergewöhnliches geschehen ist, steht meines Erachtens jenseits jeden vernünftigen Zweifels. Die Frage ist: *Was?* War es ein abgestürzter Wetterballon, wie die US-Air-Force jahrzehntelang behauptete? Inzwischen unwahrscheinlich und selbst für die Pressestrategen des Pentagons nicht mehr sonderlich glaubhaft. Deshalb zog man im Herbst 1994 mit einer anderen Version nach: Nun sollte es ein Spionageballon vom Typ *Mogul* gewesen sein, der in der Atmosphäre nach Spuren von aus der Sowjetunion stammender Radioaktivität suchte.

Aber das ist gleichfalls unwahrscheinlich, denn ein solcher Ballon hätte niemals die Trümmerfläche ergeben können, von der in Roswell die Rede war. Das feine Kunststoffmaterial, aus dem diese *Mogul*-Ballone gefertigt waren, hatte zudem die für Bergungszwecke unangenehme Eigenschaft, sich bereits nach wenigen Stunden in der prallen Sonne in ein schwarzes, klebriges Zeug zu verwandeln. Nichts davon wurde aus Roswell berichtet.

Also – was dann? Der Kongreßabgeordnete Steven Schiff (New Mexico) hat in den vergangenen Jahren Anfragen in dieser Sache an verschiedene US-amerikanische Behörden gerichtet – unter anderem an die Luftwaffe, die dann mit der *Mogul*-Geschichte herausrückte. Am 28. Juli 1995 erhielt er einen ausführlichen

Bericht des *General Accounting Office* der Vereinigten Staaten,[47] das auf seinen Antrag hin Nachforschungen hinsichtlich des Roswell-Ereignisses durchgeführt hatte. Fast schon selbstverständlich kommt auch diese US-Bundeseinrichtung zu dem Schluß, es gäbe keine Hinweise auf den Absturz einer »fliegenden Untertasse«. Doch der von Richard Davis, dem Direktor der Nationalen Sicherheitsanalyse unterzeichnete sogenannte GAO-Report macht immerhin einige bemerkenswerte Aussagen. So heißt es zum Beispiel, daß »ausgehende Meldungen des *Roswell Army Air Field* [einer bei Roswell gelegenen Luftwaffenbasis, Anm. J. F.] von Oktober 1946 bis Dezember 1949 vernichtet wurden«. Und an anderer Stelle: »Unsere Suche nach staatlichen Aufzeichnungen wurde durch die Tatsache erschwert, daß einige Aufzeichnungen, die wir analysieren wollten, fehlten, und nicht immer gab es eine Erklärung dafür.«

Warum es eine solche Erklärung nicht gibt, warum Aktenmaterial über den Roswell-Zwischenfall so schnell vernichtet wurde, ist ungewiß. Auch für Steven Schiff besteht hier Klärungsbedarf:[48] »Nach meinem Verständnis waren diese ausgehenden Meldungen immerwährende Aufzeichnungen, die nie hätten vernichtet werden dürfen. Das GAO konnte nicht feststellen, wer diese Meldungen vernichtete oder warum es geschah.«

Eigentlich wäre eine solche Notiz es wert, daß sich Zeitungen, Rundfunk und Fernsehen darauf stürzen: Warum wurden diese Aufzeichnungen vernichtet? Wer gab die Anordnung dazu? Ist auch das vielleicht nur eine Scheinbehauptung, weil die Akten inzwischen längst bei anderen Dienststellen gelagert sind, die sich speziell mit dem UFO-Phänomen beschäftigen?

Aber es geschieht nichts. Niemand fragt nach. Niemand veröffentlicht eine Glosse. Kein kritisches Fernsehmagazin versucht, den Dingen auf der Spur zu bleiben. Statt dessen publiziert *Der Spiegel*[49] einen Beitrag, der die *Mogul*-Version ungeprüft übernimmt und den Roswell-Fall als »endgültig gelöst« deklariert.

Und aus genau den gleichen Gründen spielt es auch keine Rolle, ob hundert oder tausend oder eine Million Menschen behaupten, von Außerirdischen entführt worden zu sein. Da es *per definitionem* keine solchen Außerirdischen auf der Erde gibt, ist *jede* Art von Beweisführung von vornherein zum Scheitern verurteilt. Die Akzeptanz einer extraterrestrischen Präsenz auf unserem Planeten ist darum weniger eine Fragestellung der physikalischen *Beweisbarkeit* als vielmehr ein *soziologisches* Problem.

Es fehlt die *Bereitschaft*, die Augen zu öffnen. »Außergewöhnliche Behauptungen erfordern außergewöhnliche Beweise«, lamentiert der amerikanische Astronom, Wissenschaftsentertainer und erklärter UFO-Gegner Prof. Carl Sagan, wenn es um Entführungen geht.[50] Worin solche »außergewöhnlichen Beweise« bestehen sollen, definiert er nicht, aber man kann als sicher annehmen, daß *jeder* Beweis, den man Carl Sagan präsentieren würde, in keinem Fall »außergewöhnlich genug« wäre.

Als »lauter kleine Nowbodys«, die lediglich darauf aus seien, im Scheinwerferlicht der Öffentlichkeit zu stehen, tituliert denn auch Amerikas UFO-Erzskeptiker Phil Klaas Entführte.[50] Ich habe keine Ahnung, mit welchen Betroffenen Phil Klaas in Amerika jemals zusammengetroffen ist, aber bei jenen, die ich hier in Europa kennenlernte, habe ich derlei Ambitionen nur in den seltensten Fällen registriert.

Doch ohne es zu merken und ohne es zu wollen, sind diese Skeptiker und die sogenannten »kritischen« Medien doch nur »Werkzeuge«. Sie sind Teil eines weit umfassenderen, weit langfristiger angelegten Plans, als sie es sich in ihren, wie Jacques Vallée es so treffend ausdrückte,[18] nur nach Minuten zählenden Sendetakten zwischen zwei Werbeblöcken vorstellen können. Denn mag die Berichterstattung über all das noch so negativ sein, ist sie doch Bestandteil jenes großen Mythos, der seit Jahrtausenden wirkt und hinter dem die *Anderen* sich seit jeher verbergen. Erst das öffentliche Abstreiten ihrer Anwesenheit macht es *ihnen* ja überhaupt möglich, ungestört zu operieren, erlaubt *ihnen* »jede Narrenfreiheit«. Aber es ist nicht nur das. Der Mythos wirkt noch viel tiefer.

Ich hatte ihn bereits in *Kontakt* zitiert, aber ich möchte es an dieser Stelle noch einmal wiederholen, weil dieser Satz des Wissenschaftsjournalisten Dr. Keith Thompson *exakt* ausdrückt, worum es im Kern der Dinge geht:[51] »Kurz gesagt, nicht losgelöst von der Debatte, ob UFOs echt seien oder nicht, sondern exakt in ihrem fruchtbaren Zentrum tut das UFO-Phänomen, was seine unabdingbare Pflicht zu sein scheint: in der kollektiven Psyche die unabhängige Erwartung eines unbestimmten, aber unvermeidlichen ›Kontakts‹ zwischen der Menschheit und einem unfaßbaren Andersartigen zu nähren. Und weil die Beschaffenheit dieses ›Kontakts‹ und dieses Andersartigen nicht näher beschrieben wird und deshalb unbegrenzten Mutmaßungen offensteht, entwickeln die symbolischen Dimensionen des Phänomens einen immer größeren Reiz.«

Ist ein UFO-Foto echt – oder ist es gefälscht? Ist eine bestimmte Aussage eines Zeugen wahrheitsgemäß – oder ist sie eine bewußte Lüge? Ist der Roswell-Film ein Original aus dem Jahr 1947 – oder ein geschickter Ulk aus der Trickfilmkiste unbekannter Hintermänner? Im Grunde sind diese Fragen von einer höheren Warte aus, nämlich der des *Mythos*, mit dem wir es zu tun haben, völlig unbedeutend. Hier geht es einzig und allein um einen ganz anderen Aspekt: nämlich daß über die Jahre, Jahrzehnte, Jahrhunderte und Jahrtausende hinweg *immer* eine Diskussion darüber stattfindet, eine intensive Beschäftigung, eine Auseinandersetzung und damit am Ende des 20. Jahrhunderts die tatsächlich meßbare (d.h. sich aus Meinungsumfragen ergebende) zunehmende *Bereitschaft*, außerirdische Intelligenz zu akzeptieren und einen Kontakt mit ihr in das Blickfeld des Möglichen zu rücken.

Das ist das »fruchtbare Zentrum« zwischen den beiden Polaritäten, das Keith Thompson meint. Und die vielfältigen Symbolismen, die das Phänomen dabei entwickelt, um die Schichten unseres Bewußtseins ebenso wie unseres Unterbewußtseins anzusprechen, zeigen uns ihre hellen wie ihre dunklen Seiten, weil wir selbst in unserem Innersten unsere Träume von Gut und Böse tragen, von Licht und Schatten, von Liebe und Haß.

Rückkehr aus dem Irgendwo

Das vielleicht wichtigste Ereignis unserer Zeit: UFO-Entführungen, Begegnungen mit einer fremden, außerirdischen Intelligenz. Die Menschen, die diese existentiellen Erfahrungen jenseits unseres Realitätsverständnisses machen, haben mit uns allen, die wir bei diesem Szenario nur Zuschauer sind, eines gemeinsam: Sie *wissen* nicht, was mit ihnen wirklich passiert. Sie erfahren unglaubliche Dinge, aber niemand erklärt ihnen, niemand sagt ihnen, *warum*.

Für *Kerstin Kowallschik*, zu deren kleinem Sohn *Thomas* die Besucher in den letzten Jahren mehrfach gekommen sind (siehe Kapitel III), hat sich durch diese und ein eigenes Erlebnis vieles verändert. Ihre Ehe ist aufgrund des Unverständnisses ihres Mannes gescheitert, die Freunde haben sich von ihr abgewandt. Doch *Kerstin* hat neue Freunde gefunden, Menschen, die sie verstehen, mit denen sie reden kann.

Ende März 1993 kamen die *Anderen* zu ihr. An diesem Abend war ihr Mann nicht zu Hause, zusammen mit ihrem damals eineinhalbjährigen Sohn *Thomas* und der sechzehnjährigen Tochter *Vera* befand sich *Kerstin* allein in der Wohnung.

»Es war gegen 23 Uhr. Die Kinder schliefen schon, und ich wollte mich auch schlafenlegen, mußte aber noch mal ins Bad. Schon auf dem Weg dorthin fühlte ich mich plötzlich unbehaglich und beobachtet. Ich schaute überall nach, auch aus allen Fenstern, aber der Hof war dunkel. Direkt panisch rannte ich ins Bett.«

Kerstin war ein solches Gefühl unbekannt. Sie war schon früher häufig nachts mit ihren Kindern allein daheim gewesen – aber

eine solch plötzlich aufkommende Angst hatte sie noch nie verspürt: »Als ich mich eben einigermaßen beruhigt hatte, hörte ich
(eher in meinem Kopf als mit den Ohren) ein eigenartiges Brummen oder Summen. Ich erschrak und wollte mich aufrichten, um
genau hinzuhören, aber ich konnte mich nicht mehr bewegen,
ich war wie gelähmt.«

Kerstin überkommt eine wahnsinnige Angst, und doch ist das
erst der Anfang eines für sie unfaßbaren Ereignisses: »Nun
nahm ich an meinem Bettende mehrere grau und klein wirkende
Gestalten wahr, die irgend etwas im Zusammenhang mit mir
berieten (das nahm ich nicht direkt verbal, sondern wieder eher
innerhalb meiner Gedanken wahr). Am Bett meines Sohnes standen auch zwei Gestalten. Meine Angst, besonders um meinen 15
Monate alten Sohn, ist mit Worten nicht zu beschreiben. Ich
wollte meine Tochter rufen, konnte aber nicht. In diesem
Moment wußte ich auch, daß es gar keinen Zweck gehabt hätte, da sie ebenfalls bei ihr im Zimmer waren. Ich spürte das
genau. *Vera* stöhnte laut im Schlaf, als wolle sie etwas abweh-
ren.«

Die Angst um ihre beiden Kinder, die Machtlosigkeit, irgend
etwas tun zu können, all diese Gefühle sind *Kerstin* noch heute
so gegenwärtig wie damals: »Jetzt konnte ich nicht einmal mehr
hören und sehen, und das Allerschlimmste war, als ich merkte,
daß mein Gehirn nicht mehr in der Lage dazu war, Worte und
Sätze zu bilden – so, als werde es plötzlich außer Kraft gesetzt.
Ich wußte nur, das hängt mit den scheußlichen Gestalten zusammen, und: Wir sind ihnen jetzt, vielleicht sogar für immer, ausgeliefert.«

Von diesem Moment an hat *Kerstin* einen ersten Blackout. Die
fremde Macht ist in ihre Gedanken eingedrungen, hat sie völlig
unter Kontrolle gebracht. Und doch – das Erlebnis hat seinen
Höhepunkt noch nicht erreicht: »Das nächste, woran ich mich
erinnern kann: Ich stehe vor einer äußerst häßlichen Gestalt, die
vor mir thront wie ein König. Der Körper scheint zernarbt zu
sein und ist von rötlicher Farbe. Die Arme sind sehr lang, der

Kopf ist kahl, eventuell ohne Ohren, Mund und Nase sind eher unauffällig. Die Gestalt teilt mir etwas mit, ich fühle mich schrecklich und trotzdem insofern erleichtert, als daß ich aus der vorangegangenen Situation erlöst bin. Ich fühle einen Schock. Das Schrecklichste: Diese Augen! Man sagt manchmal: Wenn Blicke töten könnten – was damit gemeint ist, weiß ich jetzt. Diese *Kraft* war gewaltig.«

Was hier im einzelnen geschah, daran erinnert sich *Kerstin* nicht mehr. Plötzlich jedoch tritt erneut eine Wandlung des Geschehens ein: »Ohne daß mein Selbst darauf Einfluß hatte, weiche ich anschließend rückwärts und sehr schnell von der Gestalt zurück, wobei mich ein Augenpaar begleitet bzw. steuert. Mein ganzes Ich, mein Körper/Geist/Seele, ist wie in einem Punkt zusammengefaßt, vereint. Die Augen begleiten mich auf einer langen Reise durch Raum und Zeit bis in mein Zimmer und bleiben noch eine Weile. Sie sind riesengroß, blau, ohne Körper.«

Eine ganz seltsame Erfahrung, eine merkwürdige Beschreibung, die *Kerstin* hier liefert. Wo ist sie gewesen? Wie ist sie dort hingekommen und wie wieder zurückgekehrt? Fast hat es den Anschein, als sei sie durch fremde Dimensionen geglitten, habe man sie jenseits der uns bekannten Raumzeit zu einem fernen, vielleicht aber auch ganz nahen Ort gebracht. An ihre Rückkehr erinnert sie sich jedenfalls sehr gut – und auch daran, was unmittelbar danach geschah:

»Als mich die Augen verlassen haben, bin ich völlig desorientiert. Ich bin. Ja – aber wer? Und *wo* ist dieses Ding, das Ich heißt? Gedanken im eigentlichen Sinne des Wortes sind das nicht gewesen, eher ein Zustand, undefinierbar. Jetzt nehme ich etwas von der Umgebung wahr: Aber alles bewegt sich schnell hin und her (vermutlich haben meine Augäpfel gezittert). Mein Herz rast. Allmählich werden die Bewegungen langsamer, ich erkenne nun: ein Ding – als würde ich es das erste Mal sehen! Es dauert, bis ich das Ding als Schrank einordnen kann, die Bilder als Bilder usw. Irgendwann dämmert es mir, es fällt mir ein, wie etwas Vergessenes, das einem plötzlich wieder bewußt wird: Es ist mein Zimmer! Mit einem Schlag erinnere ich mich an alles.«

Das Erlebnis bleibt nicht ohne Folgen für *Kerstin*: »Ich bekam starke Kopf- und Augenschmerzen, fühlte mich ver- und zerstört, kraftlos die nächsten Wochen. Besonders abends hatte ich oft Angst, daß es sich wiederholt. Heute sehe ich auch den positiven Aspekt: Mein Weltbild hat sich verändert.«

Doch noch etwas geschah, das gerade für Frauen schon fast zu einem Charakteristikum derartiger Erfahrungen wurde: »Erwähnen möchte ich, daß ich zu besagter Zeit schwanger wurde, von einer Fehlgeburt ›träumte‹ (ohne zu wissen, daß ich schwanger war) und dann Anfang Mai 1993 eine Eileiterschwangerschaft operativ entfernt wurde. Ich möchte wissen: Wo war ich? Was genau ist mir dort zugestoßen? Wird es sich wiederholen? Gibt es eine Botschaft – wenn ja, welche? Wurde meine Seele beschnitten? Warum? Fragen, Fragen...«

Fragen, Fragen. Und keine Antwort. Entführungen, anschließende Schwangerschaften, Eileiterschwangerschaften, Scheinschwangerschaften. Was geschieht da wirklich? Niemand kann letztlich eine Antwort darauf geben.

Ich halte diesen Bericht der *Kerstin Kowallschik* aber aus einem anderen Grund für außerordentlich wertvoll. Zum ersten Mal haben wir hier meines Wissens ein Beispiel dafür, *wie* sich die *Rückkehr* von einer Entführung – worum es sich dabei auch immer handeln mag – gestaltet, wenn der oder die Betroffene diese Rückkehr *bewußt* miterlebt. In der Regel ist dem ja nicht so: Der Entführte erinnert sich an einzelne Aspekte seiner Entführung – und wacht am Morgen zerschlagen, gerädert, müde in seinem Bett auf. Konkrete Erinnerungen an die Rückkehr besitzt er selten.

Hier liegt der Fall anders. *Kerstin* beschreibt auf sehr eindrückliche Weise, wie sie durch ein raum- und zeitloses Kontinuum in ihr Zimmer gebracht wurde, sie beschreibt körperliche Reaktionen darauf (Zittern der Augäpfel) und ihre Schwierigkeiten, die Umgebung wieder als Zimmer wahrzunehmen. Erst im Laufe etlicher Minuten ordnen sich ihre Gedanken, vermag ihr Gehirn in gewohnter Weise zu arbeiten, kann sie die Gegenstände im Raum erkennen und benennen.

Dies zeigt aber auch, in welch dramatischer Weise die fremde Intelligenz in unser Bewußtsein eingreift. Entführungen, davon bin ich überzeugt, haben *nicht* in erster Linie zum Ziel, Manipulationen am Körper durchzuführen. Hier geht es um viel tieferliegende Dinge, hier geht es zuallererst um unser Bewußtsein, um die unauslotbaren Tiefen unseres Selbst.

Unter dem Glaszylinder

Ich habe in *Die Anderen* und in *Kontakt* deutlich zu machen versucht, daß all das, was Entführte erleben – d.h. die körperlichen Untersuchungen und Manipulationen, die quasisexuellen Erfahrungen, der Diebstahl von Embryonen, die Präsentation von Hybridkindern – nur die für uns sichtbare *Oberfläche* des Phänomens ist. *Unter* dieser Oberfläche laufen die wirklich entscheidenden Dinge ab, Dinge, die in unsere Seele dringen und für die all das andere nur symbolische Artefakte sind, um die Tore zu öffnen.

Das bedeutet nicht, daß nicht auch die biologischen Manipulationen eine Realität besitzen oder zumindest von den Betroffenen als real empfunden werden. Man kann sich gar nicht oft genug vor Augen halten, daß wir es beim Entführungsszenario mit einer ungeheuer komplexen, vielschichtigen und zahlreiche Dimensionen unseres bewußten und unbewußten Selbst erfassenden Vorganges zu tun haben. Dort besitzen die physischen Aspekte unseres Ichs ebenso eine Bedeutung wie die psychischen, auch wenn ich glaube, daß diese bislang weitgehend übersehenen seelischen Dimensionen die bei weitem bedeutendsten sind.

Daß wir es bei den körperlichen Manipulationen nur mit einem Teil der Maske zu tun haben, hinter der sich die *Anderen* verbergen, zeigt sich u.a. auch in den Beobachtungen mancher

Betroffener. *Saskia von Essen* zum Beispiel hatte ein Erlebnis, bei dem sie einen anderen Entführten unter einer Glasglocke sah, die Ähnlichkeit mit jener gehabt haben muß, unter die man auch den Österreicher *Peter Hausner* (ich berichtete in *Kontakt* darüber) und *Franziska Sutter* legte. *Saskia* gab man Erklärungen, die sie schon während ihres Erlebnisses für absurd hielt: »Ich befinde mich in einer Art Operationssaal. Vor mir auf einem Operationstisch liegt ein Mann. Er ist unbekleidet. Über seinen Oberkörper hat man eine Art Glaszylinder gestülpt. Etwa in Höhe des Blinddarms hat man einen Schlauch in seinen Bauch eingeführt und saugt damit eine bräunlich-gelbe Flüssigkeit aus ihm ab. Der Mann tobt und schreit unter der Glasglocke, was ich nur sehen, aber nicht hören kann. Ich bin entsetzt und wütend über das, was man ihm hier antut. Ich schreie: ›Warum tut ihr das? Seht ihr nicht, daß er furchtbare Schmerzen hat?‹ Der Mann tut mir entsetzlich leid. Seltsamerweise erinnere ich mich nicht, irgendwelche Personen außer ihm gesehen zu haben, nur die vemeintlichen Hände eines ›Arztes‹, die sehr schnell und routiniert an dem Mann herumhantierten. Irgendwann wurde mir erklärt, diese Prozedur habe etwas mit ›Zweigeschlechtlichkeit‹ zu tun, was ich jedoch überhaupt nicht verstand. Und auf meine Frage zu dem Glaszylinder sagte man etwas von ›Sauerstoffversorgung‹, was ich für Quatsch hielt, denn ich konnte doch auch atmen.«

Fremde (oder auch gut bekannte) Menschen werden offenbar häufiger »an Bord« der UFOs – oder wo immer sich die Räume befinden mögen, in denen die medizinischen Experimente ablaufen – gesehen, als man ursprünglich glaubte. Viele Betroffene berichteten mir gegenüber immer wieder davon, und etliche, die auf unseren bisherigen Entführten-Treffen zusammenkamen, glaubten intuitiv, sich schon einmal begegnet zu sein – »irgendwo da draußen«.
Ursula Schachter zum Beispiel hatte etliche derartige Begegnungen. Sie sah dort Fremde – aber auch ihre eigene Familie: »Mei-

ne Kinder waren, als sie noch klein waren, mehrere Male mit mir zusammen dort. Sie wurden einfach ›angeschaut‹ und nahmen das alles als ganz normal hin. Auch meinen Mann sah ich einmal: Er hatte die Augen fest geschlossen und tat auf bockig und stur – wie er halt normal auch war. Aber da waren auch viele andere Menschen, die ich nicht kannte und die mehr oder weniger verstört herumstanden – einmal auch eine junge Nachbarin. Sie schäkerte sogar mit einem anderen jungen Typen herum und nahm es alles ganz gelassen.«

Ein anderes Mal jedoch beobachtete *Ursula* eine äußerst bizarre Prozedur: »Einer Frau hatte man den Unterarm quer abgelöst, so daß er einige Zentimeter vom Rest wegschwebte. Sie stand unter Schock und weinte.«

Rück-Verbindung

Welch seltsame, unverständliche Operationen die Fremden an uns durchführen – und das nicht immer unbedingt in jenen fremdartigen Räumen, sondern häufig sogar in unseren eigenen Häusern, daheim, wo wir uns sicher fühlen –, macht das ganze Ausmaß des Phänomens sichtbar. Der 44jährigen *Renate Krüger* aus dem nordrhein-westfälischen Möhnesee etwa war mein Buch *Kontakt* auf, wie sie schreibt, »ganz seltsame Weise« in die Hände gefallen: »Noch seltsamer ist, daß viele Dinge, die Sie beschreiben, auch mir passiert sind.«

Wann es genau war, weiß *Renate Krüger* heute nicht mehr. Es liegt jedenfalls bereits etliche Jahre zurück: »Eines Nachts, mein damaliger Mann hatte Nachtdienst, hatte ich das erste Erlebnis. Ich konnte noch nie in einem dunklen Raum schlafen, so war auch in dieser Nacht das Rollo hochgezogen, und von der Straßenlaterne drang helles Licht in das Schlafzimmer.«

Urplötzlich wird *Renate* durch »irgend etwas« geweckt. Es scheint nichts Erschreckendes zu sein, im Gegenteil, sie hat ein eher angenehmes Gefühl, sie ist ruhig und »richtig glücklich«.

Dann geschieht es: »Da sah ich, daß die weiße Schlafzimmerwand in einem hellen Licht strahlte. Ich war sehr verwundert darüber, ging zum Fenster, um nach der Ursache zu sehen, aber nur die Laternen brannten, sonst nichts. Das Licht wurde immer heller. Plötzlich hörte ich (in mir?) eine Stimme, die mich fragte, ob ich von jetzt an das Licht begleiten möchte? Da ich mich so schwerelos und glücklich fühlte, antwortete ich in Gedanken mit ja. Danach ging das Licht ganz langsam zurück, wie wenn im Kino das Licht ausgeht. Danach bin ich sofort wieder eingeschlafen.«

Es ist schwer zu beurteilen, welche subtilen Einflüsse hier bereits auf *Renate Krüger* wirkten. Sie scheint in einen euphorisierenden Zustand versetzt worden zu sein, vielleicht, um ihre stillschweigende Mitwirkung an bevorstehenden Ereignissen sicherzustellen. Als sie jedenfalls am frühen Morgen wieder erwacht, bemerkt sie etwas äußerst Bizarres: »Als ich die Augen aufschlug, war es draußen schon hell. Ich erwachte, auf der Seite liegend, mit Blick zum Fenster, als ich spürte, daß etwas hinter mir lag und mich im Arm hielt. Ich bin 1,58 Meter groß, dieses Etwas war kleiner als ich. Ich habe es nicht gesehen, nur ganz deutlich gespürt. Ein leichter Schmerz war in meinem Rücken, als wenn dieses Etwas *mit mir verkoppelt* war.«

Welch eine seltsame Erfahrung hat *Renate* hier machen müssen? Ein Wesen, das sie nicht sah, von dem sie aber den Eindruck bekam, daß es kleiner war als sie, hielt sie umfangen – und schien durch irgend etwas über ihren Rücken mit ihr »verkoppelt« zu sein: »In Gedanken fragte ich: ›Wer bist du?‹, erhielt aber keine Antwort darauf, nur: ›Schlaf wieder ein!‹ Augenblicklich schlief ich ein. Dieses Erlebnis ist noch immer so gegenwärtig in mir wie vor Jahren. Ich habe bis heute keine Erklärung dafür.«

Erklärungen – leider haben wir sie für keinen dieser Vorfälle. Wir wissen nicht, was geschieht, wissen nicht, wozu derartige Prozeduren nötig sind, warum sie wieder und wieder ausgeführt werden. Auch *Anette Reger*, die Fernsehjournalistin aus München, berichtet darüber, daß ihr »Geräte« am Rücken angebracht wurden.

»Ich hatte einmal einen ›Traum‹, der furchtbar real erschien. Ich ›träumte‹, daß Männer in meine Wohnung, mein Schlafzimmer eingedrungen sind und sich flüsternd unterhielten, ob ich schlafe oder nicht. Vorher hatte ich einen Krach auf der Terrasse gehört oder geträumt. Die Männer setzten mir irgendwelche Geräte an, obwohl ich nicht sagen kann, was es war. Sie drehten mich auf den Bauch und setzten sie mir am Rücken an. Ich ›träumte‹, daß ich mich zwang, mich schlafend zu stellen, damit sie mich nicht umbrachten. Nach einer Weile – sie unterhielten sich immer, aber ich weiß nicht mehr, worüber – hörte ich sie gehen. Ich sprang aus dem Bett, hatte jetzt kein Nachthemd mehr an. Und auf der Dachterrasse waren zwei Bäume, die ich in Trögen gepflanzt hatte, abgebrochen.«

Unwahrscheinlich, daß alles, wie *Anette* später glaubte, nur ein Traum war. Natürlich ist die Einordnung als Traum für die Betroffenen in der Regel die einzige Möglichkeit, sich das Vorgefallene erklären zu können. Aber in diesem Fall haben wir zwei weitere Faktoren physikalischer Natur: *Anette* trug nach diesem Erlebnis das Nachthemd nicht mehr, das sie am Abend angezogen hatte. Vor allem: Auf der Terrasse waren die Bäume umgeknickt (»glatt durchgeschnitten«, wie *Anette* auf dem Entführten-Treffen am 4. November 1995 bestätigte). Ein bloßer Traum, und sei er noch so realistisch, wäre dazu nicht in der Lage gewesen.

Und in gleicher Weise wie bei *Kerstin Kowallschik* ereignete sich auch hier ein Mysterium: »Kurz danach wurde ich schwanger, was ungewöhnlich war, da ich die Pille nahm. Etwa drei Wochen, nachdem der Arzt die Schwangerschaft festgestellt hatte, verlor ich das Kind wieder.«

Was immer hier geschieht, es nimmt seinen Anfang häufig in den Schlafzimmern der Betroffenen. Auch die 34jährige Tanzlehrerin *Kathrin Thaler* aus Neu-Ulm hat die Erfahrung gemacht, daß Manipulationen an ihrem Rücken vorgenommen wurden: »Der Vorfall ereignete sich am frühen Morgen des 7. Dezember 1994,

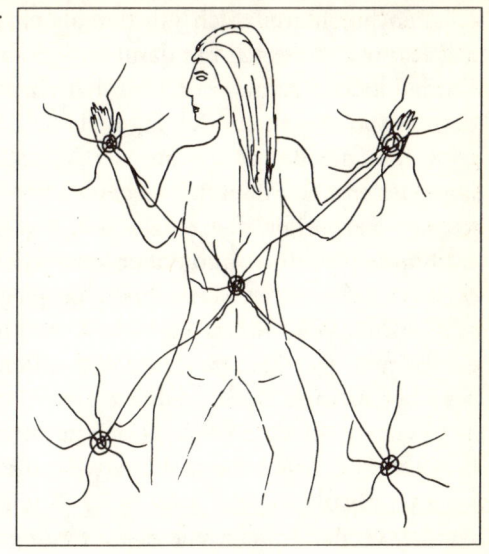

Abb. 14 Kathrin Thaler erinnert sich an ein Ereignis im Dezember 1994, bei dem ihr von unbekannten Wesen »kleine Sonnen« am Rücken befestigt wurden. Zeichnung der Zeugin.

so zwischen zwei und vier Uhr. Ich liege im Bett und schlafe und merke plötzlich, daß seltsam leuchtende Gegenstände an meinem Rücken und den Armen befestigt werden. Es sind kleine ›Sonnen‹, die kreuzförmig mit Lichtbahnen verbunden sind. Bevor ›sie‹ aber die letzten beiden ›Sonnen‹ an meinen Beinen festmachen können, bin ich vollends erwacht, und sie müssen aufhören.«

Schließlich verspürte auch *Franziska Sutter* seltsame Eingriffe an ihrem Rücken – und sie versuchte, den Fremden auf die Spur zu kommen: »Ich lebte damals allein in Zürich. Ich lag im Bett und war wach. Am Fußende schläft die Katze. Da spüre ich die Bewegung oder Erschütterung, wie wenn die Katze über die Matratze nach oben läuft. Ich schaue nach ihr und sehe sie noch immer am Fußende liegen. Ich spüre aber die Bewegung neben mir, eine Bewegung, die immer höher kommt. Dann erreicht sie oben meinen Kopf, und ich spüre eine Berührung. Ich liege ganz starr. Einige Male habe ich gespürt, daß jemand von hinten wie in meinen

Rücken hineingreift. Ich sah damals ein nonnenähnliches Wesen mit Kapuze. Aber ich bin dann immer eingeschlafen.«

Einmal jedoch hatte *Franziska* sich vorgenommen, der Sache auf den Grund zu gehen: »Ich lag hellwach, als es geschah. Ich spürte wieder die Bewegung auf der Matratze, und auch die Katze lag wieder am Fußende. Gegenüber dem Bett hatte ich einen kleinen Fernseher, der ausgeschaltet war. Das Licht der Nachttischlampe brannte, und daher konnte ich mich, wie ich aufrecht im Bett saß, in der Mattscheibe gespiegelt beobachten. Da sah ich an der Wand hinter meinem Kopf einen schwarzen Schatten erscheinen. Der Schatten kam von unten und stieg immer höher bis über meinen Kopf. Er hatte eine instabile Form und bwegte sich wie ein Stück Gelee, das sich zusammenzog und wieder ausbreitete, um sich fortzubewegen, irgendwie pulsierend. Ich konnte absolut keine natürliche Erklärung dafür finden. Ich weiß auch nicht mehr, wie es weiterging, ich weiß nur noch, daß ich dachte: ›Wenn das ein Gespenst ist, sollte ich es doch nicht gespiegelt sehen können.‹«

Eingriff

Eines der jüngsten Ereignisse widerfuhr *Franziska* in der Nacht vom 6. auf den 7. September 1995. Sie hatte bis etwa 20.15 Uhr in ihrer Firma gearbeitet und war dann nach Hause gefahren, ziemlich müde nach einem anstrengenden Tag. Daheim angekommen, bereitete sie sich einen Salat zu, fütterte die Katze und machte sich Gedanken darüber, wie sie die neue Wohnung, in die sie bald umziehen würde, einrichten könnte. Sie ging ins Bad und dann zu Bett. Auch im Bett beherrschten die Vorstellungen von der neuen Wohnung ihre Gedanken, sie blätterte in Einrichtungszeitschriften, telefonierte mit ihrem Freund und später noch mit ihrer Tochter. Dann löschte sie das Licht, lag aber noch wach im Bett und malte sich die Wohnung aus, auf die sie sich so freute. In diesem Moment geschah es:

»Ich war ganz sicher noch wach und träumte nicht, als ich plötzlich spürte – es kam ganz schnell, stark und unverhofft –, wie mein Körper starr und langgestreckt wurde, wie eine Art vibrierender Strahl mich umfing und mich irgendwie in die Höhe hob. Es war nicht dunkel im Zimmer, denn das Stadtlicht kommt durch das Fenster. Ich sah, wie meine Füße nach oben zeigten und irgendwie höher als der Kopf waren. Meine Gedanken waren ganz klar. Ich erschrak zuerst, dann staunte ich einfach, daß der Körper so starr war und ich trotzdem alles bewußt wahrnehmen konnte. Und ich wunderte mich, daß ich überhaupt keine Panik bekam. Ich dachte: ›Du mußt raus aus dem Bereich, damit es aufhört.‹ Aber dann merkte ich, daß ich mich in keiner Weise bewegen konnte, und wieder dachte ich, daß ich doch eigentlich Angst haben müßte, aber ich hatte keine. Irgendwie kamen mir die Gedanken: ›Vor Unbekanntem sollte ich keine Angst haben, das ist nicht nötig‹, und ich fühlte, daß ich jetzt eingelullt wurde, so etwas wie: ›Vertraue, es muß sein.‹ Ich dachte ganz klar, daß jetzt etwas passiert, das ich eigentlich kenne, und daß ich es bewußter kennenlernen könnte. Ich wurde sogar neugierig, was als nächstes passiert.«

Aber die Kontrolle, die nicht nur über ihren Körper, sondern auch über ihren Geist ausgeübt wird, läßt das nicht zu. *Franziska* hat ein Blackout. Als sie wieder zu sich kommt, hat die Situation sich vollkommen verändert:

»Das nächste war, daß ich irgendwo drauflag. Auf meinem Bett oder auch auf etwas anderem, ich weiß es nicht. Es waren ›Wesen‹ um mich herum – es war auf jeden Fall mehr als einer, vielleicht nur zwei oder auch mehr. Denn ich dachte wieder ganz klar und immer an ›die‹ (Mehrzahl). Es war total dunkel. Es kann aber sein, daß ich meine Augen geschlossen hielt, denn ich dachte: ›Nur die nicht sehen, das ertrag ich nicht. Ich sah nichts, aber spürte, wie die meinen Kopf blockiert hatten. Er wurde in seitlicher Lage festgehalten. Ich spürte, wie durch mein linkes Nasenloch hoch hinauf über die Augenbraue bis zur linken Stirnseite etwas gemacht wurde. Es tat sehr weh.«

Die Schmerzen sind es, die *Franziska* erneut in eine dieser halb-bewußten Kommunikationen mit den Fremden treten lassen: »Ich dachte immer: ›Es tut so weh, so sehr weh, meine ganze linke Kopfseite schmerzt so sehr.‹ Aber ich hatte trotzdem keine Angst, und ich fragte: ›Warum habe ich keine Angst?‹ Dann kam wieder dieses Gefühl von: ›Es muß sein, ich kann vertrauen, es wird bestimmt richtig gemacht, für *die* ist es nichts Besonderes, *die* wissen ja, daß es wehtut, aber *sie* tun es einfach.‹ Ich fühlte, wie mehrere Hände an meinem Kopf herummachten. Es war warm. Ich fühlte auch die Nähe der ›Persönlichkeiten‹. Es dauerte eine lange Zeit, in der es sehr schmerzte. Ich spürte, wie die Nase links innen bis zur Stirn brannte, und hörte, wie die Luft durchzog. An meiner rechten Seite war auf Kopfhöhe ein ›Wesen‹, das mich irgendwie beruhigte und nur festhielt. Ich fühlte eine Art ›Tröstung‹ und richtete meine ganzen Gedanken dorthin. Dann fehlt mir ein Stück Erinnerung.«

Verknüpfte Schicksale

Als *Franziska* nach einer Zeit, deren Länge sie nicht zu schätzen vermag, erneut aus der Bewußtlosigkeit erwacht, ist die erschreckende Prozedur noch immer nicht beendet: »Dann erinnere ich mich wieder, daß nicht mehr am Kopf, sondern auf Herzhöhe manipuliert wurde. Es kam mir vor, als ob ›operiert‹ werde, wie in meinen Körper hineingegriffen würde. Ich dachte wieder ganz klar: ›Das geht jetzt aber zu weit, das ist gefährlich, wenn *die* nun etwas falsch machen?‹ Und wieder dachte ich: ›Warum bekomme ich keine Panik?‹ Auf diese Gedanken kam, wie eine Antwort, aber in fremden Gedanken: ›Es wird etwas ausgetauscht, keine Angst, es muß sein, es wird richtig gemacht, es ist gut.‹ Ich fühlte erneut, daß mich diese fremden Antworten oder Gedanken so einlullten, daß ich sogar ein wohliges Geborgenheitsgefühl bekam. Ich registrierte ganz genau, daß dieses Gefühl eigentlich nicht sein sollte, und trotzdem kam es und blieb. Es kam wie eine Wärme, und ich ließ es voll Vertrauen geschehen. Dann war das mit dem ›Eingriff‹ beendet, und es wurde mit mir ›gesprochen‹. Ich erinnere mich nicht genau, aber es war noch etwas wie ein längerer ›Gedankenaustausch‹, der mich äußerst zufrieden machte. Leider weiß ich den Inhalt nicht mehr, aber für mich war das total stimmig. Dann fehlt mir wieder die Erinnerung.«

Als *Franziska* am nächsten Morgen erwacht, ist es viel später als sonst. Hat der Wecker nicht geklingelt, oder hat sie das Klingeln überhört? Sie steigt aus dem Bett und verspürt seit langem wieder Rückenschmerzen. Benommen schleppt sie sich ins Bad, in ihrem Kopf rotiert das heutige Tagesprogramm. Sie putzt sich die Zähne, schaut in den Spiegel, ist entsetzt darüber, wie verschwollen ihr Gesicht ist, wie sehr die Nase bis hinauf zur Stirn schmerzt: »Dann kam wie ein Blitz die Erinnerung. Ich lief durch die Wohnung, setzte mich an den Tisch und dachte darüber nach. Es war mir absolut klar, daß ich nicht geträumt hatte. Ich dachte: ›Jetzt muß ich arbeiten gehen, nur nicht daran denken.‹ Und dann doch wieder: ›Nicht verdrängen, ich weiß, daß es erneut geschah. Ich werde heute versuchen, mit jemandem darüber zu sprechen, und spätestens am Abend wieder darüber nachdenken.«

Franziska fährt ins Büro. Es gelingt ihr zunächst tatsächlich, sich leidlich auf die Arbeit zu konzentrieren und die Ereignisse der Nacht in den Hintergrund zu drängen. Doch gegen 9.30 Uhr beginnt die Nase erneut zu schmerzen: »Es war wie ein Verletzungsschmerz, Fleisch und Knochen. Trotzdem arbeitete ich weiter.«

In der Mittagspause trifft *Franziska* ihre Kollegin *Barbara Reutimann*, mit der sie zusammen in Italien war. Ihr fällt sofort auf, daß mit *Franziska* etwas nicht stimmt: »Du hast da eine blaue Stelle an deiner linken Stirn über der Augenbraue. Die sieht man durch die Haut schimmern.« *Franziska* überlegt einen Moment. Müßte sie dann nicht auch etwas auf der Brust haben? »*Barbara* sah nach, und wir entdeckten eine ganz dünne, gerade Linie, etwa zwei bis drei Zentimeter lang. Wie eine ganz alte Schnitt-narbe, gut verheilt. Ich weiß nicht, ob ich die schon hatte, aber sicher hatte ich nie einen Schnitt dort.«

Als *Franziska* nach Hause kommt, wird ihr immer deutlicher bewußt, daß sie mit jemandem darüber reden muß. Gerade in solchen Fällen zeigt sich der Sinn von Netzwerkgruppen: Betroffene können mit anderen Betroffenen Kontakt aufnehmen, mit ihnen reden, nach Erlebnissen wie diesen bei ihnen Trost finden. *Franziska* wollte bei *Sonja Gellner* in Schwyz anrufen – irgendwie fühlte sie, daß auch deren Sohn *Andreas* »gleich involviert war wie ich«.

Tatsächlich aber war es der Sportlehrer *Herbert Grubmann*, wie *Franziska* Mitglied der Netzwerkgruppe, der sich zufällig an diesem Abend als erster bei ihr meldete. Über die Erlebnisse von *Herbert Grubmann* aus der Nähe von Zürich hatte ich in *Kontakt* bereits berichtet. *Franziska* fragte ihn, ob er in den letzten Tagen etwas erlebt habe: »Er meinte, ja, es sei ihm etwas Komisches passiert und er fühle sich auch nicht gesund. Ich sagte ihm, daß gestern nacht etwas geschehen sei, aber ich erzählte nicht genau was. Dann sagte er, bei *Sonja* sei eventuell auch etwas passiert, ich solle sie doch mal anrufen.«

Franziska hatte dies ohnehin beabsichtigt, *Herberts* Andeutungen gaben ihr Recht. Irgend etwas schien in diesen letzten Tagen und Nächten auch bei der Familie *Gellner* in Schwyz passiert zu sein. »*Sonja* sagte mir, sie hätte gleich an mich gedacht, als das Telefon läutete. Sie hätte mich auch anrufen wollen und fragte sofort, ob ich denn irgend etwas erlebt hätte. Ich erzählte ihr von der gestrigen Nacht. Während wir sprachen, hörte ich, wie ihr Sohn *Andreas* rief, er habe Angst und sie solle ihn nicht alleine im Zimmer lassen in dieser Nacht. *Sonja* meinte, dies hätte er vorher noch nie gesagt und er hätte auch nicht gehört, worüber wir am Telefon sprachen. Dann erzählte sie mir, was in den vergangenen Nächten geschehen war.«

Mehrmals war *Andreas* – der weder Schlafwandler ist noch sonstwie zuvor in dieser Richtung aufgefallen war – mitten in der Nacht ins Zimmer seiner 18jährigen Schwester gekommen, war an ihr Fenster getreten und hatte in den Himmel gestarrt. »*Gaby* fragte ihn jedesmal«, bestätigte mir später auch *Sonja*, »was er denn hier mache, und dann sei er erschrocken und habe nur gesagt, er müsse sich die Nase putzen und suche Taschentücher. Sie zeigte ihm, wo ihre Taschentücher liegen, aber er nahm sie nicht, sondern ging einfach wieder in sein Zimmer zurück.«

Gibt es einen Zusammenhang zwischen den beiden Fällen? Ohne einen solchen Zusammenhang auf Biegen und Brechen konstruieren zu wollen, bleiben doch Fragen: Hatte *Andreas* in dieser Zeit – genauso wie *Franziska Sutter* – eine Begegnung mit den *Anderen*? Hatte *Franziska* ihn irgendwo »dort draußen« gesehen, später zwar keine konkrete Erinnerung mehr daran, aber doch ein eher intuitives Gefühl? Wir wissen es nicht und werden es vermutlich auch niemals erfahren. Ausschließen können wir es nicht.

Am Abend des 7. September notiert *Franziska* in ihr Tagebuch: »Ich bin froh, daß ich mit *Sonja* sprechen konnte, und es ist für mich auch wichtig, dieses Erlebnis aufzuschreiben. Für mich war es absolut real, es hatte keinerlei Ähnlichkeit mit einem Traum. Ich konnte klar denken, klar unterscheiden, was meine Gedanken waren und was nicht. Meine Schmerzen in der Nacht und meine Schmerzen am Tag waren und sind real. Dieses ›Vertrauen‹, denke ich, wurde mir suggeriert – aber ich bin froh darüber, sonst wäre es schrecklich. Wer diese ›Wesen‹ sind, weiß ich noch immer nicht, aber ich bin froh, daß ich ›sie‹ nicht gesehen habe. Aber gefühlt, gefühlt habe ich sie.
Und über dieses Fühlen werde ich noch nachdenken...«

IX

Symbolwelten

Sexuelle Episoden mit den Anderen

»Das erste Mal verspürte ich einen heftig atmenden Körper auf mir. Ich wurde durch dessen
Gewicht und die Geräusche geweckt. Er hatte eine
leuchtend grüne Aura. Als ich mir dessen bewußt
wurde, löste sich die Gestalt auf und verschwand.
Ich sprang wie von der Tarantel gestochen auf und
schloß das Fenster. Ich durchsuchte das Zimmer
und die gesamte übrige Wohnung. Das seltsame
war: Zu diesem Zeitpunkt hatte ich überhaupt
keine Angst. Es war, als ob ich dieses Wesen
schon lange kennen würde.«

Sibylle Friedrich (44 Jahre)

Sexuelle Verbindungen zwischen uns und den *Anderen* werden
seit Jahrtausenden beschrieben. Götter, Engel, Dämonen,
Elfen, Zwerge – sie alle paarten sich mit Menschen. Heute ist
das nicht wesentlich anders: die Geschichten um künstlich herbeigeführte Befruchtungen, genetische Experimente, die Geburt
von Hybridkindern und ihre Jahre später stattfindende Präsentation bilden einen wesentlichen Teil des Entführungsmythos.
Die Frage, *was* da geschieht, ist nicht einfach zu beantworten. Ist
es tatsächlich so, daß – wie viele UFO-Forscher glauben – eine
neue Rasse, eine neue Menschheit gezüchtet wird, sei es aus
egoistischen Gründen der *Anderen* (um ihre eigene Spezies »auf-

zufrischen«) oder aus rein humanitären (um unserer untergehenden Menschheit eine überlebensfähige Form zu verleihen)? Ich halte das für wenig wahrscheinlich. Um eine neue Rasse zu züchten, bedarf es keines Leihmütter-Projekts, das über Jahrzehnte, vielleicht Jahrhunderte hinweg andauert – dazu genügen wenige, stichprobenartig entnommene vollständige Gensequenzen einer kleinen Anzahl von Exemplaren. Ein beständiges Entführen, künstliches Befruchten, Diebstahl von Embryonen, Aufzucht in Brutkästen, all diese immer wieder von den Entführten beschriebenen Vorgänge sind weder sinnvoll noch nachvollziehbar, vergleicht man sie mit den Entwicklungen unserer eigenen biologischen Forschung innerhalb der letzten beiden Jahrzehnte.

Wenn dem aber so ist, wenn also eine hochentwickelte Intelligenz mit Leichtigkeit auf ganz andere Weise eine »neue Rasse züchten« könnte, die genannten Abläufe jedoch beobachtet, erlebt und beschrieben werden, *kann* das nur bedeuten, daß auch sie nichts anderes sind als ein Teil der Maske. Die wichtigste Lehre, die wir aus den ganzen Wirrungen und *Ver*wirrungen des UFO-Phänomens ziehen müssen, ist vor allem, uns davor zu hüten, das Offensichtliche, das, was sich uns auf den ersten Blick als scheinbar gegebene Tatsache präsentiert, für bare Münze zu nehmen. Das Phänomen besteht zu einem großen Teil aus Täuschung, und nur wenn wir durch diesen dichten Schleier der Täuschung hindurch in die tiefen Ebenen des symbolischen Untergrundes hineintauchen, wird uns die Sinnhaftigkeit all dessen bewußt werden.

Warum, fragt Dr. Jacques Vallée, haben denn die Elfen- und Feensagen aus dem Mittelalter bis heute überlebt? Sicher nicht, weil dort liebreizende, geisterhafte Frauengestalten gutherzigen Wohltätern drei Wünsche erfüllen. Der Grund seien vielmehr die *sexuellen* Aspekte, die sie enthalten. Heute ist das nicht anders:[18] »Gerade der sexuelle Kontext verleiht den Geschichten ihre Bedeutung und ihre Wirkung«, schreibt Vallée. »Die sexuelle (und, wie Budd Hopkins zeigte, in manchen Fällen sadomasochistische) Komponente der Entführungsgeschichten

264

erzeugt eine emotionale ›Verschlüsselung‹, die sie unvergeßlich macht.«

Dies ist der eigentliche, der wahre Grund. Wir werden das UFO- und Entführungsphänomen nicht in den Griff bekommen, solange wir nur an der Oberfläche wühlen. Was wir benötigen, ist ein wenig Phantasie: Um uns vorstellen zu können, wie sich eine *wirklich* hochentwickelte fremde und fremdartige Intelligenz uns gegenüber Jahrtausende hindurch verhalten könnte. Und ein wenig Mut, das Offensichtliche nicht für den Kern der Dinge zu halten und statt dessen die tieferliegenden *symbolischen* Ebenen des Phänomens zu entschlüsseln versuchen.

Die »kleinen Jungs«

Die Fülle der sexuellen Episoden, die das Entführungsphänomen begleiten, ist erstaunlich. Mehr als die Hälfte aller Frauen und ein nicht unbeträchtlicher Teil der Männer berichtet über erzwungene Sexualkontakte, über Embryonendiebstahl und Hybridkinder. Doch so bizarr diese Erzählungen auch sein mögen, so sehr müssen wir uns doch immer vor Augen halten, daß sie letztlich nur dazu dienen, die emotionale Bindung der Betroffenen einerseits und – über die Zeiten hinweg – von uns allen an das Phänomen zu ermöglichen. Die Tatsache, daß diese Berichte darüber hinaus selten vollkommen eindeutig sind, d.h. daß die sexuelle Komponente in der Regel nur angedeutet, aber nicht konkret greifbar wird, unterstreicht all dies noch in bedeutsamer Weise.

Am Abend des 13. auf den 14. Februar 1995 geht *Franziska Sutter* gegen 22 Uhr ins Bett. Ihre Gedanken kreisen um die Zeit, als sie sechzehn Jahre alt war. Damals hatte ihr Bauch innerhalb weniger Monate so zugenommen, daß sie gefragt wurde, ob sie schwanger sei. Tatsächlich blieb auch die Periode weg, doch da sie noch niemals mit einem Mann geschlafen hatte, hielt sie alles für ein vielleicht seelisch bedingtes Figurproblem.

Figurproblem – oder doch mehr? In dieser Nacht zum 14. Februar 1995 hatte *Franziska* einen merkwürdigen Traum, der sie zu einem Ereignis in der damaligen Zeit zurückführte. Vollständig vergessen, wurde es ihr erst jetzt wieder durch die Beschäftigung mit diesem Thema und in Form einer Traumaufarbeitung erneut bewußt:

»Ich bin im Hause meiner Eltern. Es ist Nacht. Ich bin in meinem Schlafanzug in meinem Zimmer. Ich mache kein Licht an, gehe aus dem Schlafzimmer die Treppe hinunter in die Küche. Dort schaue ich aus dem Fenster.«

Der Blick hinaus zeigt etwas Sonderbares: Gestalten, die auf die etwa sechzehnjährige *Franziska* wie »kleine Jungs« wirken: »Sie sind klein, so ca. 1,30 Meter groß. Alle sehen gleich aus, außer einem. Dieser ist kleiner, dicklicher und hat einen auffällig großen Kopf. Ich kenne sie nicht. Aber irgendwie doch. Sie sind vor dem Haus und warten auf mich. Ich fühle mich bedroht und will mich verstecken. Trotzdem gehe ich an die Haustür.«

In ihrem Traum, der das Geschehnis nach all den Jahren neu aufrollt, sieht *Franziska* genau die Tür, so, wie sie damals in ihrem Elternhaus war, mit länglichen, in das Holz eingelassenen Glasscheiben und mit Vorhängen davor. Trotz ihrer Angst und entgegen ihrem eigentlichen Willen tritt *Franziska* an diese Tür: »Ich hebe den Vorhang und sehe durch die Scheiben. Ich sehe die Umrisse der Jungs. Sie warten noch immer. Da öffne ich die Tür und trete nach draußen. Dann weiß ich einiges nicht mehr.«

Franziska kommt etwa zweihundert Meter vom Haus entfernt wieder zu sich. Sie steht auf einer Wiese. Es ist dunkel, kein Mensch weit und breit – nur diese »Jungs« in einiger Entfernung. Und ein dunkles »Etwas«, das sie nicht kennt: »Ich schaue ganz entsetzt darauf und renne zum Haus zurück. Dabei werde ich immer beobachtet. Ich bin noch im Pyjama und barfuß. Ich will um Hilfe schreien. Es kommt nur ein ganz leiser, krächzender Laut, und niemand hört mich. Ich kann einfach nicht kraftvoll schreien, so sehr ich auch will. Ich möchte schreien: Hilfe, Polizei! Hilfe, Hilfe! Aber ich bekomme nichts heraus. Dann stehe ich wieder vor der Haustür. Die Jungs sind noch immer in der Nähe. Ich will die Tür öffnen, aber die ist verschlossen. Da versuche ich, mit dem Schlüssel die Tür zu öffnen, aber in der Aufregung stecke ich ihn verkehrt herum ins Schloß. Ich versuche noch immer zu schreien: Hilfe, Polizei! Bin ganz naß vor Angstschweiß. Endlich kann ich die Tür öffnen.«

In ihrem Traum von diesem Ereignis hat *Franziska* einen Hausschlüssel in der Hand (»Woher der kommt, weiß ich nicht.«). Es ist schwer zu sagen, wie dieses Element zu bewerten ist, denn einen Hausschlüssel dürfte sie mit großer Wahrscheinlichkeit, dem bisherigen Ablauf nach zu schließen, nicht eingesteckt haben. Aber wir dürfen nicht vergessen: Hier handelt es sich um einen Traum, nicht um eine Erinnerung im Wachzustand. Möglicherweise ist der »Schlüssel« ein zusätzlich eingefügtes Element ihres Unterbewußtseins, das damit – auf der Symbolebene! – eine ziemlich eindeutige Aussage macht: der Schlüssel, der nicht paßt, der verkehrt herum ins Schloß zu stecken versucht wird als Analogie für die eigene Unfähigkeit, sich eine Tür zu öffnen, um all diesem Horror entgehen zu können.

Natürlich kam *Franziska* in dieser Nacht wieder in ihr Haus zurück, aber sie »weiß, daß ich ›denen‹ nie davonrennen kann. Die finden mich immer, und niemand kann mir helfen, niemand hört mich, alle schlafen weiter. Ich denke noch: ›Wer sind die?‹ Der eine könnte ein kleiner Nachbarsjunge sein, der ist auch so klein und hat einen relativ großen Kopf. Aber der ist in Wirklichkeit erst etwa vier oder fünf Jahre alt, ein ganz lieber, harmloser Junge. Ich sehe in meinem Traum wieder das Haus von innen, so, wie es war. Ich steige wieder die Treppe hoch und gehe ins Bett.«

Man kann nicht mit Sicherheit sagen, ob *Franziska* damals durch eine künstlich herbeigeführte Befruchtung der »kleinen Jungs« wirklich schwanger wurde oder nicht. Aber *genau das* ist ein Charakteristikum derartiger Berichte. Die Verschwommenheit des Phänomens, seine Undurchleuchtbarkeit macht es ja erst zu einem wichtigen psychologischen Agens, das die Beschäftigung damit anregt und unsere Phantasien beflügelt. Wäre alles eindeutig und offensichtlich, könnte es niemals die tiefen Ebenen unseres Ichs erreichen, in die es auf diese Weise vordringt.

Für *Franziska* jedenfalls wirkte dieser Traum wie ein Schock: »Ich wußte plötzlich, daß ich das, was ich geträumt hatte, oft wirklich erlebt hatte. Ich kannte dieses Gefühl genau und wußte jetzt auch wieder, daß ich in solchen Situationen oft um Hilfe geschrien, aber kein Wort herausbekommen hatte. Was mich überraschte war: Wenn mich jemand vor dem Traum gefragt hätte, wie es eigentlich in jenem Haus im Detail aussah, so hätte ich es nicht mehr gewußt. Ich war das letzte Mal vor etwa 26 Jahren dort, meine Eltern sind schon lange ausgezogen. An die gelblichen Glaseinsätze, den Vorhang, daran hatte ich mich nicht mehr erinnert. Und doch hat mir meine Mutter alles bestätigt. Seit diesem Traum sehe ich alles wieder genau vor mir.«

Und nachdenklich meint *Franziska*: »Auf jeden Fall war der Traum sehr schlimm. Es gibt nichts, das daran gut war. Was mag wohl immer dann geschehen sein, wenn ich irgendwo nachts allein im Haus aufgewacht bin, stehend, im Pyjama? Bin ich nur schlafgewandelt, oder wie kam ich ins Bad, in die Küche, in den Korridor, in das Wohnzimmer, in andere Etagen? Ich habe mich immer sehr geschämt und bin sofort wieder ins Bett gegangen und habe weitergeschlafen. Ich habe nie Licht gemacht.«

Jahre später, 1973, hatte *Franziska* ein Erlebnis, bei der ihr möglicherweise Eizellen aus den Ovarien entnommen wurden. Es war in einer Nacht, als ihr damaliger Mann nicht zu Hause war: »Ich lag auf einem Tisch – schmal wie ein Bett – in einem runden Raum. Der Raum war weiß. Er hatte zwei Etagen, d.h. nicht ganz zwei Etagen, sondern über einige Treppenstufen ging es in einen unteren Raum. Der obere Raum, in dem ich lag, war mit einem Geländer von dem unteren abgegrenzt. Neben meinem ›Bett‹ standen noch zwei oder drei weitere ›Betten‹, aber ich kann mich nicht erinnern, ob auch in diesen Menschen lagen oder nicht. Im Raum befanden sich hingegen einige ›Soldaten‹.

Ich nannte sie so, weil sie alle gleich aussahen und irgendwie steif waren. Einer stand an meinem Bett und machte an meinem Unterleib rum, wie bei einer gynäkologischen Untersuchung. Ich hatte starke Bauchschmerzen. Er sagte (oder besser: ›übermittelte‹) mir, daß sie mir Eier entnommen hätten. Ich war total entsetzt. Ich vergewisserte mich, daß ich nicht träumte. Ich war empört über diese Frechheit – aber ich konnte nichts tun. Später erwachte ich in meinem Bett. Ich war klatschnaß und hatte wirklich starke Bauchschmerzen. Ich habe niemandem etwas davon erzählt, aber ich fühlte mich total entwürdigt und habe immer wieder darüber nachgedacht, was wohl geschehen ist in dieser Nacht...«

Embryo-Verlust

Ganz anderer Art zeigte sich das Phänomen bei *Ursuala Schachter*. 1965, als sie mit ihrer Familie in Frankreich lebte, war sie im sechsten Monat schwanger: »Die Kontrollen waren damals sehr streng, weil DeGaulle Frankreich bevölkern wollte (*la Grande Nation*). Im dritten, sechsten und achten Schwangerschaftsmonat wurde man mit einer anständigen Summe dafür bezahlt, daß man zum Arzt ging. So hatte ich gerade meinen ›Sechs-Monats-Test‹ hinter mir und das Geld von der ›Sécurité Sociale‹ in Angoulême kassiert. Einige Tage später kam am Morgen ganz wenig Blut, und ich blieb im Bett. Ich wußte ja noch nicht, daß die Schwangerschaft abgebrochen war. Mein Mann holte den Arzt ins Haus – der war zufällig auch Geburtshelfer, war im Algerienkrieg Militärarzt gewesen und hatte dort etliches gelernt. Er behauptete sofort, ich hätte abgetrieben. Mein Mann wußte, daß ich das Haus nicht verlassen hatte, denn er war selbständiger Maurer und hatte gerade am eigenen Haus gearbeitet. Er beteuerte meine Unschuld. Der Arzt glaubte es nicht recht. Weil ich aber im Januar 1965 Zwillinge zur Welt gebracht hatte und es jetzt erst zirka acht Monate später war, hatte er ›ein

269

Einsehen‹ und rückte von einer Anzeige ab. Mein Mann war durch diese Geschichte sehr irritiert und suchte den ganzen Tag unser ›Land-WC‹ ab, ob ›etwas‹ ohne mein Wissen abgegangen sei. Natürlich fand er nichts.«

Auf meine Anregung hin schrieb *Ursula Schachter* am 25. April 1995 einen Brief an die zuständigen Stellen in Angoulême mit der Bitte, Nachforschungen über möglicherweise noch vorliegende Unterlagen ihrer damaligen Schwangerschaft anzustellen. Die Bitte blieb bislang unbeantwortet, und es ist zu befürchten, daß die Akten zwischenzeitlich – immerhin sind seither dreißig Jahre ins Land gegangen – vernichtet wurden. Das ist bedauerlich, aber letztlich ebenso ein Bestandteil des Phänomens wie alle anderen diffusen und sich rasch verflüchtigenden Aspekte auch: Immer, wenn man glaubt, konkret zugreifen zu können, lösen sich die Elemente auf und verschwinden spurlos zwischen den groben Maschen eines Netzes, dessen einzelne Fäden, wie es scheint, nur gesponnen werden, damit wir uns, orientierungslos geworden, darin verfangen können.

Erinnerungen an die Geburt eines Hybridbabys besitzt die 35jährige *Heide Altenburg*, die einmal das Gesicht eines »kleinen Grauen« an ihrem Fenster sah. Sie hatte in *Kontakt* die Erinnerungen der Anglistik-Studentin *Bettina Heise* aus Essen gelesen – und war erstaunt darüber, daß ihr im Grunde genau das gleiche auch schon passiert war: »Irgendwann, irgendwo wurde ich wach und fand mich in diesem Geburtserlebnis wieder. Der Druck auf den Beckenboden, der unbezähmbare Zwang zu pressen, das Gefühl, etwas würde nach draußen drängen, und die Feuchtigkeit zwischen den Beinen waren alles andere als ›traumhaft‹ und äußerst real. Da ich zwei Kinder geboren habe, weiß ich, wovon ich spreche. Das ›Ding‹ oder Wesen war etwa fünfzehn bis zwanzig Zentimeter groß. Ich schämte und ekelte mich. Wenn ich heute versuche, es mir vorzustellen, schiebt sich das Bild einer nassen Ratte in mein Bewußtsein.«

Bis sie mir ihren ersten Brief schrieb, hatte *Heide* noch niemals mit jemandem über diese Erfahrung gesprochen: »Das Erlebnis ist weitgehend blockiert. Das Licht war dämmrig, indirekt, und ich war komplett auf mich selbst konzentriert. An andere Wesen kann ich mich nicht erinnern, genausowenig wie daran, daß das Wesen, das ich geboren habe, weggenommen wurde. Mit dem Blick auf das Wesen oder ›Ding‹ endete das Erlebnis.«

Es ist gut möglich, daß es sich hier um einen Traum handelte, in dem sich weiter zurückliegende Ereignisse widerspiegelten. Denn »obwohl ich mich nach dem Erwachen elend fühlte und gruselte, habe ich das ganze Bett abgesucht, aber nichts gefunden. Wie *Bettina* hatte ich keine Unregelmäßigkeiten in der Regel.«

Daß dennoch – vielleicht Jahre zuvor – ein solches Erlebnis erschreckende Realität für *Heide* gewesen sein könnte, zeigte sich kurze Zeit vor ihrer ersten (normalen) Schwangerschaft: »Ich mußte damals wegen akuter Unterleibsbeschwerden zum Arzt. Da wir, mein Mann und ich, zu diesem Zeitpunkt bereits in der Phase der direkten Familienplanung waren, wurde auch eine kurze gynäkologische Untersuchung gemacht. Im Rahmen dieser Untersuchung wurde ich gefragt, wann meine letzte Geburt gewesen wäre. Da ich eine solche Geburt verneinte, wurde ich nach einer Abtreibung gefragt. Auch eine solche hatte nie stattgefunden. Der Arzt begründete seine Fragen damit, daß der Muttermund wie bei einer Frau aussähe, die bereits geboren habe. Mir kam die Sache sehr merkwürdig vor.«

Nicht minder überrascht war auch die 23jährige *Monika Goldmann* aus dem thüringischen Meiningen, als sie mit dem gleichen Problem konfrontiert wurde: »Obwohl ich keine Kinder habe, hat mich mein Frauenarzt des öfteren gefragt, ob ich schon einmal eine Geburt hatte.« Genauso wie *Heide* hatte sie lediglich einmal »geträumt«, auf künstliche Weise ein Kind zu gebären: »Ich bekam von dem Eingriff nichts mit, sah das Kind aber später. Es war klein und hatte große dunkle Augen. Man hatte es in ein weißes Tuch gehüllt, so daß nur der Kopf zu sehen war. Eigentlich war es ein normales menschliches Gesicht – bis auf die Augen. In dieser Zeit blieb meine Regel ohne Grund und ohne Anzeichen einer wirklichen Schwangerschaft zwei Monate und zwei Wochen aus und setzte nach dieser Zeit wieder ganz normal und ohne Störungen ein.«

Etwas später hatte *Monika* ein weiteres Erlebnis, das in ähnlicher Form von vielen Frauen berichtet wird, die unter dem Missing-Embryo-Syndrom leiden: »Ich weiß nicht, ob es ein Traum war, denn ich habe dieses Erlebnis als absolut real empfunden. Ich sah ›Krankenschwestern‹ um mich herum, habe aber keine Gesichter erkennen können. Das Kind war klein und hatte große dunkle Augen. Es waren auch noch einige andere junge Frauen mit in dem Raum und haben Kinder gestillt. Als ich am Morgen zum Duschen ging, war meine rechte Brust gerötet und auf Berührungen empfindlich.«

Sexual-Kontakte

Noch deutlicher und lebhafter als Schwangerschaften und ihr unverständlicher Abbruch oder die Geburt von »Hybridbabys« sind natürlich die sexuellen Erlebnisse selbst, die als emotionales »Hintergrundrauschen« unsere tiefe, innere Beziehung zu dem Phänomen herstellen und es mit ihm auf unlösbare Weise verkoppeln. Es ist einfach, Menschen, die von derartigen Kontakten berichten, einfach nur bizarre Sexualphantasien zu unterstellen. Natürlich sind es *auch* unsere Phantasien, die hier eine Rolle spielen. Aber diese Phantasien sind lediglich die Zutaten, nicht der *Auslöser* dieses Phänomens, wie Prof. Dr. David Jacobs[13] deutlich aufzeigen konnte.

Schon vor Hunderten von Jahren ging es den Menschen nicht anders. Damals waren es »böse Geister«, wurden Frauen mit Succubi-, Männer mit Incubi-Dämonen konfrontiert. Doch exakt das gleiche ereignet sich heute auch – nur tritt es uns im Gewand des modernen UFO-Phänomens gegenüber:

Ulrich Hürzeler, ein 20jähriger junger Mann aus Cham in der

272

Schweiz, hat seit seiner Kindheit zahlreiche, z.T. erschreckende Erlebnisse gehabt. Einigen von ihnen ist er inzwischen mit Hypnoseregressionen nachgegangen: »Das Ereignis, das ich bis heute am besten rekonstruieren kann, ist jenes, das wahrscheinlich in der Nacht vom 10. auf den 11. Mai 1994 stattfand. Ich liege im Bett und schlafe. Plötzlich werde ich von einem stark leuchtenden, pulsierenden, hellblauen Licht geweckt. Ich verkrieche mich unter der Decke, denke: ›Nicht schon wieder, das darf nicht wahr sein!‹«

Dann hat *Ulrich* irgendwie das Gefühl zu schweben und findet sich schließlich auf einer etwa fünfzig Zentimeter hohen Liege wieder: »Ich bin in einem dunklen Raum. Wand, Boden und Decke sind ganz glatt. Unterhalb von meinen Füßen, ein wenig nach rechts, befindet sich eine Art ›Marmorsäule‹. In der schwarzen Fläche sind weiße Muster zu sehen. Mit grauen Bändern um meine Fußgelenke werden die Beine am Tisch befestigt. Plötzlich legt sich ein schlankes, kleines und weißes Wesen auf mich. Sie hat große dunkle Augen und keine Haare auf dem Kopf. Mir wird schlecht. Trotzdem bin ich sexuell erregt – ich verstehe das nicht. Das ganze ›Spiel‹ wird von einer anderen wiederholt, an deren Aussehen ich mich nicht errinnern kann. Und als wenn das nicht alles schon genug wäre, noch von einer dritten, die meiner Erinnerung nach aber deutlich menschlichere Züge hatte. Danach liefen mir die Tränen übers Gesicht.«

Pure Sexualphantasien? *Elisabeth Strelitz*, eine 37jährige Mutter zweier Söhne aus Berlin, erlebte eine ganze Reihe komplexer *Bedroom-Visitor-* und Entführungsszenarien. Drei Mal drangen große Gestalten mit langen Mänteln und Hüten in ihr Zimmer ein, das erste Mal 1982: »Damals waren sie zu dritt. Sie standen um mein Bett herum, ich schloß sofort wieder meine Augen, ich wollte sie einfach nicht sehen. Dann weiß ich nichts mehr.«

Der zweite Besuch ereignete sich etwas später: »In dieser Nacht bin ich plötzlich wach geworden, ich weiß nicht, warum. Also, ich saß kerzengerade in meinem Bett, und am Fußende hockte oder kniete eine Gestalt, und rechts von ihm stand noch einer. Die Gestalten waren etwa 1,80 Meter groß, schlank, schwarz gekleidet und hatten einen schwarzen Hut auf dem Kopf, einen Schlapphut (Humphrey-Bogart-Hut), tief ins Gesicht gezogen, so daß ich ihre Gesichter nicht erkennen konnte. Ich war in diesem Moment furchtbar erschrocken. Das schien eine der Gestalten auch zu merken, und sie sagte mir – nicht mit einer Stimme, sondern in meinen Gedanken: ›Leg dich hin und schließe die Augen.‹ Ich tat es und kann mich an nichts erinnern, was danach geschah.«

1986 kamen die Fremden ein drittes Mal. Und diesmal ließen sie es nicht bei einem bloßen Besuch bewenden: »Ich wurde wach und spürte an meinem Körper – ich lag auf dem Rücken – eine beginnende Erregung. Ich machte die Augen auf: Da lag ein schwarz gekleideter Mann über mir. Ich weiß noch, daß ich mich selbst in diesem unglaublichen Moment als erstes darüber wunderte, daß meine Beine nicht geöffnet waren, er aber dennoch einen Geschlechtsakt vollzog. Irgendwie hatte ich das Gefühl, ich läge gar nicht in meinem Bett, denn ich sah an meiner rechten Seite eines dieser ›Insekten‹-Wesen stehen. Das ist das letzte, woran ich mich erinnere. Ich muß danach sofort wieder eingeschlafen sein.«

Ein äußerst bizarres Vergewaltigungserlebnis hatte auch *Anke Drewitz*. In *Kontakt* hatte ich geschildert, daß sie 1992 von ihrem Haus aus in ein UFO entführt wurde und sich dort, auf einem Tisch liegend, von kolbenförmigen Geräten umgeben wiederfand. Als sie am nächsten Morgen erwachte, hatte sie mehrere blaue Flecken an den Oberschenkeln. Vor einiger Zeit vertraute sie mir weitere Einzelheiten dieses Erlebnisses an: »Als ich 16 oder 17 Jahre alt war, erschien mir eines Abends, als ich im Bett lag, ein Gesicht. Ich habe es bis heute nicht vergessen. Es war ein Mann mit dunklen Haaren und einem langen dunklen Bart. Er sagte damals zu mir: ›Vergiß nie, daß ich dein Mann bin‹ oder so ähnlich – und war verschwunden. Damals habe ich oft darüber nachgedacht. Ich habe nie davor und auch später nicht einen solchen Mann gekannt. Das Verrückteste aber ist: Genau dieser Mann mit dem Bart stand damals, 1992, als ich in dieses Objekt über unserem Haus entführt wurde, neben mir, als ich da auf dem Tisch lag. Er hat mich angelächelt – und dann quasi vergewaltigt. Es waren auch noch andere Wesen an meinem Fußende neben den kolbenförmigen Dingern. Ich kriege das Ganze nicht mehr auf die Reihe. Es quält mich, wenn ich daran denke.«

»Dämonen« im Schlafzimmer

Die Incubi und Succubi des 20. Jahrhunderts mögen schwarze Mäntel und Hüte wie Humphrey Bogart tragen: Es sind doch die gleichen, mit denen schon unsere Vorfahren ihre Not hatten. Manchmal erscheinen sie jedoch auch heute noch genauso, wie sie den Menschen des 12. Jahrhunderts begegnet sein mögen: als behaarte Dämonen, die sich in unsere Träume schleichen und zugleich den Geschlechtsakt mit uns vollziehen.
Reinhard Gomulka aus Rostock mußte genau das erleben. In einer Nacht im Juni 1995 beginnt er, sich aus dieser uns allen bekannten Phase zwischen Traum und Wachen zu lösen. Seltsames hatte er gesehen: er selbst, nackt, mit einem Menschenaffen kopulierend. Wirklich nur ein Traum?
Reinhard bemerkt, wie schwer es ihm fällt, ins Wachbewußtsein zurückzukehren. Irgendwie ist alles anders als sonst: »Und dann, je wacher ich wurde, um so deutlicher wurde mir bewußt, daß da zwischen meinen gespreizten Beinen wirklich etwas war. Als ich endlich klar denken konnte, aus diesem Trancezustand herauskam und die Augen aufriß, sprang im gleichen Moment ein behaartes Wesen von mir zurück, das auf mir gelegen hatte. Es war kein Affe, aber ich kann es nicht beschreiben. Ich zitterte. Es stand vor mir an der Bettkante und starrte mich nur an. Ich dachte, ich werde verrückt. Dann verschwand es, löste sich

einfach in Luft auf. Es war größer als ein Mensch, hatte eine dunkle Gesichtsfarbe und muß sehr leicht gewesen sein – wie sonst hätte es so aus seiner Stellung einfach mit einem Satz zurückspringen können? Ich hatte tatsächlich eine Erektion, aber ich schwöre, das war kein erotischer Traum! Ich sah das Wesen ja deutlich vor mir. Es stand direkt an meinem Bett. Ich bin dann aufgestanden, habe überall Licht gemacht, war vollkommen fertig und konnte die ganze Nacht nicht mehr schlafen.«

Das »behaarte Wesen«, das *Reinhard Gomulka* sah, zeigt deutliche Parallelen zu jenen *Bigfoot*-Gestalten, die in den vergangenen Jahrzehnten in Amerika gesehen wurden. Ich habe in *Die Anderen* ausführlich darüber berichtet und auch darauf hingewiesen, daß es unzweifelhaft Zusammenhänge zwischen Beobachtungen dieser Gestalten und dem UFO-Phänomen gibt. Beides gehört zusammen, beides symbolisiert unterschiedliche Aspekte einer fremdartigen Welt: die der Zukunft und die unserer eigenen fernen Vergangenheit, in der noch alles edel, rein, natürlich war und in die wir uns alle auf die ein oder andere Weise zurücksehnen. Das UFO-Phänomen kommt dieser Sehnsucht in ähnlicher Weise entgegen, auch wenn es nicht die Vergangenheit, sondern unsere Zukunftswünsche anspricht. Aber beides ist miteinander gekoppelt, das gemeinsame Auftreten von UFOs und Bigfoot-Gestalten macht dies deutlich. Und im Fall von *Reinhard Gomulka* haben wir nun auch eine Bestätigung dafür, daß dieses Phänomen in gleicher Weise in das der sexuellen bzw. quasisexuellen Wechselwirkung mit den *Anderen* eingebunden ist.

Sibylle Friedrich aus Regensburg hatte im Jahr 1987 eine ganze Reihe unheimlicher Erlebnisse, eine »Phase grauenvoller Alpträume. Ich zögerte den Schlaf hinaus, indem ich wissenschaftliche und psychologische Bücher verschlang. Ich versuchte, durch positive Selbsthypnose einzuschlafen, und es war mir schleierhaft, warum diese ›Träume‹ trotzdem kamen. Ich versuchte damals alles, um mein Leben wieder in den Griff zu bekommen, aber es glitt mir regelrecht aus den Händen. Die Nächte waren

so schlimm wie die Tage – und umgekehrt. Es war unbeschreib-
lich!«

Die für die damals 39jährige *Sibylle* so grauenvollen Erlebnisse
begannen, als sie eines Nachts aus dem Schlaf gerissen wurde:
»Das erste Mal verspürte ich einen heftig atmenden Körper auf
mir. Ich wurde durch dessen Gewicht und die Geräusche
geweckt. Er hatte eine leuchtend grüne Aura. Als ich mir dessen
bewußt wurde, löste sich die Gestalt auf und verschwand. Ich
sprang wie von der Tarantel gestochen auf und schloß das Fenster. Ich durchsuchte das Zimmer und die gesamte übrige Wohnung. Das Seltsame war: Zu diesem Zeitpunkt hatte ich überhaupt keine Angst. Es war, als ob ich dieses Wesen schon lange
kennen würde.«

Die Gestalt scheint später nicht wiedergekommen zu sein – jedenfalls kann sich *Sibylle* nicht daran erinnern. Statt dessen tauchte
eine andere, uns bereits gut bekannte Figur bei ihr auf: »Wochen
später besuchte mich dann eine andere kleine glatzköpfige
Gestalt mit brauner Kutte. Sie kniete zwischen meinen Schenkeln,
und ich erwachte durch ein Hantieren im Genitalbereich. Es war
weder schön, noch war es unheimlich. Als ich erwachte, saß ich
halbaufgerichtet im Bett und sah im Mondlicht diese Gestalt.
Kurz darauf fiel ich in einen hypnotischen Schlaf.«

»Engel« auf der Straße

Ein anderes Erlebnis aber war es, das für *Sibylle Friedrich* von
großer Bedeutung ist: Ihre Begegnung mit einem Wesen, das sie
Gotharr nennt. Diese Begegnung erst zeigt uns den tieferen Sinn
solcher Erfahrungen, nämlich ihren psychologischen Einfluß auf
den Betroffenen. Dabei spielt es keine Rolle, wie dieses Wesen
wirklich aussieht, ob es tatsächlich »Gotharr« heißt oder irgendwie anders. Wichtig ist die *symbolische* Wirkung, die es vermittelt und die in *Sibylle* dazu führte, Probleme, mit denen sie sich
ein Leben lang herumgeschleppt hat, verarbeiten zu können.

1990 verspürte sie nachts den inneren Drang, in die Altstadt von Regensburg gehen zu müssen: »Plötzlich schwebte über mir ein ovales Schiff. Die Tür öffnete sich, ich wurde hochgezogen, und über mir befand sich ein fremdartiges und doch so vertrautes Gesicht. Es hatte riesig große und schwarze Augen. In diesen Augen lag das ganze Universum. Es war soviel Liebe in ihnen und uralte Weisheit, daß ich in Tränen ausbrach. Ich war bis ins Mark erschüttert.«

Das Wesen – »Gotharr« – bietet *Sibylle* an, mit ihm zu kommen: »Ich lehnte schmerzlich, unter Tränen, ab. Noch nie habe ich mich so frustriert erlebt wie in dieser Situation. Heute weiß ich, daß es meine Aufgabe ist, Trennungsschmerz zu verarbeiten. Dieses Thema zieht sich wie ein roter Faden durch mein Leben. Auch in Sachen Demut habe ich durch diese Erfahrungen unwahrscheinlich viel dazugewonnen.«

Der moderne Mensch hat weitgehend verlernt, mythologisch zu denken. Wir sind so sehr auf das Offensichtliche, das Rationale, das »Realistische« beschränkt, daß wir die darunterliegenden Schichten mythologischer Symbole, die uns seit Jahrtausenden begleiten und im kollektiven Unbewußten noch immer gewahr und präsent sind, nicht zur Kenntnis nehmen. Jenen, die das wissen, die sich dieser Symbole bedienen können, fällt es leicht, sich dahinter zu verbergen, indem sie die Archetypen jahrtausendealter Kontaktmodi mit modernen Anschauungen und Überzeugungen vereinen.

Carl Gustav Jung war sich bewußt, daß das UFO-Phänomen eine Rückkehr verdrängter Symbole des kollektiven Unbewußten in die moderne Zeit ist.[52] Heute interpretiert man ihn gerne dahingehend, er habe damit das *gesamte* Phänomen in einen ausschließlich psychologisch zu wertenden Bereich rücken wollen, aber das ist eine unkorrekte Widergabe seiner Auffassung. Im Vowort zu seinem Buch macht er 1954 nämlich sehr wohl deutlich, daß es sich *im Kern* vermutlich um ein Phänomen von physischer Qualität handelt: »Vor einiger Zeit habe ich einen kleinen Artikel für die WELTWOCHE geschrieben, in welchem ich Überlegungen bezüglich der Natur der ›Fliegenden Teller‹ anstellte. Ich bin zu demselben Schluß gekommen wie der bald darauf erschienene, halboffizielle Bericht von Edward J. Ruppelt, dem ehemaligen Chef des mit der Ufo-Beobachtung betrauten USA-Bureaus. Der Schluß ist: *Es wird etwas gesehen, aber man weiß nicht was.* Es ist sogar schwer, ja fast unmöglich, sich eine richtige Vorstellung von diesen Objekten zu machen, denn sie benehmen sich nicht wie Körper, sondern schwerelos wie Gedanken... Die physikalische Wirklichkeit der Ufos blieb für ein Jahrzehnt eine sehr problematische Angelegenheit, die weder in der einen noch in der anderen Richtung mit wünschenswerter Eindeutigkeit entschieden werden konnte, obschon im Laufe dieser Zeit ein großes Erfahrungsmaterial zusammengekommen war. Je länger die Unsicherheit andauerte, desto größer wurde die Wahrscheinlichkeit, daß das offenbar komplizierte Phänomen neben einer möglichen physischen Grundlage auch eine wesentlich ins Gewicht fallende psychische Komponente besitze. Dies ist insofern nicht verwunderlich, als es sich um eine anscheinend physische Erscheinung handelt, welche sich einerseits durch häufiges Vorkommen, andererseits durch Fremdartigkeit und Unbekanntheit, ja Widersprüchlichkeit ihrer physikalischen Natur auszeichnet.«

Jung wußte noch nichts von Entführungen und noch weniger von sexuellen Kontakten mit den *Anderen* – aber ich bin sicher, daß er die Dinge ähnlich gesehen hätte: nämlich als tief verschlüsselte Symbole, die weniger auf die Züchtung einer neuen Rasse als vielmehr auf die spirituelle Entwicklung von uns selbst zielen. Je tiefer wir in das Mysterium dieses Phänomens eindringen, um so deutlicher wird jenen, die die Dinge offenen Auges betrachten können (d.h. weder durch die Brille der sogenannten »Skeptiker« noch durch die der »UFO-Gläubigen« und »UFO-Okkultisten«), daß es hier einzig und allein *um uns selbst geht,* daß jene Fremden, über die wir so gut wie nichts wissen, es uns auf diesem Wege ermöglichen, zu einem zumindest *ansatzweisen* Verständnis ihrer Existenz und Präsenz zu gelangen.

Im Pool

Kein leichter Weg. Doch die Betroffenen selbst beginnen zu verstehen – etwa *Antonia Fischer* aus Wien. Die 46jährige ausgebildete Kosmetikerin fühlte seit Jahren intuitiv, »als hätte mich jemand unter Kontakt«. Seit sie mein Buch gelesen hat, ordnet sie einen »Traum« aus dem Jahr 1986, den sie bislang lediglich als Fragment ihres Innenlebens deutete, neu ein: »Jetzt verstehe ich seine Bedeutung und Symbole.«

Bedeutungen erkennen, Symbole entschlüsseln – das ist die *wirkliche* Aufgabe eines Betroffenen ebenso wie jener, die ernsthaft an der Erforschung dieses Phänomens interessiert sind. Und ich denke, gerade *Antonia Fischers* sogenannter »Traum« eignet sich dafür in herausragender Weise:

»Es war ein ›Traum‹, den ich nie vergessen werde, solange ich lebe. Ich befand mich in einem kleinen, seltsamen Raum, einer Art Kabine, schlicht, nur ein Bett. Alles aus Chrom oder einem ähnlichen Material. Woher die Lichtquelle kam, weiß ich nicht.«

Überhaupt vermag *Antonia* in diesem Moment nicht zu sagen, wie sie hierhergekommen ist und wo sie sich überhaupt befindet. In diesem Moment öffnet sich eine Tür: »Da kam plötzlich eine Frau herein, an die ich mich überhaupt nicht erinnern kann, d.h. an ihr Äußeres. Ich glaube aber, daß sie menschlich aussah. Sie redete, ohne ihren Mund zu bewegen, war eher verärgert, wirkte böse. Sie schleuderte einen Anzug zu mir hin, der ein eigenartiges Material hatte, federleicht und doch robust.«

Antonia bekommt die Anweisung, ihre Kleider aus- und diesen Anzug überzuziehen, der sich wie eine zweite Haut an ihren Körper schmiegt. Die fremde Frau bemerkt zynisch: »Wir werden ja sehen, wie du den Flug durch die Ringe überstehst...«

Antonia begreift kein Wort, weiß nicht, was das alles soll, wer diese Frau ist, was man von ihr will: »Ringe? Welche Ringe? Flug? Welcher Flug? Wo war ich überhaupt?«

Man läßt die völlig ratlose Frau allein zurück. Die Tür schließt sich wieder – dann hat *Antonia* ein Blackout. »Ich kam zu mir, als ich von einer äußerst unangenehmen Vibration erfaßt wurde, die immer stärker wurde. Ich konnte kaum atmen, der Druck wurde immer stärker. Doch plötzlich ließ es ganz nach. Kurz darauf kehrte diese Frau zurück.«

Die Fremde mustert *Antonia* aufmerksam, tastet sie mit ihren Augen von oben bis unten ab: »Dann, als sei sie über meinen guten Zustand aus irgendeinem Grunde erfreut, schien sie Achtung oder sogar Respekt vor mir zu haben. Sie befahl mir beinahe liebevoll, ich solle ihr folgen.«

Die beiden betreten einen langen Gang, der sich wölbt, als liefe er um ein Zentrum tief unter ihnen. Dann, vor »einer Tür, wo für mich keine sichtbar war, deutete sie mit ihrer rechten Handfläche auf die Wand, und diese ging lautlos auf. Vor mir stand ein großes, menschlich aussehendes Wesen – oder es bemühte sich, so auszusehen –, es wirkte auf mich irgendwie unecht. Es war zirka 2,30 Meter groß, hatte olivgrüne Haut und eher normale Augen. Aber diese Augen hatten immense Sogkraft.«

Auch hier sind es die Augen, die als einziges Element dieses »Wesens« von wirklicher Bedeutung, von Realität zu sein scheinen; alles andere macht auf Antonia den Eindruck, »unecht« zu sein. Nicht wesentlich anders äußerte sich eine andere österreichische Entführte, nämlich Karin Fahrnberger, nach ihrer Begegnung mit dem *Bedroom Visitor*, der ihre Schwägerin zu imitieren versuchte.

Nun steht *Antonia Fischer* einem solchen »Wesen« gegenüber: »Ohne seine Lippen zu bewegen, sagte er: ›Dich Erdenkind habe ich mir ganz anders vorgestellt.‹ Er sagte ›Kind‹, obwohl ich eine erwachsene Frau bin. Ich dachte eher amüsiert, daß er ja auch nicht gerade gewöhnlich aussähe. Da begann er zu lächeln, ohne sein Gesicht zu verziehen, und ich erschrak, weil er meine Gedanken las.«

Die Gestalt führt *Antonia* in einen laborähnlichen Raum: »Es befand sich dort eine große Glaswanne – etwa vier bis fünf Meter lang und zwei bis drei Meter breit –, die wie ein Aquarium aussah. Dann fehlt mir Erinnerung, denn ich finde mich plötzlich nackt in dieser Wanne wieder. Sie ist gefüllt mit einer mir unbekannten dunklen, moosgrünen, gallertartigen Masse. Sie paßt sich, ohne zu kleben, an den Körper an, ist angenehm warm.«

Prof. David Jacobs beschreibt in seiner Analyse amerikanischer Entführungsfälle[13] solche »Tanks«: »In einer häufig ergänzenden Prozedur bringen die Außerirdischen die Entführte in einen Raum mit einem großen Becken oder sogar einem kleinen Swimmingpool. Die Außerirdischen wollen, daß sie in das Becken steigt. Die Flüssigkeit ist klar und sieht auf den ersten Blick aus wie Wasser, ist jedoch kein Wasser.«

Jacobs beschreibt Fälle, in denen Menschen angehalten wurden, in diese Flüssigkeit einzutauchen und sie zu atmen, was problemlos funktioniert habe. Der von ihm zitierte James Austino, der so etwas 1988 erlebte, erinnerte sich in der Hypnose daran, bis etwa zur Brust darin gestanden und dann untergetaucht zu sein. Die Flüssigkeit habe Körpertemperatur gehabt, sei von grüner Farbe gewesen, und als er das Becken wieder verlassen habe, hätte es sich fast schleimig angefühlt und habe am Körper gehaftet: »Man muß seine Hände nehmen und es abstreifen.« Es scheint, daß *Antonia* in einem gleichen oder zumindest ähnlichen Becken saß wie dieser amerikanische Entführte – allerdings zwei Jahre zuvor, als sie weder etwas von James Austino noch vom Buch David Jacobs wissen konnte: Das wurde erst 1992 veröffentlicht.

Antonia sah auch den großen »Mann« in dieser seltsamen Flüssigkeit sitzen: »Er befindet sich in einem Abstand von etwa einem Meter von mir entfernt, berührt mich aber nicht. Mir geht die gallertartige Masse knapp über die Brüste, ihm, seiner Größe entsprechend, etwas tiefer. Er sieht mich intensiv an, seine Augen saugen mich fest. Es beginnt, eine starke ›Energie‹ zu fließen, ich hatte keine Chance mehr, mich zu wehren, und wollte es auch nicht. Noch nie hatte ich so ein intensives Gefühl von Erotik, es ging irgendwie weit über menschliche Empfindungen hinaus.«

Wer beeinflußt wen?

1985, ein Jahr, bevor *Antonia* ihren »Traum« hatte, wurde der recht erfolgreiche Science-fiction-Film *Coccoon* gedreht. Er enthält eine sehr ähnliche Szene, nur mit umgekehrten Vorzeichen: Dort ist es eine hübsche Außerirdische in menschlicher Gestalt (gespielt von Tahnee Welch), die in einem Swimmingpool mit dem irdischen Hauptdarsteller (gespielt von Steve Guttenberg) auf verblüffend ähnliche Weise erotische Energien austauscht. Die Parallelen zwischen dieser Filmszene und der von *Antonia Fischer* beschriebenen Erinnerung sind augenfällig.

Die Frage stellt sich von selbst: Wäre es möglich, daß *Antonia* diesen Film damals gesehen hat und ihn dann auf ihre Weise einfach in einem Traum verarbeitete? Ich bat *Antonia*, Nachforschungen darüber anzustellen, und ein paar Wochen später schrieb sie mir: »Im Kino sah ich den Film damals sicher nicht, denn ich gehe nur äußerst selten ins Kino. Mein Sohn erinnerte sich jedoch daran und erzählte mir den Inhalt, worauf ich mich vage erinnerte, ihn doch gesehen zu haben, aber ich bin ganz sicher, daß das lange *nach* meinem Traum im Fernsehen geschah.«

Tatsächlich wurde *Coccoon* inzwischen mehrfach von verschiedenen Sendern ausgestrahlt – aber erst Ende der achtziger, Anfang der neunziger Jahre, als das Erlebnis von *Antonia Fischer* bereits etliche Zeit zurücklag. Dies bedeutet nicht, daß wir die Möglichkeit einer simplen Traumverarbeitung völlig ausschließen können (es wäre zum Beispiel denkbar, daß 1985/86 Ausschnitte aus dem Film zu Werbezwecken im Fernsehen gezeigt wurden), aber sie ist auch nicht besonders wahrscheinlich. Ich könnte mir jedoch andererseits gut einen Mechanismus vorstellen, bei dem *die Anderen selbst* das aus dem damals sehr erfolgreichen Film bekannte Motiv einer sexuellen Verbindung zwischen Außerirdischen und Menschen auf die Erlebniswelt von *Antonia* übertrugen, so, wie sie es letztlich mit allen von den Entführten wahrgenommenen Elementen ihrer Begegnungsszenarien tun.

Antonia selbst jedenfalls »wußte, daß ich benutzt wurde, ich fühlte mich aber nicht unwürdig dabei. Er berührte mich keinen Augenblick, alles schien mental abzulaufen, von seinem Willen gesteuert. Dann zeigte er mit seiner rechten Handfläche auf die Wand parallel zu uns. Die Wand glitt lautlos zur Seite, und ein über die ganze Wand reichender Schirm oder Monitor wurde sichtbar.«

Auf diesem Monitor läßt man für *Antonia* den biologischen Verschmelzungsprozeß ablaufen: »Ich sehe, wie sechs Eizellen von mir und sechs Spermafäden aufeinander zutreiben und sich befruchten. Dieser Vorgang war so unpersönlich wie alles andere, wenn man vom ›suggerierten Liebesspiel‹ absieht. Ich blickte ihn daraufhin fragend an, doch er wirkte nun, nach dieser sichtlich gelungenen Befruchtung, eher kühl und autoritär, aber nicht unfreundlich. Dann ist wieder eine Erinnerungslücke.«

Als *Antonia* sich ihrer selbst erneut bewußt wird, zeigt man ihr sechs Säuglinge. Sie sehen menschlich aus, haben aber die olivfarbene Haut ihres »Vaters«. Man erklärt ihr, die Kinder müßten bleiben, sie selbst würde man in den nächsten Jahren erneut holen (»Ob ich diese – meine? – Kinder je wiedersah, weiß ich nicht.«), weil die Kinder ihre Liebe benötigten. Alles geschähe »unter der Erlaubnis meines wahren Wesens, ich würde in den kommenden Jahren verstehen«.

Diese Szene ist insofern verwirrend, als die Kinder offenbar bereits kurz nach der Befruchtung präsentiert werden, was biologisch unmöglich ist. Aber genau hier zeigt sich, daß wir es eben nicht mit realen Geschehnissen zu tun haben, sondern mit Bildern, mit Symbolen, die für die Betroffenen im Moment des Ereignisses erzeugt werden.

Mein Buch *Kontakt* hat – wie bei so vielen Betroffenen – auch bei *Antonia Fischer* seltsame Gefühle hinterlassen: »Immer hatte ich mich als ICH empfunden, das endlich lernen soll: das ›Herz aller Dinge‹ zu erfühlen, zu erkennen. Alles hat Sinn, davon bin ich überzeugt, doch die Sehnsucht, es wissen zu wol len, was mit uns geschieht, ist wohl eine Art Antriebsmotor des persönlichen Wachstums!«

Kann man es noch deutlicher ausdrücken als *Antonia Fischer* es vermag? Ich glaube nicht. Denn hinter all den verwirrenden, uns zum Teil verletzenden und damit tief in unsere Seele eindringenden Bildern von medizinischen Untersuchungen, kleinen Kapuzenwesen am Bett, großen »unechten« Gestalten mit hypnotischen Augen und »Frauen«, die sich ironisch über den »Flug durch die Ringe« Gedanken machen, hinter all dem steht etwas ganz anderes: all diese Geschichten, dieser ganze Mythos ist nichts anderes als ein sich öffnendes Tor: das Tor, durch das die *Anderen* zu uns gelangen, das Tor, durch das wir selbst, eine spiegelnde Oberfläche durchschreitend, den Weg zu unserer Seele finden, und ein Tor, das uns hinaus zu den Sternen führt...

X

Sternentore

Pforten in die Unendlichkeit

»Dann bleibe ich stehen und schaue hinauf zum
Himmel. Es ist wie ein Schock, denn noch nie
habe ich einen schöneren Himmel gesehen. Es gibt
mindestens doppelt so viele Sterne wie bei uns,
und die Sicht ist ganz anders. Der Himmel ist
nicht schwarz, sondern eher schwarz-blau. Es ist,
als ob man in eines dieser 3-D-Bilder schauen
würde. Ganz weit draußen sieht man schimmernde, regenbogenfarbige Nebelschwaden zwischen
den Sternen. Es ist traumhaft schön anzusehen.«

Karin Fahrnberger (34 Jahre)

Die Wirklichkeit, die wir wahrnehmen oder wahrzunehmen
glauben, ist nur eine scheinbare Wirklichkeit. In Wahrheit
sind es ausschließlich elektrische Impulse, die, von den Sinnes-
organen ausgehend, über die Nervenbahnen geleitet, von unserem Gehirn entsprechend einer seit Jahrmillionen bestehenden
Kontextuierung interpretiert werden. Diese Kontextuierung
wird durch unsere Erziehung – insbesondere in den ersten
Lebensjahren – gefestigt und unser Bewußtsein darauf festgelegt,
was »real« ist und was nicht.
Das heißt, wie Prof. Gerhard Roth, Direktor des Instituts für
Hirnforschung an der Universität Bremen, darlegt,[53] daß man
»einen Unterschied machen muß zwischen der Annahme, daß es

eine Welt gibt, die ›objektiv gegeben‹ und vom Bewußtsein unabhängig ist, und der Annahme, daß es Organismen gibt, die Gehirne haben und überleben müssen. Die objektive Realität ist eine bloße Annahme.«

Die seit fast vier Milliarden Jahren andauernde Evolution auf der Erde bedeutete für die Entwicklung des Gehirns eine Anpassung: Nur das wurde in evolutionären Schritten weitergegeben, was sich als sinnvoll erwiesen hatte – als sinnvoll zum Überleben. Alles andere fiel gewissermaßen »unter den Tisch«. Der Biologe und Erkenntnistheoretiker Prof. Francisco Varela[53] konnte jedoch deutlich machen, daß es die »interne Organisation des Nervensystems ist, die bestimmt, was als wichtig, stabil, regulär gilt. Das Gehirn konstruiert Wirklichkeiten,... wenn man Wirklichkeit als eine Ansammlung von Regelmäßigkeiten versteht. Es existiert weder ein Abbild von einer Welt, die unabhängig von dem ist, was wir tun, noch wird willkürlich und blind etwas konstruiert. Vielmehr verfügt der Mensch mit seinem Nervensystem über ein Instrument, dessen einzige Aufgabe es ist, Ordnungen zu erzeugen, jede Art von Regelhaftigkeiten, wenn sie sich nur bewähren.«

Sinnesreize aus der Netzhaut zum Beispiel gelangen über den Thalamus direkt in die primäre Sehrinde im okzipitalen Hinterhauptlappen der Großhirnrinde. Hier sind die Nervenzellen topologisch organisiert und spiegeln maßstabsgetreu die Erregungsmuster der Netzhaut wieder. Dann aber erfolgt eine Weiterverteilung und Aufsplittung des Signals auf bestimmte Gehirnbereiche: Einer ist nur auf Konturen spezialisiert, ein anderer auf Farben. Der Bereich V5 (seitlich-vorn im Hinterhauptlappen) reagiert als Bewegungsmelder.

Der Londoner Anatom Prof. Semir Zeki[54] hat durch Experimente herausgefunden, daß die meisten dortigen Neuronen nur dann reagieren, wenn sich Objekte in einer ganz bestimmten Richtung über die Bildfläche des Auges bewegen. Einige dieser Sensoren sind auf sehr schnelle, andere auf sehr langsame Bewegungen spezialisiert, die meisten jedoch auf »normalbewegte«

Objekte bzw. Lichtpunkte. Einige werden nur dann aktiviert, wenn der Gegenstand auf den Betrachter zukommt, andere, wenn er sich von ihm entfernt.

Wie wichtig V5 für uns ist, zeigt sich bei Patienten, bei denen dieses Areal ausgefallen ist. Sie leiden unter Akinetopsie (Bewegungsblindheit), d.h. sie vermögen Objekte nur dann wahrzunehmen, wenn sich diese in einer ruhenden Position befinden. Sobald eine Bewegung stattfindet, verschwinden diese Objekte für sie im »Nichts«. Im Gegensatz dazu stehen Achomatopsie-Patienten, deren Konturen-Detektoren geschädigt sind und die Objekte nur dann sehen, wenn sie sich bewegen.

Prof. Semir Zeki vermochte nun in Versuchen mit freiwilligen Probanden künstliche Bewegungsblindheit hervorzurufen. Er setzte Areal V5 starken magnetischen Feldern aus, und die Folge davon war, daß diese Probanden bewegte Objekte solange nicht mehr wahrnehmen konnten wie die Felder den Gehirnsektor beeinflußten.

Ich halte dieses Experiment für bemerkenswert, denn es könnte uns auf einem zunächst scheinbar ganz anderen Sektor Hinweise auf Mechanismen geben, von denen wir UFO-Forscher bislang wenig geahnt haben: Wenn es möglich ist, über elektromagnetische Felder die Sinneseindrücke von Probanden zu beeinflussen – welche Extrapolationen sind dann möglich? Könnte dies bedeuten, daß – eine hochentwickelte Technologie auf diesem Sektor angenommen – eine ganz *bewußte* Steuerung von Sinneswahrnehmungen durchführbar wäre, sobald Teile des Gehirns in entsprechender Weise stimuliert werden?

Eingespeist

Die Realität des UFO- und Entführungsphänomens ist im Grunde eine Frage nach der Realität schlechthin, nach den Wahrnehmungsmodi und -möglichkeiten unserer Welt und unseres Bewußtseins. Der UFO-Forscher Paul Devereux zum Beispiel versucht seit Jahren nachzuweisen, daß Entführungserlebnisse durch das elektromagnetische Feld der Erde »getriggert« werden.[55] Ich halte dies für eher unwahrscheinlich, aus zweierlei Gründen: Zum einen ist dieses Erdmagnetfeld relativ schwach; Variationen lassen sich nur mit empfindlichen Magnetometern nachweisen. Sich in der Intensität extrem unterscheidende Variationen wären aber notwendig, um überhaupt Effekte wie die beschriebenen vorstellbar zu machen. Auch Zeki benötigte *sehr starke* elektromagnetische Felder, um die Bewegungsblindheit seiner Probanden zu erzeugen. Zum zweiten wäre unter diesen Umständen, d.h. wenn wir es mit einem natürlichen Phänomen zu tun hätten, das auf alle Menschen gleich wirkt, mit stark *variablen* halluzinatorischen Erlebnissen zu rechnen, die in keiner Weise die Übereinstimmungen in den Details zeigen dürften, die uns aus den bisherigen Entführungsgeschichten bekannt sind.

Diese Übereinstimmung *kann* daher nur bedeuten, daß wir es mit einem *zielgerichteten* Prozeß zu tun haben, daß also Informationen über die Art und Weise, in der das Erlebnis abläuft, direkt in das Gehirn eingespeist werden, das über elektromagnetische oder andere Felder dafür im Moment des Ereignisses präpariert wird. Gute Beispiele liefert übrigens das Marienerscheinungsphänomen, wie sich insbesondere am Fall Medjugorje aufzeigen läßt.[31]

Könnte es also *das* sein, was zumindest einen Teil des Entführungsphänomens ausmacht? Ich halte dies für möglich, denn es würde viele der beobachteten Effekte erklären können: das »Einschleichen« in unsere Träume, das blaue Licht, das wahrgenommen wird (vielleicht ein optischer Nebeneffekt des sich aufbauenden Energiefeldes), das plötzliche Auftauchen und wieder Verschwinden der *Bedroom Visitors*, ihre Fähigkeit, sich zu »verwandeln« (d.h. sich den aus dem Unterbewußtsein des Betroffenen entnommenen Vorstellungen anzupassen), ja, es würde sogar die zahlreichen Erlebnisse in »fernen Welten« erklären können, von denen so viele Betroffene berichten: als künstlich erzeugte Virtual-Reality-Szenarien, deren Handlungen ausschließlich in den Köpfen ablaufen.

Doch auch dies ist – wie alles, was an Erklärungen zur Verfügung steht – ein zweischneidiges Schwert. Denn was zum Beispiel ist mit den Narben, die Entführte entdecken? Was ist mit der *realen* Abwesenheit von Betroffenen während eines Entführungserlebnisses? Wie erklären wir das?

Vermutlich ist die Antwort auch hier nicht ein *Entweder-oder* sondern ein *Sowohl-als-auch*. Man kann gar nicht häufig genug darauf hinweisen, daß wir es mit einer weit überlegenen Intelligenz zu tun haben, d.h mit einer Intelligenz, die über Fähigkeiten verfügen muß, von denen wir uns nicht einmal eine Vorstellung machen können. Vermutlich steht ihr eine ganze Palette an Möglichkeiten zur Verfügung, in unser Bewußtsein, auf unseren Körper und unsere Welt einzuwirken und Szenarien der unterschiedlichsten Art mit unterschiedlichsten Hilfsmitteln und unterschiedlichen Effekten ablaufen zu lassen.

Das Entscheidende bei all dem ist aber: Die Welt, so, wie wir sie wahrnehmen, existiert nicht. Sie ist ein Konstrukt unseres Gehirns, und es gibt unendlich weite Bereiche außer- und innerhalb davon, die uns normalerweise nicht oder noch nicht zugänglich sind, die wir bislang nicht in Betracht ziehen *konnten*, weil sie jenseits unseres gewöhnlichen Erfahrungshorizonts liegen.

Unseres Horizonts – diese Einschränkung ist bedeutend. Wir sind eine junge, noch immer planetengebundene Spezies, gerade dabei, uns selbst zu entdecken. Intelligenzen, die uns um Jahrmillionen in der Entwicklung voraus sind, haben längst andere Horizonte erreicht und neue, uns völlig fremde Welten des Bewußtseins erobert. Sie existieren in Realitäten, von denen wir bislang nur einen schmalen Ausschnitt wahrgenommen haben, den kleinen Spalt einer zwar längst aufgeschlossenen, aber noch immer nur angelehnten Tür. Doch ich kann mich des Eindrucks nicht erwehren, daß dieser Spalt größer wird – und daß die Tore hinaus in andere Welten geöffnet werden.

Ausflug in die Anderwelt

Die Feenmythen des Mittelalters basieren zum großen Teil auf der Erfahrung von Menschen, plötzlich in eine andere Welt versetzt worden zu sein. Diese Welt existierte nicht in irgendeiner weiten Ferne, sondern hier, direkt »neben« uns. Vallée[18] nennt ein Beispiel aus der irischen Mythologie:

»In Nithsdale belohnte eine Elfe die Freundlichkeit einer jungen Mutter, der sie ihr Baby zum Stillen übergab, indem sie sie auf einen Besuch ins Elfenland mitnahm. Im grünen Hang eines Hügels öffnete sich eine Tür zu einer Veranda. Die Amme und ihre Führerin traten ein, und die Dame gab drei Tropfen kostbaren Tauwassers auf das linke Augenlid der Amme. Daraufhin wurde sie in ein wundervolles Land eingelassen, durch welches sich gewundene Bäche zogen und das gelb von Korn war. Die Bäume waren voller Früchte, von denen Honig tropfte. Die Amme wurde dort mit magischen Geschenken ausgestattet, und als grüner Tau ihr rechtes Auge benetzte, konnte sie noch weitere Wunder sehen. Nach der Rückkehr strich die Elfe mit einer Hand über die Augen der Frau und stellte die normale Sehkraft wieder her.«

Was ich an dieser Überlieferung so bemerkenswert finde, ist der Umstand, daß die »andere Welt« einfach nur dadurch wahrgenommen wird, daß die Sehfähigkeit der Betroffenen verändert wird. Vielleicht ist dies ein Hinweis darauf, daß wir es tatsächlich einfach mit einer Realität zu tun haben, die exakt hier und jetzt existiert, nur von unserem Gehirn nicht wahrgenommen werden kann.

Doch solche Ausflüge in die *Anderwelt* geschehen auch heute in vielfältigen Formen: ganz real im Tagesgeschehen, im Verlauf von Entführungserlebnissen und eingeschaltet in die Träume der Nacht.

Gottfried Halmer – jener Betroffene, den schon als Kind auf dem Bauernhof in der Eifel ein *Bedroom Visitor* besuchte, der im Laufe seines Lebens umgezogen und wieder umgezogen ist, immer auf der Flucht vor dem Unbekannten – hatte ein solches Erlebnis: »Es war 1992, als ein sehr verrücktes Ereignis den Höhepunkt setzte, was die bisherigen Erfahrungen betraf. Wieder einmal ging ich im Wald spazieren. Es war Juni, die Waldbeeren standen in voller Frucht, und es war nahe jenem Ort, an dem ich die längste Zeit meines Lebens – nämlich fünfzehn aufeinanderfolgende Jahre – verbracht hatte.«

Hier kennt *Gottfried* jeden Weg und jeden Baum: »Ich hätte niemals gedacht, mich hier verirren zu können. Doch das merkwürdige Geschehen nahm seinen Lauf. Ich weiß nicht, warum, aber aus einer plötzlichen Laune heraus ging ich, anstatt wie immer einen bekannten Weg entlang, vom Weg ab. Ich geriet in einen dichten jungen Wald, und plötzlich kam eine Lichtung, die ich nie zuvor gesehen hatte. Niedere Sträucher, die mir sonst nur bis kurz über die Knöchel reichten, waren mit einemmal so hoch, daß ich bis zum Bauch darin versank. Das war aber noch nicht alles. Gleichzeitig fiel mir auf, daß um mich herum keine Geräusche mehr zu hören waren.«

Litt er, wie *Gottfried* es im ersten Moment glaubte, an einem Hörsturz? Oder warum waren alle Laute des Waldes plötzlich verstummt? »Ich vernahm wohl das Brechen der zertretenen Zweige unter mir – eine plötzliche Gehörlosigkeit konnte es nicht sein. Mit einemmal waren dann wieder Laute zu vernehmen, aber sie klangen fremdartig und unheimlich. Es klang wie Stimmen, die etwas riefen, aber in einer Art, die unmenschlich war. Zu sehen war nichts, da auch der Wald immer dichter wurde. Die Bäume schienen höher als sonst, und überall war dichter Busch. Ich hatte zum ersten Mal regelrecht Angst im Wald, obwohl ich mein Leben lang, von klein auf, immer allein im Wald meine Freizeit verbracht hatte. Nun, als erwachsener Mensch, geriet ich zum ersten Mal in Panik. Ich sah zu, irgendeinen bekannten Anhaltspunkt wiederzufinden, um diesen grausigen Ort schleunigst verlassen zu können.«

Schließlich gelingt es *Gottfried*. Er findet einen Pfad, der ihn zurück auf das bekannte Wegenetz führt: »Je weiter ich von diesem unheimlichen Waldstück entfernt war, desto stärker fiel die Panik von mir ab, und ich vermochte wieder klar zu denken. Etwa eine Woche danach hatte ich Mut gefaßt und versuchte, den besagten Ort erneut zu finden. Aber es war alles wie immer. Nichts deutete darauf hin, daß hier noch vor wenigen Tagen alles vollkommen anders gewesen war.«

War *Gottfried Halmer* im »Feenland« gewesen? Hätte er vor fünfhundert Jahren gelebt, wäre das mit Sicherheit die zutreffende Interpretation gewesen. Vielleicht hätte sich aus seinem Erlebnis sogar eine Sage entwickelt wie die von der Fee und der Amme. Heute, im 20. Jahrhundert, stehen uns andere Deutungsmöglichkeiten zur Verfügung, auch wenn sich diese gar nicht so weit von den Vorstellungen unserer Vorfahren entfernt haben. Statt »Feenland« benutzen wir heute Begriffe wie »paralleles Universum« oder »parallele Realität«, aber im Kern der Dinge handelt es sich um ein und dasselbe.

So, wie *Gottfried Halmer* unbemerkt und ohne sichtbaren Übergang in eine *Anderwelt* glitt, so können auch die typischen Entführungsszenarien in gleicher Weise in unsere Realität treten. Die 55jährige Lehrerin *Margarethe Steinbauer* aus einer Stadt in Sachsen hat dies Ende 1993 erlebt. Es war an einem Abend, an dem sowohl ihre 79jährige Mutter als auch ihr 26jähriger jüngster Sohn bei ihr zu Besuch waren. Sie hatte keinen Alkohol getrunken und am Nachmittag, wie sie sich erinnert, »höchstens ein Räucherstäbchen« verbrannt. Das Ereignis begann, als *Margarethe Steinbauer* vom Wohnzimmer aus in die Küche gehen wollte: »Ich verlasse also das Wohnzimmer und merke, daß etwas in mir wie ›ausgeschaltet – leer‹ wird, etwas, das aus meiner ›Abwesenheit hervortritt‹, sehr langsam, kaum zu erfassen. Ich bemühe mich darum und ›sehe‹ einen schrecklich grau-farblosen Raum, nicht deutlich. Drei schemenhafte, ebenfalls graue Figuren ohne klare Konturen kommen aus dem Nichts. Ein kahler ›Tisch‹ trennt sie von mir. Ich will sie erkennen: Wer sie sind, was das soll, was sie – zwei vorn, einer rechts seitlich am Tisch – wohl machen. Fast wirkt es wie eine ›Diskussion‹ im Leeren, da entgleitet mir alles so langsam, wie es entstand, und mein eigenes Bewußtsein kommt klar zurück. Seitdem habe ich eine Deutungsmöglichkeit gesucht. Ich konnte mich auch an keine Angst erinnern, nur an Unruhe und dringende Suche nach dem ›Was ist das?‹«

Wäre der Einfluß auf *Margarethe* stärker gewesen, hätte sie nicht aus ihrer ›Vision‹ zurück in die sie umgebende Tagesrealität gelangen können – was hätte sie uns dann zu berichten gehabt? Vermutlich das übliche Entführungsszenario: daß man sie auf den Tisch gelegt habe, daß die grauen Wesen sie untersucht und daß man sie schließlich in ihre Wohnung zurückgebracht hätte.

CE-IV, OOBE *und* NDE

Entführungserlebnisse spielen sich offensichtlich zu einem großen Teil ausschließlich in der Psyche des Betroffenen ab. Anders wäre auch nicht zu erklären, daß wir als Außenstehende nicht ständig irgendwelche Entführten aus ihren Häusern hinauf zum Himmel oder zu herumschwirrenden UFOs fliegen sehen. Da es sich augenscheinlich um ein *Massenphänomen* handelt, müßte dies beständig jeden Tag und jede Nacht auf unserem Planeten geschehen. Doch solche Fälle sind offenbar eher selten. Daß sie wirklich stattfinden, zeigt das Beispiel der *Linda Cortile*, jener Frau aus New York, die sowohl von zwei Sicherheitsbeamten, einem nach wie vor anonym gebliebenen hochgestellten Politiker (möglicherweise des ehemaligen UN-Generalsekretärs Perez de Cuillar) sowie von Zeugen auf der nahen Brooklyn-Bridge gesehen wurde, als sie zusammen mit drei kleinen, grauhäutigen Wesen aus ihrer Wohnung schwebte und in einem diskusförmigen Objekt verschwand. Ich berichtete in *Die Anderen* darüber.

Ob man auch *Ina Seeler* in der gleichen Weise hätte beobachten können? Die Frau, die als elf- oder zwölfjährige das Auftreten eines *Bedroom Visitors* mit Hut und Mantel erlebt hatte, beschreibt eine »Entführung« aus dem Jahr 1991. Das Seltsame daran: Es scheint sich um ein kombiniertes »Out-of-Body-Nahtod-Entführungserlebnis« gehandelt zu haben, denn der Ablauf des Ereignisses vereint Elemente all dieser Erfahrungen:

»Ich liege im Bett, es ist etwa 23 Uhr. Mein Mann schläft schon, und ich schaue aus dem Fenster. Wir haben keine Gardinen im Schlafzimmer, und so kann ich wunderbar den Himmel sehen. Wie gesagt, ich liege im Bett und schaue aus dem Fenster, und auf einmal verändert sich meine Realität.«

Veränderung der »Realität« – was bedeutet dies? Entführte beschreiben einen solchen Effekt immer wieder (er wurde erstmals von der britischen UFO-Forscherin Jenny Rendless erkannt und Oz-Faktor genannt). Es könnte sein, daß hier eine reale Veränderung der Umwelt vorgenommen (der Entführte also in die *Anderwelt* eintaucht) oder aber das Bewußtsein des Betroffenen »erweitert« wird. Beide Möglichkeiten sind denkbar, beide könnten zum Oz-Faktor führen. Mit der Veränderung der Realität jedenfalls beginnt für *Ina* das eigentliche Ereignis:

»Ich sehe einen Lichtstrahl in meinem Zimmer und schwebe in ihm nach draußen, komischerweise durch das Fenster in diesem schönen hellen Strahl. Ich fühle mich sehr wohl und spüre, daß auf der rechten Seite neben mir eine Lichtgestalt ist. Dieses Wesen sehe ich irgendwie aus meinen Augenwinkeln heraus. Das Gesicht kann ich nicht erkennen, weiß aber genau, daß es weiblich ist. Ich bin freudig erregt und sage bzw. denke: ›Es gibt euch also doch!‹ Seltsamerweise denke ich sofort an UFOs, obwohl ich nur den Lichtstrahl und das Lichtwesen sehe. Dieses Wesen strahlt eine unheimliche Wärme und Güte aus, und ich fühle mich so geborgen, wie noch nie zuvor in meinem Leben. Das Wesen antwortet: ›Aber sicher, was hast du denn gedacht?‹ Ganz selbstverständlich und liebevoll wie eine Mutter zu seinem Kind, das eine dumme Frage gestellt hat. Ich freue mich und fühle mich sehr, sehr wohl.«

Was erlebt *Ina Seeler* hier? Eine außerkörperliche Erfahrung, bei der sie »durch das Fenster hindurchschwebt«? Eine Nahtod-Erfahrung (*Near Death Experience* = NDE), bei der sie eine »Lichtgestalt« in eine andere Dimension des Seins geleitet, wie es von nahezu all jenen beschrieben wird, die schon einmal an der Schwelle des Todes standen und mit bewußten Erinnerungen daran zurückgekehrt sind? Eine klassische UFO-Entführung, bei der sie in ein über dem Haus schwebendes, einen Lichtstrahl ins Zimmer sendendes Objekt gebracht wird? Oder vielleicht sogar eine Mischung, eine Kombination von all dem?

»Ich kann mich noch erinnern, daß wir zusammen den Lichtstrahl weiter empor schwebten bis zu einem großen ovalen Licht, das auch eine Öffnung aus Licht hatte. Ich bin an dieser Öffnung – und liege auf einmal wieder in meinem Bett. Es ist eigenartig, denn alles ist wieder wie zuvor. Mein Mann schläft, ich liege immer noch mit dem Gesicht zum Fenster, so, als ob nichts geschehen wäre. Doch ich weiß genau, es ist passiert, ich fühle mich sehr wohl, bin aufgeregt – und schlafe daraufhin ein.«

Wo genau die Grenzen zwischen »realen« Entführungen und jenen liegen, die scheinbar nur in der Psyche des Betroffenen (nämlich als eine Kombination von CE-IV-Erlebnissen, OOBEs und NDEs) ablaufen, ist schwer zu entscheiden. Diese Grenzen mögen so fließend und verschwommen sein, daß wir sie beim gegenwärtigen Stand unseres Wissens weder erkennen noch definieren können. Und hinzu kommt, daß viele Betroffene während eines Entführungserlebnisses *Anderwelt*erfahrungen machen, gewissermaßen Sternentore durchschreiten, fremdartig erscheinende Landschaften, Gegenden und Welten erkunden und dort zum Teil bizarre Abenteuer erleben.

Wo diese Welten existieren, auch das bleibt vorläufig eine Frage der Spekulation. Nehmen sie ausschließlich in unseren Gehirnen Gestalt an? Oder sind sie identisch mit den Elfenländern unserer Vorfahren, mit parallelen Welten und fremden Dimensionen der

Realität? Ich halte auch hier beides für möglich, denn letztlich, und das habe ich zu Beginn dieses Kapitels deutlich zu machen versucht, ist all das eine Frage der Definition, ist die Realität »dort draußen« nur eine Interpretation unseres Gehirns und ist jede Welt »wirklich«, der wir selbst Ordnung und Regeln verschaffen (bzw. jede Welt, von der uns derartige Regeln suggeriert werden).

Begegnung mit dem »Meister«

Mir liegen eine Fülle solcher *Anderwelt*erlebnisse vom Entführungsphänomen Betroffener vor. Karin Fahrnberger aus St. Pölten findet sich im Anschluß an Entführungsszenarien oder mitten aus einem gewöhnlichen Traum heraus (auch hier: Wo sind die Grenzen – wenn es solche überhaupt gibt?) in diese fremde Welt versetzt. Es ist immer die gleiche Welt, in die sie gelangt, und anderen Entführten geht es nicht anders (mir scheint sogar, daß viele einzelne Betroffene in die *gleiche* Fremdwelt versetzt werden: Landschaften, Gebäude, all das stimmt zuweilen in interessanter Weise miteinander überein).

Karin Fahrnbergers erstem *Anderwelt*erlebnis ging eine »gewöhnliche« Entführung voraus, die etliche interessante Details enthält. Sie kam zu sich, als sie bemerkte, in einem »UFO« zu sein. »Ich wußte es, es kam mir bekannt vor.« Sie befindet sich in einer Art kleinem Warteraum, wie ihn viele andere Betroffene ebenso erlebt haben: »Ich wußte, daß ich dort zu warten hatte. Dieser Raum war halbrund, er hatte eine Sitzbank die Wände entlang. Für mich war es ganz normal, daß ich dort wartete. Dann fiel mir auf, daß noch zwei Menschen da waren. Es waren Fremde, eine ältere Frau, etwa sechzig Jahre alt, und ein Mann so um die fünfundvierzig. Ich ging hin und sagte ihnen, daß wir in einem UFO wären und ob sie keine Angst hätten? Aber sie schauten nur starr vor sich hin, als seien sie in Trance. Ich fand es fast lustig, denn sie saßen da wie in der Straßenbahn und rührten sich nicht.«

Dann öffnet sich eine Tür. Karin gelangt in einen großen runden Raum, in dem sie von sechs oder sieben Frauen in Empfang genommen wird. Diese Gestalten sehen allesamt identisch aus, sind etwa einen Kopf größer als sie, haben kurze blonde Haare und sind kurioserweise grell geschminkt oder bemalt: »Ich begann mich zu schämen, denn mir fiel auf, daß ich ja nur das T-Shirt trug, in dem ich schlief.«

Die Frauen reden beständig miteinander, aber Karin kann sie nicht verstehen, sie hat nur den Eindruck, daß sie etwas Wichtiges vorbereiteten – bis sie erkennt, daß es dabei um sie selbst geht. Eine der Frauen führt sie zu einer kleinen Kabine: »Sie sprach zu mir, ohne den Mund zu bewegen. Ich wollte nicht in diese Kabine, aber sie sagte, es müsse sein. Mir kam es vor, als sei es eine Art Desinfektionskabine.«

Die Tür schließt sich hinter ihr. Sie erkennt viele kleine Düsen, die in die Wände eingelassen sind und aus denen jetzt eine Art Nebel oder Dunst kommt. »Da war so etwas wie ein Magnetfeld, das mich hin- und herzog, so daß ich überall von diesem Dunst bedeckt wurde. Als ich fertig war, zogen mir zwei der Frauen ein langes Gewand über, wie eine Kutte. Mir wurde auch etwas auf den Kopf gesteckt, ich glaube, es war eine Art Ring.«

Ähnliche Motive kennen wir natürlich aus der Mythenwelt unserer Vorfahren: Auch hier werden Menschen, die in die Feenländer gelangen, »gereinigt« und mit »magischen Gegenständen« versehen (Gewänder, Kronen, Ringe). Was Karin erlebte, ist nichts anderes, nur daß es sich uns heute in den Bildern des Raumfahrtzeitalters präsentiert. Die Verbindung zur Mythologie ist auch noch an einem anderen Punkt festzumachen: Karin wird von den Frauen informiert, man brächte sie nun zum »Meister«, der wiederum nichts anderes ist als der »alte Weise«, zu dem der Adept zahlreicher Erzählungen geführt wird, um von ihm initiiert zu werden, d.h. Wissen über die Geheimnisse des Lebens und der Welt zu erlangen. Wer dieser »alte Weise« sein mag, wissen wir nicht. Ist es das »höhere Selbst« unseres eigenen Ichs, ist es eine fremde, über uns stehende und von uns unabhängige Persönlichkeit, die dem »Schutzengel« der christlichen und dem »Schutzgeist« vieler anderer Glaubenssysteme entspricht? Ist es schließlich die Lichtgestalt, die uns in Nahtod-Erfahrungen begegnet und ins »Jenseits« geleitet? Gut möglich, denn auch das sogenannte »Jenseits« ist vermutlich nichts anderes als eine fremde, von unserem Gehirn nicht wahrzunehmende Welt. Ich könnte mir sogar vorstellen, daß sie vollständig identisch mit jener ist, von der uns die Entführten bei ihren Expeditionen in fremde Realitäten und die Schamanen der Naturvölker bei ihren psychedelischen Ausflügen in »höhere Welten« berichten.

Wir Menschen des 20. Jahrhunderts wissen heute kaum mehr etwas von den mythologischen Vorstellungen unserer Ahnen, und so ist es nur natürlich, daß Karin »es noch lustig fand, daß da lauter Frauen waren, die sich wie Dienerinnen benahmen und jemanden Meister nennen. Ich mußte in diesem Moment sogar an die Fernsehserie ›Bezaubernde Jeannie‹ denken.«

Dann wird Karin zu diesem »Meister« geführt: »Ich habe ihn sofort wiedererkannt, und ich freute mich sehr. Es war ein Gefühl, das ich gar nicht beschreiben kann. Er strahlte soviel Liebe und Freundschaft aus, und ich war so glücklich, daß ich ihn wiedersah.«

Karin beschreibt dieses Wesen als etwa 1,70 Meter groß, mit halblangen blonden Haaren und sehr schlank. Er habe einen enganliegenden Overall getragen, sein Kopf sei verhältnismäßig groß gewesen und seine Nase im Gegensatz dazu klein. Auch der Mund habe schmal gewirkt, aber am eindrucksvollsten waren – natürlich! – die Augen.

Diese Gestalt sprach mit Karin, einfach in ihren Gedanken. Sie legte ihr eine Hand auf die Schulter und führte sie zu einer Wand, die zu einem Bildschirm wurde. Auf dem Schirm sah sie Ereignisse ablaufen, aber sie weiß nicht mehr, worum es dabei ging: »Er sprach viel mit mir, aber ich kann mich nicht mehr erinnern. Auch gebrauchte er viele Worte, die ich nicht verstand.«

Abb. 15 Karin Fahrnbergers Zeichnung des sogenannten »Meisters«, ein menschenähnlich erscheinendes Wesen mit »dämonischen Augen«. Zeichnung der Zeugin.

Viele Entführte berichten von solchen »Belehrungserfahrungen«. Sie können sich an die Situation erinnern, aber nicht an das, was dabei »gesprochen« wurde. Doch auch dies ist natürlich ein »Bild«, ist ein Symbol, um den Vorgang für den Entführten verständlich zu machen. Die Informationen selbst bleiben unverständlich, weil sie gar nicht für das Wachbewußtsein bestimmt sind, sondern direkt ins Unterbewußtsein geleitet werden.

Während die beiden vor der Bildschirmwand stehen, bemerkt Karin hinter sich »viele kleine Gestalten«, aber sie kann ihre Gesichter nicht erkennen. Schließlich wendet sich der »Meister« zu ihr hin: »Er sagte etwas wie, daß es nun so weit wäre. Ich glaube, er meinte, daß ich nun gehen müsse. Ich wollte aber gar nicht weg und wurde sehr traurig, da mußte ich in seine Augen schauen. Sie waren schräg gestellt, und ihre Farbe war eisgraublau. Noch nie habe ich in kältere Augen gesehen. Ich konnte nicht wegschauen, und seine Augen schienen immer größer zu werden. Obwohl mich noch immer dieses seltsame Gefühl von Liebe umgab, bekam ich solche Angst vor seinen Augen, daß ich es nicht beschreiben kann.«

Karin fühlt sich in diesem Moment wie ein absolutes Nichts. Für sie ist es, als ob ihr Gegenüber alle Geheimnisse der Welt hinter seinen Augen verborgen hielte: »Während dieser Momente sagte er: ›Siehst du, es ist nichts, wie du denkst. Du kannst in mir alles sehen, was du willst.‹ Ich konnte es nicht mehr ertragen, noch länger in seine Augen zu sehen. Ich hatte das Gefühl, daß, würde ich noch länger hinschauen, er sich verändern könnte, und davor hatte ich panische Angst. Ich wollte nicht sehen, was er mir zeigte. Ich kann nur sagen, daß seine Augen ›dämonisch‹ waren, nie im Leben werde ich das vergessen. Dabei war immer dieses Gefühl von Wärme und Liebe, aber gemischt mit dieser Angst. Was weiter passierte, weiß ich nicht mehr, ich hatte das Gefühl, ohnmächtig zu werden. Das letzte, woran ich mich erinnere, ist, daß er vor mir stand. Seine Augen machten mir jetzt keine angst mehr, es war wie ein Abschied.«

In einer fernen Welt

Dies war das erste Erlebnis, das Karin mit dem »Meister« und seiner Welt hatte, ein Erlebnis, das in einem »UFO« stattfand, in das man sie (oder ihr Bewußtsein) gebracht hatte. Bei späteren Erlebnissen kehrte sie in diese Welt zurück. Dies geschah zum Teil erneut mit Hilfe eines Objekts, oder sie kam bereits dort zu sich, etwa in der Nacht vom 9. auf den 10. Februar 1995:
Karin »erwacht« in einer großen fremden Wohnung, allerdings gibt es hier keine Möbel, nur Kissen auf dem Boden: »Ich gehe in diesem Raum umher, ich weiß, daß ich auf ›ihn‹ warten muß. Es ärgert mich ein wenig, daß er mich warten läßt, und ich bin sehr ungeduldig. Mir fällt auf, daß ich wieder nur mein Schlafgewand trage, und ich ärgere mich auch, weil ich nie vorher weiß, daß es passiert.«
Karin tritt ans Fenster. Sie scheint in einem Hochhaus zu sein, etwa im dritten Stock. Links erkennt sie weitere Häuser, jedes von ihnen ist mit einem gewölbten Gang oder einer Brücke verbunden.

Die Häuser sind hell erleuchtet (derartige futuristische Städte sind schon lange Bestandteil der Erzählungen Entführter – Whitley Strieber zum Beispiel[12] berichtet sehr ausführlich darüber).

Direkt unter dem Fenster fließt ein Bach vorbei: völlig geradlinig, als sei er künstlich angelegt. Karin erkennt auch eine Gruppe von Bäumen unter sich. Obwohl es Nacht zu sein scheint, ist es doch nicht so dunkel wie »auf der Erde«, und so kann sie sehen, daß sich die Landschaft hügelig und ein wenig karg jenseits der Häuser bis zum Horizont ausbreitet.

Von diesem Moment an fehlt ein Teil der Erinnerung. Karin ist plötzlich außerhalb des Gebäudes und wundert sich, wie sie dort hingekommen ist: »Mir fällt auf, daß ich nun am Rande dieses Baches stehe, die Gruppe von Bäumen liegt am anderen Ufer. Der Bach ist nicht sehr breit, höchstens fünf oder sechs Meter. Ich sehe mir die Bäume genauer an und denke, daß ich solche Bäume noch nie gesehen habe. Sie haben schmale, sehr glatte, graue Stämme und sehr zierliche Äste. Die Blätter sind dunkelgrün und sehr robust (wie bei einem Gummibaum), nur, daß sie eine ähnliche Form wie Ahornblätter und einen Durchmesser von etwa 35 Zentimeter haben.«

Karin entschließt sich, den Bach entlangzulaufen. Sie ist zwar barfuß und in ihrem Nachthemd – so, wie sie abends zu Bett gegangen war –, aber es ist angenehm warm. Nur die Luft erscheint ihr irgendwie ein wenig anders: kalt, ohne wirklich kalt zu sein, und sie hat das Gefühl, zuviel Luft in die Lungen zu bekommen (möglicherweise ein Hinweis auf höheren Sauerstoffgehalt).

»Dann bleibe ich stehen und schaue hinauf zum Himmel. Es ist wie ein Schock, denn noch nie habe ich einen schöneren Himmel gesehen. Es gibt mindestens doppelt so viele Sterne wie bei uns, und die Sicht ist ganz anders. Der Himmel ist nicht schwarz, sondern eher schwarz-blau. Es ist, als ob man in eines dieser 3-D-Bilder schauen würde. Ganz weit draußen sieht man schimmernde, regenbogenfarbige Nebelschwaden zwischen den Sternen. Es ist traumhaft schön anzusehen.«

Eine futuristische Stadt. Fremdartige Bäume. Eine in ihrer Zusammensetzung von der irdischen abweichende Atmosphäre. Der Blick in einen Teil des Weltalls, der sich nahe oder sogar innerhalb kosmischer Gaswolken befunden zu haben scheint. Wo war Karin Fahrnberger? Wohin kehrt sie in ihren nächtlichen Ausflügen wieder und wieder zurück?

Sie erinnert sich, schließlich weitergegangen zu sein, über eine Absperrung hinweg, die die Stadt von der kahlen und leeren Hügellandschaft dahinter trennte. Erneut sieht sie zum Himmel und erkennt ein sich bewegendes dottergelbes Licht, das rasch näher kommt: »Plötzlich bekomme ich Angst, aber nun bin ich auf einmal in einem Raum. Ich weiß, daß ich in dem gelben ›Stern‹ bin.«

Karin steht in einem dunklen Raum vor einem Tisch. Nur vor ihr ist es aufgehellt wie von einem Bildschirm. Angst verspürt sie in diesem Moment keine, weil sie glaubt, nun wieder bei »ihm« zu sein. Rechts von sich schält sich allmählich eine Gestalt aus der Dunkelheit, Karin will auf diese Gestalt zugehen (sie glaubt, es sei der »Meister«), als sich das Objekt in Bewegung setzt: »Der Boden kippt weg, und ich halte mich an diesem Tisch fest, aber mir ist nichts passiert, ich bin trotzdem gerade stehengeblieben.«

Karin erkennt jetzt, daß die Gestalt nicht der »Meister« ist: »Die Gestalt sitzt irgendwie und macht etwas. Sie bedient ein Gerät. Ich fürchte mich nun und sage, daß ich nicht hier sein will, daß ich zurück möchte, aber diese Gestalt ignoriert mich vollkommen, als wäre ich gar nicht da. Sie ist ohne jede Gefühlsregung, weder gut noch böse.«

Erneut hat Karin ein Blackout – und findet sich im gleichen Raum wieder, in dem das Erlebnis begann: »Dann geht diese automatische Tür auf, und ›er‹ kommt herein. Ich gehe ›ihm‹ entgegen und erzähle ihm sofort, was los war und was die anderen mit mir gemacht haben. Ich bin sehr aufgebracht, aber er lächelt nur – wie immer. Er sagt mir, ich solle keine Angst haben, denn das seien nur...«

Für *Karin* war das Erlebnis an dieser Stelle beendet – sie erwachte am nächsten Morgen in ihrem Bett und dachte, als ihr all das durch den Kopf ging: »Verrückter geht's wohl nicht!«

Andere Welten, andere Zeiten

Ich weiß nicht, ob diese Geschichte verrückt ist oder nicht. Ich sehe nur, daß viele Entführte genau solche Erfahrungen machen:

● Eine Betroffene aus Hildesheim wird – zusammen mit anderen Entführten – in eine Welt geflogen, die ihr wie künstlich erscheint: mit kleinen Häusern, Gärten, Sträßchen: »Ich hatte dabei immer ein ›Museums-Gefühl‹. Es sah aus, als sei der Marktplatz – wie in *Disney*-Land – samt Häusern, Bäumen, Vorgärten, Straßen usw. gegen eine ›Wand‹ gebaut, als sei dahinter eine andere ›Hülle‹, die alles umgab.« Die Betroffene hat den Eindruck, sie sei an Bord eines Riesenraumschiffs gebracht worden, in der man diese »Museums-Welt« errichtet hatte.

● Für *Horst Eck* aus der Nähe von Hannover begann ein *Anderwelt*erlebnis, als er abends in seinem Sessel saß und das Gefühl hatte, eine Gestalt würde sich in seinem Zimmer »materialisieren«. Er findet sich daraufhin in einer gläsernen Röhre wieder, eine mit Umhang verhüllte Gestalt neben ihm tippt etwas in einen Computer. *Horst* erscheint es wie ein Lift, der ihn nach oben trägt, und schließlich betritt er tatsächlich eine fremdartige Welt. Er wird von einer Person in Empfang genommen (»menschenähnlich, zirka 1,60 bis 1,65 Meter groß, mit langem Gewand, weiße bis hellblonde Haare und einem stählernen, durchdringenden Blick«), der ihn durch die parkähnliche Landschaft führt. Die Wohnhäuser sind wie liegende Halbröhren konzipiert und harmonisch in die Umwelt eingegliedert, es gibt ein religiöses Zentrum, das ihn an einen Maya-Tempel erinnert, und eine futuristische »Stadt« weiter weg, die aber nur den technischen und administrativen Zwecken dient.

● Auch der DRK-Rettungsassistent *Roger Lange* erinnert sich, mehrmals in einer seltsamen »Stadt« gewesen zu sein: »Es war nicht anders, als ob ich in einer irdischen Stadt zu Besuch war, und alle anderen mußten ihren täglichen Pflichten nachgehen. Ein paar redeten mit mir, andere beachteten mich nicht einmal. Es war, als ob ich in diesem Szenario als Anachronist gelten durfte, der schon des öfteren hier gewesen sei.«

● *Harald Berger*, der 1982 nach einer UFO-Sichtung einen Zeitverlust erlebte, hat »seither immer den gleichen Traum, der auf mich sehr real wirkt. Ich fliege in einem Objekt über Straßen, Häuser und Meere, ich sehe Städte, die sehr eigenartig sind. Komischerweise hatte ich diesen Traum früher nie.«

● *Anke Drewitz* befand sich im September 1994 – mitten aus einem normalen Traum herausgerissen – zusammen mit anderen »Leuten oder Kindern (›ich kann mich nicht richtig erinnern‹)« in einem fremden Raum wieder. Eine Tür ging auf, und die Menschen drängten nach draußen. »Ich blieb stehen und sah an mir herunter und mußte feststellen, daß ich das lila Nachthemd trug, das ich ja auch in dieser Nacht anhatte, und ich sagte: ›Ich muß mich erst umziehen‹, aber dann bin ich doch mit durch diese Tür. Da war ein großer Platz vor mir. In der Mitte so etwas wie ein Springbrunnen, ringsum waren Gebäude oder Häuser. Ich kannte das irgendwie und fühlte mich wie zu Hause. Dann ist weißer Nebel gekommen und hat alles verschluckt. Am nächsten Morgen habe ich mich sogleich erinnert und gegrübelt, wo ich wohl war.«

● Im Anschluß an das *Bedroom-Visitor*-Erlebnis der *Miriam Haupt*, bei dem sich drei Gestalten durch die Küche ihrem Bett näherten, fand sie sich in einem »merkwürdigen Traum« wieder: Sie war in einer Art riesigem Gewächshaus. »Ein weibliches Wesen ging neben mir und zeigte mir die ungewöhnlichsten Pflanzen, zumeist Schlinggewächse, aber auch exotische Blütengewächse.« An einem Gewässerrand sieht sie ein krokodilähnliches Tier, das »wieselflink einen palmähnlichen Baum erklomm, um sich dort ein Beutetier zu ergattern, das etwa die Größe eines

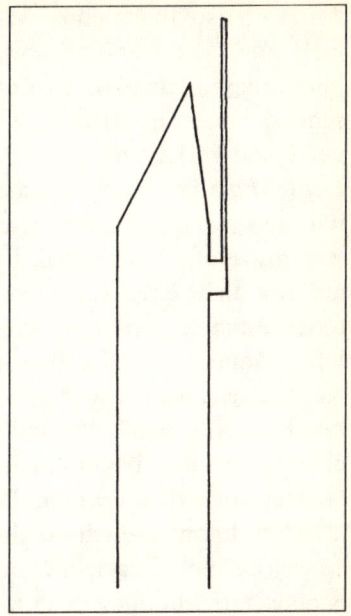

Abb. 16 Udo Bernhardt *erinnert sich, in seinen »Virtual-Reality-Erlebnissen« mehrmals bei oder auf diesem »enorm hohen Turm« gewesen zu sein. Zeichnung des Zeugen.*

kleinen Affen mit braunem Fell« hatte. Dann tritt aus einer Felshöhle in der Nähe »ein Mann in Menschengestalt mit aschgrauer Hautfarbe, der ungewöhnlich klein war und eine Gruppe von Tieren anführte. Es handelte sich um Elefanten in verschiedenen urzeitlichen Entwicklungsstufen, also kleine Tiere ohne Stoßzähne, mittelgroße mit nach unten gebogenen Zähnen und weitere Variationen bis zu heutigen Elefanten.« (Solche, wie in einem Freilandmuseum gehaltene urzeitliche Tiere werden von Entführten immer wieder beschrieben, ebenso wie Menschen aus unterschiedlichen Zeitaltern.)

● Dem Friedhofsgärtner *Udo Bernhardt* sind »Träume«, die »sehr realistisch« sind, ebenfalls nicht unbekannt: »Es gibt keine Verzerrungen wie in anderen Träumen. Alles ist sehr deutlich und wirkt auf mich sehr echt. Die Inhalte solcher Träume bestehen meist aus der Ansicht mir völlig fremder Landschaften. Dabei handelt es sich um Gebiete, die auf unserem Planeten kaum vorstellbar sind. Manchmal sehe ich auch seltsame Gebäude oder Gerätschaften oder einen Turm, der mir enorm hoch zu sein scheint. Es kommt auch vor, daß ich Fluggeräte sehe, die meist die Form eines Diskus haben und die sich in meiner Nähe aufhalten.«

Franziska Sutter war häufig an verschiedenen »anderen Orten«, wie sie sie nennt. Einmal erwachte sie »in einem Raumschiff. Es war mir einfach klar, daß dies ein Raumschiff war, obwohl ich am Tag nicht über Raumschiffe nachgedacht hatte. Zuerst fragte ich mich erschrocken, wie ich dahin gekommen sein konnte. Ich erinnerte mich, ins Bett gegangen zu sein, also versuche ich zu checken, ob ich nicht doch nur träume. Ich berühre etwas, kneife mich usw. Und trotzdem bin ich immer noch dort. In solchen Situationen bekomme ich regelmäßig Angst, ich hätte einen Gedächtnisverlust erlitten, da ich mich beim besten Willen nicht erinnern kann, wie ich dorthin gekommen bin.«

Aber jedesmal danach erkennt *Franziska*, daß sie sich auf diesem Raumschiff sehr gut zurechtfindet: »Alles ist so logisch einfach für mich, und ich nehme mir immer vor, mich nachher genau daran zu erinnern, aber es bleiben nur Bruchstücke. Einmal hatte mir jemand dieses Raumschiff erklärt. Ich sah auch die Erde unter mir. Es war dunkel, und die Erde leuchtete blau gefleckt.«

Ein anderes Mal kam sie in einem weißen Gebäude zu sich. Andere Personen, Männer und Frauen, die ebenfalls weiße Kleidung trugen, nahmen sie kaum zur Kenntnis. Auch hier hatte sie Angst, einen Gedächtnisverlust erlitten zu haben, bis sie auf einen Mann traf, der sich mit ihr darüber unterhielt: »Ich wußte plötzlich wieder, wie ich zurückkommen kann. Ich habe noch gedacht: ›Das darf ich nie mehr vergessen, das ist sehr wichtig.‹ Ich stand in der Mitte eines Kreises, der am Boden eingezeichnet war. Ich – oder der Kreis – drehte mich, und ich kam zurück.«

Sternentore sind nicht zwangsläufig große, energiewabernde Durchgänge zu anderen Galaxien, wie sie Roland Emmerich in

seinem exzellenten Science-fiction-Film *Stargate* eindrucksvoll darstellte. Sternentore können überall geöffnet werden, jederzeit, an jedem Ort. *Janet*, eine Entführte aus Durban in Südafrika zum Beispiel, saß eines Abends mit einer Tasse Kaffee in ihrem Sessel, als sich plötzlich die Tür ihres Kleiderschranks öffnete und ein Mann heraustrat, der sie aufforderte, mit ihm zu kommen. Statt der Fächer mit ihrer Wäsche sah *Janet* einen langen Gang, der sich hinter der geöffneten Schranktür in die Unendlichkeit zu erstrecken schien. Die völlig geschockte Frau lehnte das Ansinnen des Mannes ab – dennoch fühlte sie, wie sie in diesen Tunnel gezogen wurde. Sie hat vage Erinnerungen an einen Tisch, auf dem sie lag, und als sie am nächsten Morgen erwachte, bemerkte sie in ihrem Zimmer einen eigenartigen Geruch und unerklärliche Abschürfungen der Haut an Armen und Beinen.

Auch der vierjährige Sohn von *Udo Bernhardt* erlebte ähnliches. Im Dezember 1995 berichtete er eines Morgens seinen erstaunten Eltern, in der Nacht seien Männer bei ihm gewesen. Sie seien aus einer großen Höhle gekommen, die sich plötzlich in der Wand befunden habe.

Wohin werden sie gebracht, die Entführten: in andere Welten, zu weitentfernten Planeten, in fremde Realitäten oder in künstlich erzeugte »Virtual-Reality-Szenarien«? Wo liegen diese Welten? In anderen, unzugänglichen Teilen der Galaxis, in fernen Milchstraßen, in vergangenen oder zukünftigen Zeiten oder Zeitsträngen, in parallelen Welten »neben« uns – oder nur in den engen Windungen unserer eigenen Gehirne, eingespeist im und für den Moment des Ereignisses?

Noch haben uns die *Anderen* keine Antwort darauf gegeben, noch sind wir gezwungen, uns selbst Gedanken zu machen, zu spekulieren, hin und her zu überlegen. Und ich bin sicher, wir werden die Antworten erst dann erhalten, die Wahrheit erst dann erfahren, wenn wir auch den Mut haben, die richtigen *Fragen* zu stellen.

Cydonia

Nach Vorträgen, auf Konferenzen, in Fernsehdiskussionen werde *ich* immer wieder gefragt: Gibt es denn keine Beweise, reale, handfeste Beweise, irgend etwas, das sich unter das Mikroskop legen und analysieren läßt, etwas, das uns unzweideutig klar macht, daß es nicht von »hier« stammt?

Vielleicht gibt es solche Beweise, vielleicht auf der Erde, vielleicht auch draußen im Sonnensystem. Ich möchte ganz zum Schluß die Aufmerksamkeit und das Interesse auf einige neue Entdeckungen lenken, die uns *vielleicht* eine Antwort geben könnten und deren Erforschung ich für dringend notwendig halte:

Wer meine bisherigen Arbeiten zu diesem Thema kennt, auch das, was ich in *Die Anderen* dazu geschrieben habe, weiß, daß ich dem sogenannten »Marsgesicht« in der Cydonia-Region des roten Planeten äußerst skeptisch gegenüberstehe. Daran hat sich nach wie vor wenig geändert, denn wir besitzen im Moment noch zu wenig Daten, um Genaueres sagen zu können.

310

Dennoch glaube ich, eine wenn auch kleine, aber möglicherweise nicht ganz unbedeutende Veränderung in der Behandlung dieses Themas feststellen zu können – auch bei mir selbst. Das »Marsgesicht« ist in den vergangenen Jahren nach »allen Regeln der Kunst«, das heißt mit allen uns zur Verfügung stehenden elektronischen Bildanalyseverfahren zerlegt, digitalisiert, wieder zusammengesetzt und interpretiert worden. Vincent DiPietro und Gregory Molenaar,[56] Dr. Mark Carlotto[57] und andere haben die Fotos bis zum letzten Bildpixel hin vergrößert, mit Falschfarbentechniken verändert, mit Methoden, die uns die Chaos-Forschung geliefert hat (z.B. *Shape-of-Shading*-Analyse) selbst noch Informationen aus dem fast vollständig dunklen Schattenbereich der Südostseite des »Gesichts« herauszuholen versucht. Das Ergebnis, nämlich daß sich tatsächlich eine Symmetrie anzudeuten scheint, ist allerdings eher vage. Letztlich bekommt man aus einem Computer immer nur das heraus, was man hineingibt, mögen die Farben auf dem Bildschirm oder dem ausgedruckten Plot auch noch so bunt, schillernd und beeindruckend sein.

Wir müssen uns bei all dem klarmachen, daß das »Gesicht« und die »Pyramiden« völlig natürliche Bestandteile dieser Region sind. Cydonia liegt an der Grenze zwischen den kraterreichen und damit alten Hochländern des Südens und den jüngeren Lavaebenen des Nordens. Die Erosion hat sich, von Norden kommend, in dieses Hochland hineingefressen, und an der Grenze sind zahlreiche Berge und Kuppen stehengeblieben, die von dieser Abtragung noch nicht erfaßt wurden. In spätestens zwei oder drei Milliarden Jahren (der dünnen Atmosphäre wegen verlaufen Erosionsprozesse auf dem Mars viel langsamer als bei uns) werden auch diese Berge nicht mehr existieren.

Das »Marsgesicht« und die »Pyramiden« sind nichts anderes als solche noch nicht abgetragenen Residualberge. Die Frage kann also nicht sein, ob sie künstlich errichtet, sondern allenfalls, ob sie künstlich *überprägt* wurden (eine künstliche Errichtung im Sinne von Bauwerken läßt sich unter anderem durch eine tekto-

nische Lineationsanalyse ausschließen: Die Hauptlinien innerhalb von »Gesicht« und »Pyramiden« verhalten sich in keiner
Weise anders als die der natürlichen Umgebung).[58]

Nachdem also das »Marsgesicht« nun nichts mehr »hergibt«,
weil alle Bilduntersuchungsmöglichkeiten auf der Grundlage der
VIKING-Daten von 1976 ausgeschöpft und Rechnungen, etwa
von Richard Hoagland[59] über geometrisch-astronomische
Zusammenhänge zwischen »Gesicht« und den »Pyramiden« leider reine Spekulation bleiben, hat sich die Aufmerksamkeit der
Forscher der Umgebung zugewandt. Und da gibt es doch immerhin einige höchst interessante Ansatzpunkte:

● Der Geologe James L. Erjavic hat erstmals eine geomorpholo-
gische Karte der Cydonia-Region erstellt. Dies war bislang –
auch von Seiten der NASA aus – nicht geschehen, obwohl eine
solche Karte (die zum Beispiel die einzelnen Hügel, die Krater,
die ebenen Flächen usw. trennt) dringend erforderlich ist, um
überhaupt relevante Aussagen über Entwicklung und Gestaltung
der Landschaft in Cydonia machen zu können. Nach Erstellung
der Karte kommt Erjavic immerhin zu dem Schluß:[60] »Die Land-
schaftsformen von Cydonia mögen sich schlußendlich als zufällig angeordnete natürliche Elemente herausstellen, die durch sel-
tene geologische Prozesse gebildet wurden. Aber sie mögen in
gleicher Weise auch bedeutende Implikationen für die Menschheit bereithalten.«

● Der Physiker Dr. Helmut Lammer vom Weltrauminstitut in
Graz machte unter dem Gesichtspunkt der »Cydonia-Hypothese«
eine Analyse der Atmosphärengeschichte des Mars.[61] Sein Ergebnis: Höherentwickeltes Leben kann es auf dem Mars nicht gegeben
haben, die Strukturen können also nicht von einer »eingeborenen«
Spezies stammen. Wenn sie künstlich sind, kann nur die »Prior
Colonization Hypothesis« zutreffen, d.h. die Annahme, daß es sich
um Hinterlassenschaften einer Intelligenz handelt, die nicht vom
Mars, wahrscheinlich auch nicht aus unserem Sonnensystem
stammte (zu dem gleichen Ergebnis bin ich aufgrund anders gelagerter Überlegungen in einer Arbeit 1990 gekommen).[62]

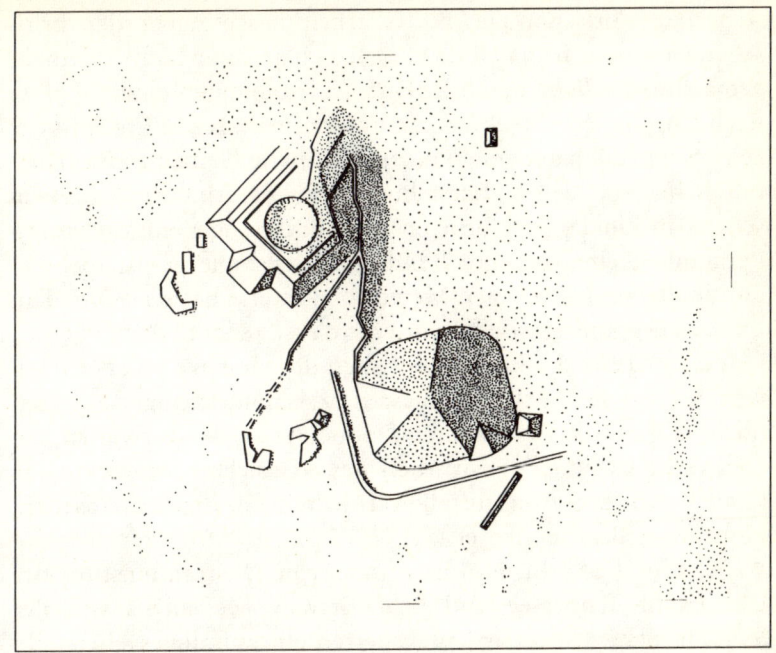

Abb. 18   Ist dies die wahre Gestalt der »Doppelpyramide«? Erst Fotos mit einer höheren Auflösung werden es gestatten, diese Annahme zu bestätigen oder zu verwerfen.

● Der für das amerikanische Verteidigungsministerium arbeitende Kartograph Erol Torun veröffentlichte eine Analyse der sogenannten »D&M-Pyramide« (nach DiPietro und Molenaar benannt), die eine eindeutige Fünfer-Symmetrie aufzeigt.[63] Diese Symmetrie scheint heute lediglich durch Erosionsprozesse und den Einschlag eines Meteoriten zerstört zu sein.

● 1993 beendete der Architekt Robert Fiertek eine vierjährige Untersuchung der sogenannten »City«, einer Ansammlung von »Pyramiden« westlich des »Gesichts«, und kam zu dem Schluß, daß sie »erstaunliche Regelmäßigkeiten in ihrer Anordnung zeigen«.[64]

● Ananda Sirisena, ein Bildverarbeitungsspezialist der britischen Computerfirma UNISYS, hat sich an das Mammutprojekt gemacht, *sämtliche* erhältlichen *Viking*-Bilddaten einer Analyse nach auffälligen Objekten zu unterziehen. Erste Ergebnisse[65] zeigen, daß auch anderswo morphologische Elemente zu existieren scheinen, deren Entstehung mit natürlichen Prozessen schwer in Einklang zu bringen ist (z.B. die sogenannte »Krater-Pyramide«, eine mehrere hundert Meter hohe »Felsnadel« in unmittelbarer Nähe eines Meteoritenkraters: hätte sie vor dem Einschlag schon existiert, hätte sie dabei zerstört werden müssen; eine natürliche Entstehung *nach* dem Impakt ist aber noch weniger vorstellbar). In diesem Zusammenhang sei auch nochmals auf die sogenannte »Doppelpyramide« verwiesen, die Dr. Mark Carlotto südwestlich des »Gesichts« entdeckte. Es handelt sich um zwei auffällige Erhebungen, die den Anschein künstlicher Bearbeitung erwecken.

● Der Physiker Prof. Horace Crater vom Weltrauminstitut der Universität Tennessee und Prof. Stanley McDaniels von der Sonoma State University analysierten ein auffälliges Hügelfeld zwischen der sogenannten »City« und der »D&M-Pyramide«.[66] Ihr Ergebnis: »Die Konfiguration der Hügel kann vernünftigerweise nicht als ein Resultat seltener geologischer Kräfte betrachtet werden.« Der Archäologe Dr. James F. Strange von der Universität von Südflorida kam unabhängig davon zu dem gleichen Ergebnis.[67]

Wir können noch immer nicht sagen, ob das »Marsgesicht« künstlich ist oder nicht, ob die Hügel, die McDaniels und Crater untersucht haben, vielleicht in Wirklichkeit die unter dem Sand der Wüste verschütteten Reste einer Gebäudeansammlung sind, ob die Felsnadel der »Krater-Pyramide« ein viele hundert Meter hoher »Wolkenkratzer« ist, ob mit anderen Worten irgendwann vor vielen Jahrhunderttausenden oder gar Millionen von Jahren eine sternfahrende außerirdische Intelligenz den Mars als Basisstation in unserem Sonnensystem nutzte. Aber

314

entgegen meiner über lange Zeit aufrechterhaltenen Meinung, die Chancen für all das seien extrem schlecht, würde ich diese Auffassung heute ein wenig revidieren: Sie sind vielleicht noch immer schlecht, aber der Zeiger beginnt sich ein wenig in den positiven Bereich zu verschieben.

16 Psyche, Nereide, 1991VG

Zwischen Mars und Jupiter ziehen die Asteroiden ihre Bahn: Felsblöcke von einigen hundert Kilometern Durchmesser bis hinab zu kleinen und kleinsten Fragmenten zerstörter Gesteinsbruchstücke. Diese Asteroiden – das wissen wir heute – waren niemals Teil eines Planeten, wie man dies in früheren Jahren vermutet hatte. Die Gravitationswirkung Jupiters hätte eine Planetenbildung in diesem Bereich nicht erlaubt, und so haben wir es hier mit Resten jenes Materials zu tun, aus dem sich vor 4,6 Milliarden Jahren das Sonnensystem formte. Kein Wunder also, daß Astronomen und Planetologen gerade an diesen alten Zeugen der Geschichte besonderes Interesse haben.

Asteroiden kann man – grob gesagt – in zwei Klassen unterteilen: jene, die vorwiegend aus Gestein bestehen, und jene, die sich im wesentlichen aus Eisen und Nickel zusammensetzen. Einer dieser eisenreichen Asteroiden ist *16 Psyche.*

Vielleicht wäre er ein Miniplanet wie alle anderen auch, gäbe es da nicht einige Merkwürdigkeiten. Der Frankfurter Physiker Dr. Wolfgang Feix hatte vor ein paar Jahren eine mathematisch-geometrische Analyse des Steinzeitmonuments von Stonehenge (England) vorgelegt, das Hinweise auf *16 Psyche* zu enthalten scheint.[68] Daten über einen Asteroiden – gespeichert in einem jahrtausendealten Bauwerk auf der Erde? Wozu?

Tatsächlich zeigt die 265 km durchmessende *16 Psyche* ein merkwürdiges Lichtkurvenverhalten, das bei ihr über all die Jahre, in denen man es gemessen hat, äußerst variabel war (die

Lichtkurve eines Körpers beschreibt seine Helligkeitsverände-
rungen im Verlaufe der Eigenrotation).

Besonders fiel dies erstmals am 22. Mai 1983 auf, als sich über
vier Stunden keinerlei Änderungen zeigten, obwohl diese nach
den bis dahin vorliegenden Messungen eigentlich hätten auftreten müssen.[69] Noch mysteriöser wird das Ganze, wenn man die
neuen Untersuchungen einer Arbeitsgruppe um Prof. Richard
Binzel vom Massachusetts Institute of Technology heranzieht.[70]
Diese Gruppe hatte während des 19. und 20. Juli 1994 bei *16
Psyche* so gut wie überhaupt keine Variationen feststellen können. Ziel war es gewesen, aufgrund dieser Variationen den
Gehalt von Gestein (speziell von Olivin) abschätzen zu können,
aber die Ergebnisse, die Binzel und seine Kollegen erhielten, lassen kaum relevante Schlüsse zu. Wenn überhaupt, dann muß der
Gesteinsanteil dieses Asteroiden *extrem* gering sein – und das
wäre nach allem, was wir bislang über Asteroiden wissen, nicht
sonderlich wahrscheinlich.

Schon vor etlichen Jahren hatte der Bostoner Astronom Prof.
Michael Papagiannis[71, 72] angeregt, insbesondere im Asteroidengürtel nach Spuren außerirdischer Intelligenzen zu suchen. Der
Asteroidengürtel böte einer Expedition von den Sternen ideale
Möglichkeiten: Hier stünden den Fremden ausreichend Roh-
stoffe (Erze) zur Verfügung, hier sind die Entfernungen zu Was-
serreservoirs (etwa auf dem Mars oder den Eismonden des Jupiters) gering, hier ist man immer noch nah genug an der Erde, um
diese problemlos zu erreichen, aber doch so fern, um nicht
sofort entdeckt zu werden.

16 Psyche – die Basis einer raumfahrenden Zivilisation? Gut
möglich. Der Betty- und Barney-Hill-Entführungsfall ist in diesem Buch mehrfach angesprochen worden. Ein besonderes Element dieses Falles ist jene Karte, die Betty Hill an Bord des
Objekts gezeigt wurde: eine Sternenkarte, mit der sie leider nicht
viel anfangen konnte. Später, unter Hypnose, vermochte Betty
die Punkte und dargestellten Linien nachzuzeichnen, und eine
Amateurastronomin, nämlich Marjorie Fish, rekonstruierte

dann in mühevoller Arbeit (damals gab es noch keine Astronomie-Programme für den heimischen PC) das, wovon sie glaubte, es müsse dargestellt sein: Ein Blick auf unsere stellare Nachbarschaft, in der auch die Sonne ihren Platz einnahm und in der der Stern Zeta Reticuli eine ganz besondere Rolle spielte. Seither stand für viele fest: Die Außerirdischen, insbesondere die »kleinen Grauen«, kommmen von dort. Der Mythos um die »Reticulaner« hat hier seine Wurzeln.

Doch nun sieht alles plötzlich ganz anders aus. Die beiden Berliner UFO-Forscher Joachim Koch und Hans-Jürgen Kyborg, nicht minder astronomiebegeistert wie Marjorie Fish, im Gegensatz zu ihr aber mit der neuesten Astronomie-Software ausgerüstet, ließen die Zeichnung nochmals durch ihren Computer laufen. Ihnen war eine ganz andere Idee gekommen: Was, wenn diese Karte gar nicht ferne Sterne darstellt – sondern unser *eigenes* Sonnensystem? Die beiden probierten, rechneten hin und her, ließen sich immer neue Einstellungen aus verschiedenen Blickpunkten auf das Sonnensystem auf den Bildschirm geben. Und plötzlich stimmte alles, plötzlich ergab sich eine erstaunliche Konfiguration, die mit der Karte von Betty Hill nahezu exakt übereinstimmt: eine Darstellung unseres *eigenen* Sonnensystems, aufgenommen aus einer Position etwas nördlich der Ekliptik zwischen Jupiter und Saturn zum Zeitpunkt der Entführung von Betty und Barney Hill!

Ich halte diese Entdeckung für außergewöhnlich bedeutend (die ausführliche Arbeit der beiden Forscher wird im Rahmen einer Anthologie erscheinen).[73] Noch außergewöhnlicher ist freilich, daß in diesem Schema des Sonnensystems ausgerechnet der Asteroid *16 Psyche* eine dominierende Rolle spielt. Zu ihm führen mehrere der von Betty Hill gezeichneten Verbindungslinien. Zufall? Ich glaube kaum.

Andere Körper in unserem Sonnensystem verdienen gleichfalls unsere Aufmerksamkeit. Nereide etwa, einer der kleinen Monde des Neptun, deren Lichtschwankungskurve noch auffälliger ist als die von *16 Psyche*.[74, 75] Oder das seltsame Objekt 1991VG, ein »Asteroid« auf einer die Erde kreuzenden Bahn. Auch sein Licht- wie Radarreflexionsverhalten ist äußerst merkwürdig und paßt zu keinem der bekannten Asteroidenvariationen. Selbst eine irdische Herkunft (d.h. von einer ausgebrannten Raketenstufe oder eines verlorengegangenen Satelliten) konnte ausgeschlossen werden. Ich hatte bereits 1992 auf diesen Körper hingewiesen und angeregt, ihn unter der Hypothese eines möglichen »außerirdischen Satelliten« zu untersuchen.[76] Nun bekam ich vor einem Jahr unversehens »Schützenhilfe«: Der australische Astronom Dr. Duncan Steel publizierte in der britischen Zeitschrift *The Observatory* einen Beitrag, in dem er mit nahezu den gleichen Argumenten dafür plädiert, diesen »Asteroiden« näher unter die Lupe zu nehmen, da eine künstliche außerirdische Herkunft nicht ausgeschlossen werden könne.[77] Wie wäre es, diesem merkwürdigen Wanderer zwischen den Welten im Jahr 2008, sobald er sich wieder der Erde nähert, eine Sonde entgegenzuschicken? Der Energieaufwand läge bei etwa einem Fünftel dessen, was nötig wäre, um die gleiche Sonde zum Mond zu senden. Sollte es diese Anstrengung nicht wert sein?

Rätsel auf dem Mond

Und auch der Mond hält offensichtlich einiges an Überraschungen bereit. Bereits 1869 hatte der Astronom Mädler nahe dem Krater *Fontanelle* eine vollkommen viereckige Einfriedung mit einem Längsdurchmesser von 104 Kilometern entdeckt. Es handelt sich um eine Region, die aus den Bergen »herausgeschnitten« zu sein scheint und später wieder von Lava überflutet wurde. Da großflächige Lavaergüsse seit mehr als drei Milliarden Jahren auf dem Mond nicht mehr stattgefunden haben, muß man davon ausgehen, daß auch die »Einfriedung« zumindest dieses Alter hat – ganz gleich, ob sie natürlichen oder künstlichen Ursprungs ist. Auffällig jedenfalls sind die rechten Winkel

318

an den beiden südlichen Ecken – welcher geologische Prozeß sollte derartige Symmetrien erzeugen können?

Im Zusammenhang mit dem »Marsgesicht« hatte ich den amerikanischen Wissenschaftspublizisten Richard Hoagland kritisiert, weil mir seine Methodik nicht einwandfrei erscheint und zu rasch in den Bereich der Spekulation abgleitet. Aber im Hinblick auf die Entdeckung seltsamer Strukturen auf dem Mond hat er – soweit es sich bis jetzt abschätzen läßt – offenbar Entscheidendes geleistet.[78]

Schon in früheren Jahren wollte man dort allerlei Seltsames entdeckt haben: Obelisken (die aber einfache Hügel sind), künstliche Kuppelstädte in Kratern (die sich jedoch bequem als Zentralberge interpretieren lassen) und der Dinge mehr. Auf einem Lunar-Orbiter-Foto aus den sechziger Jahren entdeckte Hoagland nun aber ein wirklich merkwürdiges Gebilde im *Sinus Medii*: Wie es aussieht, überragt es in Form einer schlanken »Felsnadel« die Mondoberfläche um etwa 2000 Meter – völlig unmöglich, daß es seine Entstehung einem natürlichen Prozeß verdanken könnte. Hoagland nennt es »The Shard«, die *Scherbe*, weil er aufgrund von Falschfarbendarstellungen herauszulesen glaubt, es handele sich um glasartiges Material. Ich weiß nicht, ob man in der Interpretation so weit gehen kann. Sicher hingegen ist, daß sich das Objekt deutlich gegen den schwarzen Hintergrund abhebt und einen nicht minder deutlichen Schatten auf den Boden wirft. Also: *Was* ist das?

Auch in einem anderen Krater scheint Hoagland eine interessante Entdeckung gemacht zu haben: Dort gibt es einen »Zentralberg« in Form eines völlig ebenmäßigen, monolithisch-symmetrischen Objekts, das er »The Tower«, den Turm, nennt. Entstehungsweise: unbekannt.

Der Mond wird, genauso wie der Mars, in den kommenden Jahren wieder zunehmend in das Blickfeld der Planetenforscher geraten. Mehrere Missionen zu beiden Himmelskörpern sind in Planung oder konkreter Vorbereitung. Ich bin sicher: Wenn eine fremde, außerirdische Intelligenz auf der Erde war und ist, wird sie vor allem im Sonnensystem ihre nahezu unzerstörbaren Spuren hinterlassen haben. Und vielleicht wartet sie nur auf den Moment, in dem wir auch hier damit beginnen, die (richtigen) Fragen zu stellen.

In der Neuinterpretation der Sternenkarte von Betty Hill durch Joachim Koch und Hans-Jürgen Kyborg nimmt der Bereich zwischen Jupiter und Saturn eine herausragende Position ein. Fast hat man den Eindruck, als *begännen* hier die Flugrouten der Fremden in unserem System. Es ist sicher nur ein Zufall, aber ich empfinde ihn doch als in diesem Zusammenhang zumindest bemerkenswert: Genau in diesen Bereich plazierte einst Arthur C. Clarke das Sternentor für Stanley Kubriks monumentalen Science-fiction-Film *2001 – Odyssee im Weltraum*.[79] Genau hier trat der Held dieser Erzählung, der Astronaut Bowman, seinen Flug durch Raum und Zeit hin zum Heimatplaneten der Fremden an, geleitet von einem mysteriösen schwarzen Monolithen. Wie gesagt, bestimmt ein Zufall.

Arthur C. Clarke selbst hatte sich im Vorwort zu dem 1986 veröffentlichten Folgeroman 2010 hingegen über eine andere Koinzidenz gewundert:[80] »Schließlich sei noch der Fall aus dem Kapitel ›Das Auge des Japetus‹ erwähnt. Dort beschreibe ich, was der Astronaut Bowman auf dem Saturnmond Japetus entdeckt. ›Ein strahlendes weißes Oval von etwa siebenhundert Kilometer Länge und dreihundert Kilometer Breite...absolut symmetrische Ellipse... ihre Konturen zeichneten sich so scharf ab, als hätte jemand auf das Gesicht des kleinen Mondes ein großes weißes Oval gemalt.‹ Als Bowman näher herankam, wurde ihm bewußt, daß ›die helle Ellipse, die auf der dunklen Oberfläche des Satelliten lag, ihm wie ein großes leeres Auge entgegenstarrte‹. Später bemerkte er ›einen blitzenden schwarzen Fleck. Er lag genau im Zentrum der Ellipse.‹ (Er stellte sich später als der Monolith heraus.) Als VOYAGER I 1979 die ersten Fotos von Japetus sendete, zeigten diese tatsächlich ein großes, deutlich abgegrenztes weißes Oval mit einem winzigen schwarzen Fleck im Zentrum...«

Auch das sicher ein Zufall.

Das wichtigste Element von *2001* ist jener große mysteriöse tief-schwarz-metallische Monolith, der – Symbol für die hochent-wickelte Technologie der Fremden – zunächst die Entwicklung der Menschheit in Gang setzt, später auf dem Mond wiederent-deckt wird und letztlich das Sternentor zwischen Jupiter und Saturn öffnet. Er ist gleichzeitig auch ein Sender, der den Frem-den mitteilt, die Menschheit habe nun selbst das Stadium der Raumfahrt erreicht und sei bereit für den Kontakt. Kurioser-weise hat nun Hoagland ausgerechnet auf dem Mond zwei rie-sige monolithische Gebilde entdeckt: eben jenes »Shard« genannte Objekt und den »Tower«. Ohne Frage: ein weiterer kurioser Zufall.

Das 2001-Mysterium

Im nordrhein-westfälischen Menden lebt der 32jährige Gärtner *Christoph Behrens*. Ob er jemals eine Entführung erlebt hat, ist schwer abzuschätzen, einige Traumfetzen, die ihm in Erinnerung geblieben sind, könnten darauf hindeuten. Am 27. Juni 1994 erhielt ich seinen ersten Brief, und dieser Brief beginnt mit einer Frage: »Können Sie mir sagen, ob das unten gezeichnete ›Objekt‹ im Zusammenhang mit außerirdischen Kontakten bekannt ist? Wenn ja – was ist es? Wozu dient es? Wenn nein – was könnte es sein?«

Ich war doch etwas überrascht, als ich *Christophs* Skizze sah: Es war unzweifelhaft ein »Monolith«, der sich von jenem aus *2001* nur dadurch unterschied, daß er nach oben hin ein Stück ange-spitzt war. *Christoph* schrieb denn auch:

»Zunächst nannte ich es ›Stein‹, später dann ›Monolith‹. Er (der ›Stein‹) ist 1,50 bis 2,00 Meter hoch – dies ist aber eine Schät-zung, er kann auch größer sein, jedoch nicht kleiner. Er ist tief-schwarz-matt und wirkt steinern bis metallisch. Er macht den Eindruck von Durchlässigkeit, so, als würde er Energien auf- und abgeben. Ich faßte den Gedanken an eine ›Tür‹, nicht so wie

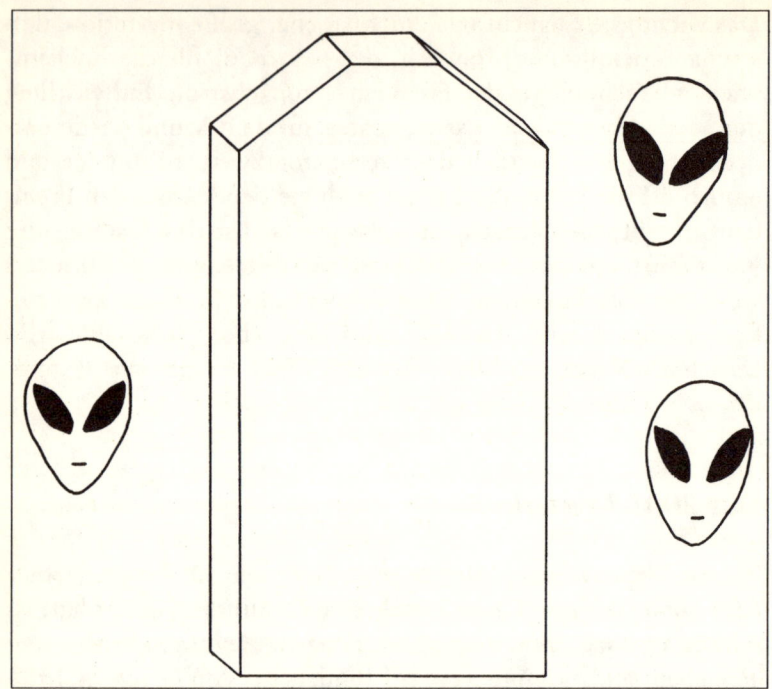

Abb. 19 Der »Monolith« und die drei Köpfe der »kleinen Grauen«, wie Christoph Behrens *sie sah. Zeichnung des Zeugen.*

unsere Türen zum Durchgehen, aber doch eine Verbindung, ein Durchlaß, ein Hin und Her. Es ist nicht leicht zu beschreiben. Also, ein tief-schwarzer, metallischer, energetischer, durchlässiger ›Stein‹. Ein Sender-Empfänger? Ich weiß es nicht! Wenn Ihnen etwas bekannt ist oder wenn Sie eine Idee haben, bitte, teilen Sie mir dies mit.«

Ich glaube kaum, daß man den Monolithen aus *2001* treffender beschreiben könnte, als *Christoph* dies hier tat. Aber wie war er überhaupt auf diesen »Monolithen« gekommen? Vor allem: Hatte er jemals den Film *2001* gesehen oder den Roman dazu gelesen? Ich setzte mich mit ihm in Verbindung:

»Vor etwa sechs Wochen«, schrieb mir *Christoph* zurück, »bin ich mit meiner Frau gegen 23 Uhr zu Bett gegangen und auch bald eingeschlafen. Dann ›träumte‹ mir folgendes: Ich sah neben mir den ›Stein‹ und rief ganz aufgeregt: ›Der Stein, der Stein, da, der Stein!‹ Ich war wirklich sehr aufgeregt, und dann erschienen um den Stein herum drei Gesichter von grauen Wesen mit Insektenaugen. Plötzlich hatte ich das Gefühl zu schweben und bekam Panik, dabei schrie ich: ›Die wollen mich holen!‹ und wurde wach.«

Es ist nichts im Zimmer, der Wecker zeigt 2.30 Uhr. Dennoch ist *Christoph* so aufgewühlt, daß er das Licht brennen läßt und die ganze Nacht nicht mehr einschlafen kann. »Ich ging dann normal zur Arbeit und spürte zunächst gar nichts. Gegen neun Uhr jedoch fühlte ich mich plötzlich furchtbar schwach, mein Herz raste, meine Hände und Beine zitterten, ich konnte mich kaum aufrecht halten. Dies blieb den ganzen Tag so. Am Abend hatte ich das Gefühl, einen Herzinfarkt zu bekommen, mein linker Arm und mein linkes Bein waren schwer und taub. Ich war auch sehr schreckhaft und zuckte bei Kleinigkeiten zusammen. Das hielt sich etwa vierzehn Tage so. Ich glaube, daß es sich bei dem Erlebten um den Abschluß eines mir verborgenen Geschehens gehandelt hat. Es war sozusagen das Ende der ›Verbindung‹, ein Erwachen meinerseits. Denn das Geschaute allein kann nicht der Grund für eine derartige Erregung sein.«

Und der Film, hatte er ihn jemals zuvor gesehen? »Auf Ihre Frage, ob ich den Film *2001* kenne, muß ich Ihnen sagen, das ich ihn bisher nicht kannte. Doch noch am Abend des Tages, an dem Ihr Brief mich erreichte, holte ich mir das Video und sah den beschriebenen Monolithen. ›Mein‹ Monolith ist im Gegensatz dazu jedoch nach oben hin zugespitzt. Dennoch frage ich mich, woher die Filmemacher einen solchen Stein kennen oder woher sie die Idee nahmen. Eines scheint mir sicher: Alles, was wir uns denken oder vorstellen können, ist auch irgendwie oder irgendwo vorhanden. Alles, was denkbar ist, existiert auch.«

Auch das nur ein *Zufall*?

Ich muß gestehen, daß es zu großen Teilen der Film *2001* war, der mich und meinen Bruder und – wie ich weiß – noch eine ganze Reihe weiterer Forscher auf unserem Sektor Ende der sechziger, Anfang der siebziger Jahre in unserem Denken stark beeinflußte. Idee, Konzeption und Ausführung des Films im Zusammenhang mit der fotografischen Umsetzung und der akustisch-musikalischen Begleitung erzeugten in uns allen ein Gefühl von: »Ja, so in etwa müßte es sein.«

Und nun, ein Vierteljahrhundert danach, zeigt sich, daß dieser und jener und immer weitere Aspekte von *2001* ihre Gegenstücke in der Realität zu finden scheinen. Mehr noch: Das *wesentliche* Element – nämlich der schwarze Monolith – taucht in den »Virtual-Reality«-Traumerfahrungen zumindest eines von der sich im modernen Gewand der kleinen Grauen präsentierenden Intelligenz Kontaktierten auf. Es ist gut möglich, daß auch andere Betroffene ähnliche Erfahrungen gemacht, dem aber bislang keine Bedeutung beigemessen haben, und es wird spannend sein, weitere Informationen auf diesem Sektor zu sammeln.

Die *Anderen* sind hier. Sie sind im Sonnensystem, auf unserer Erde, mitten unter uns. Sie schalten sich in unsere Träume ein, sie lassen uns durch Sternentore gleiten und führen einige bereits jetzt zu fernen Welten jenseits unseres Verständnisses. Sie beeinflussen unsere Phantasien, so wie sie umgekehrt unsere Phantasien nutzen, um sich dahinter zu verbergen. Sie sind seit Jahrmillionen bei uns, und sie werden sicher auch dann noch hier sein, wenn es uns schon lange nicht mehr geben sollte.

Denn auch das ist für mich sicher: Die *Anderen* werden uns *nicht* »helfen«, wenn wir uns selbst ins atomare Feuer stürzen oder in der von uns ruinierten Umwelt zu Grunde richten. Das wäre das Schlimmste, was wir tun könnten: die Hände in den Schoß zu legen und darauf zu hoffen, daß »sie« alles richten.

Wir leben in der kritischsten Phase unserer Entwicklung. Haben wir sie einmal überwunden, dann, so bin ich sicher, werden auch die *Anderen* sich uns offenbaren: nicht mehr nur in unseren Träumen, nicht mehr nur, indem sie Menschen »entführen« und »Experimente« an ihnen vornehmen. All das sind letztlich nur Bilder, all das dient der Vorbereitung, *unserer* Vorbereitung auf den Kontakt, weil wir auf diese Weise zumindest *erahnen* können, daß es »sie« gibt.

Die Sternentore öffnen sich. Besitzen wir den Mut, die Kraft und den Willen, sie zu durchschreiten?

Nun – wenn wir diese Frage mit *ja* beantworten können, haben wir nicht nur den Weg hinaus in fremde Welten, nicht nur in unsere Zukunft, sondern endlich – nach Jahrmillionen der Evolution auf diesem Planeten – auch zu uns selbst gefunden.

Anhang

Danksagung

Mein Dank geht zunächst an meine Familie: an meine Frau Gertrud für das Lesen des Manuskripts in einer hektischen Zeit und damit für ihre Liebe und ihr Verständnis, natürlich auch an meine beiden Kinder Tobias und Daniel, die ihren Vater viel zu selten sahen, wenn dieser sich »hinter dem Computer verschanzte«. Mein Bruder Peter hat viele Gedanken beigesteuert, und ebenso haben das viele Freunde und Kollegen getan, denen herzlich gedankt sei. Besonders hinweisen möchte ich in diesem Zusammenhang auch auf jene Ärzte und Psychologen, die inzwischen begonnen haben, mit Entführten zu arbeiten und ihnen zu helfen.

Ebenso gilt mein Dank den Mitarbeitern des Langen Müller/Herbig-Verlages sowie Andreas von Rétyi für die Erstellung des Titelbildes.

Und – natürlich – all jenen Frauen und Männern, die bereit waren, mir ihr Vertrauen zu schenken, sich mit mir in Verbindung zu setzen und somit die Gelegenheit zu eröffnen, ihre Erlebnisse anderen bekannt zu machen. Ich hoffe, ihren Gefühlen mit diesem Buch gerecht geworden zu sein, und würde mir wünschen, daß es ihnen und vielen noch unbekannten Betroffenen den Weg zum Verständnis dessen bereitet, was da mit ihnen geschieht. Denn Verständnis wäre der erste und wichtigste Schritt: der Schritt hin zu einem offenen Kontakt.

Mehr, so glaube ich, kann man im Moment nicht erwarten.

Johannes Fiebag

Aufruf

Wenn Sie selbst Phänomene wie die in diesem Buch beschriebenen erlebt haben, wenn Sie Erinnerungen an *Bedroom*-Besucher haben oder immer wiederkehrende Alpträume, die von seltsamen Wesen, seltsamen Prozeduren, Operationen und hellen Räumen mit unverständlichen Einrichtungen handeln, wenn Sie sogenannte »Zeitlücken« haben oder unerklärliche Narben auf Ihrem Körper besitzen, dann melden Sie sich bei mir. Wir sind dabei, ein großes Netzwerk sich untereinander austauschender Betroffener einzurichten, damit jene, die von der offiziellen Wissenschaft einerseits und organisierten Skeptikern andererseits bislang (bestenfalls) nicht ernstgenommen oder (schlimmstenfalls) persönlich denunziert werden, wenigstens auf diese Weise eine Möglichkeit finden, über ihre Erlebnisse zu sprechen und vielleicht sogar von anderen Betroffenen Hilfe erfahren können.
Schreiben Sie einfach an den Verlag, der die Briefe dann an mich weiterleiten wird. Ich freue mich über jede Zuschrift. Die Adresse ist:

Dr. Johannes Fiebag
c/o Buchverlage Langen Müller Herbig
Thomas-Wimmer-Ring 11
D-80539 München

Roswell-Initiative

Was geschah 1947 in Roswell wirklich? Wir wissen es nicht. Die US-Militärbehörden sprachen zunächst von einer »abgestürzten Fliegenden Untertasse«, später wurde ein »Wetterballon« daraus, heute soll es ein »Spionageballon« gewesen sein. Anfragen des Kongreßabgeordneten Steven Schiff zeigten, daß wichtige Unterlagen über diesen Vorfall offenbar verlorengegangen, vernichtet oder beiseite geschafft worden sind.

Die UFO-Forscher Kent Jeffrys, Hans-Jürgen Kyborg und Joachim Koch (für den europäischen Raum) haben daher die Roswell-Initiative gestartet. Mit Ihrer Unterschrift unterstützen Sie den Antrag auf Herausgabe aller Dokumente und Aufklärung aller Sachverhalte.

Ich bitte Sie, den folgenden Text abzuschreiben oder zu fotokopieren und an eine der folgenden Adressen zu senden. Von dort werden die Erklärungen an die zuständigen Behörden weitergeleitet:

Herrn
Joachim Koch
Stadtrandstr. 550 g
D-13589 Berlin

oder

Herrn
Hans-Jürgen Kyborg
Zweibrücker Str. 11
D-13583 Berlin

Roswell-Erklärung

Ich unterstütze die Initiative für einen Exekutivbeschluß, alle Informationen der US-Regierung, die Existenz von UFOs oder extraterrestrischer Intelligenz betreffend, von der Geheimhaltung zu befreien. Unabhängig davon, ob solche Informationen existieren oder nicht, glaube ich, daß die Völker der Welt ein Recht haben, in dieser Sache die Wahrheit zu erfahren. Es ist an der Zeit, die Kontroverse zu beenden, die diese Thematik umgibt.

_____

Unterschrift / Datum

_____

Berufsbezeichnung

_____

falls vorhanden: Diplom, Titel, akademischer Grad

_____

Name (Vorname, Nachname, bitte in Druckbuchstaben)

_____

Straße

_____

Postleitzahl/Ort

_____

Land

Empfehlenswerte Organisationen und Zeitschriften

1. Organisationen, die sich mit der Erforschung des UFO-Phänomens oder Besuchen außerirdischer Intelligenzen in der Geschichte der Menschheit beschäftigen:

Ancient Astronaut Society (AAS)
Erich von Däniken
Postfach
CH-3803 Beatenberg

Deutschsprachige Gesellschaft für UFO-Forschung e.V. (DEGUFO)
Reinhard Nühlen
Postfach 2831
D-55516 Bad Kreuznach

Forschungsgesellschaft Kornkreise (FGK)
Dipl.-Ing. Hans Herbert Beier
Udalrichstr. 5
D-64653 Lorsch

Gemeinschaft zur Erforschung außerirdischer Spuren e.V. (GEAS)
Oliver Koch
Schwalbenflucht 17
D-27751 Delmenhorst

Gesellschaft zur Erforschung des UFO-Phänomens (GEP)
Hans-Werner Peiniger
Postfach 2361
D-58473 Lüdenscheid

Independent Alien Network
Wladislaw Raab
Morassistr. 16
D-80469 München

Interessengemeinschaft Prä-Astronautik Essen e.V. (IPE)
Cornelia Brandt
Wintgenstr. 26
D-45239 Essen

Interessengemeinschaft Prä-Astronautik Nordhessen (IPN)
Rüdiger Krug
Sudholzstr. 5
D-34233 Fuldatal

**Mutual UFO Network – Central European Section
(MUFON-CES)**
Dipl.-Phys. Illobrand von Ludwiger
Gerhart-Hauptmann-Str. 5
D-83620 Feldkirchen-Westerham

**Regionales UFO-Forschungs-Centrum Nord
(RUFON)**
Gerhard Cerven
Groten Hoff 11
D-22359 Hamburg

Terra Patrol
Hans-Peter Schäfer und Frank Nicolai
Postfach 1541
D-57305 Bad Berleburg

UFO-Interessengruppe (U.I.G.)
Dirk Renner und Mario Ringmann
Warschauer Str. 36
D-15234 Frankfurt/Oder

2. Zeitschriften zum Thema:

Ancient Skies
Organ der Ancient Astronaut Society (s.o).
Führende Zeitschrift im Themenbereich Paläo-SETI-Hypothese,
neue Erkenntnisse und theoretische Ansätze, Literaturrezensionen.
Erscheint zweimonatlich.

Der Beobachter
Organ der Terra Patrol (s.o.)
Berichte aus dem Paläo-SETI-Bereich, der UFO-Forschung und
der Raumfahrt. Erscheint vierteljährlich.

G.E.A.S. Forum
Organ der G.E.A.S. e.V. (s.o.)
Magazin für Paläo-SETI, UFO-Forschung, Astronomie,
Anthropologie und Vor- und Frühgeschichte. Erscheint
zweimonatlich.

G.R.A.L. – Geheimnisse/Rätsel/Analysen/
Lösungen
Hrsg. von Michael Haase, Lepsiusstr. 1, D-12163 Berlin.
Kritisches Magazin mit Hauptaspekt Archäologie
und Grenzgebiete der Archäologie. Erscheint
zweimonatlich.

International UFO Reporter
Organ des J. Allen Hynek Center for UFO Studies,
2457 West Peterson Avenue, Chicago, Ill. 60659, USA.
Englischsprachige UFO-Zeitschrift. Gute, fundierte und
wissenschaftliche Beiträge zu aktuellen und historischen
UFO-Fällen. Hauptschwerpunkt: Sichtungen in den USA.
Erscheint zweimonatlich.

Journal für UFO-Forschung
Organ der GEP (s.o.), hrsg. von Hans-Werner Peiniger
und Gerald Mosbleck
Themenbereich UFO-Forschung, kritische Analysen einzelner
Fälle, Berichte zur weltweiten UFO- Forschung, umfassende
Literaturrezensionen. Erscheint monatlich.

Magazin für grenzwissenschaften
Hrsg. von Walter Kelch und Stefan E. Rickes,
Niederstr. 31, D-56637 Plaidt
Das MG behandelt Themen wie UFO-Forschung, die Paläo-
SETI-Hypothese, sogenannte »Fabelwesen« und andere
Mysterien. Es gibt Informationen über Astronomie, Meteorologie
und Weltraumtechnik sowie die Archäologie. Erscheint
zweimonatlich.

MUFON-CES-Berichte
Hrsg. von MUFON-CES (s.o.)
Unregelmäßig etwa alle zwei bis drei Jahre erscheinende Tagungs-
bände der zentraleuropäischen Sektion von MUFON. Wissen-
schaftlich ausgerichtete und gut fundierte Beiträge zum gesamten
UFO-Themenspektrum.

MUFON UFO Journal
Organ des Mutual UFO Network, 103 Oldtown Rd., Seguin,
Texas 78155, USA
Englischsprachiges Magazin der derzeit weltweit größten UFO-
Forschungsgruppe. Wissenschaftlich abgesicherte, gut recherchier-
te Berichte. Schwerpunkt USA. Erscheint monatlich.

New Scientific Times
Hrsg. von Martin Lehmann und Theo Favetto, Postfach 1633,
CH-4901 Langenthal
Professionell gemachtes Magazin mit Berichten und Darstellungen
aus den Bereichen Prä-Astronautik, Archäologie, SETI, Forschung
und Technik. Erscheint vierteljährlich.

NSIS The New Science Informationsheet
Hrsg. von Hans Ebert, Ganghoferstr. 23, D-83059 Kolbermoor
Das NSIS kombiniert Beiträge zur Paläo-SETI-Hypothese mit
solchen zur UFO-Forschung, zur Esoterik und zur Computer-
forschung. Es ist an einem Projekt beteiligt, ein Programm zu
erstellen, daß Daten aus diesen Gebieten sinnvoll miteinander
kombinieren kann. NSIS wird auch auf Disketten ausgeliefert.

Talky
Organ der Interessengemeinschaft Prä-Astronautik Nordhessen (s.o.)
Magazin für Paläo-SETI, UFO-Forschung, Archäologie und
Science-fiction. Erscheint zweimonatlich.

UFO-Kurier
Hrsg. von Jochen Kopp, Hirschauer Str. 10, D-72108 Rottenburg
Zur Zeit führendes, professionell gemachtes UFO-Magazin auf
dem deutschsprachigen Markt mit wertvollen Übersetzungen aus
der seriösen englischsprachigen Literatur und fundierten Beiträgen
aus der Feder deutscher Forscher.

UFO-Nachrichten
Hrsg. von Werner L. Forster, Postfach 1211,
D-87630 Obergünzburg-Kempten
Wieder neu auf den Markt gekommene Fortführung der ältesten
UFO-Zeitschrift im deutschsprachigen Raum. Schwerpunkt sind
nach wie vor eher »Kontaktler-Geschichten«, es zeigt sich aber
eine zunehmende Tendenz hin zu einer realistischen Behandlung
des UFO-Themas und der Paläo-SETI-Hypothese. Erscheint
zweimonatlich.

UFO-Report
Organ des Independent Alien Network (s.o.)
Aktuelle UFO-Meldungen und Berichte mit Hauptschwerpunkt
Entführungen (Humanoidensichtungen und Abductions) und
Hinweise aus der Mythologie. Kommentare zum weltweiten
Geschehen, Buchrezensionen. Erscheint vierteljährlich.

Unknown Reality
Organ der U.I.G. (s.o.)
Magazin mit Themen über UFOs, UFO-Entführungen,
Paläo-SETI, Kornkreise, Mythen und Legenden, Archäologie.
Erscheint zweimonatlich.

Wissenschaft ohne Grenzen (WOG)
WOG-Verlag, Neuer Friedberg 1, D-98528 Suhl
WOG ist ein professionell gemachtes Magazin, in dem ins-
besondere die Arbeiten der IPE e.V. (s. o.) publiziert
werden. Thematisch konzentriert sich die Arbeit auf die
Paläo-SETI-Hypothese und Querverbindungen zum UFO-
Komplex. Erscheint vierteljährlich.

Literatur

1 Fiebag, Johannes: *Die Anderen – Begegnungen mit einer außerirdischen Intelligenz.* Herbig, München 1993. Tb-Ausgabe Knaur, München 1995.

2 Fiebag, Johannes: *Kontakt – UFO-Entführungen in Deutschland, Österreich und der Schweiz / Augenzeugen berichten.* Langen Müller, München 1994.

3 Hopkins, Budd: *Eindringlinge – Die unheimlichen Begegnungen in den Copley Woods.* Kellner, Hamburg 1991.

4 Jacobs, David, in: *Von UFOs entführt – Begegnungen der vierten Art.* Fernsehdokumentation von Christian Bauer. Tangram-Film, München 1993.

5 Peiniger, Hans-Werner: *Editorial*, Journal für UFO-Forschung, 6/102, S. 169, Gesellschaft zu Erforschung des UFO-Phänomens e.V., Lüdenscheid 1995.

6 Fuller, John G.: *The Interrupted Journey.* Souvenir Press Ltd., London 1966.

7 Gansberg, Judith und Alan: *Die UFO-Beweise – Augenzeugenberichte von Begegnungen der dritten Art.* Blanvalet Verlag, München 1979.

8 Hopkins, Budd: *Von UFOs entführt – Dokumente und Berichte über aufsehenerregende Fälle.* Wilhelm Heyne Verlag, München 1982. Neuherausgabe unter dem Titel: *Fehlende Zeit*, Endzeitverlag, Rottenburg 1993.

9 Fowler, Raymond E.: *Die Wächter – Wie Außerirdische die Erde retten wollen / Ein unglaublicher Report.* Bastei Lübbe, Bergisch-Gladbach 1991.

10 Fowler, Raymond E.: *Der Fall Andreasson – Dokumentierte*

Untersuchung von der Entführung einer Frau an Bord eines UFOs. Gertraud Reichel Verlag, Reifenberg 36, D-91365 Weilersbach, 1995.

[11] Strieber, Whitley: *Die Besucher – Eine wahre Geschichte.* Ueberreuther Verlag, Wien 1988. Tb-Ausgabe bei Heyne, München 1990.

[12] Strieber, Whitley: *Transformation – Eine wahre Geschichte.* Heyne, München 1992.

[13] Jacobs, David: *Geheimes Leben – Dokumentierte Berichte über Entführungen in UFOs aus erster Hand.* Jochen Kopp Verlag, Hirschauer Str. 10, D-72108 Rottenburg, 1995.

[14] Fowler, Raymond E.: *Die Allagash-Entführungen – Unwiderlegbare Beweise für das Eingreifen von Außerirdischen.* Gertraud Reichel Verlag, Reifenberg 36, D-91365 Weilersbach, 1995.

[15] Webb, Walter N.: *Encounter at Buff Ledge – A UFO Case History.* J. Allen Hynek Center for UFO Studies, Chicago 1994.

[16] Mack, John E.: *Entführt von Außerirdischen.* Bettendorf'sche Verlagsanstalt, Essen 1995.

[17] Turner, Karla: *Eine Erweiterung der Parameter des Ablaufs der Entführungen von Menschen durch Außerirdische.* UFO-Kurier, 6, S. 24-35, Rottenburg 1995.

[18] Vallée, Jacques: *Dimensionen – Begegnungen mit Außerirdischen von unserem eigenen Planeten.* Zweitausendeins-Verlag, Postfach, D-60381 Frankfurt, 1994.

[19] zit. aus einer nicht genannten Arbeit Feyerabends von 1983 in: Chalmers, A.F.: *Wege der Wissenschaft – Einführung in die Wissenschaftstheorie.* Dritte, durchgesehene Auflage, hrsg. und übersetzt von N. Bergemann und J. Prümer. Springer Verlag, Hamburg-Heidelberg-New York 1994.

[20] Feyerabend, Paul K.: *On the Critique of Scientific Reason,* in: C. Howson (Hrsg.), Method and Appraisal in the Physical Sciences. Cambridge University Press, Cambridge 1976.

[21] Feyerabend, Paul K.: *Wider den Methodenzwang: Skizze einer anarchistischen Erkenntnistheorie.* Suhrkamp, Frankfurt/Main 1976.

[22] Laszlo, Ervin: *Wissenschaft und Wirklichkeit.* Insel Taschenbuchverlag, Frankfurt a.M. 1994.

23 Parker, Derek und Julia: *Die Unsterblichen – Die geheimnisvolle Welt der Götter, Geister und Dämonen.* Schuler Verlagsgesellschaft, München 1977.

24 *Phänomene – Die Welt des Unerklärlichen.* Karl Müller Verlag, Erlangen 1993.

25 Jung, Carl Gustav: *Zur Psychologie des Kinderarchetypus.* In: Jung-Merker, Lilly u.a. (Hrsg.): C.G. Jung, Gesamtwerk, Bd. 9 (1. Halbband), S. 163-195, Walter-Verlag, Olten 1976.

26 Siegel, Ronald K.: *Halluzinationen.* Eichborn, Frankfurt 1995.

27 *Stimme Gottes.* DER SPIEGEL, 43, S. 228, Hamburg 1995.

28 Slater, Elisabeth: *Conclusions on Nine Psychologicals,* in: Final Report on the Psychological Testing of UFO-»Abductees«. Fund for UFO Research. Mount Rainer, Maryland 1985.

29 Rodeghier, M., Roodpaster, J., Blatterbauer, S.: *Psychosocial Characteristics of Abductees: Results from the CUFOS Abduction Project.* Journal of UFO Studies, 3, Chicago 1993.

30 Spanos, N.P., Cross, P.A., Dickson, K. und DuBreuil, S.C.: *Close Encounters: An Examination of UFO Experiences.* Journal of Abnormal Psychology, 102/4, 1993.

31 Fiebag, Johannes und Peter: *Zeichen am Himmel – UFOs und Marienerscheinungen.* Ullstein Verlag, Berlin 1995.

32 Carpenter, John: *Does Sleep Paralysis Explain Abductions?* MUFON UFO Journal, 327, 6, S.18-19, Seguin TX 1995.

33 RTL-Extra, 30. Oktober 1995.

34 Bohm, David: *Wholeness and the Implicate Order.* Ark Paperbacks, London 1983.

35 Wilson, Robert A.: *Die neue Inquisition – Irrationaler Rationalismus und die Zitadelle der Wissenschaft.* Zweitausendeins-Verlag, Postfach, D-60381 Frankfurt 1992.

36 Wolff, Katja: *Salomos Kunst – Astralreisen außerhalb des Körpers.* Knaur Verlag, München 1990.

37 Fowler, Raymond E.: *Die Allagash-Entführungen – Unwiderlegbare Beweise für das Eingreifen von Außerirdischen.* Vorwort von Budd Hopkins. Gertraud Reichel Verlag, Reifenberg 36, D-91353 Weilersbach 1995.

[38] Dopatka, Ulrich und Däniken, E.v. (Hrsg.): *Kontakt mit dem Universum – Auf den Spuren der Götter durch die Jahrtausende.* CD-ROM, Markt & Technik, München 1995.

[39] Sperlich, Waltraud: *Die Bilderrätsel des Himalaya – Felszeichnungen aus fünf Jahrtausenden im Indus-Tal.* Bild der Wissenschaft, 5, S. 72-80, Heidelberg 1995.

[40] Steinbauer, F.: *Die Cargo-Kulte als religionsgeschichtliches und missionstheologisches Problem.* Inaugural-Dissertation, Universität Erlangen, Erlangen 1971.

[41] Harrison, Edward R.: *The Natural Selection of Universes Containing Intelligent Life.* Quarterly Journal of the Royal Astronomical Society, 36, S. 193-203, London 1995.

[42] Langbein, Walter-Jörg: *Das Sphinx-Syndrom – Die Rückkehr der Astronautengötter.* Langen Müller Verlag, München 1995.

[43] Krassa, Peter: *Phantome des Schreckens – Die Herren in Schwarz manipulieren unsere Welt.* Caesar-Verlag, Wien 1980.

[44] Friedman, Stanton T. und Berliner, Don: *Der UFO-Absturz bei Corona – Die Bergung eines UFOs durch das U.S. Militär.* Kopp-Verlag, Hirschauer Str. 10, D-72108 Rottenburg, 1995.

[45] Jeffrey, Kent: *Der angebliche Roswell-Film.* UFO-Kurier, 9, S. 41-50, Rottenburg 1995.

[46] Koch, Joachim: *Die Roswell-Filme: Der Stand der Dinge.* UFO-Kurier, 7, S. 24-26, Rottenburg 1995.

[47] *Der GAO-Report an Steven Schiff – Ergebnisse einer Suche nach Aufzeichnungen über den Absturz bei Roswell, New Mexico, 1947. Datiert vom 28. Juli 1995.* UFO-Kurier, 12, S. 37-42, Rottenburg 1995.

[48] *Schiff erhält und veröffentlicht Bericht über Roswell.* UFO-Kurier, 12, S. 42, Rottenburg 1995.

[49] *Elefant im Garten – Die Wahrheit über den angeblichen Absturz eines Ufos bei Roswell 1947.* DER SPIEGEL, 45, S. 229-232, Hamburg 1995.

[50] Rae, Stephen: *John Mack – Humans Report Abduction by Aliens! Harvard Psychiatrist Swears It's True!* The New York Times Magazine, New York 20. 3. 1994.

[51] Thompson, Keith: *UFOs und andere Außerirdische – UFO-Phänomene in neuerer Deutung.* Droemer-Knaur, München 1993.

[52] Jung, Carl Gustav: *Ein moderner Mythos – Von Dingen, die am Himmel gesehen werden.* 1954. Neu erschienen unter dem Titel: *Geheimnisvolles am Himmel – Von Ufos und ähnlichen Phänomenen.* Walter-Verlag, Olten und Freiburg 1992.

[53] zit. in: Berger, Lutz: *Das eigene Universum.* Esotera 2/90, S. 19-24, Freiburg 1990.

[54] Zeki, Semir: in Brain, 117, S. 607, 1994. Siehe hierzu auch den zusammenfassenden Beitrag von Rolf Degen: *Im Hirn wirkt Scheinbewegung echt.* Frankfurter Allgemeine Zeitung, Frankfurt 28. 12. 1994.

[55] Devereux, Paul: *Meeting with the Alien.* MUFON UFO Journal, 330, S. 3-8 und 19. Mutual UFO Network, Seguin TX 1995.

[56] DiPietro, Vincent, Molenaar, Gregory und Brandenburg, John: *Unusual Martian Surface Features.* Mars Research, PO Box 284, Glenn Dale, MD 20769, USA.

[57] Carlotto, Mark: *The Martian Enigmas: A Closer Look.* Berkeley CA, 1991.

[58] Fiebag, Johannes: *Analyse tektonischer Richtungsmuster auf dem Mars – Keine Hinweise auf künstliche Strukturen in der südlichen Cydonia-Region.* Astronautik, 1/27, S. 9-13 und 2/27, S. 47-48, Hermann-Oberth-Gesellschaft, Bremen 1990.

[59] Hoagland, Richard: *Die Mars-Connection – Monumente am Rande der Ewigkeit.* Bettendorf'sche Verlagsanstalt, Essen 1994.

[60] Erjavic, James L. und Nicks, Ronald R.: *A Geologic/Geomorphic Investigative Approach to Some of the Enigmatic Landforms in Cydonia.* Bislang unpubliziertes Arbeitspapier zur Erstellung einer geomorphologischen Karte der Cydonia-Region.

[61] Lammer, Helmut: *Atmospheric Mass Loss on Mars and the Consequences for the Cydonian Hypothesis and Early Martian-life-forms.* In Vorbereitung für das Journal of Scientific Exploration.

[62] Fiebag, Johannes: *»Gesicht« und »Pyramiden« in der Cydonia-Region des Mars – Eine Untersuchung zu Spekulationen über*

eine künstliche Entstehung. I. Astronautik, 2/27, S. 44-46. *II.* Astronautik, 3/27, S. 75-77, Hermann-Oberth-Gesellschaft, Bremen 1990.

[63] Torun, Erol: *The Geomorphology and Geometry of the D&M Pyramid.* Bislang unpublizierte Arbeit, erhältlich über Compuserve, ISSUES Forum, Section 10, File PYRAMI.RSH (1988).

[64] McDaniel, Stanley V.: *The McDaniel Report: On the Failure of Executive, Congressional and Scientific Responsibility in Setting Mission Priorities for NASA's Mars Exploration Program.* Berkeley CA 1994.

[65] zit. in: McDaniel, Stanley V.: *Methodological Concerns in Researching the Possibility of Artificial Structures on Mars.* In Vorbereitung zur Veröffentlichung im Journal of Scientific Exploration, 1995.

[66] Crater, Horace und McDaniel, Stanley V.: *Mound Configurations on the Martian Cydonia Plain: A Geometric and Probabilistic Analysis.* In Vorbereitung zur Veröffentlichung im Journal of Scientific Exploration, 1995.

[67] Erwähnt in: Persönliche Kommunikation, Brief von Stanley V. McDaniel an den Autor vom 16.12.1995.

[68] Feix, Wolfgang: *Stonehenge als Zeichensystem.* In: E.v.Däniken (Hrsg.): Neue kosmische Spuren, S. 305-320, Goldmann-Verlag, München 1992.

[69] Weidenschilling, S.J., Chapman, C.R., Davies, D.R., Greenberg, R., Levy, D.H. und Vail, S.: *Photometric Geodesy of Main-Belt Asteroids. I. Lightcurves of 26 Large, Rapid Rotators.* Icarus, 70, 191-245, 1987.

[70] Binzel, Richard P., Bus, Schelte J., Xu, Shui, Sunshine, Jessica, Burbine, Thomas H., Neely, A. William und Brown, Robert W.: *Rotationally Resolved Spectra of Asteroid 16 Psyche.* Icarus, 117, S. 443-445, 1995.

[71] Papagiannis, Michael D.: *Are We All Alone, or Could They Be in the Asteroid Belt?* Quarterly Journal of the Royal Astronomical Society, 19, S. 277-281, London 1978.

[72] Papagiannis, Michael D.: *The Importance of Exploring the Asteroid Belt.* Acta Astronautica, 10/10, S.709-712, 1983.

[73] Fiebag, Johannes (Hrsg.): *Das UFO-Syndrom – Neue Erkenntnisse, seltsame Erfahrungen, unglaubliche Erlebnisse*. Knaur, München, Juni 1996.

[74] Fiebag, Johannes und Fiebag, Peter: *Chiron und Nereide – künstliche Objekte im Sonnensystem?*, in: E.v.Däniken (Hrsg.): Kosmische Spuren, S. 262-280, Goldmann-Verlag, München 1990.

[75] Fiebag, Johannes und Fiebag, Peter: *Nereide – Voyagers Daten und ihre Interpretation*. In: E.v.Däniken (Hrsg.): Neue kosmische Spuren, S. 74-78, Goldmann-Verlag, München 1992.

[76] Fiebag, Johannes: *Was ist »1991VG«?* Ancient Skies, 3/16, S. 10-11, Ancient Astronaut Society, CH-Feldbrunnen, 1992. Auch in: E.v.Däniken (Hrsg.): *Fremde aus dem All*, 284-286, Goldmann-Verlag, München 1995.

[77] Steel, Duncan: The Observatory, 4, 1995 (zit. in: Mark Rodeghier: *Außerirdische Sonde im Sonnensystem entdeckt?* UFO-Kurier, 14, S. 19-21, Rottenburg 1995.

[78] Coleman, Tim: *Monument to Life?* UFO Magazine, Nov.-Dez. 1995, S.12-19, GB-Skipton 1995.

[79] Kubrik, Stanley: *2001 – Odyssee im Weltraum*. MGM 1968. Clarke, Arthur C.: *2001 – Odyssee im Weltraum*. Econ-Verlag, Düsseldorf-Wien 1969 (auch als Heyne-Taschenbuch).

[80] Clarke, Arthur C.: *Odyssee 2010 – Das Jahr, in dem wir Kontakt aufnehmen*. Scherz Verlag, Bern und München 1985, auch als Heyne-Taschenbuch, München 1986.
Der dritte Roman dieses Zyklus erschien 1988: Arthur C. Clarke: *2061 – Odyssee III*. Heyne-Taschenbuchverlag, München 1988.

Register